LES ACTES

Après une école de théâtre et des études de droit, Cécile Guidot est devenue notaire spécialisée en droit de la famille et du patrimoine. *Les Actes* est son premier roman.

CÉCILE GUIDOT

Les Actes

ROMAN

JC LATTÈS

© Éditions Jean-Claude Lattès, 2019.
ISBN : 978-2-253-93444-8 – 1re publication LGF

À André Chabret.

1

Les mains jointes sur ses cuisses, elle se tenait bien droite, face à eux, appuyée contre le dossier du fauteuil en cuir. Ses yeux plongeaient, sans peur, dans ceux des quatre hommes. Elle s'était préparée à l'entretien, elle l'avait envisagé comme un jeu, une lutte feutrée. Elle prenait plaisir à répondre aux questions, tirées comme des missiles, cherchant les failles de son cerveau. Tantôt elle avançait sur un terrain miné, tantôt elle était sur un ring, elle se laissait pousser dans les cordes, elle encaissait les coups pour mieux riposter, alternant la douceur et la fermeté, jamais l'esquive. Elle avait de l'imagination et elle aimait la bagarre, Claire, et même si elle avait grandi dans un autre monde, elle connaissait bien les notaires parisiens, pour avoir travaillé cinq ans chez Narquet et Associés, avenue Foch, une usine de cinquante personnes vouée autant à l'enrichissement personnel des notaires associés qu'à la mission de service public. Équilibre cornélien. Sa spécialité, c'était les successions, les divorces, les testaments, les donations, les contrats de mariage. Le droit de la famille et du patrimoine. Au début, elle voulait intégrer le service immobilier qu'elle imaginait plus masculin, plus important, mais en l'embauchant, Jean Narquet l'avait affectée d'office au droit de la famille. Elle avait protesté, il avait insisté : « Vous verrez, vous ne le regretterez pas. » Il avait eu raison : c'était souvent difficile, mais elle aimait être face à la nature humaine dans toute sa complexité, même si parfois, elle ressentait comme un vertige d'être au bord du précipice.

Sylvain Sassin posa la première question. On pouvait compter les sillons du peigne dans ses cheveux gominés, plaqués en arrière. Ses joues rasées de près brillaient et il sentait un parfum poivré. Il portait une étroite cravate noire, un costume cintré et une chemise blanche avec des coutures noires ; il était d'une beauté sans charme, comme les mannequins en plastique du monde de Barbie.

— Je suis le responsable du service comptabilité et le directeur des ressources humaines. Vous avez face à vous trois des quatre notaires associés : Hector de Polignac, François-Jean Regniez et Pierre Fontaine. Vous ne travaillerez pas avec Catherine Ferra, qui est en charge du service immobilier complexe. Vous êtes la quarante-cinquième candidature et notre sixième entretien d'embauche, Claire Castaigne. Jusqu'à présent, nous n'avons pas été convaincus. La plupart des gens se comportent comme des insectes qui se jetent contre la lampe antimoustiques et grillent électrocutés.

Il marqua un temps d'arrêt. Il souriait, visiblement satisfait de sa comparaison.

— Au-delà de l'excellence technique, nous recherchons quelqu'un de solide et de souple à la fois. Solide car capable de prendre des coups et de travailler beaucoup sur des dossiers complexes. Aucun des dossiers que nous vous confierons ne sera simple. Les dossiers simples, les notaires les gèrent avec leurs assistantes pour ne pas mobiliser indûment les cerveaux onéreux de leurs collaborateurs qualifiés, lesquels doivent savoir déléguer les tâches subalternes à leurs assistants. Savoir déléguer est une qualité à moins de vouloir mourir noyé sous les dossiers ! Nous attendons aussi de notre futur collaborateur une extrême souplesse. Il y a des méthodes et un esprit PRF à adopter. C'est pourquoi nous recherchons un candidat qui a cinq ans et non dix ans d'expérience. Nous voulons qu'il ne soit pas totalement gangrené par les méthodes des autres. Nous aimons faire les salariés à notre main. Êtes-vous la meilleure pour ce poste ?

— Je m'efforce de l'être chaque jour davantage, dit-elle dans un sourire. Je suis solide, combattante et j'ai une grande capacité de travail. Le travail est une valeur cardinale dans ma famille. J'ai l'expérience des dossiers complexes pour avoir travaillé cinq ans chez Narquet…

— Nous sommes meilleurs qu'eux ! lança Hector de Polignac.

— Je ne saurais renier mes maîtres d'apprentissage, ils sont très bons, mais en me recrutant, vous serez meilleurs qu'eux !

Hector de Polignac éclata de rire, il avait des petites dents pointues bien rangées et des yeux mobiles derrière ses lunettes rondes à monture en acier.

— Je vois que vous ne travaillez plus chez Narquet depuis plus de six mois. Pourquoi ? demanda François-Jean Regniez, qui la fixait sans sourire, de ses yeux bleus métalliques.

— J'ai voyagé.

— Où ? demanda Regniez.

— En Russie, en Mongolie, en Chine, en Inde, au Sri Lanka, en Malaisie, au Chili, en Argentine, au Brésil. Et j'ai terminé par l'Afrique du Sud et le Mozambique. Je suis partie vers l'est pour revenir par l'ouest.

— Vous avez remonté le temps ! lança Pierre Fontaine.

— Seule ? demanda Regniez.

— Oui. En grande partie en train.

— Ah ! Un bon point ! dit Pierre Fontaine en se tournant vers ses associés. Je ne voyage qu'en train ! Il y a une grande liberté à voyager en train. Et on voit vraiment les paysages.

— D'autant que tu as peur de l'avion ! dit Polignac dans un rire sec.

— Vous êtes née le 23 février 1982 ? demanda Regniez.

— Oui, j'ai trente-deux ans.

— Vous avez fait des donations transgénération-nelles et des donations de stock-options ? demanda Fontaine.

— Oui, j'en ai fait un certain nombre.

— Vous allez m'expliquer les droits à payer dans les hypothèses suivantes.

Fontaine se leva, grand et sec, et dessina au tableau des schémas à plusieurs branches. Claire répondit à chaque question posée, il hocha la tête et se rassit.

— Vous parlez anglais ? demanda-t-il.

— Oui, on peut parler anglais si vous voulez.

— Surtout pas !

Il avait un rire d'enfant malicieux et des yeux marron qui fuyaient derrière ses lunettes à double foyer. Sa pomme d'Adam semblait coincée dans sa cravate multicolore étroitement serrée. Il avait une coupure sous l'oreille gauche.

— Je parle italien aussi.

— Très bien. Il me semble que personne ne parle italien à l'étude.

— Que font vos parents ? demanda Regniez.

— Mon père est agriculteur et ma mère a un salon de coiffure.

— Où ?

— En Bourgogne, dans une petite ville qui s'appelle Nuits, près de Beaune.

— Nuits-Saint-Georges ? demanda Sylvain Sassin.

— Non. Chez nous, il n'y a pas de vignes. Il y a des usines et des champs, c'est la plaine de la Saône.

— Vous avez des frères et sœurs ? demanda Regniez en souriant légèrement.

— Une sœur qui a cinq ans de moins que moi. Elle vit au Brésil, à Rio, elle est peintre.

— Vous vous entendez bien ? demanda-t-il.

— Oui, on est très proches.

— Quelle est votre situation familiale ? Vous avez des enfants ? demanda Hector de Polignac.

— Non, je n'ai pas d'enfants. Je suis célibataire.

— C'est parfait ! J'espère que vous n'avez pas de projet d'enfant dans un futur proche !

Ses yeux bruns devinrent incendiaires dans ses lunettes en acier.

— Pas dans un futur proche.

13

— Quelles sont vos trois qualités ? demanda Sylvain Sassin.

— Travailleuse, pugnace, à l'écoute des autres.

— Que veut dire pugnace ? demanda-t-il.

— Qui ne lâche pas dans l'adversité, qui est combatif.

— Vous n'avez pas peur du sang des autres sur vos mains ?

Elle regarda Sassin dans les yeux, pensa à la fête que représentait, dans son enfance, l'abattage annuel du cochon qu'ils élevaient à la ferme. C'était toujours un matin d'hiver, avant le lever du jour, sur la dalle en béton de l'écurie. Elle aimait lorsque le boucher ouvrait la gorge de l'animal et que le sang coulait dans la bassine en bouillonnant. Lorsqu'il vidait le ventre des tripes et qu'il les jetait dans la gamelle métallique, elle plongeait ses mains dans la chair encore chaude et éprouvait un plaisir indicible.

— Je n'ai pas peur du sang.

— Vos trois défauts ?

— Je peux être trop perfectionniste, trop exigeante, parfois impulsive.

— Il y a au moins deux faux défauts là-dedans. Quelle est votre principale défaite ?

Claire Castaigne regarda par la fenêtre la colonne Vendôme dressée dans le ciel bleu, la tristesse noya son regard.

— Ne pas avoir réussi à desserrer le nœud.

Les quatre hommes étaient pendus à ses lèvres, elle avait renversé l'équilibre des forces.

— On avait onze ans, on était une bande de cinq amis, on se connaissait depuis la maternelle. J'étais la seule fille. Ils adoraient venir jouer chez moi. La ferme de mon père et la forêt derrière étaient des terrains d'exploration formidables. On jouait souvent à des jeux dangereux. Cet après-midi-là, il n'y avait que Julien. On s'amusait à parcourir, au-dessus du vide, les poutres métalliques qui soutenaient le toit du hangar. On serrait une longue corde autour de notre taille dans une sorte de nœud coulant pour nous assurer en cas de chute. C'était ce que nous nous disions. Je me tenais debout sur la poutre principale, je le regardais grimper le long des petites poutres. Son pied gauche s'est pris dans la corde, son corps a glissé à travers le nœud qui s'est refermé sur son cou. La corde s'est coincée et il s'est retrouvé pendu dans le vide à moins d'un mètre de la poutre. J'ai essayé de dénouer le nœud autour de sa gorge, il était trop serré, je ne réussissais pas à passer mes mains entre le nœud et sa gorge. Et je n'arrivais pas à atteindre ses épaules pour le soulever. Il étouffait. J'ai couru aussi vite que j'ai pu pour trouver un couteau dans l'atelier de mon père. Mais lorsque je suis revenue, il était mort.

Ce fut la fin de l'enfance, pensa-t-elle dans le silence.

Hector de Polignac avait écrit sur une feuille qu'il avait fait glisser devant Pierre Fontaine qui avait souri.

— Et votre plus grande victoire ? demanda Sylvain Sassin, dont le regard vert émeraude était devenu tendre.

— D'avoir survécu à sa mort et à la solitude qui suivit.

— Et votre plus grande victoire professionnelle ?

— La succession d'un homme politique, avec deux fils qui ne s'étaient pas vus depuis trente ans. Dans l'enfance, pendant une bagarre, l'aîné avait poussé son frère d'une fenêtre de l'appartement familial, au quatrième étage. Il avait eu les deux jambes fracturées et avait gardé une légère claudication. Le frère aîné avait été envoyé en pension et n'avait plus jamais vécu avec ses parents. Au fil de longues tractations, j'ai réussi à ce qu'ils se rencontrent et se parlent. Il y a eu des cris, des menaces, et un jour, l'aîné s'est excusé et tout s'est apaisé.

— C'est un nœud que vous avez réussi à dénouer, dit Pierre Fontaine en souriant.

— Oui.

Le téléphone de François-Jean Regniez sonna, tous se turent lorsqu'il répondit.

— Accompagnez-la en salle de rendez-vous, dites-lui que j'aurai un peu de retard. Et faites patienter Golfino dans la salle d'attente.

Regniez se pencha pour murmurer à l'oreille de Fontaine dont le haussement de sourcils et les lèvres pincées pouvaient signifier autant la surprise que l'embarras.

— Combien voulez-vous ? demanda Sassin.

— 90 000 euros brut. Le statut de notaire salarié dans un futur proche. La possibilité de développer ma clientèle et un intéressement sur les dossiers que j'apporte.

Sassin écrivit sur son carnet et regarda Hector de Polignac.

— Vous nous laissez cinq minutes, dit Polignac.

Ils la regardèrent quand elle se leva, elle portait un pantalon étroit qui moulait ses fesses, elle avait le corps sec et musclé d'une sportive.

Lorsqu'elle fut rappelée dans la grande salle, ils lui annoncèrent qu'ils acceptaient le salaire demandé. Elle commencerait par un CDD de neuf mois. C'était le temps qu'il fallait pour bien tester quelqu'un, pour découvrir ses faiblesses et ses erreurs, pour faire tomber le masque. À l'issue de cette période probatoire, ils statueraient sur le passage du statut de notaire assistant à celui de notaire salarié. Elle pourrait apporter des dossiers à l'étude à condition qu'ils soient rémunérateurs et avec l'accord préalable d'un associé, elle percevrait un intéressement de 5 % des émoluments. Et sur tous les dossiers, elle recevrait 5 % des honoraires libres qu'elle réussirait à facturer aux clients pour les travaux supplémentaires à leurs missions légales et tarifées. Si elle était d'accord, elle commencerait le lendemain.

Debout dans les escarpins neufs qui la blessaient, elle refoula l'inquiétude qui la traversait, leur sourit et les remercia.

2

François-Jean Regniez tenait dans ses mains la coupure de journal du 9 avril 2014 : *Frédéric de Gestas est mort, foudroyé par une crise cardiaque à l'âge de 52 ans.*

Raymond Golfino jeta encore sur le bureau un magazine people qui titrait : *Frédéric de Gestas, une belle mort, au lit avec sa maîtresse !*

— On l'a enterré ce matin. Elle voulait te voir rapidement, dit Golfino qui ouvrit, avant de s'asseoir, sa veste de costume croisée.

— Elle est comment ? demanda Regniez.

— C'est une bombe !

— Et le dossier ?

— Une bombe aussi !

— Je reformule ma question : elle est dans quel état ?

— Elle tient le choc ! Elle veut sa revanche !

Regniez saisit son téléphone.

— Colette, j'ai besoin que vous restiez pour une recherche ADSN, je vous promets que vous partirez avant 20 heures.

— C'était bien le Brésil ? demanda Golfino.

— Je me suis emmerdé mais Anne et les garçons étaient contents.

— Vous avez baisé un peu ?

Regniez attrapa la cigarette qui se consumait dans le cendrier, avala une grande bouffée, arrondit sa bouche et lança un rond de fumée devant lui.

— Il est beau ton zéro ! Tu es un saint homme !

— Je travaille beaucoup, dit Regniez en écrasant la cigarette.

— Quand est-ce que tu vas dans le Périgord ?

— Le week-end du 1er mai. Briefe-moi.

Regniez passa la main dans ses cheveux bruns légèrement grisonnants, il avait le geste las de l'homme amorti par les responsabilités. Dans son visage blanc et imberbe, des cernes noirs entouraient ses yeux bleu perçant comme du fard.

— Je ne sais pas tout, elle non plus. Il était au lit avec une jeune actrice quand son cœur s'est arrêté. Je les avais vus il y a environ un an. C'est elle qui avait pris rendez-vous, sur les conseils d'Anna de Boromé. Elles sont amies. Ils sont venus tous les deux, ils voulaient réorganiser leur patrimoine, vendre des tableaux, leur maison de Saint-Rémy-de-Provence et acheter une maison en Grèce. C'était surtout elle qui parlait, il semblait ailleurs, il était nerveux, incapable de se concentrer, il fumait cigarette sur cigarette, en pinçant le filtre entre ses dents. Il avait l'air usé. Il y a plus de 10 millions de patrimoine, un appartement rue Jacob qui en vaut 3, deux autres dans le 9e de 800 000 euros chacun, la maison de Saint-Rémy-de-Provence achetée 2 millions, une autre maison au cap Ferret, des tableaux, des voitures, des actions, des contrats d'assurance vie. Ils étaient mariés depuis quinze ans, ils ont un enfant ensemble qui a douze ans.

— Elle est aussi présentatrice à la télévision ?

— Oui, une émission culturelle.

— Jusque-là c'est simple.

— Il y a une maîtresse et peut-être un testament chez ton confrère Rémi Chapuis, qui était leur notaire. C'est la grande question. Ce matin, à l'enterrement, les regards noirs circulaient entre les veuves éplorées et il y en avait plus de deux ! À toi de jouer, je t'ai tout dit. Je la rejoins en salle de rendez-vous et tu arrives après ?

Ils se sourirent comme deux joueurs prêts à lancer les dés. Regniez hocha la tête, Golfino se leva. Regniez le regarda attentivement : malgré les années – ils avaient dépassé la cinquantaine –, son ami vieillissait bien, il avait belle allure avec son foulard en soie plié dans sa poche, son visage de romain à la peau tannée par le soleil, son nez large et ses narines frémissantes, ses cheveux gris crantés, ses paupières retombant sur ses yeux sombres, comme celles des grands fauves. Regniez se souvenait parfaitement de leur première rencontre à la faculté de droit de Limoges, et de leur coup de foudre amical. Ils venaient du même monde, lui, fils d'éleveurs de bovins et Golfino, enfant unique d'immigrés italiens, le père peintre en bâtiment et la mère épicière. Le sens de l'effort circulait dans leurs veines, ils avaient la même ambition, ils s'étaient fait le serment de réussir à Paris. Il se souvenait parfaitement de la fête qu'avait été l'annonce de leur admission à Assas et de leur petit appartement près de la place d'Italie, de la moquette verte aux murs qu'ils avaient arrachée pour repeindre en blanc. Ils avaient évolué mais ils n'avaient pas changé. À dix-huit ans, Golfino avait déjà le goût des affaires et de l'argent, et ce formidable entregent qui l'avait fait élire président de la corpo droit dès la première année, qui lui avait fait monter très vite son cabinet de gestion de patrimoine. En quelques années, il avait tissé un grand réseau professionnel et il menait une vie mondaine et libre. Regniez l'avait toujours secrètement admiré, lui qui avait été si laborieux dans les études, si sérieux, qui s'était marié avec la première femme qu'il avait rencontrée, et qui ne se serait jamais associé avec Polignac sans l'appui de son beau-père, grand avocat parisien. Golfino avait créé son succès seul et il n'était jamais tombé dans le piège de la vie de famille bourgeoise. Il s'était marié tard à une femme charmante qui fermait les yeux sur ses infidélités. C'était pour ça qu'Anne ne l'aimait pas, sa liberté était dangereuse. Regniez était heureux que leur amitié ait duré. C'était son seul ami.

La veuve était habillée en noir, elle avait gardé sa tenue d'enterrement. Elle était assise au fond du fauteuil, les mains sur les accoudoirs, ses yeux bleus ne cillaient pas, elle attendait, le visage fermé. Golfino se tenait près d'elle.

Regniez présenta ses condoléances, en prenant place face à elle.

— Ainsi que je vous le disais, en plus d'être un ami de trente ans, François-Jean Regniez est le spécialiste des dossiers familiaux sensibles. Le secret professionnel nous interdit de citer des noms, mais je peux vous assurer qu'il a fait ses preuves.

— Oui, mon amie Anna de Boromé était très contente de votre action dans son affaire. Mais mon dossier est un peu plus délicat.

— Je vous écoute, dit Regniez, en croisant les mains sous son nez, dans un geste qui pouvait ressembler à une prière.

— J'avais vingt-cinq ans quand j'ai connu mon mari. Il avait douze ans de plus que moi. Il travaillait déjà à la télévision mais il ne présentait pas encore le 20 heures. Je sortais d'une école de journalisme, un professeur m'avait trouvé un stage de fin d'études dans sa rédaction. Nous sommes tombés amoureux et nous nous sommes mariés assez vite. Je ne connaissais pas grand-chose aux hommes, rien au couple, rien à la vie de la nuit, rien aux drogues. J'ai découvert un noctambule infatigable. Je l'ai suivi au début, mais je n'aime pas la nuit, et je n'ai jamais pris de drogue. Je m'endormais dans les clubs ! Il appartenait à cette race de séducteurs qui ne peuvent renoncer aux autres femmes en se mariant. Il m'a trompée dès le début de notre mariage. J'ai fermé les yeux. J'avais peur de perdre ce que j'avais acquis. Je n'avais jamais connu l'aisance matérielle avant lui. Et quand on ferme les yeux une fois, on les ferme toujours. À la naissance de Matéo, il a arrêté de sortir. Il a vu un médecin pour se libérer de ses addictions. Il était fou de son fils, il voulait être un bon père. Il rentrait tôt, il préparait le dîner. C'était mieux que notre lune de miel aux Seychelles ! Jusqu'à ce qu'on lui propose le 20 heures. D'un coup, il est devenu une vedette, il signait des autographes dans la rue. Il a replongé dans la fête comme dans un tourbillon. On m'a proposé d'animer une émission culturelle sur une chaîne privée. J'ai su après qu'il était intervenu pour que j'aie le poste. Il voulait que je sois épanouie dans mon métier, c'était la clé de sa liberté. Assez vite, il a voulu un deuxième enfant, il m'en parlait tout le temps, je ne voulais pas, il n'était pas assez présent. Et il a rencontré cette jeune actrice, Marie Bonello, qui commençait à être connue, il s'affichait avec elle, on me le disait, je faisais semblant de ne pas entendre. J'ai eu un amant, j'ai cédé à sa cour, comme une défaite. Puis j'ai vu l'actrice enceinte en couverture des magazines people. Le nom du père n'apparaissait pas. J'ai appris plus tard, en rencontrant le rédacteur en chef de l'un de ces magazines, qu'elle les avait appelés pour dévoiler l'identité du père. Ils n'avaient pas voulu sortir l'info parce qu'il était un homme marié. Après la naissance de l'enfant, il a partagé son temps entre nous et eux. Je pensais qu'il allait me quitter mais il est toujours revenu à la maison. Il m'a même fait une scène quand il a appris qu'il y avait un autre homme, avec qui je partais en Grèce comme lui partait en Italie avec son actrice. Il m'a demandé d'arrêter. Cet amant-là, je l'avais choisi, je l'aimais. Je l'ai quitté pour sauver mon mariage. En échange il a quitté son actrice, dont il s'était sans doute lassé. Il s'est tenu tranquille un moment, puis il a rencontré une autre comédienne, Alice Dupont, dont il semblait très amoureux. Pour la première fois, il me parlait de divorce, il voulait vivre avec elle. C'est dans son lit qu'il a fait son arrêt cardiaque. Elle a appelé notre ami, Gabriel. Je me suis retrouvée chez cette fille, avec Gabriel, le Samu, la police autour de mon mari mort, nu sur le lit. Cette fois, les journaux à sensation ne m'épargnent pas. L'époque a changé, le scoop est trop beau. Je suis poursuivie par les photographes, il a fallu que je les sème avant de venir chez vous. Je vous raconte tout ça pour que vous compreniez pourquoi je ne lâcherai rien.

— Je le comprends parfaitement, dit Regniez en fixant ses yeux pleins de larmes.

Il laissa le silence s'installer, comme un couvercle, avant de reprendre :

— Avez-vous le souvenir d'avoir signé, chez un notaire, une donation entre époux ?

— Ça ne me dit rien. Qu'est-ce-que c'est ?

— Une donation à valoir sur sa succession, qui vous offre la possibilité de recevoir davantage que vos droits légaux en votre qualité d'épouse.

— Non.

— Nous devons aussi savoir s'il y a un testament. Avez-vous retrouvé quelque chose ?

— Je n'ai pas cherché. Je ne peux pas toucher ses papiers, j'ai peur de ce que je pourrais découvrir.

— Nous allons interroger le fichier ADSN, le fichier national des dispositions de dernières volontés, qui recense les testaments déposés chez tous les notaires de France. Nous n'en connaîtrons pas la teneur ce soir mais nous saurons s'il y a un testament quelque part. Avez-vous apporté l'acte de décès ?

— Oui, dit-elle en ouvrant la pochette en cuir noir posée devant elle.

Regniez composa le 9 sur son téléphone et donna à Colette Grossin les informations figurant sur l'acte de décès.

— Pensez-vous qu'il y ait un testament ?

— Il n'a jamais organisé ses affaires. C'est moi qui ai commencé à en parler, il y a un peu plus d'un an. Je ne voulais pas divorcer mais je voulais être protégée. Nous avons rencontré M. Golfino sur les recommandations d'Anna. Frédéric était attaché à son notaire, je voulais changer, je voulais un notaire neutre, M. Golfino a soumis votre nom. Mais il n'a pas voulu vous rencontrer et je sais qu'il a vu son notaire après.

On frappa à la porte : Colette Grossin, la chef du service formalités, pimpante dans sa robe fleurie, entra, en gardant les lèvres fermées, ce qui lui demandait un effort mental car elle souriait tout le temps. Son rire puissant retentissait régulièrement dans l'étude ; elle était dotée d'une belle voix d'alto qui ne demandait qu'à se déployer, elle appartenait à une chorale gospel et chantait tous les dimanches à l'église. Dans les premières semaines de sa prise de fonction, huit ans auparavant, elle avait été convoquée par Hector de Polignac qui lui avait demandé de ne plus sourire en apportant des recherches testamentaires en salle de rendez-vous. Elle avait répondu : « Le rire, c'est la vie. Chez moi, en Martinique, on rit malgré la tristesse, c'est la plus belle des manières de rendre hommage à la vie du défunt. » Il avait rétorqué : « On n'est pas en Martinique, ici, c'est sérieux ! » Cette phrase cinglante, elle ne l'avait jamais oubliée, elle la répétait en

25

riant à ses proches, en imitant l'accent aristocratique et les manières sophistiquées de son patron et elle ajoutait : « Tu crois qu'ils font pas la java, les héritiers, avec les pactoles qu'ils touchent ! »

Regniez saisit la feuille qu'elle lui tendit, il la remercia, il n'avait plus besoin d'elle, ses yeux sourirent, elle disparut derrière la porte, elle avait imprimé l'air d'une forte odeur de jasmin.

— Il y a un testament déposé en mars 2013, chez Rémi Chapuis.

— Je ne veux pas avoir de contact avec ce notaire.

— Soyez rassurée, c'est moi qui vais lui demander une copie du testament. Il va le déposer au rang de ses minutes sans intervention de votre part.

— Il n'y a aucun moyen de savoir maintenant ?

— Malheureusement non. Il est 20 heures, l'étude Chapuis est fermée, je n'ai pas le téléphone personnel de mon confrère. J'envoie un fax dès ce soir, je l'aurai demain. Que préférez-vous ? Que je vous l'adresse par mail pour que vous en preniez connaissance seule ou que l'on se voie demain et que je vous en fasse la lecture ?

— La deuxième solution. À quelle heure pensez-vous le recevoir ?

— Ça dépend de la réactivité de mon confrère, un rendez-vous en fin d'après-midi me semble plus prudent.

— 17 heures ?

Regniez consulta son agenda sur son téléphone portable qui indiquait un rendez-vous Gentil à la même heure.

— D'accord pour moi. Raymond ?

— OK, dit Golfino, dont l'agenda indiquait une partie de tennis.

Alors que Regniez inscrivait le rendez-vous sur l'agenda électronique de Nicolas Boissière, Sophie de Gestas dit qu'elle allait passer une quatrième nuit blanche mais qu'elle était soulagée de ne plus avoir d'homme dans son lit. Il grimaça en signe d'excuse, écrivit Gentil plutôt que Gestas. Il confierait le dossier à leur nouvelle recrue, Claire Castaigne. C'était risqué mais il la sentait bien, et son instinct ne le trompait jamais.

3

Il lui avait demandé d'arriver à 8 heures. Elle se tenait devant la porte en chêne massif du cinquième étage. Luisait, à hauteur d'homme, une plaque dorée sur laquelle était inscrit en lettres noires PRF NOTAIRES ASSOCIÉS suivi de traits verticaux bleu blanc et rouge. Son cœur battait fort, elle sentait le poids de la fatigue après sa nuit agitée, elle n'avait trouvé le sommeil qu'à 3 heures du matin, assaillie par des pensées contradictoires, brouillées par l'alcool qu'elle avait bu avec son amie Pauline pour fêter son embauche. Elle était l'élue parmi tous les candidats, ils l'avaient choisie sans attendre, alors qu'elle doutait toujours de l'image qu'elle renvoyait aux autres. Une étude aussi prestigieuse ! Elle avait immédiatement appelé ses parents et sa grand-mère qui avaient tous trois employé le mot « fierté ». Elle avait appelé sa sœur à Rio qui commençait sa journée dans son atelier. Elle avait lancé : « On la voulait toujours la rue de la Paix, au Monopoly ! » Marion l'avait félicitée avec toute la réserve qui était la sienne et cette réserve avait ouvert une brèche en elle. Elle pointait sa contradiction : il y a six mois, elle avait stoppé net sa belle ascension pour voyager et écrire. À sa famille décontenancée, elle avait répété que c'était ce qu'elle voulait faire vraiment, elle avait

28

appuyé son argumentaire de longs développements sur le sens du travail, et elle revenait maintenant à tout ce qu'elle avait rejeté avec force, elle s'enfonçait avec la même énergie dans le tunnel de la vie de bureau qui sentait la sueur et l'angoisse.

Malgré la fatigue qui tendait ses épaules, ses idées étaient claires : ce métier était un sacerdoce et elle l'aimait.

Sylvain Sassin vint lui ouvrir comme s'il la faisait entrer dans son appartement.

— Bonjour Claire, bienvenue. Clara, la standardiste, n'est pas encore là. Elle arrive à 8 h 30 et repart à 18 h 30. Le mercredi, c'est Louise. Mais vous arriverez souvent avant elles et repartirez bien plus tard. Les codes d'accès de l'immeuble et de l'étude sont d'ores et déjà dans votre boîte mail. Vous trouverez aussi le code de l'alarme, ultra-confidentiel bien sûr, pour que vous puissiez fermer le soir et arriver avant le ménage, le matin. Ils arrivent à 7 heures, dit-il en souriant.

L'office notarial occupait tout le cinquième étage de l'immeuble du 2 rue de la Paix, et formait un L percé d'une cour intérieure carrelée de blanc, encadré des rues de la Paix et Danielle-Casanova, et de cours grises à l'arrière.

— Nous allons commencer par une visite de l'étude.

Ils traversèrent la salle d'attente, s'arrêtèrent devant le bureau vide d'Hector de Polignac, et avancèrent dans un couloir jusqu'à une porte ouverte : Catherine Ferra était assise derrière son ordinateur,

la fenêtre entrebâillée sur une terrasse surplombant
la rue Danielle-Casanova.

— Catherine, je vous présente Claire Castaigne,
notre nouvelle recrue, qui remplace Karine Grumeau,
au service droit de la famille. Ainsi que je vous l'ai
précisé hier, Catherine Ferra s'occupe exclusivement
de l'immobilier complexe, vous ne travaillerez donc
pas avec elle.

— Ah enfin ! J'espère que vous êtes motivée !

Elle avait parlé très vite, sans sourire, et se leva.
Elle portait des talons hauts, une jupe beige un peu
courte qui mettait en valeur ses jambes fines et une
chemise blanche en V sur ses seins ronds ; elle passa
devant eux et traversa le couloir pour récupérer des
impressions à la photocopieuse. Un parfum puissant
se répandit dans la pièce, Claire reconnut Chanel
N° 5. Lorsqu'elle retraversa le couloir, ses yeux bleus
balayèrent Claire de haut en bas. De sa main gauche,
elle ramena vers l'arrière sa chevelure blonde impeccablement brushée et adressa un grand sourire à
Sylvain Sassin.

Au bout du couloir, ils pénètrent dans le bureau
silencieux de Pierre Fontaine, dont les grandes
fenêtres donnaient sur une cour triste. Sur un mur
gris était accrochée une grande reproduction, pendue
de travers, des *Mariés dans le ciel de Paris* de Chagall.

Le bureau de François-Jean Regniez donnait sur
la rue de la Paix et était contigu à la grande salle de
rendez-vous dénommée Paix 1, celle où Claire avait
passé son entretien d'embauche. Regniez se tenait
penché sur un épais dossier, sa chemise blanche
plaquée contre son torse par des bretelles brunes,

sa veste posée sur le dossier de son fauteuil. Sur le grand mur face à elle, une vache rousse plantée dans un pré la fixait.

— Bonjour monsieur.

— Bonjour Claire, bienvenue, il faudra qu'on se voie aujourd'hui. J'ai inscrit un rendez-vous sur votre agenda.

— Claire sera joignable au 23. Bonne journée, dit Sylvain Sassin en regardant sa montre.

Ils empruntèrent le long couloir des collaborateurs en immobilier, il désigna les espaces comptabilité et formalités et le bureau de l'archiviste encombré de dossiers. Puis ils revinrent sur leurs pas, longèrent la cour carrelée, passèrent dans la cafétéria où ronronnaient deux photocopieurs, et pénètrent dans un grand open-space découpé en cubes de trois mètres carrés, séparés à mi-hauteur par des cloisons de verre. Les cubes vitrés étaient tous meublés à l'identique d'un bureau en mélaminé gris, d'une chaise à roulettes en tissu gris et d'une étagère remplie de dossiers. Ils étaient éclairés par des plaques de néon et une lampe de bureau en métal et étaient réservés aux secrétaires, clercs et notaires stagiaires. Les bureaux des notaires assistants ou salariés ouvraient sur cet espace, comme sur une arène. Les uns donnaient sur la cour carrelée, et les autres, pourvus de grandes portes-fenêtres, sur un balcon filant sur la rue de la Paix.

Devant le bureau que Sylvain Sassin désigna à Claire, il y avait un carton rempli d'objets d'où dépassaient un cadre avec la photographie d'un chat et un foulard en soie turquoise. Sur le bureau en mélaminé gris étaient posés un téléphone, un ordinateur et une tasse bleue sur laquelle était inscrit en lettres dorées PRF 23. Sur un petit meuble carré : une photocopieuse reliée par un câble à l'ordinateur. Sassin referma la porte et ouvrit les trois placards gris qui, du sol au plafond, étaient remplis de dossiers de différentes couleurs.

— Ce sont les dossiers de Karine Grumeau. En sus des nouveaux dossiers que vous donneront les notaires associés, ces dossiers sont désormais sous votre responsabilité. Il faudra continuer à traiter les dossiers actifs, et il y a un grand nombre de dossiers dormants qui n'ont jamais été finalisés, dont certains demandent seulement à être soldés. À vrai dire, on ne sait pas vraiment. La communication avec Karine est devenue compliquée. Nous sommes en train d'organiser son départ. Ne vous laissez pas impressionner lorsqu'elle arrivera. Ce bureau est le vôtre et elle occupe désormais le bureau près des photocopieurs. Votre ordinateur est allumé. Tous les ordinateurs sont verrouillés par des codes d'accès personnels à chaque collaborateur. Le verrouillage automatique s'active au bout de vingt minutes d'inactivité. Le code d'accès provisoire est bienvenuchezprf. Le code d'accès au logiciel est le même pour tous, c'est holiday. Vous trouverez les autres codes d'accès aux différentes bases de données dans votre boîte mail. Les numéros de téléphone internes vont de un à cinquante. En premier, viennent les quatre notaires associés : HP, c'est 1. FJR, 2. CF, 3. Et PF, c'est 4. Le standard, c'est le zéro. Vous trouverez la liste téléphonique dans votre boîte mail. Vous êtes donc le numéro 23.

— C'est mon chiffre, je suis née un 23.

— C'est de bon augure. Si vous avez la moindre question, appelez-moi au 18, je suis le pompier de l'étude ! Michel Piot, le petit clerc qui a le rôle de technicien informatique, d'archiviste et d'homme à tout faire est au 19, il viendra se présenter à vous. Ici, chaque dossier est rattaché à un notaire associé et est traité, soit directement par lui avec sa clerc ou sa secrétaire s'il est simple, soit par un notaire assistant ou salarié assisté d'un notaire stagiaire ou d'un clerc. Pour l'instant, vous serez assistée de Paulette Gorin, qui travaillait avec Karine. C'est provisoire, nous cherchons aussi à la faire partir. Elle est en vacances cette semaine, je vous la présenterai à son retour. Il ne faudra pas la ménager, elle instaurerait un rapport de force à votre détriment, et surtout nous prévenir si elle commettait une erreur. Ensuite, nous recruterons ensemble un ou une notaire stagiaire. Votre première mission est d'établir une liste par notaires de tous les dossiers qui sont dans ces armoires et d'indiquer ce qu'il reste à faire pour les finaliser, ou bien les éléments de blocage éventuels. Nous sommes dans une démarche qualité à l'étude et nous ne pouvons laisser ces dossiers en l'état, ça n'est pas à la hauteur de notre réputation. Enfin, laissez toujours votre boîte mail ouverte et prenez votre téléphone portatif avec vous quand vous quittez ce bureau, il faut que vous soyez joignable à tout moment. Et indiquez bien vos rendez-vous sur votre agenda, qui est en réseau. Nous allons aussi vous offrir un beau téléphone portable pour que vous puissiez répondre, avec réactivité, aux mails et aux appels des clients quand vous êtes en rendez-vous extérieur ou en week-end. C'est la démarche qualité. Bon courage, Claire ! dit-il en refermant la porte sur ses dents blanches parfaitement alignées.

Claire s'assit dans le fauteuil en cuir, déplaça à droite de l'ordinateur la souris et le tapis décoré d'un paysage breton, et activa l'écran en faisant rouler la souris sur le tapis. Elle remplaça le code provisoire par *23venividivici* et commença à lire le manuel qualité PRF joint au mail de Sylvain Sassin. Son regard se détacha assez rapidement de l'ordinateur pour parcourir le bureau. En face d'elle, les grands placards gris qui renfermaient des dizaines de dossiers qui, s'ils n'avaient pas été finalisés, recelaient tous une difficulté. Elle fit pivoter son siège : un code civil 2012 et des livres de techniques liquidatives de successions et de régimes matrimoniaux garnissaient l'étagère qui ployait en son centre. Elle retira la feuille du 14 avril de l'éphéméride pendu au mur, se leva, ouvrit l'un des placards, et saisit au hasard, au milieu d'une pile, un dossier vert intitulé succession Gravier. Elle s'assit. La porte s'ouvrit.

— Bonjour, je suis Claire, vous êtes sans doute Karine ?

— Oui ! Et c'est mon bureau !

— Sylvain Sassin m'a dit que c'était le mien maintenant.

Karine Grumeau s'avança, contourna le bureau, les yeux pleins de larmes. Elle était assez grande mais se tenait courbée, le cou rentré dans les épaules comme une tortue. Claire se leva, Grumeau la tira par le bras.

— Va-t'en !

— On se calme ! dit Claire en repoussant son bras.

— Comment je pourrais rester calme ? Mes affaires sont dans un carton ! hurla-t-elle d'une voix aiguë, en tirant Claire par la manche de sa veste.

Claire attrapa son bras et le plia derrière son dos, Grumeau poussa un cri rauque cette fois. Claire fixait sans faillir les yeux qui pleuraient, elle resserrait toujours plus la prise. Des têtes se tendaient dans la pièce pour mieux voir, les corps ne bougeaient pas, ils étaient absorbés par le spectacle qui modifiait l'ordinaire. Elle relâcha sa prise, se laissa tomber dans le fauteuil, composa le 18 en fixant les visages ahuris, ses joues brûlaient, son cœur tambourinait.

— Vous pouvez venir vite s'il vous plaît.

Karine Grumeau pleurait, recroquevillée sur la moquette.

Sylvain Sassin et Michel Piot se frayèrent un passage parmi les corps figés par la stupéfaction.

— Retournez à vos postes ! Relevez-vous, Karine, ce n'est plus votre bureau, c'est celui de Mlle Castaigne, dit Sassin.

— Vous êtes des salauds ! murmura-t-elle d'une voix éteinte.

Le téléphone sonna dans le vide, des carillons qui sonnaient le glas.

— Aidez-moi, Michel.

Ils la soulevèrent chacun par un bras et traînèrent son corps lourd hors du bureau.

Claire resta seule, le cœur battant, le téléphone sonnait en continu, elle referma la porte, ouvrit la fenêtre et s'avança sur le balcon. Elle serra la rambarde en fer forgé pour contenir le tremblement de ses mains, regarda la colonne Vendôme dans le ciel noir, tourna la tête et observa le ballet serré des voitures sur la place de l'Opéra, l'esprit vidé de toute pensée. Une femme aux cheveux courts sortit sur le balcon de l'immeuble d'en face, elle alluma une cigarette, tournée contre la fenêtre pour se protéger du vent. La pluie allait éclater après les fortes chaleurs des derniers jours. Dans le vacarme de la rue de la Paix, elle n'entendit pas Sylvain Sassin frapper et entrer. Quand il fut derrière elle et qu'il lui parla, elle sursauta.

— Je pense que vous ne devriez plus avoir de problème !

— Ça aurait été bien de la prévenir.

— Nous avons été maladroits, dit-il d'une voix douce.

Claire enfonça ses mains dans ses poches pour ne plus trembler. Les carillons retentirent de nouveau, ils se regardèrent intensément, elle décrocha le combiné.

4

Pierre Fontaine était penché sur son ordinateur, son téléphone portable coincé entre son épaule et son oreille gauche, son long corps enveloppé dans son imperméable beige. Il rentra le mot de passe : *Binette*.

La photographie d'un jardin fleuri apparut, il approcha ses lunettes à double foyer de l'écran, plissa le nez, et cliqua sur mail.

— Qu'est-ce que t'a dit l'infirmière ? demanda-t-il en jetant son imperméable sur le porte-manteau qui pencha contre la fenêtre.

— Elle va me donner de la morphine. Pour le reste, elle doit attendre le docteur Sagoin qui ne passera que cet après-midi.

Son téléphone fixe sonna dans un joyeux tam-tam : Polignac s'afficha.

— Attends une seconde, je dois répondre. Oui, Hector, dit-il en tirant sur le fil emmêlé pour que le combiné atteigne son oreille droite.

— Grumeau est cuite, rejoins-moi dans mon bureau !

— J'arrive, dit-il en reposant le combiné sur sa base.

— Qu'est-ce que vous allez faire à Karine ?

— Rien, ma chérie.

— Si, dis-moi, je veux savoir, c'est notre amie !

Pierre Fontaine souffla.

— Dis-moi. Qu'est-ce que ça veut dire : « Grumeau est cuite » ?

— Je ne sais pas encore. Il faut que j'y aille.

— Ne te laisse pas embringuer dans les machinations d'Hector !

— Mais non ! Je pense à toi, je viens ce soir.

Il enfonça son téléphone dans sa poche et marcha aussi vite qu'il le put, sans courir, il faillit percuter Catherine Ferra qui jaillissait de son bureau pour rejoindre la photocopieuse.

— Ah viens voir, Pierre ! dit-elle en l'embrassant sur les joues et en le prenant par le bras.

— Je n'ai pas le temps, Hector m'attend.

— Tu es tout blanc, ça ne va pas ?

— C'est le moment pour Grumeau.

— Mais c'est pas encore fini ! s'exclama-t-elle.

— Je viens te voir après.

Il vit sortir du bureau d'Hector le jeune Maxime Ringuet qui souriait. Hector était assis à son bureau, Sassin se tenait debout à côté de lui, tous deux penchés sur un document.

— Qu'est-ce qui se passe ?

Aucun des deux ne leva la tête.

— Le plan de Sylvain a fonctionné au-delà de nos prévisions. Maxime nous a tout raconté. Quand Karine a vu son bureau occupé par Claire Castaigne, elle n'a pas supporté. Il a fallu que Sylvain et Michel les séparent. De vraies furies ! On aurait dû le faire bien avant plutôt que de jouer aux échecs avec cette vache ! Allez-y ! On ne la laisse pas refroidir ! dit Polignac.

— Où allons-nous ? demanda Fontaine.

— Sylvain et toi, allez rejoindre Karine, en Casanova 2. Pas la peine que j'y aille, tu sais bien qu'elle me déteste ! Tu vas lui faire signer la rupture conventionnelle que Sylvain a modifiée. On a augmenté l'indemnité de 30 %, c'est à prendre ou à laisser. Dis-lui que sinon elle ne ressortira pas vivante de l'étude ! dit-il dans un éclat de rire perçant.

Pierre Fontaine pénétra prudemment dans la salle Casanova 2. Sylvain Sassin le talonnait de si près qu'il pouvait sentir son parfum poivré. Karine Grumeau était assise dos à la fenêtre, la tête dans les mains, sa veste chiffonnée posée sur la table à côté de son sac à main ouvert, le carton contenant ses objets sur la moquette à côté d'elle ; elle releva son visage plein de larmes.

— Vous êtes de beaux enfoirés. Toi en tête, Pierre ! Et l'autre suppôt de Satan, là ! Deux mois à peine après mon retour de congé maladie ! Je suis revenue au plus vite, je porte encore ma perruque ! Tiens, regarde mes cheveux ! Ils sont plus courts que les tiens ! dit-elle en arrachant sa perruque. Un cancer, six mois d'arrêt, un sein en moins et en bouquet final, je suis virée de la boîte pour laquelle je travaille depuis douze ans, par un ami de vingt ans ! Dites-moi que c'est un cauchemar ! Réveillez-moi !

— On a constaté beaucoup d'irrégularités dans tes dossiers pendant ton absence, on te l'a dit.

— J'étais submergée de travail.

— Comme tous ici, répondit Fontaine d'une voix douce.

— Boissière et Quiniou se sont empressés de me balancer !

— On a révisé notre proposition, on a augmenté ton indemnité de 30 %. Bien sûr, ça ne console pas, mais ça te permettra de voir venir avant de pouvoir rechercher du travail. C'est le mieux que l'on puisse faire.

— J'ai toujours su que tu étais un lâche, mais je ne savais pas que tu n'avais pas de cœur !

Les yeux de Pierre Fontaine se remplirent de larmes.

— Je suis désolé, Karine, je ne suis pas seul à décider, c'est une décision collective.

— Quand ça vous arrange ! Comme tu es malhonnête, Pierre. Je plains Martine.

Elle éclata en sanglots, le ciel s'éclaircit derrière elle, le soleil perça d'un coup et aveugla les deux hommes.

— En signant cette convention, tu retrouves ta liberté. Tu ne fais pas ton préavis, tu pars maintenant et on se débrouille avec les dossiers.

— De toute façon, je n'ai pas le choix, je suis trop faible pour me battre avec vous et vous en profitez, bande de pervers.

— Karine, dit Pierre faiblement.

— Débarrasser mon bureau, foutre mes affaires dans un carton, et installer une pétasse à ma place qui ne tiendra pas trois mois, tout ça en une nuit, c'est pas de la perversion ?

Pierre Fontaine baissa la tête dans les rayons du soleil, le silence envahit la pièce.

— Donne-moi cette convention. Pas vous ! Je ne prends rien de vos mains sales !

Sylvain Sassin donna les deux feuilles à Fontaine qui les tendit à Karine. Elle posa ses mains sur ses oreilles et lut. Elle attrapa un stylo dans le pot rempli de stylos gris frappés des initiales PRF, placé au milieu de la table, il ne fonctionna pas lorsqu'elle voulut parapher la première page, elle s'acharna jusqu'à percer le papier.

— Même vos stylos sont foireux !

Elle jeta le stylo qui rebondit contre une chaise et en saisit un autre, elle parapha et signa les deux exemplaires avec des gestes rageurs, Fontaine signa un exemplaire et lui tendit d'une main tremblante, elle l'enfonça dans son sac avec son poing.

— Voilà, vous pouvez courir annoncer votre victoire au gros porc planqué dans son bureau ! Et n'oubliez pas de vous regarder dans la glace ce soir ! Comme vous êtes moches !

— Je prends ton carton, je t'accompagne en bas.

— Non, je ne veux plus te voir.

— Je suis désolé, Karine.

Elle posa son sac à main et sa veste sur le carton et le souleva en poussant un soupir, son cou avait disparu entre ses épaules. Pierre Fontaine serra ses mains qui tremblaient encore, les paroles de Sassin étaient indistinctes, recouvertes de ses pensées, il pensait à Martine, à ce qu'il allait lui dire, à ce que Karine dirait, il s'éloigna.

Lorsque Catherine Ferra le vit passer dans le couloir, elle l'appela, il s'immobilisa dans l'embrasure de la porte comme un automate.

— Alors ?

— Elle a signé.

— Une bonne chose de faite ! Vous ne perdez pas au change avec la nouvelle ! Vous avez décidé de transformer l'étude en agence de mannequins ?

Pierre Fontaine sourit faiblement.

— Ne te contrarie pas pour Karine, Pierre. Tu as fait ce qu'il fallait faire !

— Oui mais j'ai perdu une amie.

— Tu en as d'autres ! Il faut que je réponde, on se voit plus tard, dit-elle en regardant son téléphone portable vibrer sur la table.

Elle répondit d'une voix douce, en lui adressant un clin d'œil.

Assis devant son ordinateur, il dénoua sa cravate et lut le mail de Sylvain Sassin aux quatre notaires associés, qui s'affichait dans sa messagerie : « KG a signé la rupture conventionnelle, grâce au concours efficace de Pierre. Pas de préavis, elle a quitté l'étude à l'instant. CC a reçu toutes les informations. Boîte mail et téléphone (23) opérationnels. Bonne journée. SS. »

5

— Ça veut dire quoi, légataire universel ? Vous savez, moi je suis institutrice, le droit je n'y connais rien et je ne suis pas rapide comme vous ! Il faut m'expliquer lentement les choses.

Hector de Polignac, penché sur son téléphone portable, lisait le mail de Sylvain Sassin. Il releva la tête, retira ses lunettes dans un souffle et sourit à Mme Pinson qui portait de grandes boucles d'oreilles et un collier de perles en toc. Lorsqu'elle bougeait, les fleurs du T-shirt qui enserrait ses bras épais et ses gros seins s'animaient comme si elles étaient vivantes. Il regarda Hélène Quiniou qui écrivait avec application, avec son stylo plume rose et son fard à paupières bleu, sa jambe droite tremblait nerveusement comme d'ordinaire, elle portait des escarpins aux talons élimés surmontés d'un nœud en similicuir. Il était entouré de deux championnes du bon goût.

— Répondez à Mme Pinson, Hélène.

— Ça signifie que votre tante vous a transmis la totalité de son patrimoine à charge pour vous de distribuer les legs qu'elle a listés dans son testament et de payer les dettes éventuelles.

— Ah bon ?

— Oui, le testament est sans ambiguïté. Votre tante a dû se faire aider d'un notaire pour le rédiger.

Vous êtes désignée, madame Rose Pinson, comme légataire universel de Mme Barbot. Gérard Barbot, Alain Barbot et Colette Rondeau reçoivent chacun 20 % de l'immeuble de la rue de Bagnolet. Vous avez aussi la charge de distribuer ses bijoux à ses trois petites-nièces, et dix mille euros à chacun de ses huit petits-neveux. Il vous revient tout ce qui reste, déduction faite des dettes et des droits de succession que vous aurez à payer sur votre part. Il est précisé que les légataires paieront chacun les droits et les frais afférents à leurs legs. Vous ne payez donc que vos frais et droits de succession, répondit Hélène Quiniou.

— Comment je vais faire tout ça ? Gérard et Colette ne se parlent plus !

— Nous allons vous aider, nous sommes là pour ça, dit Hector sans lever les yeux de son téléphone.

— Vous savez, je ne m'attendais pas à figurer sur le testament de Mme Barbot. Elle n'avait pas d'enfants mais il y avait ses autres neveux et nièces. Et elle connaissait tellement de monde. Je ne savais pas qu'elle avait tout ça. Elle était très secrète. Je la voyais peu, je vis dans les Yvelines. Je savais qu'elle était propriétaire de son appartement de la rue de Bagnolet et d'une ferme héritée de sa mère avec des terres dans le Loiret, pas plus. Je vous ai apporté tous les papiers que j'ai retrouvés chez elle, tout était bien classé, dit-elle en posant sur la table un gros sac en plastique.

— Est-ce que vous avez retrouvé des titres de propriété ? demanda Hélène.

— Oui, dit-elle en lui tendant une pochette.

Hector de Polignac attrapa la pochette et reprit la parole.

— Attestation de propriété suite au décès de Mme Raymonde Garreau veuve Barbot, établie en 75. Attribution à Mme Yvonne Barbot, fille unique, d'un immeuble de six étages au 39 rue de Bagnolet, dans le 20e arrondissement et d'une propriété avec cent parcelles d'un total de cent hectares à Marcilly-en-Villette dans le Loiret. Est-ce que vous avez trouvé ses relevés de comptes bancaires ?

— Oui, apparemment, elle n'avait qu'une banque : la Société Générale.

— Des comptes bancaires pour un montant total de 200 000 euros et des assurances vie pour un million d'euros, dont 500 000 euros à votre profit.

Rose Pinson émit un rire nerveux. Hector de Polignac la regarda par-dessus ses lunettes posées au bout de son nez.

— Vous connaissez les bénéficiaires qui sont listés ?

— Oui, tous. Mme Adamcki était sa meilleure amie, Mme Perez, sa femme de ménage, Mme Charles, sa couturière, et on retrouve Gérard, Alain, Colette, et Camille, ma fille. Tenez, j'ai aussi les impôts, et les papiers concernant Mme Perez, elle était déclarée, j'ai vu sur Internet qu'il fallait que je la licencie.

— Absolument. Donnez tout ça à Hélène, elle va vous expliquer. Nous avons six mois pour régler la succession. C'est le délai fiscal pour payer les droits de succession. Je laisse de côté les assurances vie qui relèvent d'un régime particulier en fonction de leurs dates de souscription et des versements, Hélène étudiera tout cela en détail. Ce que je peux d'ores et déjà vous dire, c'est que les droits de succession pour vous et ses autres neveux et nièces sont de 55 % des biens légués. Nous n'avons pour l'instant aucune idée de la valeur de la ferme dans le Loiret, mais ne serait-ce qu'avec l'immeuble parisien, les liquidités successorales ne permettent pas de couvrir les droits à payer. De deux choses l'une, soit vous pouvez les régler vous-même, soit vous vendez les biens immobiliers.

— J'ai un salaire d'institutrice, mon mari est maçon, nous avons trois enfants et une maison que nous n'avons pas fini de payer. Et ça doit être à peu près pareil pour mes cousins et cousines. Alain est commercial dans les climatisations, Gérard était, aux dernières nouvelles, serveur dans un restaurant et Colette travaille à l'usine. C'est madame Garreau, la mère d'Yvonne qui avait de l'argent, elle avait hérité de son père, un gros industriel dans le textile. Yvonne était fille unique de sa mère et son père avait eu deux enfants d'un précédent mariage : Jean qui est décédé et qui avait quatre enfants, Colette, Alain, Gérard et Hervé, et Jeannine, ma mère, qui n'est pas dans le testament. Mes deux frères aînés et Hervé non plus, alors que leurs enfants, oui. Aucun de nous ne roule sur l'or donc à mon avis, nous n'aurons pas d'autre choix que de vendre.

— Il faudra que vous soyez tous d'accord. La première des choses est d'évaluer les biens immobiliers. Je vous laisse faire appel à deux agences immobilières de votre choix pour la ferme du Loiret. Quant à l'immeuble de la rue de Bagnolet, nous allons visiter nous-même les appartements pour établir des évaluations. J'imagine qu'ils sont loués ?

— Oui. Il y a le nom du gestionnaire locatif dans les papiers.

— Nous allons nous rapprocher de lui pour qu'il organise des visites avec les locataires. À mon sens, il serait utile d'établir en même temps les diagnostics obligatoires en cas de vente, pour éviter de déranger plusieurs fois les locataires. Nous avons l'habitude de travailler avec un géomètre-expert qui est très bien, à moins que vous ne connaissiez quelqu'un ? demanda Polignac.

— Pas du tout. Faites ce qui vous semble le mieux, je vous fais confiance. Il faudra que je sois présente ?

— Non. Inutile d'être trop nombreux.

— J'aimerais savoir ce que tout cela va me coûter.

— Hélène va vous dire. Je dois vous quitter, je suis attendu dans un autre rendez-vous et je suis déjà très en retard. Voici ma carte. Nous répondons très vite, que ça soit par mail ou par téléphone.

— Merci infiniment, Maître, pour le temps que vous m'avez accordé. Je suis rassurée, j'ai l'impression d'être entre de bonnes mains.

Debout, à bonne distance du bureau, Hélène Quiniou s'efforçait de dégager une forme dans l'éclat de peinture bleu jeté sur la grande toile blanche accrochée à côté de la fenêtre. Hector de Polignac reposa le téléphone sur son socle.

— Je ne peux pas m'occuper de ce dossier, monsieur, il y a beaucoup de travail entre les parcelles de terres, les appartements, tous les légataires. Avec la donation Daragon, la succession Lignon de Savignac et le divorce Cohen, je ne peux pas.

— Oui, concentrez-vous sur les gros dossiers où l'erreur n'est pas permise.

La jambe droite d'Hélène Quiniou se mit à trembler.

— Je vais le donner à Nicolas.

— Nicolas a beaucoup de travail aussi. Il y a la nouvelle, sinon.

— Excellente idée ! Donnez-lui le dossier et expliquez-lui.

— Vous ne voulez pas lui envoyer un mail ?

— Toujours aussi courageuse ! Quand est-ce que vous serez adulte, Hélène ?

— Je l'ai vue se battre ce matin avec Karine.

— Vous n'êtes pas contente que Karine soit partie ?

Elle hocha la tête, les joues rouges. Il avait apprécié sa contribution à son départ, elle recevrait une prime de cinq cents euros, elle lui sourit et le remercia en reculant.

— Mais, après réflexion, vous savez à quel point j'ai l'esprit…

Il marqua un temps d'arrêt, elle pensa « tortueux », il la regarda en souriant comme s'il avait lu dans ses pensées, elle avait le feu aux joues.

— D'escalier. Je souhaite que vous vous occupiez de l'évaluation et de la vente de l'immeuble de la rue de Bagnolet.

6

— Qui est-ce ? demanda une voix douce.

— Claire, je remplace Karine Grumeau, je reprends ses dossiers.

— Enchantée et bienvenue, Claire. Moi, c'est Clara, je travaille au standard. Désolée de commencer comme ça mais Sylvie Perdrix est arrivée sans rendez-vous, elle est en colère, elle n'a pas eu de réponse de Karine pour son testament, malgré ses nombreux appels et ses mails. Elle veut le faire absolument aujourd'hui car elle subit une très grosse opération du cœur demain. C'est une amie de Catherine, dit-elle en baissant la voix.

Lorsqu'elle passa dans le couloir, le long des cages vitrées, Claire sentit les regards sur elle, sans doute ceux qui avaient assisté à l'affrontement, elle ne tourna pas la tête.

Sortait du bureau de Catherine Ferra un homme d'une quarantaine d'années, pas très grand, flottant dans un costume bon marché, une cravate à bandes bleues et vertes serrée dans un petit nœud, des yeux mobiles riant dans des lunettes rondes. Elle se présenta, il lui serra la main.

— Bienvenue ! Frédéric Derrien, notaire assistant en immobilier, je travaille avec Catherine. Désolé, il

49

faut que je réponde, dit-il en s'éloignant, son téléphone vibrant dans sa main.

Elle frappa à la porte.

— Encore vous !

— Sylvie Perdrix est à l'accueil, elle n'a pas de rendez-vous, elle veut faire un testament avant de se faire opérer demain.

— Ça fait deux mois qu'elle veut faire ce testament. Elle a peur de rester sur le billard ! Si tous les gens qui se font opérer voulaient faire un testament, on aurait la queue jusque dans la rue et pas un sou dans les caisses ! Imaginez un peu ! Vous seriez une machine à testaments ! Grumeau n'a rien fait ?

— Il semblerait que non.

— Occupez-vous d'elle mais expédiez ça vite.

— Est-ce vous faites une remise d'émoluments ?

— Non, elle paye le tarif normal. Je ne fais pas de remise à toutes mes copines de maternelle ! Et surtout dites-lui que je suis en rendez-vous. Je n'ai vraiment pas le temps de la voir.

Un sourire franc fendit la bouche pulpeuse de Clara Labalette, son œil gauche, d'un bleu azur, se ferma légèrement comme si un nerf reliait son sourire à son œil. Elle avait des seins pointus et des cheveux blonds qui touchaient presque ses fesses rebondies ; elle ressemblait à Brigitte Bardot.

— Je vais recevoir madame Perdrix.

— Je regarde s'il y a une salle disponible, dit Clara en consultant le planning sur son ordinateur. Prends la Casanova 2. Tu sais où elle est ? La première porte à gauche après la salle d'attente, c'est la plus petite salle. Elle est libre encore quarante-cinq minutes.

Claire se présenta à Mme Perdrix, qui murmurait pour elle-même, enfoncée dans le canapé de la salle d'attente. Elle perdit l'équilibre en se levant et retomba au fond du canapé, ne prit pas la main que Claire lui tendait et fit levier avec son coude sur l'accoudoir pour se mettre debout, le visage rouge. Elles s'installèrent dans la salle.

— Je me fais opérer demain à cœur ouvert, je dois être à 8 heures à l'hôpital. Le médecin m'a prévenue : c'est une opération à haut risque. Ils arrêtent le cœur et le vident de son sang. J'ai ce qu'on appelle un rétrécissement valvulaire, ils vont remplacer la valve par une valve en titane. J'ai 30 % de chance de survie. Vous vous rendez compte ! Mais je n'avais pas le choix. Ma mère est morte d'une crise cardiaque, il y a trente ans. Ils lui avaient détectée la même maladie mais mes parents vivaient dans le Cantal et quand on leur a dit qu'il fallait monter à Paris voir un grand professeur, ils ont pensé que c'était trop compliqué, que ça faisait trop de frais et elle est morte. J'enrage encore !

Claire regarda sa montre.

— Donc vous voulez faire un testament. Quelle est votre situation familiale ?

— Je vois que vous avez bien étudié mon dossier !

Claire fixa le long poil sur le grain de beauté niché au creux du nez de Mme Perdrix.

— Je suis désolée mais je vous reçois au plus vite, dit Claire en saisissant un stylo PRF dans le pot placé au milieu de la table et une feuille dans la bannette de papier.

— Je ne suis pas mariée, je n'ai pas d'enfants, j'ai un compagnon depuis quinze ans, M. Mohammed Khaoulani, je veux tout lui laisser.

— Vous êtes pacsés ?

— Non. On ne voyait pas l'utilité.

Claire s'efforça de ne pas réagir, elle devait d'abord gagner la confiance de la cliente par une écoute attentive.

— Quels sont les biens que vous possédez ?

— Un appartement dans le 15e arrondissement où je vis, et la maison familiale dans le Cantal avec ma sœur.

— Combien mesure votre appartement parisien ?

— Quatre-vingts mètres carrés.

— Vous êtes seule propriétaire ?

— Oui, j'y vis depuis quarante ans. Je l'ai acheté avec un emprunt, j'étais secrétaire de direction dans un gros syndic de copropriété.

— Il est en bon état ?

— Oui, j'ai fait refaire toutes les peintures il y a trois ans.

— La maison dans le Cantal appartenait à vos parents ? Vous en avez hérité avec votre sœur à hauteur de la moitié chacune ?

— Exactement.

— Avez-vous une idée de sa valeur ?

— C'est une toute petite maison de village. À la succession de ma mère, en 2004, le notaire l'a évaluée à 80 000 euros.

— Vous souhaitez que votre moitié revienne à votre compagnon alors même que c'est une indivision familiale ?

— Il aime aller dans cette maison.

— Il a des enfants ? Votre sœur a des enfants ?

— Oui, il a une grande fille et ma sœur a deux filles.

— Vous avez bien conscience qu'il va se trouver en indivision avec votre sœur, et qu'ensuite sa fille sera en indivision avec vos nièces.

— C'est vrai que c'est embêtant, d'autant que Mohammed n'a plus beaucoup de contact avec sa fille. Dans nos quinze ans de vie commune, je l'ai vue deux fois, une fois à l'enterrement de sa première épouse, une fois à un mariage. Mais je veux qu'il puisse aller dans cette maison quand il veut.

— On peut trouver une solution. Vous ne souhaitez rien laisser à votre sœur et à ses filles ?

— Elles ont bien assez ! Mon beau-frère a une entreprise florissante de pompes funèbres.

— Je comprends. Est-ce que vous avez des assurances vie ?

— Une assurance vie à La Poste, au profit de Mohammed.

— Tous vos comptes sont à La Poste ?

— Oui, depuis toujours.

— Quel est le montant de votre assurance vie ?

— Cent mille euros.

— Est-ce que vous vous souvenez de son année de souscription ?

— Je l'ai ouverte au décès de maman, avec ce que j'ai reçu en héritage.

— Donc en 2004. Vous avez fait un versement unique ?

— Oui.

— Vous aviez alors moins de soixante-dix ans ?

— Je n'ai pas encore soixante-dix ans !

Derrière ses grosses lunettes à écailles aux branches accrochées à son cou par un cordon rose, les yeux de Sylvie Perdrix se firent incendiaires, Claire passa sa main gauche dans ses cheveux.

— C'est très bien, votre compagnon n'aura aucun droit de succession à payer sur ce contrat d'assurance vie. Combien avez-vous par ailleurs sur vos comptes bancaires ?

— Au total 75 000 euros. J'ai un compte courant, un livret A, un compte épargne logement et un PEA.

— Merci, j'ai maintenant une vision d'ensemble de votre patrimoine. L'utilité d'un pacs aurait été d'éviter des droits de succession. C'est très bien de penser à un testament mais sans pacs, ça va coûter très cher à votre compagnon, à savoir 60 % de droits de succession.

— Ça ferait combien ?

— Vous avez une idée de la valeur de votre appartement ?

— Autour de 700 000 euros avec le parking et la cave.

— Simplement pour l'appartement, votre compagnon aurait 420 000 euros de droits de succession à payer, bien plus que les liquidités que vous lui laissez. A-t-il lui-même des économies pour payer ces droits ?

— Non, il vit chez moi, il a une petite retraite. Mais, c'est une catastrophe ! Mme Grumeau ne m'a jamais conseillé de faire un pacs ! Vous êtes sûre de vous ?

54

— Absolument sûre ! La solution que je vois est que nous établissions un pacs aujourd'hui même, à titre exceptionnel. Votre compagnon peut se déplacer dans l'après-midi ?

— Non, il enterre en ce moment même, sa sœur, au fin fond de l'Algérie. Le téléphone ne passe pas ! Il rentre demain soir. On ne peut pas le faire sans lui ?

— Non, malheureusement.

— Je suis furieuse.

— Je vous comprends, je le serais autant que vous.

— Il n'y a pas une autre solution ?

Le téléphone de Claire sonna, elle rejeta l'appel d'Hector de Polignac.

— On peut améliorer un peu les choses. Pour optimiser la fiscalité de l'assurance vie, je vous recommande d'appeler votre banquier aujourd'hui et de faire un versement complémentaire d'un peu plus de 50 000 euros afin d'atteindre le plafond d'exonération de 152 500 euros.

— Presque tout l'argent que j'ai sur mes comptes ?

— Oui. Vous ferez éventuellement un rachat après votre opération. Quant à la maison du Cantal, je vous conseille de ne léguer que l'usufruit à votre compagnon et la nue-propriété à votre sœur et à vos nièces. Il aura le droit de jouir de la maison sa vie durant et à son décès, c'est votre famille qui héritera et non sa fille. C'est plus avantageux fiscalement et ça évitera des conflits familiaux. Quel âge a-t-il ?

— Soixante-quinze ans. Je suis d'accord si Mohammed a l'assurance de pouvoir disposer de la maison quand il veut.

— Oui, il faudra simplement qu'il se mette d'accord avec votre sœur et vos nièces sur les périodes d'occupation. Et il pourrait être opportun d'établir la même répartition sur l'appartement de Paris, ce qui lui permettrait aussi de rester dans l'appartement sa vie durant. Les droits de succession seraient beaucoup moins élevés dans cette configuration. Il ne paierait les droits que sur son usufruit qui représente, eu égard à son âge, 30 % de la pleine propriété. Votre sœur et vos nièces ne paieraient les droits leur incombant qu'à son décès.

— Non, non, je veux que l'appartement de Paris revienne intégralement à Mohammed, même s'il doit le vendre ! Mais d'accord pour la maison.

— Vous êtes sûre ?

— Tout à fait sûre. C'est une question de principe !

Une jeune femme à la peau très blanche et aux cheveux bruns coupés en carré passa la tête dans l'entrebâillement de la porte, elle avait réservée la salle, ses clients attendaient.

Lorsqu'elles passèrent dans l'open-space, les têtes se levèrent dans les cages.

Claire établit un brouillon de testament sur son ordinateur, elles le relurent ensemble et elle l'imprima. Sylvie Perdrix sortit de son sac à main en similicuir jaune une carte encore emballée. Sur la première page figurait un cœur rouge cerclé de *Je t'aime* écrits en lignes horizontales et verticales, en plus ou moins grosses lettres sur fond rose. Elle retira avec précaution la carte du sachet en plastique et recopia le texte à l'intérieur, en se concentrant silencieusement.

Claire écrivit un mail à Catherine Ferra : « Je ne suis pas sûre que ça soit une bonne idée de faire payer Mme Perdrix, elle est furieuse et on a manqué à notre devoir de conseil en ne lui recommandant pas un pacs. »

La réponse jaillit, quasi instantanée : « Ne dites et n'écrivez jamais ça. »

Elle parcourut ses mails par ordre d'arrivée, Sylvie Perdrix releva la tête victorieusement.

— Voilà ! J'espère quand même que je ne vais pas mourir demain !

— Je suis certaine que tout va bien se passer. Je vais le mettre au coffre aujourd'hui même et le faire enregistrer au fichier national des dispositions de dernières volontés.

— Je compte sur vous.

— Je vais vous demander de me régler…

— Je ne veux rien régler du tout !

— Laissez-moi finir s'il vous plaît. Je ne vous fais bien entendu régler aucun honoraire, j'ai simplement besoin de 10,48 euros pour l'enregistrement du testament au fichier des dernières volontés.

— Non, je ne veux pas régler un centime ! Ça sert à quoi ?

— Ça permet à tout notaire de savoir qu'il y a un testament déposé en notre étude.

— Je vais laisser un mot à Mohammed.

— D'accord, je vais simplement le déposer au coffre.

— Vous transmettrez mon mécontentement à Catherine, je vais lui écrire un mail de toute façon.

Claire raccompagna Mme Perdrix à la porte de l'étude qui ne la remercia pas :

— Je suis dans de très mauvaises dispositions à la veille de mon opération, alors que le chirurgien m'a demandé d'arriver la plus calme possible.

— Je suis désolée. Je suis là si vous avez besoin de quoi que ce soit.

La porte se referma, Claire Castaigne eut un pincement au cœur comme une décharge électrique qui lui fit porter la main à sa poitrine. Lorsqu'elle se retourna, Clara Labalette, au téléphone derrière le comptoir de l'accueil, lui souriait.

Elle rappela Hector de Polignac qui ne répondit pas et lui adressa un mail peu après : « Je suis en rendez-vous. Ne m'appelez jamais sauf urgence et ne venez jamais dans mon bureau directement, envoyez-moi des mails. Et répondez toujours quand je vous appelle ! »

À la cafétéria, elle rencontra Murielle Barzouin, l'assistante de Pierre Fontaine, une femme ronde d'une petite cinquantaine d'années aux cheveux blonds peroxydés coupés en une frange un peu courte, noués en queue-de-cheval dans un gros chouchou, vêtue d'un pull en maille rose, d'une grosse ceinture à clous, d'un jean et de santiags beiges. Elle souriait de ses dents écartées, jaunies par le tabac et parlait avec un fort accent parisien, son œil droit tourné vers son œil gauche.

— Avec Dounia, j'ai parié un couscous que tu passerais la période d'essai ! Tiens, pour t'aider, un petit conseil : la tasse que tu as prise, c'est la tasse d'HP, c'est pas une bonne idée ! Tu dois avoir une tasse avec ton numéro, à moins que Grumeau l'ait balancée par la fenêtre ! Moi, j'ai le 6, tu vois. Chacune sa tasse !

— Ah oui ! Je l'ai vue sur mon bureau !

— Voilà ! Tu prends ta tasse, pas la tasse du big boss, ni la gamelle de son chien !

— Merci du conseil. Je bois mon café et je la replace vite fait, ni vu ni connu ! Tu es à l'étude depuis combien de temps ?

— Vingt ans. Je suis arrivée en même temps que Fonfon, enfin Pierre Fontaine, il n'était pas encore associé, j'étais dans le bureau de Martine qui allait devenir sa femme.

— Ah oui.

— C'est comme ça qu'ils se sont connus ! Je suis la plus ancienne salariée avec DD. DD, c'est Dounia Djaoui ! C'est Barré qui a fondé l'étude, puis il s'est associé avec HP et quand Barré a eu son accident de voiture, FJR est arrivé, puis Fonfon, et CF la dernière. Si t'as des questions sur l'étude, tu viens nous voir, Dounia ou moi, on te dira. On aime bien les gens francs comme toi ! Entre nous, DD, elle aimerait bien perdre son pari ! Viens, je vais te la présenter.

Claire suivit Murielle Barzouin qui marchait, les jambes écartées, en balançant ses grosses fesses, dans une démarche tenant autant du mannequin que du cow-boy. Elle désigna une petite cage de verre sans porte.

— Là, c'est mon bureau, là c'est le bureau de Paulette Gorin, l'assistance de KG, qui va sans doute être ton assistante, elle est en vacances, et là c'est Dounia. Tu vois, on est juste à côté. Dounia travaille pour le plus normal des associés, FJR.

— Bonjour Claire, bienvenue à l'étude.

Dounia souriait, la tête baissée, c'était une belle et longue femme de soixante ans, aux yeux tristes.

— Elle est timide, Dounia, pas comme moi ! C'est pour ça qu'on s'entend bien toutes les deux ! Paulette, c'est un autre genre, tu verras ! Tu vois, on n'est pas loin de toi, n'hésite pas !

— Merci.

Claire sourit à la jeune femme qui la regardait, assise dans le grand bureau qui donnait sur la cour intérieure en carrelage blanc. Elle s'approcha de la porte ouverte, elle était sensiblement du même âge qu'elle et portait du fard à paupières bleu. Un ordre maniaque régnait dans la pièce, les dossiers étaient soigneusement rangés par couleur sur les étagères, le plateau de son bureau était vide, il y avait une seule feuille parcourue d'une écriture d'écolière coincée sous le clavier de son ordinateur. Elles échangèrent quelques mots. Hélène Quiniou parlait avec lenteur, sans sourire, ses yeux verts fuyaient. Alors que le silence s'installait, Claire regarda le calendrier des pompiers, les photos de chiens encadrées, accrochées au mur, et l'ours en peluche posé sur le bureau.

— Tu fais du droit de la famille ou de l'immobilier ? demanda Claire.

— Les deux. Les clients d'HP préfèrent avoir un seul interlocuteur.

Elle baissa la tête et continua d'écrire avec un stylo plume rose, Claire se retourna, Murielle Barzouin faisait la grimace, avec deux doigts dans la bouche comme pour se faire vomir. Le téléphone d'Hélène sonna dans un bruit de cascade, Claire rejoignit son bureau et referma la porte.

Un dossier Barbot était posé à côté de son clavier, avec un Post-it « de la part d'HP ». Elle l'ouvrit, regarda la page de notes sans la lire, elle restait volontairement à la surface. L'écriture ressemblait à celle d'Hélène Quiniou, le dossier informatique le confirma. Pourquoi ne lui avait-elle rien dit ? La carte d'identité de la défunte était accrochée avec un trombone à la pochette cartonnée, un visage peu ridé la fixait avec dureté. Cette femme était morte et enterrée, elle referma le dossier.

Dans sa boîte, un mail de Sylvain Sassin à destination de Totalité Étude : « Bienvenue à Claire Castaigne, au service droit de la famille, qui remplace Karine Grumeau, à compter d'aujourd'hui. »

Elle ouvrit la liste téléphonique jointe : en face du numéro 23, elle lut son prénom et son nom.

Elle approcha la tasse de café de ses lèvres et l'écarta pour la regarder : elle était blanche avec des lignes noires entrelacées comme un labyrinthe.

7

Les volutes de fumée traçaient des arabesques qui tourbillonnaient jusqu'au plafond. François-Jean Regniez était plongé dans la lecture du testament qu'il tenait dans ses mains, un cigarillo entre les lèvres.

Claire s'assit, elle regarda la photographie de la vache au regard placide, les mains larges et calleuses qui ressemblaient à celles de son père. Des mains de paysan. Elle sentit le regard sur elle de Raymond Golfino, elle décela immédiatement qu'il appartenait à la race des séducteurs, elle n'aimait pas ce genre d'homme mais elle n'avait pas peur, elle était rompue à la circulation des regards, au jeu de la séduction. Le site de rencontre sur lequel elle était inscrite depuis un an était son terrain de jeu favori. Golfino la prenait pour une proie alors qu'elle était une chasseuse.

Le téléphone posé sur le bureau sonna.

— Elle est arrivée, dit Regniez. Claire, la succession de Frédéric de Gestas est le premier dossier que nous allons suivre ensemble.

— Merci.

— Raymond Golfino est un ami de trente ans et un remarquable gestionnaire de patrimoine, pour ne pas dire le meilleur. C'est lui qui nous apporte ce dossier, comme beaucoup d'autres. Claire a travaillé cinq ans chez Narquet, avenue Foch. Elle est originaire de Bourgogne, son père est agriculteur et elle est née un 23 février.

— Vous marquez des points ! dit Golfino.

Claire les regardait en souriant, sans comprendre.

— Nous avons deux points communs : j'ai grandi dans le monde agricole comme vous, mes parents étaient éleveurs de bovins dans le Périgord, mon frère a pris la suite, et nous sommes nés le même jour, à exactement vingt ans d'écart, je suis né le 23 février 62. Fin de la parenthèse. Nous avons rendez-vous avec Sophie de Gestas. Nous l'avons reçue hier pour un premier rendez-vous de présentation, si je puis dire. Aujourd'hui, nous avons la dure mission de lui annoncer la teneur du testament que je reçois à l'instant de mon confrère, Rémi Chapuis. J'ai eu un peu de mal à l'obtenir…

Le téléphone sonna.

— C'est lui ! dit-il en enfonçant la touche haut-parleur. Bonjour cher confrère.

— Des confrères comme toi, je m'en passerais bien !

— C'est à Rémi Chapuis, notaire, que je parle ? demanda Regniez, en ouvrant grands ses yeux bleus.

— Ma formaliste me dit que tu la harcèles depuis ce matin pour ce testament ! Tu as un besoin si urgent de me piquer le dossier ?

— Je reçois l'épouse dans dix minutes, tu peux sans doute comprendre qu'elle ait un besoin urgent du testament.

— Frédéric de Gestas était un client depuis dix ans. C'est un travail au long cours que j'ai fait avec lui. Son testament, nous l'avons pensé ensemble.

— Oui, et avant, il était chez un confrère et il l'a quitté pour venir chez toi, ce sont des choses qui arrivent. Et entre nous, tu aurais pu protéger davantage son épouse, dit Regniez en secouant la tête.

— Ça n'était pas le souhait de mon client ! Et sache que tu ne m'as pas tout à fait écarté du dossier. Je représente Marie Bonello et Alice Dupont, dit Chapuis avec un rire sec.

— Tu m'en vois soulagé ! J'aurais moi-même suggéré qu'elles soient représentées par un confrère. C'est plus sain dans ces dossiers aux intérêts fortement contradictoires. Et c'est encore mieux que ça soit toi puisque que tu as une bonne connaissance de leur patrimoine. Je souhaite qu'on travaille en bonne intelligence. N'ajoutons pas de difficultés à un dossier qui n'en manque pas.

— Mais oui, monsieur le futur président de chambre !

Regniez regarda Golfino en faisant la grimace, Golfino traça un sourire imaginaire autour de ses lèvres.

— Je te remercie de m'écrire pour m'informer officiellement que tu es saisi par la veuve.

— Bien sûr. Il y a d'autres choses que je devrais savoir ?

— Non, pas à ce stade, répondit froidement Rémi Chapuis avant de raccrocher.

— Ça va être chaud ! Tu as déjà eu affaire à lui ? demanda Golfino.

— Je n'avais jamais eu ce plaisir mais j'ai vu passer une plainte à la chambre des notaires. Il semble ne pas avoir lui-même beaucoup de scrupules à aller braconner sur les terres des confrères !

— On reproche toujours aux autres ses propres défauts, dit Golfino.

— Claire, tout ce qui est dit dans ce bureau reste dans ce bureau. Quant au dossier, ça va sans dire. Je ne doute pas que chez Narquet, vous ayez appris la valeur du secret professionnel.

— Vous pouvez compter sur moi.

— Allons-y !

Sophie de Gestas portait un tailleur rouge sang assorti à ses lèvres qui se fendirent d'un sourire presque imperceptible quand Regniez annonça que Claire Castaigne allait l'assister dans la gestion du dossier.

— Rien ne doit filtrer dans la presse.

— Nous y veillerons mais nous ne serons pas les seuls à travailler sur votre dossier.

— M. Golfino m'a dit que c'était moi qui choisissais le notaire !

— Oui, mais les autres parties peuvent s'adjoindre les conseils du notaire de leur choix.

— Les autres parties ? Dites-moi ce que dit le testament ! Je ne veux pas une lecture, je veux un résumé simple et compréhensible, dit-elle en désignant avec un sourire crispé les deux feuilles que Regniez tenait dans ses mains.

— Vous étiez mariés sans contrat de mariage, donc sous le régime légal de la communauté réduite aux acquêts. Cela signifie que tous les biens que vous avez acquis pendant votre mariage vous appartiennent à tous les deux, sauf à prouver que l'un ou l'autre de vous a employé des fonds propres ou des fonds provenant de ses parents. Est-ce le cas ?

— Je suis propriétaire d'un petit studio dans le 10ᵉ arrondissement, acheté avec l'argent que mes parents m'ont donné quand je me suis installée à Paris. Il est loué.

— Ce studio vous appartient en propre et reste en dehors de la succession de votre époux.

— Frédéric n'a rien reçu de ses parents. Ses parents n'ont jamais travaillé, ils ont hérité tous les deux de fortunes familiales et ils ont absolument tout dilapidé. La maison familiale a même été saisie ! Frédéric a dû la racheter ! Et il les a assumés jusqu'à leur mort. Quand nous nous sommes mariés, il était propriétaire d'un autre appartement qu'il a vendu pour acheter notre appartement actuel. Tout le reste, nous l'avons acheté ensemble. Sa fortune, nous l'avons faite ensemble.

D'un mouvement nerveux de sa main gauche, elle traça une ligne invisible qui faillit renverser la tasse que Claire s'apprêtait à poser devant elle.

— Très bien. Au titre du remploi du prix de vente de son appartement dans votre appartement commun, la communauté conjugale devra une récompense à la succession de votre époux. Tout le reste vous appartient pour moitié. Ce qui constitue la succession est l'autre moitié de la communauté, plus la récompense. Il faut que ça soit bien clair pour vous. Votre époux a eu un enfant avec Marie Bonello et il l'a reconnu. Tout comme votre fils, Matéo, cet enfant doit recevoir sa réserve héréditaire, à savoir un tiers de la masse successorale. Quant au tiers restant il était libre d'en disposer comme il le souhaitait. C'est ce qu'on appelle la quotité disponible. Étant précisé qu'en votre qualité d'épouse, la loi vous dévolue un quart des biens successoraux, et ce, en présence d'un enfant d'un autre lit. Cependant, contrairement aux enfants, vous n'avez pas de réserve héréditaire.

— Expliquez-moi.

Regniez fit un signe de la main à Claire.

— C'est une part de la succession réservée à certains héritiers, notamment les enfants. Elle varie selon leur nombre. Dans votre cas, en présence de deux enfants, chaque enfant doit recevoir au moins un tiers. C'est une portion irréductible, ils ne peuvent pas recevoir moins. Il n'y a pas une telle part minimale garantie pour l'épouse, dit Claire d'une voix douce et assurée.

— Donc la présence d'un autre enfant diminue la part de mon fils. La présence d'autres enfants la diminuerait encore ?

— Oui, répondit Claire.

— Pensez-vous qu'il puisse y avoir d'autres enfants ? demanda Regniez.

— Tout est possible avec mon mari !

— Il ne mentionne que Léo dans son testament, dit Regniez.

— Continuez.

— Votre époux lègue à Mme Bonello un appartement 22 rue des Martyrs, au quatrième étage, dit Regniez.

— Ça rapporte plus que de faire l'actrice de seconde zone ! s'exclama-t-elle.

— Il lègue aussi l'appartement du troisième étage du même immeuble à Alice Dupont.

— Ça va être charmant les réunions de copropriété ! La liste est encore longue ?

— Non, c'est terminé. Étant précisé que si la valeur de ces legs dépasse la valeur de la quotité disponible, ils seront réduits d'autant, dit Regniez.

— Et moi, je ne recevrai rien, c'est bien ça ? demanda-t-elle en regardant Claire.

— Si ces legs n'atteignent pas le disponible, vous recevrez le surplus. Si ces legs remplissent la quotité disponible, effectivement vous ne recevrez rien sur la succession mais vous conservez votre moitié de communauté, répondit Claire.

— À la mort de mon père, ma mère a reçu l'usufruit de la succession. Je n'ai pas droit à un usufruit ?

— La loi prévoit une option entre l'usufruit ou le quart en pleine propriété pour le conjoint survivant en présence d'enfants communs aux époux. Lorsqu'il existe un enfant d'un autre lit, les droits légaux de l'épouse sont d'un quart en pleine propriété, sauf dispositions contraires du défunt. L'usufruit aurait pu vous être dévolu par une donation entre époux, d'où ma question hier, dit Regniez.

— Y a-t-il un moyen de faire annuler ce testament ? Mon mari était cocaïnomane, c'était de notoriété publique ! Il en prenait toute la journée !

— Est-ce que la cocaïne rend incapable de rédiger son testament ? Ça me semble difficile d'aller sur ce terrain-là, d'autant que le testament est authentique, il a été dicté par votre époux à deux notaires. Contester le testament revient à contester la parole de deux notaires qui doivent s'assurer de la clairvoyance d'esprit du testateur.

Sophie de Gestas serra dans son poing son foulard en soie.

— Il a tout prévu ! Le plus fort, c'est que c'est moi qui ai initié ce testament, il n'y pensait pas ! Avez-vous déjà pris de la cocaïne ?

— Je préfère un bon vin verre de vin.

— Et vous, monsieur Golfino ?

— Jamais.

Les regards se tournèrent vers Claire qui aurait rêvé de se fondre dans le vernis de la longue table, sur laquelle ses mains étaient posées, inertes. Elle hésita mais elle préférait toujours la vérité au mensonge, même si la vérité pouvait lui nuire.

— Oui, ça m'est arrivé.

— Et alors ? Est-ce qu'on peut correctement rédiger un testament en ayant pris de la cocaïne ? J'ai besoin de votre avis.

— Les quelques fois où j'en ai pris, mes facultés n'ont pas été altérées au point de ne plus savoir ce que je faisais. J'ai simplement ressenti un extrême bien-être et une puissante compréhension du monde. L'effet se dissipe rapidement. Je n'ai aucune expérience de la cocaïne quotidienne mais on peut imaginer un moindre effet comme tout usage régulier d'un produit. Je pense que l'habitude qu'avait votre époux de prendre de la cocaïne joue contre la thèse de l'incapacité, dit Claire en grimaçant.

— Votre époux présentait le journal jusqu'à la veille de sa mort. Je suis navré mais vous perdrez à coup sûr. D'autant que, malheureusement, tout cela a du sens : ces femmes ne sont pas des inconnues pour votre époux, dit Regniez.

— Pour moi oui ! J'ai pourtant fait en sorte qu'il soit heureux. Je me suis efforcée d'être une bonne épouse, je lui ai fait un fils beau et intelligent, que j'ai bien élevé. Je m'occupais de l'intendance de la maison, il y avait toujours quelque chose à manger pour lui quand il rentrait tard. J'organisais les voyages, les anniversaires, les Noëls en famille. Je m'occupais de ses parents. Je ne lui ai jamais fait de reproches sur ses absences, je ne fouillais pas dans son téléphone, je respectais son intégrité, je le soutenais quand il avait des doutes. Combien de fois il a pleuré dans mes bras ? Combien de nuits blanches j'ai passées à le bercer comme un enfant pour faire taire ses angoisses ? Pour qu'il reparte plus fort dans les bras d'autres femmes !

Elle baissa la tête et pleura.

— « L'homme qui jette ses actes et sa semence, l'homme qui ne porte pas d'enfant, qui ne porte pas la durée. Jamais je n'ai compris comme en cet instant combien l'homme est gratuit en somme, fait pour le jeu, la guerre. La femme, l'enfant, l'entraînent vers le travail, vers la civilisation. » C'est un homme qui a écrit ça, Henry Bauchau, écrivain et psychanalyste, dit Golfino.

Regniez regarda son ami comme s'il s'était soudainement élevé dans les airs. Sophie de Gestas releva la tête, les joues pleines de larmes, lui sourit et éclata d'un grand rire de cristal. Les rires résonnèrent dans la pièce.

— J'ai une mémoire d'éléphant et la cruelle conscience de mes limites ! dit Golfino en riant.

— Votre ami est sidéré, dit-elle en désignant Regniez, les sourcils levés sur des yeux ronds.

— J'en suis très heureux, dit Regniez.

— Je suis ravi de vous faire rire et de surprendre encore mon vieil ami. Tout est dit, ne cherchez pas plus loin ! Ça n'est pas contre vous, ça tient à la nature de l'homme.

— Merci.

— Après la mort de mon père, ma mère a décliné assez vite, elle était perdue chez elle, dans le Périgord, elle avait vécu soixante ans avec mon père, ils avaient émigré d'Italie ensemble, elle ne savait pas vivre seule. Je l'ai donc installée dans une maison de retraite dans le 16e arrondissement, pas très loin de chez moi. J'essaie d'aller la voir chaque jour et ce qu'elle me demande chaque jour est que je lui lise quelques pages d'un livre. J'ai acheté pour elle ce livre, *Le Boulevard périphérique* d'Henry Bauchau, qui raconte comment un vieux monsieur accompagne sa belle-fille dans sa lutte contre le cancer. Ça fait remonter en lui le souvenir d'un ami de jeunesse, mort pendant la guerre, dans la Résistance. Lorsqu'on est arrivé à ce passage, ma mère m'a demandé de le lui relire une fois, deux fois, trois fois. J'ai vu son visage, qui restait la plupart du temps sans expression, s'illuminer comme si elle avait vécu une révélation. Elle m'a demandé de le lui relire dix fois et je le lui ai relu dix fois. Voilà pourquoi je connais ce passage par cœur !

— C'est une belle histoire. J'espère que mon fils viendra me faire la lecture quand je serai vieille. Que me recommandez-vous pour ce testament ? demanda-t-elle en se tournant vers Regniez.

— D'utiliser les moyens juridiques qui sont les nôtres pour qu'il ne vous pénalise pas. Ni vous ni votre fils. Si ces legs dépassent la quotité disponible, nous en demanderons la réduction.

— Ce qui signifie concrètement ?

— Que les légataires devront dédommager la succession pour recevoir les appartements. Nous pourrons faire les calculs quand nous aurons évalué précisément la masse successorale. La valorisation du patrimoine sera déterminante. C'est là que nous devons concentrer notre énergie. Il est important que vous puissiez nous fournir les éléments assez rapidement. Nous avons six mois pour régler la succession, mais ça va passer très vite, d'autant que nous devons travailler de concert avec Me Chapuis…

— Je ne veux pas le voir, ni les deux femmes, ni l'enfant.

— Je comprends très bien. Il faut cependant que vous vous prépariez à des inventaires mobiliers dans votre appartement et vos résidences secondaires, en notre présence, celle d'un commissaire-priseur et celle de Me Chapuis. La mère de l'enfant doit normalement être présente mais nous tâcherons de l'éviter en lui faisant signer une procuration. Nous pourrons aussi vous représenter si vous le souhaitez.

— Il est hors de question qu'elle vienne chez moi ! Hors de question !

— Nous trouverons une solution, je vous le garantis ! Nous travaillerons aussi sous l'autorité du juge des tutelles des mineurs qui veillera aux intérêts de Matéo.

— Pourquoi le juge des tutelles ? Je suis sa mère !

— Le juge des tutelles doit autoriser l'acceptation de la succession pour le compte de Matéo. Mais ne vous inquiétez pas, nous avons l'habitude de travailler avec les services des tutelles du TGI de Paris. Nous savons ce qu'ils attendent.

— Je m'en remets à vous. J'ai besoin de votre aide pour trouver les documents dont vous avez besoin. Je ne peux pas toucher aux affaires de mon mari, je ne peux même pas pénétrer dans son bureau, dit-elle en regardant Claire.

— Je suis à votre disposition.

Elles se mirent d'accord pour un rendez-vous le vendredi suivant. Sophie de Gestas demanda à Claire de ne surtout pas dire à la gardienne ou à un voisin qu'elle était notaire, quand elle viendrait chez elle.

Les deux hommes la raccompagnèrent jusqu'à l'ascenseur, Claire rangea les documents dans le dossier. Ils revinrent dans la salle de rendez-vous en souriant, Regniez lui donna quelques indications.

— Tu m'invites à dîner mon Jean ?

— Mais oui !

— Et mon acquisition, on signe bientôt ?

— Tu m'as donné le dossier il y a trois jours ! C'est fou comme les amis sont toujours les clients les plus exigeants ! Claire, pourquoi prenez-vous de la cocaïne ?

— J'en prends très rarement.

— Je ne vous juge pas, mon fils de seize ans en prend aussi. Je veux savoir pourquoi.

— Parce qu'il y en a dans les soirées, parce que c'est bon, parce que nous avons tous besoin d'ivresse, que ce soit avec l'alcool ou d'autres produits.

— Elle a raison.

— J'ai deux philosophes avec moi ! dit Regniez en riant.

— Moi, je ne suis qu'un vieux qui cite comme un perroquet. Écoute ta collaboratrice !

— J'en ai assez entendu, allons-y !

Claire traversa l'open-space déserté, elle ouvrit le placard gris le plus proche de la fenêtre, empila des dossiers Grumeau les uns sur les autres et posa le dossier dans l'espace libéré.

Elle écrivit un message à son amie Pauline : « Finalement, je ne suis pas contre l'idée de boire un coup ! » Pauline répondit instantanément : « Suis avec ma target number 1 ! »

Ses yeux tombèrent sur le dossier Barbot, elle ressentit un agacement diffus, elle adressa un mail à Hélène Quiniou : « Peux-tu me parler du dossier Barbot ? Merci. »

Elle entendit du bruit dans le bureau voisin. Par la porte entrouverte, elle vit un long jeune homme brun dans un costume gris, de dos, debout face à la fenêtre. Elle frappa, il se retourna dans un sourire crispé, son téléphone portable entre ses doigts fins.

— Bonsoir, je suis Claire.

— Ah oui, bonsoir. Nicolas Boissière, notaire salarié en droit de la famille. Bienvenue ! Ton premier jour s'est bien passé ?

— Mouvementé !

— C'est mouvementé tous les jours chez PRF.

— J'aime le mouvement.

— Tu es bien tombée alors ! Tu étais où avant ?

— Chez Narquet !

— Pourquoi tu as changé ?

— Pour gagner plus, pour évoluer ! J'étais chez Narquet depuis cinq ans. Et c'est difficile d'évoluer là où on apprend.

— Évoluer ici n'est pas simple non plus.

— Tu es déjà notaire salarié.

— Oui, je suis un peu plus vieux que toi, je pense. Et on veut toujours plus.

— Tu as quel âge ?

— Trente-cinq ans, bientôt trente-six. Et toi ?

— Trente-deux. Ça fait longtemps que tu travailles chez PRF ?

— Dix ans, j'ai commencé ici ! dit-il dans un sourire. Tu as des enfants ?

— Non ! Je ne suis pas très pressée ! Et toi ?

— Pas encore.

Son sourire disparut dans son visage assombri.

— Ça serait sympa qu'on déjeune un de ces jours, dit-elle.

— Oui, avec plaisir !

Elle regarda les initiales brodées sur sa chemise, ses boutons de manchette, ses souliers fleuris, sa jolie bouche ourlée, la peau transparente de ses mains fines, son port de tête altier. Il avait l'ambition sûre et tranquille de la bourgeoisie, il représentait tout ce qu'elle détestait comme les trois quarts de ceux qui peuplaient ce milieu du notariat.

Lorsqu'elle retourna dans son bureau pour éteindre son ordinateur, un mail d'Hélène Quiniou s'affichait dans sa boîte : « Tu trouveras toutes les informations dans mes notes. Je n'ai rien à ajouter.

On a fait un rendez-vous avec la légataire universelle pour l'ouverture du dossier et HP a finalement décidé de te le confier. Mais je m'occuperai de l'évaluation et de la vente de l'immeuble à Paris. »

Claire s'étonna de cette répartition des tâches, elle ouvrit le dossier, parcourut l'écriture d'écolière : quinze légataires, cent parcelles de terre, vingt appartements, huit bénéficiaires du contrat d'assurance vie. Du travail en perspective.

Elle essaya d'appeler son amie Julie et tomba sur sa messagerie en anglais, elle travaillait pour un cabinet d'avocats américain. Elle ouvrit Tinder et le referma aussitôt en voyant s'afficher un message « On se voit ce soir ? » d'un *Beauroux* qui s'était photographié dans un miroir, son T-shirt relevé sur son torse musclé. Elle allait se coucher tôt.

8

Onze hommes cravatés, rasés de près, les jambes repliées sous les fauteuils, étaient assis autour de la longue table de la salle Paix 1, silencieux. Ils regardaient tour à tour leur montre, celle de leurs voisins, leurs dossiers, leurs téléphones portables, la colonne Vendôme dans le rayon oblique du soleil du matin, la première page de l'acte projeté au rétroprojecteur sur le tableau blanc, ils attendaient dans une fébrilité palpable.

Frédéric Derrien entra, il se tenait bien droit, les fesses en arrière, les pieds tournés vers l'extérieur, comme un canard. Un long jeune homme au teint pâle le suivait, tenant à deux mains deux gros dossiers qu'il posa sur la table à l'endroit que lui désigna du doigt Frédéric Derrien.

— Bonjour messieurs, Me Ferra va arriver. Est-ce que vous voulez des cafés ?

Les hommes hochèrent leurs têtes lourdes de pensées.

Il se plaça devant la machine à café, le jeune homme pâle circulait de la machine à la table avec les tasses de café et les cuillères posées sur les soucoupes tremblant dans ses mains dans un cliquetis rassérénant. Les corps des hommes se relâchèrent un peu, ils se mirent à parler à leurs voisins. Le jeune homme disparut derrière la porte du même bois verni qui recouvrait les murs et qui donnait l'étrange sensation d'être dans un bateau.

La porte s'ouvrit vivement : Catherine Ferra entra dans un tailleur étroit qui épousait ses formes parfaites, elle fit le tour de la table pour serrer les mains des hommes, le regard droit, la main ferme, la taille légèrement cambrée. Elle s'assit à la place restée vide, en face du tableau, les hommes alignés de chaque côté de la table, dans un silence religieux.

— Chers messieurs, cher confrère ! dit-elle avec un sourire complice au moustachu ventru coincé entre deux jeunes hommes aux cravates noires.

Les lèvres du confrère se fendirent d'un sourire qui fit remonter ses moustaches en pointe.

— Confrère, dit-elle à l'autre notaire dont la pomme d'Adam montait et descendait dans son grand cou maigre. C'est la sixième et dernière réunion, je l'espère ! Je vous propose de ne pas faire une relecture complète de l'acte mais de nous arrêter sur les clauses qui restent à débattre.

Des centaines d'échanges de mails de l'acte annoté par les différentes parties, ponctués de cinq réunions de mises au point avaient précédé cette réunion définitive qui devait aboutir à la signature.

La main droite aux ongles vernis de rouge, posée sur la souris, faisant défiler le texte d'un mouvement de l'index, les hommes regardaient l'écran. Elle lut le paragraphe qui désignait le vendeur, une société d'assurance qui était représentée par le notaire moustachu, son collaborateur et deux avocats ; celui qui désignait l'acquéreur, un fonds d'investissement américain, qu'elle représentait avec deux avocats ; celui qui désignait le prêteur, une banque privée représentée par le notaire au cou maigre, son collaborateur et deux avocats ; et enfin la dénomination de l'agent immobilier qui souriait. L'un des avocats précisa qu'il manquait encore un tiret entre ses deux noms, elle l'ajouta en lançant un regard de feu à Frédéric Derrien. Elle lut la désignation de l'immeuble de trois mille mètres carrés à la lisière du parc Monceau, tous hochèrent la tête. Le prix de 25 millions d'euros était écrit en chiffres et en lettres. Un débat s'ouvrit entre la banque et le vendeur sur le paiement à terme de 5 millions dans un délai de trente jours et sur le montant des pénalités en cas de retard. Catherine Ferra laissa les hommes s'affronter comme on regarde les enfants jouer dans un bac à sable, puis elle trancha en reine magnanime. Le débat fut plus houleux sur les frais de désamiantage qui, d'après un second devis qu'ils avaient tous reçu la veille, s'avéraient nettement supérieurs au premier devis. Elle se mit assez vite d'accord avec son confrère moustachu sur le principe de séquestrer une partie du prix de vente jusqu'à la réalisation des travaux mais elle dut négocier âprement le montant pris en charge par le vendeur. Elle obtint de son confrère, devenu tout rouge à force de s'échauffer, une répartition des frais à hauteur de la moitié par chacune des parties. Chaque mot de la clause fut pesé, contesté, substitué, jusqu'à un accord.

Elle demandait toujours beaucoup plus que le montant qu'elle s'était fixé, elle était devenue une redoutable négociatrice. Grâce à des années de psychanalyse à raison de deux séances par semaine, elle avait appris à s'appliquer à elle-même le principe qu'elle savait vrai : toute négociation réussie passait par des concessions réciproques. Elle avait appris à ne pas prendre chaque confrontation comme une question de vie et de mort de son ego, à ne pas chercher à écraser l'adversaire pour s'estimer victorieuse. Elle avait compris qu'on obtenait moins en balançant des coups de poing d'emblée qu'en jouant un souple ballet d'esquives et de coups ajustés. Il lui avait fallu du temps, rien n'avait été facile pour elle, son cheminement avait été un combat. Mais elle ne cherchait pas l'élévation morale, elle ne cherchait pas à s'améliorer elle-même, elle cherchait à gagner toujours plus et à prendre davantage de pouvoir à l'étude.

Après trois heures de réunion, l'acte fut validé par tous, elle demanda à Frédéric Derrien de lancer les formalités de signature électronique. Il ne répondit pas, il fixait, ahuri, son téléphone portable.

— Frédéric, qu'est-ce qui vous arrive ? Vous êtes tout blanc.

— Ma femme est en route pour la maternité, elle va accoucher, elle a deux semaines d'avance ! Il faut que je la rejoigne, dit-il, en bégayant autant qu'il postillait dans son oreille.

— Ah non ! Ne me laissez pas tomber maintenant ! Vous savez que je ne sais pas me servir du logiciel de signature ! Est-ce que votre assistant sait faire ?

— Non mais je peux demander à Michel.

— Non ! Il pue la Gitane maïs ! Attendez un peu ! Dans une demi-heure, c'est fini ! Elle ne va pas accoucher tout de suite votre femme !

Il secoua la tête, le visage rouge, posa sa main tremblante sur la souris et entreprit de faire signer tour à tour les parties. Catherine Ferra parcourut les nouveaux mails qui s'affichaient dans sa boîte. Elle s'arrêta sur celui d'Hector de Polignac : « J'ai besoin de toi, ce soir, au cocktail de l'Intelligence. 19 h. Il y aura Antoine Bismuth. Un gros poisson comme tu les aimes ! Atac, c'est 3 milliards et à lui seul il pèse 20 millions. Il ne te résistera pas. »

Elle grimaça en écrivant : « D'accord. Je suis en train de signer la vente Axel / WhiteRock. 25 M. »

Il répondit : « Bravo ! J'ai un rendez-vous avant. J'irai directement. »

Elle ramena son téléphone plus près d'elle et se connecta à l'application Escortvip, elle reprit la file des messages échangés avec *Julien, 35 ans, escort et plus si affinités.*

« Je dois aller à une réception en début de soirée. Retrouvons-nous à 21 h 30 à l'angle de la rue Royale et du Faubourg Saint-Honoré. On ira dîner avant d'aller chez moi. »

Un message arriva instantanément : « Il y aura un petit supplément pour le changement de programme. » Elle répondit : « Pas question, je te paie déjà très bien ! Je demande à un autre », et posa son téléphone, l'écran face à la table. Elle regarda Frédéric Derrien, le visage tendu, qui faisait signer le confrère qui ressemblait à un héron qui avait avalé une balle de golf. Le téléphone de Frédéric vibrait sur la table, *Mamour* s'affichait, elle appuya sur la croix rouge pour rejeter l'appel et retourna le téléphone.

— À vous, dit Frédéric en s'approchant.

Elle rentra trois fois son code, sa signature apparut à l'écran et s'afficha : « L'acte est signé, la cérémonie de signature est terminée. »

— Bravo à nous ! Frédéric, ouvrez le champagne !

Il se dirigea vers le petit réfrigérateur logé dans le placard et en ressortit deux bouteilles de Ruinart et treize coupes fraîches. Il fit le tour de la table pour les servir un à un. Elle lui demandait toujours de placer les coupes dans le réfrigérateur, elle n'aimait que le champagne très frais. Les hommes levèrent leurs verres et se mirent à parler avec animation, les épaules relâchées.

— Un bien bel acte de signé ! Merci Catherine ! murmura le moustachu ventru qui s'était approché d'elle, les yeux brillants.

Le héron à la balle de golf cogna sa coupe contre la sienne.

— Bravo à nous ! dit-il d'une voix haut perchée.

Elle croisa le regard inquiet de Frédéric, appuyé contre la chaise, une coupe à moitié pleine tremblant dans sa main.

— Allez-y ! chuchota-t-elle en accompagnant ses paroles d'un mouvement du dos de la main.

Il posa sa coupe, prit les dossiers dans ses mains et ouvrit lui-même la porte, en appuyant sur la poignée avec son coude. Personne ne l'aida, personne ne le vit disparaître, il était invisible.

Catherine Ferra souriait, radieuse, elle n'écoutait pas ce que les hommes disaient autour d'elle, elle n'avait pas touché à sa coupe de champagne. Quand elle jugea que c'était le bon moment, elle s'écarta du groupe et consulta son téléphone. Les messages de Julien s'étaient succédé :

« Je plaisantais, Catherine ! C'est d'accord. »

« Catherine, tu es fâchée ? »

« Tu m'excites beaucoup Catherine, j'ai envie de toi. »

« Catherine, réponds-moi, je m'excuse. Tu pourras m'attacher ! »

Elle répondit : « 21 h 30 précises angle Royale/ Saint-Honoré. Costume, cravate. Oui, je vais t'attacher. »

« Bien Maître ! »

Une onde d'excitation parcourut son corps et tourbillonna dans son ventre.

9

Tous trois portaient des chemises brodées à leurs initiales, c'était un signe discret de raffinement partagé.

Depuis qu'il était devenu notaire salarié deux ans auparavant, Nicolas Boissière faisait faire ses chemises sur mesure, avec des poignets mousquetaires, un col italien, et ses initiales à la place de la poche sur la ligne du deuxième bouton en partant du haut. Il avait trouvé sur Internet une jeune start-up de chemiserie qui pratiquait des prix abordables. Hector de Polignac portait ses initiales à gauche du quatrième bouton, sur son gros ventre, et ne jurait que par un tailleur renommé du 8e arrondissement.

Jean-Louis Leroy, assis face à eux, avait ses initiales JLL sur le poignet gauche. Il était l'un des héritiers de l'empire Claret, l'une des plus grandes marques de luxe française de maroquinerie, de prêt-à-porter, de parfumerie, de bijouterie et d'horlogerie, et il siégeait au conseil d'administration avec sa sœur et ses cousins.

— Comment vas-tu, Hector ?

— Très bien.

— Comment vont tes enfants ?

— Ils sont adolescents ! dit Polignac en soufflant, les yeux au ciel.

— Je compatis ! Ta femme ?

— Elle prend des cours de sculpture, dit-il dans un rire sec.

— PRF se porte bien ?

— Nous avons plutôt bien résisté à la période de grande morosité économique consécutive à l'élection de Hollande. Nous sommes encore loin des grandes années mais il y a de l'activité. Nous avons des clients fidèles dans les affaires familiales et avons eu quelques beaux dossiers en immobilier depuis le début de l'année. Franchement, il serait indécent de se plaindre. J'ai vu que l'action Claret avait encore augmenté !

— Oui, malgré la baisse du nombre de clients, notre chiffre d'affaires augmente ! Nous l'expliquons par les effets cumulés de la richesse croissante des riches et par la période d'incertitude qui amène les clients à consommer plus. Ils se lâchent ! Tant mieux pour nous ! dit Jean-Louis Leroy qui donna un coup de menton dans l'air et réajusta sa veste.

— Que pouvons-nous faire pour toi, Jean-Louis ? Ma secrétaire m'a dit que c'était urgent et confidentiel.

— C'est une affaire un peu délicate, c'est pourquoi je n'ai rien voulu dire à ta secrétaire.

— Elle est tenue au secret professionnel comme chacun d'entre nous ici. Nous t'écoutons.

— J'ai eu une relation il y a sept ans, avec une jeune avocate que j'avais rencontrée lors d'une réunion de travail sur une affaire de licenciement abusif. Elle était la nouvelle recrue du cabinet avec lequel nous avions l'habitude de travailler. J'ai eu un flash pour cette fille très belle, grande, noire, sculpturale. Je n'étais jamais sorti avec une femme noire. Et ça n'était évidemment pas ma première aventure. Nous avons entretenu une relation assez intense pendant quelques mois mais elle voulait vivre avec moi, que je divorce. J'étais mordu, je dois dire. Sexuellement surtout. C'était un volcan ! Mais j'ai pris peur, je l'ai quittée. Je n'ai plus jamais eu de nouvelles d'elle.

Il parlait lentement, en détachant les mots, il se tut pour boire une gorgée de thé vert, s'étouffa légèrement et serra ses lèvres souples dans une grimace.

— Il n'est pas terrible votre thé. Hier, elle m'appelle, son numéro n'était même plus enregistré dans mon téléphone. Elle veut me voir, je prétexte des occupations avant mon départ pour le Maroc, elle me rétorque que ce qu'elle doit me dire est important et ne peut pas attendre. Elle me donne rendez-vous au bar de l'hôtel du 9e arrondissement où nous avions nos habitudes. Et là elle m'annonce qu'elle a eu un enfant de moi : un garçon qui s'appelle Issa. Elle veut que je le reconnaisse. Moi qui ai toujours voulu un garçon ! Quelle ironie ! Je lui dis qu'il n'en est pas question, pour ma femme, pour mes filles, et que je n'ai aucune preuve qu'il est de moi ! Elle m'assure que c'est mon fils, elle n'avait personne d'autre à l'époque, il me ressemble, elle me montre des photos. C'est moi en noir ! Enfin marron ! Je lui demande pourquoi maintenant, pourquoi sept ans après ? Elle pensait pouvoir se débrouiller seule mais son fils lui pose des questions sur sa paternité et l'absence de réponse le rend malheureux. C'est très triste mais ça n'est pas ma faute, c'est son problème, c'est le problème de toutes ces femmes qui font des enfants dans le dos des hommes et qui ensuite accusent les hommes de lâcheté ! Je n'ai pas demandé à avoir cet enfant, ça a toujours été clair avec les femmes que j'ai connues, même celles dont j'ai été profondément amoureux. Et d'elle, je ne voulais pas d'enfants, je voulais de bonnes parties de jambes en l'air, c'est tout ! Elle n'a pas respecté le contrat, elle m'a trahi et elle me demande maintenant d'assumer les conséquences de sa trahison ! Elle me menace même en me disant que si je ne reconnaissais pas l'enfant, elle me ferait un procès public, qu'elle gagnerait que je me soumette ou non au test de paternité ! C'est insensé !

— Non, elle connaît bien son droit ! Avocate, spécialisée en droit social, Black, c'était le tiercé gagnant pour les emmerdes ! dit Polignac en riant.

Nicolas Boissière étouffa un rire.

— Riez, je vous en prie ! Ça ne serait pas de moi dont on parle, je serais le premier des rieurs ! Qu'est-ce que je peux faire ?

— Tu lui as proposé de l'argent ?

— Bien sûr ! Elle ne veut pas ! Enfin elle veut de l'argent, évidemment, mais pas seulement ! Elle en fait une affaire de principe. Elle veut que mon nom soit inscrit sur l'acte de naissance de son fils et que je m'occupe de lui ! Il doit bien y avoir une solution ?

— Tu connais Arthur de Broglie ?

— Pas très bien, je l'ai croisé quelques fois ! C'est tout ce que je veux éviter : la médiatisation, le déballage !

— Tu sais qu'il a perdu son procès ?

— J'ai passé une partie de la nuit à lire tout ce que je pouvais trouver sur Internet au sujet de ce procès ! J'en ai conclu que j'étais ficelé comme un poulet tout en espérant une solution de ta part !

— Son refus de se soumettre au test de paternité a été considéré comme un aveu. De deux choses l'une : soit tu n'es pas sûr d'être le père et tu te soumets au test, avec l'espoir qu'il la désavoue, soit tu es certain d'être le père et je ne peux que t'encourager à reconnaître l'enfant, sans procès, par un acte que nous établirons en toute discrétion. Et vous vous mettrez d'accord sur une pension alimentaire.

— Je suis le père, ça ne fait pas l'ombre d'un doute. Je crois qu'on sait quand il s'agit de son fils. C'est mon fils, je le sais, je le sens ! Merde ! dit-il en tapant du poing sur la table.

— Tu n'as pas d'autre choix que de reconnaître cet enfant.

— Comment fait-on ? Je veux aller assez vite, pour qu'elle ne préfère pas le procès en espérant toucher plus, et le plus discrètement possible.

— Il faut que nous établissions un acte de reconnaissance de paternité. Pour cela nous allons demander ton acte de naissance et celui de l'enfant. Il nous faudrait son lieu et sa date de naissance.

— La mère doit-elle signer l'acte ?

— Nicolas ? demanda Polignac.

— Je vais vérifier, mais je pense qu'il faut juste l'informer a posteriori.

— C'est exact. Nous lui notifierons l'acte après la signature et nous informerons aussi à la mairie du lieu de naissance de l'enfant. Ton nom sera apposé en marge de son acte de naissance.

— Il va prendre mon nom ?

— Le code civil prévoit que l'enfant garde le nom de la mère, sauf commun accord.

— On ne va rien changer. Issa Diallo c'est plus harmonieux qu'Issa Leroy ! Mes filles et Diane vont le savoir à la succession ?

— Oui, il sera appelé à la succession comme elles.

— Je ne peux pas le déshériter à cause de cette foutue réserve héréditaire, c'est bien ça ?

— Bravo. Mais tu es domicilié au Maroc. La réserve héréditaire ne s'applique que sur les biens immobiliers français. Tu peux attribuer à tes filles la maison de Marrakech et les actions Claret. Et sur l'immobilier français, tu peux les favoriser en leur attribuant la quotité disponible d'un quart de ta succession. On peut aussi jouer avec les contrats d'assurance vie qui sont hors succession, sans excès. L'idée est d'ores et déjà d'organiser le partage de tes biens, de manière à ce qu'il ne reçoive ni actions Claret, ni part dans la maison de Marrakech, ni dans l'appartement de l'avenue de la Bourdonnais. On peut lui attribuer des liquidités ou d'autres biens immobiliers pour le remplir de sa réserve française. Il est important de préparer un testament dans ce sens, nous y travaillerons.

— Très bien. Je veux faire tout ça en toute discrétion, je ne veux pas qu'elles sachent de mon vivant.

— Bien entendu.

— Prochaine étape ?

— La signature de la reconnaissance de paternité. Nous allons la préparer et demander les actes de naissance. Veux-tu que nous appelions la mère ou tu t'en occupes ?

— Je m'occupe de tout, je t'adresse les infos cet après-midi. Quand pouvons-nous signer au plus vite ?

— Nicolas ? demanda Hector de Polignac.

Nicolas lisait un mail d'Hélène Quiniou qui venait de s'afficher dans sa boîte : « FJR a confié la succession de Frédéric de Gestas à la nouvelle ! Elle est bien vue ! »

Quiniou passait son temps à fouiner dans les dossiers des autres, y compris les siens. Comme une taupe, elle creusait des tunnels sous les bureaux, observait, écoutait et centralisait les informations récoltées dans son cerveau maniaque et alvéolé de telle sorte qu'elle n'oubliait jamais rien.

— Nicolas ?

— Il pense à son enfant caché, dit Jean-Louis Leroy en souriant.

— Beaucoup d'hommes ont des enfants cachés mais ils n'ont pas ton courage. En quarante-cinq ans de carrière, les reconnaissances d'enfant naturel que j'ai signées ne dépassent pas les doigts d'une main, dit Polignac.

— Ou bien les femmes se contentent d'argent ! dit Jean-Louis Leroy.

— Je pense qu'on peut signer dans dix jours le temps d'obtenir les actes de naissance, dit Nicolas Boissière.

— Il faut faire plus vite, je ne peux pas ne pas dormir pendant dix jours ! s'exclama Jean-Louis Leroy.

— Où est-il né ? demanda Polignac.

— À Paris.

— Nicolas ira chercher vos actes de naissance lundi matin, on signe lundi après-midi.

Nicolas Boissière, debout dans la salle de rendez-vous, regarda les deux hommes s'éloigner dans le couloir. Ils se bousculèrent légèrement, Polignac plaça sa main dans le dos de Jean-Louis Leroy pour l'inviter à passer devant lui.

Quand il revint, Polignac s'était départi de son sourire, ses yeux étaient sombres dans ses lunettes cerclées d'acier, il lança comme une flèche :

— Nicolas, je ne vous ai pas nommé notaire salarié pour que vous mettiez dix jours à sortir un acte de reconnaissance d'enfant naturel pour Jean-Louis Leroy. Faites un peu preuve de psychologie ! Et puis soyez présent pendant les rendez-vous ! Il est tout à fait déplacé de regarder son téléphone devant les clients, de surcroît Leroy !

— Oui, monsieur.

Hector de Polignac regarda les longues mains accrochées au dossier du fauteuil, les cheveux mi-longs qui retombaient sur le beau visage aux yeux baissés, la lèvre inférieure coincée entre les dents blanches.

— Entre nous, je l'aurais bien laissé dix jours sans dormir pour qu'il prenne une leçon d'humilité. Mais entre ce que je désire et ce que je peux, il y a trop d'enjeux. Quelle suffisance quand même ! Toutes ces manières pontifiantes ! Quel ennui !

— Oui c'est vrai.

Nicolas Boissière pensa qu'il aurait pu aussi bien parler de lui-même ; les hommes reconnaissent toujours leurs propres défauts chez les autres.

Il alla se laver les mains comme après chaque rendez-vous. Il se regarda dans le miroir et serra les mâchoires comme il le faisait plusieurs fois par jour, il espérait qu'elles se dessinent davantage. Il se demanda si la tristesse se lisait dans les cernes sous ses yeux. HP s'en moquait, il ne le regardait jamais comme un être humain capable d'éprouver et de sentir, il était l'un de ses soldats, certes l'un de ceux qu'il aimait bien, mais il ne se faisait aucune illusion, il n'était que de la chair fraîche et souple au service des clients. Le jour où il aurait une défaillance, une faiblesse, il serait prié de partir et serait immédiatement remplacé par un élément solide et fonctionnel. C'était la loi de la société PRF. HP aimait à répéter : « Vous laissez vos sentiments à la porte de l'étude. » Il observait avec amusement le ballet incessant des nouvelles recrues, il éprouvait toujours de la satisfaction lorsqu'un élément plus ancien s'essoufflait ou perdait du terrain, renonçait ou était renvoyé avec fracas ; c'était l'élimination d'un concurrent endurant.

Mais, pour la première fois, la violente expulsion de Karine Grumeau avait fait se mélanger à sa satisfaction un sentiment qu'il n'avait pas identifié immédiatement mais qui gâtait son plaisir, le recouvrait d'un voile. En regardant en lui, ce qu'il faisait rarement, mettant toutes ses forces au service de sa réussite, il avait découvert la peur. Il n'éprouvait pas de la pitié car il détestait Karine Grumeau, elle avait été si dure avec lui quand il avait été son assistant à ses débuts. Mais, pour la première fois, il avait ressenti de la peur pour son propre sort. Elle était virée parce qu'elle était malade, sans aucun ménagement, d'une manière parfaitement humiliante, comme une bête qu'on envoie à l'abattoir. C'était la maladie qui avait fait jaillir la peur en lui comme une lame, le cancer de Grumeau le renvoyait aux problèmes médicaux qu'il rencontrait avec sa femme pour faire un enfant. Il avait appris, la veille du départ de Grumeau, l'échec du dernier transfert d'embryon, le dixième en trois ans. Comme à chaque fois, Bénédicte s'était effondrée dans une crise de larmes. Les deux événements s'étaient télescopés et avaient creusé une profonde tristesse en lui. Ce nouvel échec et ce licenciement lui avaient fait prendre conscience de la fragilité de sa condition.

Il était avec sa femme depuis seize ans, il l'avait connue jeune, ils fréquentaient le même lycée au Havre, il n'avait jamais connu d'autre femme. Leur relation s'était développée naturellement, avec la bénédiction de leurs familles, ils étaient du même milieu, c'était important, sa mère était pharmacienne et son père, cardiologue ; son père à elle était radiologue, sa mère ne travaillait pas. Ils avaient entrepris des études de droit ensemble, lui rêvait d'être notaire depuis l'enfance, depuis qu'il était monté dans la Ferrari du père notaire de son ami Fabien ; elle s'était dirigée vers le barreau et voulait être avocate en droit des affaires. Ils s'étaient installés à Paris, liés par leur ambition. Ils avaient été embauchés par de gros cabinets, avaient fait un grand mariage, avaient acheté un vaste appartement à rénover dans un quartier populaire, ils avaient hésité à cause des immigrés, mais c'était une bonne affaire, leurs parents les avaient encouragés, ils revendraient lorsqu'ils auraient des enfants en âge d'être scolarisés. Ils avaient tout pour eux mais le bel édifice s'était fissuré lorsqu'ils avaient voulu un enfant. Ils s'étaient engagés dans la voie de la procréation avec confiance et face à l'absence de résultats, ils s'étaient soumis à des tests médicaux. Les médecins avaient découvert une azoospermie : il n'avait pas de spermatozoïdes dans le sperme. La cause était inconnue, elle pouvait aussi bien être génétique qu'infectieuse, ce qui avait nourri des doutes sur sa probité. Il avait dû subir une opération pour prélever des spermatozoïdes dans ses testicules, les résultats avaient été satisfaisants. Mais malgré les stimulations hormonales de Bénédicte qui n'avait pourtant aucun problème, les transferts d'embryons avaient presque tous échoués. La troisième fois, elle était tombée enceinte et avait fait une fausse couche à deux mois. Ça leur avait donné beaucoup d'espoir, puis ils avaient enchaîné les échecs, les résultats étaient invariablement négatifs et à chaque fois, c'était un coup dur dans le bel ordonnancement de leur couple. Bénédicte avait même arrêté de travailler pour se consacrer à plein temps à l'entreprise de la procréation, elle s'était refermée sur elle-même et considérablement affaibli avec le temps. Elle avait toujours été fragile mais les FIV avaient profondément accru son instabilité nerveuse. Elle ne voulait plus faire l'amour, ses crises étaient de plus en plus violentes, il n'arrivait plus à les endiguer et elles pesaient lourdement sur lui. Il lui en voulait secrètement, il lui reprochait sa fragilité. Le Dr Cornette, leur gynécologue, leur disait souvent que le plus grand ennemi était le découragement. Et elle s'effondrait chaque fois comme une poupée de chiffon, ça lui devenait insupportable. Il devait la porter, gérer ses abattements successifs, alors qu'il avait encaissé l'atteinte à sa virilité qu'avait représentée la révélation de son azoospermie. Ça avait entamé sa confiance en lui, il avait éprouvé le besoin d'aller voir un psychiatre pour garder la tête hors de l'eau. Il s'était battu, lui ; elle ne faisait que s'abandonner à la mélancolie, elle errait dans l'appartement toute la journée, il la retrouvait le soir en pyjama. Elle ne sortait que pour faire quelques courses et aller à l'église, elle allait à la messe plusieurs fois par semaine et ils ne passaient plus un dimanche sans messe.

Il repoussait autant qu'il le pouvait le moment de rentrer chez lui, il prétextait souvent du travail. Il attendait dans son bureau sans rien faire, la nouvelle avait dû le trouver étrange mardi soir. Il avait senti en elle une liberté qui l'avait rendu jaloux. Dans le mouvement de son corps il avait senti un ancrage, dans le geste un peu vif de sa main dans ses cheveux une ambition redoutable, dans sa voix une volonté farouche. Elle pouvait être un adversaire dans sa conquête du pouvoir chez PRF. Regniez lui avait confié la succession de Gestas, c'était le signe du danger. Les mouvements dans le service immobilier étaient un avertissement. Grumeau était éliminée, Quiniou était un excellent soldat mais elle n'avait pas les épaules pour devenir associée, les autres n'étaient que des seconds couteaux sans intérêt. Claire Castaigne pouvait les séduire et elle avait sans doute imposé ses conditions à l'embauche. Elle avait dit qu'elle avait quitté Narquet pour évoluer, pour gagner plus. Il devait abattre ses cartes sans tarder ou bien il regarderait le train passer. Cette pensée le galvanisa. Il posa ses mains humides sur son visage et les fit glisser dans ses cheveux. Ses yeux verts brillaient.

10

De sa cage vitrée, Maxime Ringuet surveillait la porte grise du bureau d'Hélène Quiniou.

Pour annoncer sa découverte, il saisirait le moment où Hector de Polignac viendrait la voir, ainsi qu'il le faisait plusieurs fois par jour. Il avait bien réfléchi, c'était la meilleure manière de faire valoir directement ses compétences. Elle faisait écran entre lui et les notaires associés et bridait ses espoirs de promotion rapide. Il n'avait pas de temps à perdre, il fallait qu'il évolue, qu'il gagne plus. Le remboursement de son prêt étudiant et le coût de la vie à Paris l'étranglaient. La dernière fille qu'il avait rencontrée l'avait quitté lorsqu'elle était montée dans sa chambre de bonne au sixième étage sans ascenseur au bout d'un couloir défraîchi, et qu'il lui avait parlé de ses parents. Il s'était livré par honnêteté – l'honnêteté est une erreur – et par ivresse. Elle avait flairé la pauvreté qu'elle avait fuie comme on se protège de la peste. Il avait vu le dégoût dans son regard, comme s'il avait empoigné sa propre merde et s'en était couvert le visage, rempli la bouche. Il avait eu honte de lui. La colère s'était mélangée à la honte et l'avait entièrement absorbée dans un noyau dur. Il n'avait pas voulu la revoir, il aurait pu la frapper. Il évoluait dans leur milieu bourgeois, mais il n'était pas des leurs. Son art de l'ambiguïté lui permettait de faire illusion, mais l'alcool l'avait faire sortir du bois, nu comme un faon. Il avait pensé qu'il pouvait avec elle, elle semblait intelligente, il avait été emporté par une irrésistible confiance et il s'était trompé. Il avait ressenti une violente décharge en plein dans le cœur. Il fallait que ça change vite, il aurait bientôt le titre de notaire, il lui restait à rédiger son mémoire. Il lui fallait de l'argent. Avec l'argent, il aurait le pouvoir et le pouvoir imposerait le respect à toutes ses pétasses bourgeoises.

Et il allait se venger d'Hélène Quiniou : elle n'exploitait pas ses capacités, elle ne lui donnait que les basses tâches, les photocopies, les courriers à rédiger, la rédaction des actes simples, les formalités postérieures, toute la merde dont elle se lavait les mains. Deux ans qu'il travaillait pour elle et elle ne l'avait jamais fait participer à un rendez-vous. Pire et humiliant, elle l'appelait pour qu'il lui apporte un document alors qu'elle était avec un client. Il préparait tout parfaitement et elle gardait les lauriers pour elle. Elle jouait à la fausse timide mais elle avançait ses pions en stratège. Lui aussi allait se placer sur l'échiquier, il préférait le football aux échecs, il ne se consumerait plus sur la touche à regarder le jeu, en espérant qu'on l'appelle au centre, joker brillant et éternellement perdant. Il fallait savoir forcer les choses, il se placerait lui-même dans la lumière.

Elle avait voulu rédiger seule cette donation-là. C'était les Daragon, cette famille richissime de la grande distribution, une donation à 20 millions d'euros, 200 000 euros d'émoluments pour l'étude.

Il était impératif d'aller vite et de ne pas faire d'erreur. Elle n'avait pas confiance en lui dans les actes importants et elle lui faisait l'affront, la salope, de lui déposer l'acte sur son bureau, toujours en son absence, avec sur un Post-it, de son écriture de gamine : « Merci de formaliser », ce qui équivalait pour un cuisinier en fin d'apprentissage à faire la plonge dans un grand restaurant. Elle n'avait aucun courage, aucune franchise, elle ne regardait pas les autres dans les yeux. Elle ne maîtrisait pas ses jambes qui tremblaient toutes seules, elle n'avait aucune envergure, ça lui devenait intolérable de travailler pour elle. Elle méritait d'être punie. Il ignorait pourquoi il s'était arrêté sur le calcul des droits de donation détaillé en page 25 de l'acte. Si : il cherchait la faute et il l'avait trouvée ! Bingo : un écart de 910 000 euros dans les droits à payer ! Il avait entouré le chiffre plusieurs fois, le crayon de papier avait crissé sur la feuille. Il avait calculé trois fois, l'erreur avait clignoté chaque fois, c'était un signe à saisir. Il lancerait l'information comme une balle dans les jambes, en présence du big boss.

Il envoya un message à son pote Jules, qui lui aussi faisait le larbin pour une mère de famille qui partait tous les jours à 18 heures pendant qu'il trimait jusqu'à pas d'heure. Mais elle était plus généreuse que Quiniou, elle l'avait fait participer à quelques rendez-vous. Ils en parlaient ensemble, ils se remontaient mutuellement.

« Je la tiens dans ma main, la Quiniou, j'ai plus qu'à serrer ! Si mon plan marche, je te paie une bière ce soir, même deux ! »

« Écrase-la cette branleuse de bites de pompiers ! »

Ils échangèrent des séries d'émoticônes et il ressentit le poids cruel de la solitude. S'écarter du troupeau, c'était risquer de se perdre ou d'être puni. Mais il avait toujours préféré la solitude au troupeau. Il sourit à Claire Castaigne qui passait devant son bureau et leva la main, elle s'arrêta dans l'espace ouvert.

— On ne nous a pas présentés, je suis Maxime Ringuet, je suis notaire stagiaire, je travaille pour l'instant avec Hélène. D'habitude, Sylvain Sassin fait le tour des bureaux.

— Il était sans doute pressé que je commence à travailler, dit-elle dans un sourire.

— Ah oui, ça doit être ça ! dit-il en riant. Bienvenue, Claire !

— Merci Maxime, ça fait combien de temps que tu travailles ici ?

— Deux ans.

— Tu as fini ton stage ?

— Oui, je suis en train de terminer mon mémoire, j'aimerais soutenir avant l'été.

— Il faut l'expédier vite après le stage, c'est une telle corvée quand on travaille !

Elle avait un sourire ravageur, elle était belle et bien foutue, elle avait une tout autre allure que la souris Quiniou. Hector de Polignac parut comme une ombre furtive dans le couloir, il referma la porte derrière lui. D'ordinaire il laissait la porte ouverte. Maxime hésita, Claire lut l'inquiétude dans son regard. Il se leva d'un bond, le dossier Daragon serré dans sa main.

100

— Excuse-moi, on m'attend.

— Beau dossier !

— Je n'ai fait que les formalités !

Claire le détailla : il n'était pas épais dans son costume étroit, les boucles blondes encadrant son visage imberbe lui donnaient un air enfantin mais il marchait avec détermination et l'impatience de la conquête se lisait dans son regard.

Ils le regardèrent lorsqu'il entra et referma la porte derrière lui, les yeux de Polignac étaient incisifs.

— Ah excusez-moi ! Je voulais voir Hélène.

— Si c'est pour les formalités Daragon, laissez-moi l'acte, je vais regarder, dit-elle d'une voix sèche.

Deux ans qu'elle le vouvoyait, il lui avait proposé le tutoiement, elle l'avait refusé.

— Oui mais je voulais vous parler, je crois qu'il y a un problème.

— Quel problème ? demanda Polignac avec impatience.

— Je crois qu'il y a une erreur dans le calcul des droits.

Hélène Quiniou pâlit.

— Une erreur ? Qui a fait le calcul ?

Elle resta silencieuse, Maxime Ringuet la fixait sans ciller.

— C'est vous Hélène ?

— Oui, mais ça n'est pas possible, j'ai utilisé mon logiciel, dit-elle dans un murmure.

— Et vous ? Vous avez utilisé votre tête ?

— Et ma calculatrice ! dit Maxime Ringuet en souriant.

— Combien ?

Maxime prit son temps comme il le faisait avant de tirer un pénalty, en regardant le gardien dans les yeux, le buste droit.

— En arrondissant : 910 000.

— 910 000 euros de droits de donation ? demanda Polignac en détachant bien les syllabes.

— Oui. En moins.

— Bien sûr ! Sinon ça n'est pas drôle ! dit Polignac en ricanant.

Maxime ouvrit l'acte à la page 25, attrapa la calculatrice rose d'Hélène Quiniou, prit une feuille de papier et fit le calcul à la main.

— Voilà ! Nous devions payer 8 762 394 euros de droits et nous n'avons payé que 7 852 678 euros, soit une différence de 909 716 euros, lança Maxime Ringuet d'un air victorieux.

Hector de Polignac regarda Hélène Quiniou avec férocité.

— Qu'en dit votre logiciel, Hélène ?

Elle plongea ses yeux noyés de larmes dans l'écran, sa main tremblait sur la souris.

— Je ne comprends pas, il n'y a jamais d'erreur avec ce logiciel.

— Hélène, je vous paie, très bien, pour utiliser votre cerveau, pas un logiciel. Sinon, j'embauche des secrétaires, ou des robots ! La donation Daragon ! Merde ! Faites une erreur avec les Quenot, je m'en contrefous, mais pas les Daragon ! Espèce de gourde !

Il hurla si fort que la porte vitrée du bureau vibra. Maxime Ringuet baissa la tête, il regarda les chaussures à talons renversés sur la moquette bleue, les

102

petits pieds crispés sur la chaise, l'ongle du gros orteil qui dépassait du collant filé, il garda la bouche fermée pour ne pas rire.

Régnait un silence de mort dans l'open-space, tous avaient entendu, seule Murielle Barzouin lança :

— C'est le gros ménage de printemps chez PRF !

Les rires furent étouffés, le silence se creusa, les oreilles se tendirent.

Hélène Quiniou fouillait son écran pour trouver une explication informatique. Elle pleurait.

— Qu'est-ce qu'on fait maintenant ? Hélène ! Regardez-moi ! On appelle Mme Daragon et on lui demande 910 000 euros ? « Nous sommes désolés de cette legère erreur de calcul ! »

Maxime regardait tantôt le visage ruisselant d'Hélène Quiniou qui fixait son ordinateur, tantôt les joues rouges et affaissées comme un poisson d'Hector de Polignac. L'unique mèche qu'il collait sur son crâne pour cacher sa calvitie avait glissé sur son oreille, comme une branche cassée.

— J'attends une réponse !

— La dernière tranche a été taxée à 40 % au lieu de 45 %. Je ne comprends pas !

— Je m'en fous, Hélène, de votre logiciel ! Qu'est-ce que vous proposez avec votre petite tête ?

— Je vais appeler Mme Daragon en m'excusant, en disant que c'est ma faute.

Polignac souffla, ramena la longue mèche sur le haut de sa tête et la regarda avec une grimace de dégoût, il s'approcha de la fenêtre et leur tourna le dos, la mèche traçait une flèche sur son crâne brillant.

Hélène Quiniou sanglotait, reniflait, hoquetait dans le silence. Maxime Ringuet regardait Polignac, planté sur ses jambes courtes. Son buste replet se tourna d'un coup.

— On va envoyer la donation en l'état à la recette des impôts et on verra s'ils repèrent l'erreur ! Si ça passe, on annoncera à Mme Daragon, à l'expiration de la prescription, dans trois ans et huit mois, qu'elle a économisé, grâce à votre incompétence, 910 000 euros. Alors, je vous pardonnerai. Pas avant.

— Mais on risque des pénalités et des intérêts de retard ! objecta Hélène.

— Je ne vous demande pas votre avis ! Vous m'avez assez montré vos limites ! Merci Maxime de votre vigilance et merci de faire preuve de la plus grande discrétion dans cette affaire.

D'un geste brutal, Hector de Polignac ouvrit la porte qui rebondit contre la paroi vitrée.

Maxime regarda le buste de Quiniou replié sur ses genoux, l'acte de donation ouvert en travers du bureau et quitta la pièce qui puait la sueur.

Il envoya un message à Jules : « Rendez-vous 20 h chez Bouboule, la bière va couler à flots… sur mon compte ! »

Jules répondit par l'image d'un poing serré.

11

— On commence par quoi ? demanda Pierre Fontaine.

Il renifla et se moucha bruyamment, les narines de son grand nez étaient rouges et irritées.

— Voilà les pollens qui commencent ! Et ça ne va pas s'arranger ce week-end ! J'ai du travail au jardin !

— Vous ne prenez pas votre traitement ? demanda Murielle Barzouin.

— Pas encore, il faut que j'aille voir mon docteur. Moins je le vois, mieux je me porte !

— Bah oui, vous avez qu'à attendre que les pollens soient finis ! dit-elle en riant.

— Je n'ai pas le temps de m'occuper de moi.

— Vous voulez que je vous prenne rendez-vous ?

— Ah je veux bien ! Avant, c'était Martine qui le faisait.

— Comment il s'appelle déjà votre docteur ?

— Luc Rameau, rue des Petits-Champs.

— Je m'en occupe.

— Vous pourriez aussi faire livrer des fleurs à l'hôpital ?

— Bien sûr ! Je téléphone chez Chambert ?

— Oui, des camélias, un mélange de blancs et de roses, sans feuillage, juste les fleurs, une vingtaine.

Avec une carte : « À ma Dame aux camélias qui va renaître au printemps. »

— Oh ! Quel poète vous êtes !

— N'en faites pas trop quand même ! Revenons à nos dossiers ! Foutus pollens ! dit-il en éternuant et en se mouchant.

— Mme Fenouillard a encore appelé.

— Ça, c'est du concret ! Mme Fenouillard qui sent tellement mauvais qu'il faut ouvrir les fenêtres quand elle vient !

— Oui mais qui a 500 000 euros rien que sur son compte courant et qui ne doit pas sentir mauvais pour tout le monde car elle veut faire un legs à un bonhomme qui vit avec elle ! Un ami ! Moi je dis que c'est cette histoire qui sent mauvais et que ça vaut la peine que vous lui passiez un coup de bigo ! Et comme par hasard, il s'appelle Abdoul Abdi ! Même Dounia, elle dit qu'il faut s'en méfier !

— Elle le connaît ?

— Mais non ! Elle dit qu'il faut se méfier des Arabes ! Elle a eu deux maris qui l'ont battue, alors faut plus qu'ils viennent lui conter fleurette, les Abdoul et compagnie !

— Ah bon ? Dounia ?

— Elle a eu une vie dure, vous savez ! Vous devriez plus vous intéresser à la vie de vos collaborateurs !

— J'ai un rendez-vous dans vingt minutes, ne nous dispersons pas, Murielle, s'il vous plaît.

— Vous avez rendez-vous avec M. Loiseau, pour la déclaration d'insaisissabilité de sa résidence principale. Voici l'acte, j'ai fait les modifications que vous m'avez demandées.

— Parfait, dit-il en parcourant les pages de l'acte.

— Il est pas commode d'ailleurs ! Quand je l'ai appelé pour déplacer le rendez-vous à aujourd'hui, il n'était pas content !

— Oui, eh bien, je vais lui expliquer que je n'ai pas que lui, que je suis en pleine préparation du Congrès des notaires où je vais parler devant neuf mille cinq cents notaires et que je n'arrive pas à avancer parce que j'ai des rendez-vous tout le temps. Des petits dossiers comme le sien, avec un pavillon à Pantin, je m'en passerais bien !

— Je préfère quand vous parlez comme un poète ! Là, on dirait HP.

— Murielle, ne dépassez pas les bornes ! Vous m'avez bloqué les trois après-midi que je vous ai demandés, la semaine prochaine ?

— Bien sûr monsieur Fontaine, dit-elle d'une voix mielleuse.

— Quoi d'autre ?

— J'ai fait les formalités de la donation Carnot.

— Merci. Laissez-la, je la regarderai plus tard.

— Sinon, j'ai préparé les courriers pour l'ouverture de la succession Arnoux.

— Encore un dossier qui va nous prendre du temps et nous rapporter des queues de cerise !

— Y a quand même un appartement à Paris et un peu de sous.

— Oui, un deux pièces dans le 20e. Et combien ?

— Environ 200 000 euros.

— C'est bien ce que je disais ! Et ils sont cinq sur le bout de gras !

— D'ailleurs l'une des filles a l'air très pressée de toucher sa part ! Elle m'a déjà appelée trois fois depuis votre rendez-vous !

— Laquelle ?

— Celle qui avait le chignon.

— Un épouvantail vous voulez dire ! Avec ça, le mari est refroidi !

Murielle Barzouin explosa d'un grand rire qui couvrit les coups contre la porte. La poitrine de Claire Castaigne apparut dans l'embrasure.

— Bonjour. J'ai frappé, je ne sais pas si vous avez entendu ?

— Non, Murielle rit tellement fort ! dit Pierre Fontaine en secouant la tête.

— Je reviens plus tard si vous voulez ?

— Non. Entrez ! On avait fini, Murielle ?

— Qu'est-ce qu'on fait de Mme Fenouillard ?

— Eh bien, Claire va s'en occuper ! Ça sera notre premier dossier ensemble. Il n'y a pas que les dossiers des présentateurs de télévision !

— Bonjour le cadeau ! C'est toi qui t'occupes de la succession de Frédéric de Gestas ? demanda Murielle.

— Oui, dit Claire.

— Mazette ! Qu'est-ce qu'il était beau, je regardais le journal rien que pour lui !

— Expliquez-lui Mme Fenouillard.

— Mme Fenouillard, elle ne sent pas la rose mais elle a beaucoup d'argent et pas d'enfants, pas de famille. Elle a hérité d'un bonhomme très riche qui est mort sans enfants. C'est pas très clair tout ça, officiellement elle était danseuse au Moulin Rouge, dit

108

Murielle Barzouin, son nez pincé entre son index et son majeur.

Claire Castaigne et Pierre Fontaine riaient, elle s'arrêta pour reprendre son souffle.

— Elle doit être rangée des wagons depuis cinquante ans et elle ne doit plus se laver depuis la même époque mais en tout cas, y a un zig pas très net et pas très blanc, qui lui a mis le grappin. Elle l'a rencontré dans son quartier, elle habite à Montmartre. Une maison ! T'en connais beaucoup, toi, des gens qui vivent dans une maison à Paris ? Elle l'a héritée, il y a longtemps, de son vieux qu'elle a dû bien bichonner ! Le zigoto traînait là, il l'a aidée à porter ses courses, il vit chez elle maintenant. Et elle veut modifier son testament ! Sachant qu'il y a cinq ans, elle léguait tout à la SPA. Elle adore les animaux, elle vit avec vingt chats et trois chiens. Un point commun que j'ai avec elle : j'ai six chats. Abdoul Abdi, il s'appelle ! Pour elle, un sou est un sou, donc il a dû lui faire une sacrée danse du ventre !

— Murielle, évitez les considérations racistes s'il vous plaît ! dit Pierre Fontaine, qui regarda Claire en levant les sourcils comme pour s'excuser.

— Je l'aime bien, Mme Fenouillard, il faut qu'on l'aide. C'est notre rôle de notaire ! C'est le service public ! On n'est pas qu'une caisse d'enregistrement !

— Sur ce point, vous avez raison. Claire, appelez-la pour la sonder. Dites-lui que je vous ai confié son dossier. Ça serait bien qu'elle vienne à l'étude pour qu'on parle avec elle.

— Selon moi, ce qui serait encore mieux, c'est que tu ailles chez elle, comme ça tu verrais le bonhomme.

Il dort toute la journée, elle parle doucement au téléphone pour ne pas le réveiller ! Non, mais vous imaginez ! Elle n'est même plus chez elle !

— Pourquoi pas ! Mais s'il dort tout le temps, Claire ne va pas le voir.

— Elle demande à le voir, elle dit qu'elle a besoin d'informations complémentaires pour le testament. Vous inquiétez pas, il va avoir vite fait de se réveiller !

— Elle est très forte, dit-il en la désignant d'une main ouverte.

— Oui, elle a raison ! dit Claire.

— Solidarité féminine ! Je suis foutu ! Vous me direz.

— À moi aussi, tu me diras ! Appelle-la vite, tu trouveras son numéro dans sa fiche client : Lucienne Fenouillard.

— On arrête là pour aujourd'hui, Murielle. Vous vouliez me voir, Claire ?

Il regarda ses jambes musclées sous sa jupe, son chemisier bleu ouvert sur ses petits seins, la veine de son cou un peu gonflée, son nez droit, ses grands yeux noirs qui ne fuyaient pas. Elle était belle et elle n'en jouait pas.

— Oui, j'ai fait l'inventaire des dossiers dans le placard de Karine Grumeau, je suis à votre disposition pour en parler.

— Quelle rapidité ! Je préférerais qu'on se voie après le Congrès des notaires. Je n'ai pas commencé à rédiger mon discours, c'est dans une semaine ! Il n'y a pas d'urgence, la plupart dorment depuis des années.

Son téléphone sonna.

110

— Ils ne me lâchent pas ! Oui, oui, monsieur Loiseau, mon unique client, déroulez-lui le tapis rouge et installez-le dans la salle de rendez-vous !

On frappa : Sylvain Sassin entra suivi d'une jeune femme brune, vêtue d'une jupe rouge, très courte sur ses jambes nues et d'un caraco noir enserrant ses seins volumineux. La cambrure de ses reins, ses fesses rebondies, ses lèvres ourlées entrouvertes sur ses dents écartées et ses yeux impavides allumèrent l'air ambiant d'un feu ardent.

Pierre Fontaine reposa le combiné, la détailla de haut en bas et sourit à Sassin d'un air satisfait. Elle lui lança un sourire fatal. Claire observa le jeu des regards qui s'étaient détournés d'elle. Elle fut amusée et soulagée.

— Alice, je vous présente Pierre Fontaine, notaire spécialisé en droit de la famille, et Claire Castaigne, qui vient de rejoindre le service droit de la famille. Alice Santa Mala vient renforcer l'équipe en immobilier. Elle a trente-cinq ans et dix ans d'expérience en qualité de notaire assistant, sans avoir passé le diplôme.

— Ah bon ? Et pourquoi ? demanda Fontaine.

— Je n'ai jamais soutenu mon mémoire.

— Mais c'est dommage ! Pourquoi ?

— C'est comme une montagne face à moi.

Son léger cheveu sur la langue et l'affectation particulière de sa voix qui détachait chaque mot comme des bonbons dans sa bouche, achevaient de raréfier l'air.

— La montagne n'est que dans votre tête ! Nous avons tous des montagnes à abattre en nous !

— Si vous avez des conseils en dynamitage, je suis preneuse !

Pierre Fontaine explosa d'un grand rire.

— Nous en reparlerons, un rendez-vous m'attend. Bienvenue parmi nous ! Claire, pour l'instant, occupez-vous de Mme Fenouillard et tenez-moi informé.

Claire et Alice quittèrent le bureau, Sylvain Sassin les suivit en adressant un sourire à Fontaine qui leva les deux pouces en roulant les yeux derrière les verres épais de ses lunettes. Lorsque la porte se referma, il attrapa son téléphone.

— Dis donc, François-Jean, vous n'avez pas lésiné sur la qualité en immobilier !

— Je ne comprends pas.

— Bravo pour le casting !

— Ah ! Alice a travaillé cinq ans chez Vignon, c'est qu'elle doit être solide. Et puis elle n'est pas diplômée, elle ne nous cassera pas les pieds pour évoluer.

— Pas faux, dit Fontaine dans un éternuement. Catherine va devenir folle avec ces nouvelles recrues !

— Elle a son boy's band, dit Regniez d'une voix lasse.

— Tu t'en sors avec le dossier Gestas ?

— Le testament est costaud, ses deux maîtresses sont légataires, il y a un enfant adultérin. Et le confrère, Rémi Chapuis, ne me facilite pas la vie.

— J'imagine la tête de la veuve ! Je ne connais pas Chapuis, demande à Hector.

Dans le couloir assombri par les portes des bureaux fermées, Sylvain Sassin se tenait entre les deux nouvelles recrues.

— Depuis que je suis arrivée, personne ne m'a proposé de déjeuner. Alors, pour être un peu plus urbaine, je te propose de déjeuner lundi, dit Claire.

— Bonne idée ! Vous m'avez caché la chaude ambiance, dit Alice Santa Mala en se tournant vers Sylvain Sassin.

— Je l'ignorais et c'est bien que je le sache. C'était différent chez Narquet ?

— On proposait toujours un déjeuner aux nouveaux. Je suis peut-être transparente ! répondit Claire en riant.

— L'enfer ! Je déteste être transparente ! dit Alice en éclatant d'un grand rire qui fit sortir Catherine Ferra de son bureau.

Sassin fit les présentations, les yeux bleu clair de Catherine Ferra balayèrent les jeunes femmes comme du verre coupant.

12

Claire sonna à 17 heures précises au 1 rue Jacob, dans le 6ᵉ arrondissement, elle prit l'ascenseur jusqu'au quatrième étage.

Sophie de Gestas lui ouvrit dans un faible sourire, vêtue d'un kimono en soie noire garni de grands perroquets rouges, ses cheveux tirés en arrière dans un vague chignon ; elle n'était pas maquillée, ses yeux bleus éteints étaient cernés de halos sombres. Lorsqu'elle la vit avancer dans son grand appartement, frêle, pieds nus sur le béton noir, Claire ressentit comme une morsure la solitude et la fragilité de cette femme. Lorsqu'elle la voyait à la télévision, Sophie de Gestas était tout ce qu'elle voulait être : sûre, belle et puissante. Là, le dos courbé, marchant devant elle comme si elle allait à l'échafaud, elle n'était qu'un corps prêt à s'effondrer.

Dans la cuisine, elle lui proposa un thé vert qu'elle accepta ; ses gestes étaients lents, Claire pensa qu'elle prenait des médicaments.

— Merci d'être venue. Je n'ai pas mis les pieds dans le bureau de mon mari depuis sa mort. C'est une zone infranchissable. Ses secrets me font peur. Ils sont comme des insectes bruissant dans les tiroirs, courant sur les murs.

— Je suis là pour vous aider.

Sophie de Gestas baissa la tête, serra sa tasse entre ses mains blanches.

— Vous allez souvent chez vos clients ?

— Presque jamais.

— Je sais que vous le faites parce que je suis la femme de Frédéric de Gestas. Mais il est mort et bientôt, je n'existerai plus pour personne.

— Je le fais parce que vous me l'avez demandé, je l'aurais fait pour n'importe qui d'autre.

Elles se regardèrent sans dire un mot.

— J'aime beaucoup votre émission culturelle, je vous regarde presque tous les dimanches.

— J'ai eu ce poste grâce à Frédéric, on va me le retirer maintenant. Qui veux voir le visage d'une femme bafouée ? Ils voudront que je laisse la place à un visage lisse. Vous avez vu mes rides, mes cernes ! Le monde est cruel, Claire ! Dans tous les milieux. Vous le savez, vous n'êtes pas si jeune ! Si vous aviez une défaillance, ils vous garderaient, vos patrons ?

— Non, ils me remplaceraient par un élément fonctionnel.

— Exactement ! Vous êtes un élément d'une grande machine. Nous sommes aliénés, intégralement aliénés. Par le système, par le regard des autres, la société de consommation, les impôts, les prêts immobiliers. L'argent, l'argent, l'argent. Vous allez m'aider parce que nous sommes riches et que nous allons vous faire gagner de l'argent !

— Non. J'aide aussi des clients qui ont peu, c'est mon rôle.

— Donnez-moi un exemple.

— Il y a quelques années, alors que je travaillais dans une autre étude, je suis allée chez une femme de quatre-vingt-quinze ans. Elle ne pouvait plus sortir de son appartement, elle n'avait pas d'enfants, plus de mari depuis vingt ans, personne ne venait la voir. Elle payait généreusement la gardienne de son immeuble pour qu'elle fasse ses courses. Elle nous avait appelés pour son testament, elle faisait partie des clients historiques de l'étude lorsqu'elle était située près des Halles, avant qu'elle ne soit transférée avenue Foch. Elle vivait d'une petite retraite d'épicière de huit cents euros par mois et son seul patrimoine était son studio au cinquième étage sans ascenseur d'un vieil immeuble de la rue Coquillière. Je me souviendrai toujours de cette toute petite femme, très ridée, dans un tailleur rose impeccable qu'elle portait sans doute exceptionnellement pour me recevoir, les cheveux coupés dans une brosse inégale, dans ce petit appartement délabré, sans salle de bains, encombré d'objets du sol au plafond qui bouchaient à moitié la fenêtre. Elle n'avait personne à qui léguer le peu qu'elle avait et elle subissait la pression de sa concierge pour qu'elle établisse un testament à son profit. Mais elle avait fermement décidé de tout léguer à une famille de Pakistanais qui vivaient à cinq, de jeunes parents et leurs trois enfants, dans un studio voisin, pas plus grand que le sien. Ils ne parlaient pas français, ils ne pouvaient pas communiquer, ils échangeaient des sourires, les enfants jouaient dans le couloir, et de temps et en temps, ils lui apportaient une part de gâteau, ils le faisaient de manière totalement désintéressée et ça la touchait. Mais elle ne voulait pas qu'ils le sachent, elle ne voulait pas les voir changer. Je l'ai aidée à rédiger son testament, je me souviens encore de sa main bleue qui tremblait sur la feuille blanche, elle a mis une heure pour écrire dix lignes. Lorsque je lui ai demandé ce qui lui manquait le plus, elle m'a répondu que c'était la rue, les gens. Elle vivait recluse, elle n'était pas sortie depuis cinq ans, elle était trop faible pour descendre seule l'escalier. Le samedi suivant, j'ai loué un fauteuil roulant et je l'ai aidée à descendre. On est allées aux Tuileries, on a déjeuné dans une brasserie où elle avait ses habitudes autrefois, je l'ai emmenée chez le coiffeur, elle se coupait les cheveux elle-même comme elle pouvait. Et j'ai pris l'habitude de la sortir régulièrement, je lui racontais ma vie, elle me racontait la sienne. Puis un jour, la concierge m'a appelée : elle était morte dans son sommeil. Elle m'avait fait promettre d'organiser son enterrement, ce que j'ai fait. À la fin de l'enterrement, la concierge est venue me demander pour le testament. Lorsque j'ai répondu qu'elle n'y figurait pas, elle est partie furieuse en lançant : « Quelle vieille salope, après tout ce que j'ai fait pour elle ! » J'ai contacté la famille pakistanaise, ils étaient tellement habitués aux mensonges qu'ils ne m'ont d'abord pas crue, il a fallu que j'insiste pour qu'ils viennent à l'étude. Avec le prix de vente du studio, ils ont pu acheter une petite maison en banlieue. J'ai largement dépassé ma mission de notaire mais c'est dans ces moments que mon métier me semble beau et que je suis fière de l'exercer. Il faut beaucoup aimer les gens parce qu'on les voit souffrir, se déchirer, manipuler, intriguer. Parfois s'aimer mais c'est rare ! Souvent le mauvais se révèle, il faut l'accueillir et le transformer, en s'efforçant de le comprendre. Plus je progresse dans l'exercice de ce métier, plus la nature humaine me semble inépuisable de nuances et de relativité.

— Vous êtes une sainte dans un monde pourri !

— Je ne suis absolument pas une sainte ! Je m'efforce de bien agir, de faire preuve d'empathie et de bienveillance et je lutte, comme tout le monde, contre les mauvaises pensées. Être au cœur de l'intimité des autres ne rend pas meilleur mais donne la responsabilité de les engager dans des actes justes et positifs. Je crois que ce sont les actes qui font les hommes.

— Vous avez raison. Je vois tout en noir en ce moment.

— C'est normal, ce que vous vivez est très dur.

— Vous croyez en Dieu ? demanda Sophie de Gestas.

— Si être superstitieuse, c'est croire en Dieu, je crois en Dieu ! Et vous ?

— Non, je pense que tout ce qui existe donne des signes. Il n'y a que le diable qui donne des signes. C'est le diable qui gouverne le monde. Mon mari avait pactisé avec lui, son testament est un dernier outrage. Mais après cette bataille, ça sera terminé, je serai maîtresse de ma vie. Cet appartement sera à moi et à mon fils. Je ne me remarierai jamais. J'ai été obligée de faire scier mon alliance tant elle était serrée ! Lui ne portait plus la sienne depuis longtemps ! Vous ne portez pas d'alliance, vous n'êtes pas mariée ?

— Non.

— Pourquoi ?

— Je n'ai pas rencontré l'homme qui me donne envie de me marier.

— Vous avez plus vécu que moi, vous !

Au bout d'un long couloir dont les murs étaient recouverts d'une peinture bleu Klein, Sophie de Gestas plongea la main dans la poche de son peignoir et en sortit une clé qui ouvrit une étroite porte noire. Elles pénétrèrent dans une pièce ronde, peinte du même bleu, percée de six fenêtres. Une sorte de pigeonnier qui surplombait la rue Jacob et ouvrait sur les toits en zinc, avec, en son centre, un bureau ovale en laque noire couvert de papiers et de livres. Sur les murs étaient accrochées des œuvres d'art moderne et la photographie d'une femme nue, accroupie, la tête dans les mains. Une cravache à la poignée usée était posée dans l'angle d'un mur. Une armoire chinoise était verrouillée par un cadenas.

— Je vais tout faire repeindre en blanc. C'est lui qui avait voulu ce bleu, il l'a fait refaire trois fois pour qu'il soit exactement comme il l'avait imaginé. Ça m'écrase, j'ai l'impression que les murs vont se refermer sur moi. Je veux de la douceur, de la lumière. Et ce bureau va devenir mon bureau. Ne vous gênez surtout pas, servez-vous, prenez tout ce dont vous avez besoin.

Claire regarda les papiers qui n'étaient que des documents professionnels, souleva les livres, ouvrit les tiroirs et referma, dans un geste un peu brusque, celui du bas.

— Quoi ? Qu'est-ce que vous avez vu ?

Sophie de Gestas passa derrière le bureau, ouvrit le tiroir, eut un mouvement de recul et plongea sa main dans les culottes qu'elle approcha de son nez, elle grimaça.

— Des culottes sales et des capotes ! Il collectionnait les œuvres d'art, les stylos, il avait cent paires de chaussures. Quand il achetait un pull, il en achetait trois ! Tout cet argent gaspillé ! Et maintenant les culottes de toutes les poufs qu'il a baisées ! C'était un malade ! dit-elle en tirant le tiroir de toutes ses forces pour le faire sortir de son rail.

Elle ouvrit une fenêtre qui donnait sur la rue et secoua le tiroir, des pigeons s'envolèrent, elle lança le tiroir vide sur la moquette.

— Je vais me laver les mains et on continue !

Les deux autres tiroirs ne contenaient que des notes et documents professionnels.

Claire parcourut la pièce du regard et s'arrêta sur l'armoire chinoise. Sophie de Gestas revint, les mains levées au-dessus d'elle, qu'elle tournait comme des marionnettes.

— Vous savez où se trouve la clé de ce cadenas ?

— Absolument pas ! Vous n'avez rien trouvé dans les tiroirs ?

— Non.

Sophie de Gestas quitta la pièce et réapparut en secouant un trousseau de clés.

— Je l'ai récupéré dans la veste qu'il portait le jour de sa mort, quand je l'ai retrouvé, nu, la bouche ouverte, les yeux révulsés, la bite molle sur le lit de cette pétasse de comédienne ! Il n'aimait que les comédiennes ! Il disait qu'elles étaient sensibles et extraverties, il me reprochait d'être froide et rigide. Il faut dire que j'ai été élevée par un père militaire qui proscrivait toute expression de sentiment ou même de sensation. Un malade aussi !

Elle essayait d'enfoncer chacune des clés dans la serrure du cadenas, même les grosses clés, la tension montait, ses mains tremblaient.

— Regardez-moi ce gros trousseau et toutes ces clés à enfoncer dans des serrures ! Comme c'est symbolique ! Sauf qu'une clé est faite pour une serrure ! Et là, il n'y en a pas une qui corresponde à ce foutu cadenas ! Ne bougez pas, je vais chercher un instrument beaucoup plus efficace !

Elle revint avec une petite hache qu'elle brandit au-dessus d'elle, en la tenant au milieu du manche, comme un trophée. Elle tapa sur le cadenas puis sur les deux pattes métalliques qui le retenaient, la hache rebondissait vainement sur le métal. Elle s'arrêta un instant, regarda le meuble et frappa de toutes ses forces au milieu d'une porte, elle poussa un cri de joie et elle recommença, encore et encore, la hache fendait le meuble, des morceaux de bois verni jaillissaient, elle accélérait la cadence, elle déchiquetait le meuble avec rage, en exultant dans des hurlements rauques, le peignoir ouvert sur ses jambes nues.

Claire, assise dans le fauteuil, derrière le bureau, ne bougeait pas, elle laissait la fureur envahir l'espace, la recouvrir. Elle connaissait la fureur pour l'avoir vécue, elle était comme un violent courant électrique, qui venait du fond de soi, elle était libératrice, elle montait en flèche et elle retombait, elle

121

s'éteignait d'elle-même, il fallait la laisser tracer sa courbe fantastique dans l'air. Sophie de Gestas fracassa sans faiblir les portes anciennes incrustées de fleurs jusqu'à ce qu'elles ne soient plus que des éclats de bois sur la moquette noire. Puis elle s'attaqua aux panneaux latéraux. Lorsque le meuble ressembla à un squelette, elle se mit à danser et à rugir en brandissant la hache dans une sorte de haka surgi de la nuit des temps anciens, de sa nuit intérieure. Elle éclata de rire après un dernier rugissement et regarda Claire.

— La voie est libre, maître, servez-vous !

Elles furent toutes deux saisies d'un fou rire qui dura. Sophie de Gestas jeta la hache sur la moquette, qui alla cogner contre le tiroir vide.

Claire s'approcha du meuble, elle commença par l'étagère du bas et en retira des boîtes cartonnées qui portaient des étiquettes : « comptes bancaires », « assurances vie », « immobilier », « tableaux », « voitures », « impôts », « assurances ». À l'intérieur des boîtes, il y avait des pochettes de couleurs différentes pour chaque banque, pour chaque compte, pour chaque contrat d'assurance vie, pour chaque appartement intitulées « Jacob », « Martyrs 3e », « Martyrs 4e », pour la maison du Sud, « Saint-Rémy-de-Provence », pour celle du cap Ferret, pour chacune des cinq voitures de collection, pour les tableaux.

— Tout est parfaitement classé.

— Je vous l'ai dit : c'était un maniaque.

Claire ouvrait les pochettes et prenait les éléments dont elle avait besoin.

— Oui, parfait comme ça, dépouillez les pochettes, dérangez cet ordre insupportable. Il aurait détesté !

Sur l'étagère du milieu, elle trouva une boîte : « Contrats de travail / fiches de paie » et une autre boîte « Pakbo Productions ». Sur l'étagère du dessus, il y avait des documents de travail et une pochette rose intitulée « Instruments de chantage » qui contenait des échanges de mail, des contrats, des mots griffonnés sur des morceaux de papiers déchirés.

— Un maniaque doublé d'un pervers ! Vous en avez vu beaucoup des pochettes intitulées « Instruments de chantage » ?

— Non, jamais.

— Et vous avez réglé des successions d'hommes puissants ?

— Quelques-unes. Mais je ne vais pas toujours chez les clients. En général, le tri est fait par les héritiers.

— Oui, l'héritage consiste aussi à nettoyer la merde des siens. Ils sont plus courageux que moi. Ou peut-être moins seuls.

Claire ouvrit une pochette jaune intitulée « Santé » qui ne contenait que des ordonnances et tendit le bras pour saisir, au fond du meuble, une boîte carrée en laque noire. Elle ouvrit le fermoir doré : elle était pleine à ras bord de cocaïne.

— Un maniaque doublé d'un pervers cocaïnomane ! Avec cette boîte, on ne peut pas faire annuler le testament ?

— Ça ne prouve pas son incapacité à rédiger un testament.

— Puisque vous aimez la cocaïne, prenez-la !

— Non.

— Vous en donnerez à vos amis ! Vous organiserez une soirée coco en l'honneur de Frédéric de Gestas !

— Je ne peux pas accepter.

— D'accord, je la garde pour mes longues soirées solitaires, dit-elle en la serrant contre son ventre. Vous ne remarquez rien dans tout ça ? Regardez-bien ! Rien ne vous choque ?

Claire balayait attentivement la pièce du regard sans trouver de réponse.

— Il n'y a pas une photo au mur, pas une photo sur son bureau, dans les tiroirs, de son fils, de moi, de ses maîtresses, de son autre fils ! Aucune ! Il n'aimait personne ! Les autres devaient être à sa disposition comme des objets. Une photo d'une inconnue à poil, le fantasme toujours, et des œuvres abstraites, toutes plus moches les unes que les autres, qu'il achetait une fortune ! Je vais tout vendre !

Claire regarda chacune des œuvres d'art, elle reconnut un Nicolas de Staël.

— Je suis désolée mais vous ne pouvez pas le faire seule. Elles font partie de la succession. Elles doivent être intégrées dans l'inventaire mobilier et être partagées entre les différentes parties, ou vendues au nom de la succession et le prix réparti.

— Et si je les décroche avant l'inventaire et que je les vends en mon nom ?

— Ça s'appelle du recel successoral.

— Quelles sont les sanctions ?

— Vous êtes privée de votre part sur les biens recélés et il peut y avoir des sanctions pénales.

— Comme je n'aurai rien de toute façon ! Et qui peut le savoir ? Personne n'est jamais rentré dans ce bureau !

— Vous en êtes sûre ?

— Oui ! Même Matéo n'avait pas le droit de rentrer ! Nous sommes les deux seules à avoir vu ces tableaux accrochés sur ces murs !

— Vous me rendez complice.

— Vous n'allez pas me dénoncer quand même ? Vous êtes ma notaire, vous êtes tenue au secret professionnel.

— Je ne peux pas vous laisser faire ça.

— Mais si ! Je ne vous demande pas de mentir mais simplement d'oublier. J'ai confiance en vous, une confiance absolue !

— Qu'est-ce qui vous fait dire ça ?

— L'histoire que vous m'avez racontée ! Et votre regard qui ne fuit pas !

— Vous ne pourrez pas vendre ces tableaux en votre nom avant plusieurs années.

— J'attendrai ou je les ferai vendre par un prête-nom. C'est ma revanche sur mon honnêteté qui a été une illusion dans un monde de malhonnêteté.

— Les autres femmes savaient qu'il collectionnait des tableaux.

— Il y a suffisamment de tableaux dans les autres pièces ! Et ici je vais laisser la femme à poil et tiens cet affreux graffiti !

Claire regarda les yeux cernés de Sophie de Gestas. Chaque seconde de silence lui faisait franchir une ligne imaginaire tracée dans sa tête au-delà de laquelle il ne serait plus possible de dire non. Elle ne connaissait

125

pas parfaitement les contours de sa personnalité, certains jours elle ne savait même plus qui elle était du tout, mais ce qu'elle savait d'elle, c'était la faiblesse qu'elle avait à repousser ceux qui lui demandaient quelque chose. Sophie de Gestas l'avait saisi à travers son histoire et elle s'enfonçait dans la brèche ouverte. Elle aurait dû dire simplement : non, ça n'est pas légal, ça n'est pas possible. Mais elle se taisait, comme si elle devait quelque chose à cette femme et que son refus serait vécu comme une déception ajoutée aux déceptions qui l'avaient accablée. Sa solitude était palpable, elle pouvait la toucher, cette femme qu'elle imaginait entourée, protégée, était isolée dans l'épreuve.

— Attention aux marques des encadrements sur les murs.

Sophie de Gestas reprit la pochette « tableaux » dans la pile des documents posée sur le bureau.

— Il reste un pot de cette affreuse peinture, je repeindrai moi-même les murs s'il le faut !

— Je pense que j'ai tous les documents dont j'ai besoin. Est-ce qu'il y un coffre ici ou dans une banque ?

— Derrière la femme à poil. Et là, je connais le code ! Il m'avait interdit de l'ouvrir tout en me donnant le code en cas de disparition. Il ne parlait pas de son décès, il parlait de sa disparition, comme d'un évanouissement dans le monde. Il se croyait surpuissant ! Vous avez entendu parler de la malédiction de Superman ?

— Non.

— J'ai fait un documentaire sur le sujet pour mon émission. Tous les acteurs qui ont joué Superman et

certains de leurs proches sont morts, sauf le dernier.
Enfin, pas encore ! Jouer le surhomme, c'est pactiser
avec la mort. Son code, c'est sa date de naissance. Pas
la mienne, pas celle de son fils, pas un mélange de
nos trois dates, la sienne !

Sophie de Gestas retira de son crochet la photographie de la femme nue, la posa délicatement sur la
moquette, contre le mur, et composa le code, la porte
s'ouvrit dans un déclic, elle recula d'un pas.

Claire s'approcha du coffre prudemment, comme
on s'approche d'un feu. Elle trouva cinq liasses
épaisses de billets de 50 euros et trois liasses de billets
de 100 euros, elle retira les élastiques qui les liaient et
compta 50 000 euros.

— L'argent occulte restera occulte, dit Sophie de
Gestas, en ramenant les paquets près d'elle sur le
bureau.

Claire plongea encore sa main dans le coffre et en
sortit des montres.

— Quatre montres ! Il en avait cinq ! Quand on
l'a trouvé mort, il n'avait plus sa Rolex au poignet, j'ai
demandé à sa comédienne qui est restée muette. Il ne
l'enlevait jamais pour baiser. Elle a piqué la Rolex, la
garce ! Donc vous voyez : œil pour œil !

Claire retira une chemise noire à rabats, avec des
élastiques jaunes, avec une étiquette « testaments ».
Elle l'ouvrit, Sophie de Gestas s'avança derrière elle,
elle pouvait sentir son souffle. Il y avait la copie du
testament dont ils avaient eu connaissance et une
feuille quadrillée sur laquelle était rédigé à la main :

« Codicille à mon testament du 25 mars 2013. Je
reconnais l'enfant que porte Alice Dupont comme le

mien et je souhaite qu'il reçoive la part qui lui revient dans ma succession. Paris, le 1er avril 2014. Ça n'est pas un poisson d'avril ! Frédéric de Gestas. »

— Un autre enfant ! Vous avez vu cet humour déplacé jusque dans son testament ! Il a mis en place une organisation pour me rendre folle !

Claire parcourut le codicille. Il était manuscrit, daté, localisé et signé ; il était parfait et il l'avait établi neuf jours avant sa mort, comme s'il la flairait.

— C'est un cauchemar, murmura Sophie de Gestas.

— Je suis désolée, dit Claire, en serrant le testament contre sa poitrine.

— Pourquoi l'autre notaire ne vous l'a pas dit ? Il le savait forcément, c'est la première chose qu'elle a dû lui dire, la comédienne !

— On peut imaginer, oui, mais il n'a rien dit.

Claire repensa à la réponse lapidaire de Rémi Chapuis lorsque Regniez lui avait demandé s'il y avait d'autres choses qu'il devait savoir : « Non, pas à ce stade. » Ça allait à l'encontre de la règle impérative de la confraternité entre notaires et ça ressemblait effectivement à une entreprise de déstabilisation. Alice Dupont n'avait peut-être pas encore prévenu son notaire, mais pourquoi aurait-il dit : « pas à ce stade » ? Pour écarter la théorie du complot, elle soumit à Sophie de Gestas une autre hypothèse à laquelle elle s'efforçait de croire elle-même.

— Elle est peut-être enceinte de moins de trois mois et elle attend une confirmation ? Vous n'avez pas remarqué qu'elle était enceinte quand vous l'avez vue ?

128

— Elle était enroulée dans les draps. Avec un troisième enfant, je n'aurai définitivement rien dans la succession ?

— C'est trop tôt pour le dire, il faut faire des calculs précis. Et je vous rappelle que la moitié du patrimoine commun vous appartient.

— Qu'est-ce que vous allez faire de ce testament ?

— Nous allons le déposer au rang de nos minutes, l'enregistrer et appeler Mᵉ Chapuis. Je vais prévenir Mᵉ Regniez.

Sophie de Gestas avait épuisé sa fureur, elle regardait Claire, sonnée par les coups redoublés.

— Vous restez dîner avec moi ? Je n'ai pas envie d'être seule.

— Matéo n'est pas là ?

— Non, il est parti en week-end avec les parents d'une copine, enfin de sa petite amie ! Il est amoureux. Tel père, tel fils !

— Je suis attendue chez des amis.

Sophie de Gestas s'appuya contre le bureau, les jambes écartées, le bas du peignoir ouvert sur une culotte blanche, elle soulevait les billets de sa main gauche et les reposait, comme les cartes d'un jeu, des larmes coulaient sur ses joues.

— Moi, je n'ai pas d'amie. On n'a pas d'amis dans ce métier et j'ai commencé jeune. J'ai ma sœur mais elle habite Hongkong, elle me manque.

Claire regarda sa montre : 20 heures.

— Je reste dîner avec vous, je rejoindrai mes amis après. Ma sœur vit loin aussi, elle habite Rio. Elle me manque aussi.

— Je vais commander des sushis, ça vous va ?

— Oui, très bien. Il faut que je prévienne Me Regniez pour le testament.

Claire appela le standard de l'étude qui était fermé, elle appela sur sa ligne directe qui ne répondit pas, elle n'avait pas son numéro de téléphone portable, elle lui adressa un mail : « Bonsoir monsieur, je sors du rendez-vous, j'aimerais vous parler. »

Il l'appela cinq minutes plus tard, en chuchotant.

— Je suis à l'opéra, je vous écoute.

— Excusez-moi. On a découvert, dans le bureau de Frédéric de Gestas, dans le coffre, un codicille au testament, par lequel il reconnaît l'enfant que porte Alice Dupont.

Elle entendit le claquement de sa langue sur son palais.

— Comment a-t-elle réagi ?

— Mal, bien sûr. Elle a l'impression d'une organisation créée pour lui nuire.

— Je comprends. Et cet abruti de Chapuis qui n'a rien dit ! J'ai bien senti qu'il cachait quelque chose. Vous avez pris le testament ?

— Oui.

— Très bien, gardez-le pour le week-end et vous préparerez un acte de dépôt lundi. Testament ou pas, si cet enfant existe, il recevra sa part ! Merci de m'avoir prévenu. Vous avez récupéré les éléments ?

— Oui, je pense que j'ai un dossier complet.

— Parfait. Rien d'autre ?

— Non, répondit-elle après trois secondes d'hésitation.

Lorsqu'elle revint dans le salon, Sophie de Gestas était en train d'ouvrir une bouteille de vin blanc. Elle remplit deux verres, en tendit un à Claire et leva le sien.

— À la liberté ! Vous m'avez l'air d'être une femme libre, vous ! Je veux dire, autant qu'une femme puisse être libre ! dit-elle en la regardant intensément.

Claire fut légèrement déstabilisée par l'attention à nouveau portée sur elle par cette femme qui depuis trois heures plongeait avec fureur dans l'abîme de sa propre vie, sans un regard pour elle. Elle avait l'habitude, elle intervenait dans les moments cruciaux de la vie des autres, aux instants où les émotions fortes jaillissaient. Elle savait adopter la position de retrait adéquate et elle avait découvert que cette position correspondait à l'inclinaison de son caractère ; elle préférait être celle qui écoute et qui observe plutôt que celle qui parle d'elle-même.

C'était le contraire qui l'étonnait, qu'on s'intéresse à elle, qu'on lui pose des questions, qu'on lui demande de raconter une histoire qui l'avait marquée, comme l'avait fait Sophie de Gestas.

Elle avait raconté l'histoire de cette vieille femme mais elle aurait aimé en dire davantage, décrire son cheminement intérieur : elle avait d'abord choisi ce métier pour les mauvaises raisons de la revanche sociale et de l'appât du gain, puis grâce à Narquet qui l'avait orientée vers le droit de la famille, en sentant sans doute en elle quelque chose qu'elle ignorait encore, elle s'était découvert des qualités humaines insoupçonnées. Elle avait érigé le dévouement en principe, elle aimait aider les autres. Elle en tirait de la satisfaction mais elle ne se leurrait pas elle-même. Elle savait que le dévouement n'était jamais totalement

131

gratuit, qu'il valorisait et flattait son ego. Et elle appréciait la position avantageuse qu'elle avait dans la vie des autres, tant pour ce qu'elle découvrait, ça dépassait toujours ce qu'elle pouvait imaginer, que pour ce qu'elle apprenait sur elle-même.

— Vous n'avez pas d'homme dans votre vie ?

— Pas en ce moment.

— Vous avez quel âge ?

— Trente-deux ans.

— Vous avez déjà vécu avec un homme ?

— Oui, pendant huit ans, de dix-huit à vingt-six ans.

— Et maintenant ?

— Je m'amuse, je voyage.

— Vous êtes libre comme un homme.

— Oui, depuis toujours.

Claire pensa à son enfance. De zéro à onze ans, elle avait été un garçon, elle avait passé son temps au grand air, à construire des cabanes dans le bois derrière chez elle, à monter à cheval, à inventer des histoires dans sa tête en jouant dans la ferme de son père. Puis il y avait eu la mort de Julien, son hospitalisation, la noirceur l'avait envahie, son corps avait commencé à changer, elle s'était réfugiée dans sa chambre, elle avait lu des livres et elle s'était mise à écrire. Elle était profondément libre mais elle avait peut-être été trop tranchée, trop brutale dans l'affirmation de sa liberté, si bien qu'elle avait été violemment rattrapée, entravée par la société, comme une bête qu'on attrape au lasso et qu'on ramène à l'enclos. Elle s'était en partie entravée elle-même. Mais elle avait ouvert la voie à sa sœur qui avait choisi la peinture dans un mélange de douceur et de détermination, et qui, elle, n'avait jamais renoncé ; elle s'était éloignée à Rio pour se déployer devant des regards neufs.

— Vous aimez les femmes ? demanda Sophie de Gestas.

— Comment ça ?

— Vous êtes homosexuelle ?

— Non pas du tout ! J'aime les hommes ! On peut être libre en aimant les hommes !

— C'est compliqué.

— Vous avez raison, la domination masculine est très forte, elle est dans nos têtes et dans nos gestes. Pour s'en libérer, il faut en avoir conscience. Vous devriez lire *King Kong Théorie*, de Virginie Despentes, dit Claire.

— Elle me fait un peu peur.

— Elle est virile ! Elle aborde des sujets sur lesquels on écrit peu. Par exemple elle dit que les femmes qui s'habillent de manière ultra-féminine se conforment à un impératif masculin…

— Elle a tellement raison ! J'ai été intégralement dominée par les hommes dans mon milieu de gros machos et je portais presque toujours des jupes. Il va falloir que j'apprenne à vivre en étant mon propre maître.

Claire chercha dans son téléphone la page qu'elle avait photographiée et lut à haute voix :

— « Il y a une fierté de domestique à devoir avancer entravées, comme si c'était utile, agréable ou sexy. Une jouissance servile à l'idée de servir de marchepied. On est embarrassées de nos puissances.

Toujours fliquées, par les hommes qui continuent de se mêler de nos affaires et d'indiquer ce qui est bon ou mal pour nous, mais surtout par les autres femmes, via la famille, les journaux féminins, et le discours courant. » *King Kong Théorie*, dit Claire en souriant.

Elle avait trois appels en absence et quatre messages de Pauline, elle avait complètement oublié de la prévenir. Elle prit en photo les culottes éparpillées sur le trottoir et lui envoya, en écrivant : « Cas de force majeure. J'arrive. » Elle conduisit sa moto dans le flou de l'ivresse.

13

Nicolas Boissière attendit que la nuit fût tombée et que les bureaux se vident un à un, abandonnés aux néons blafards.

Alors il se glissa dans le bureau de Claire Castaigne et referma la porte derrière lui. Le dossier Gestas était posé sur l'étagère centrale du placard près de la fenêtre, il l'ouvrit et trouva très vite ce qu'il cherchait : le testament. Il photographia les deux pages. Lorsqu'il entendit du mouvement dans l'open-space, il replaça rapidement le dossier dans le placard. Il écouta à la porte, les jambes flageolantes, les pas s'éloignaient, il se précipita dans son bureau, envoya le fichier sur sa boîte mail personnelle, l'imprima et lut. C'était encore mieux que ce qu'il avait espéré. Il enferma les deux feuilles dans la poche intérieure de sa veste, dévala le tapis rouge recouvrant les marches en marbre du grand escalier de l'immeuble et sauta sur son scooter. Il fila sur l'avenue de l'Opéra, traversa le Louvre, regarda la pyramide dressée comme un grand phare, fonça sur le pont du Carrousel – la Seine était un serpent noir lové dans son lit – et il rejoignit, par le quai Voltaire, la rue des Saints-Pères. Il y avait quelques mètres de sens interdit, il avait déjà été verbalisé, mais ça lui évitait de faire le tour par la rue de Solferino, il était en retard.

Fabien l'attendait dans un bar de la rue Jacob, il leva la main droite, Nicolas plaça la paume de sa main dans celle de son ami et embrassa ses joues barbues.

— Qu'est-ce qui t'arrive mon Nicoco ? On se voit demain au foot ?

— Oui mais je voulais te voir en solo.

— T'as pas le moral ? Ça n'a pas marché la FIV ?

— Non.

— Bénédicte ne doit pas être en grande forme, j'imagine ?

— Tu imagines bien ! Le gynéco veut qu'on recommence dans la foulée mais je me demande si on ne devrait pas faire une pause. Moi je tiens, mais elle est à bout.

— Il faut qu'elle rebosse, qu'elle reprenne confiance ! Ça ne marchera pas en mode zombie d'appartement.

— On est d'accord. Elle ne pense qu'à ça, c'est une obsession ! Elle est si faible.

— Faut penser à toi aussi !

— Je prends sur moi. Et toi ?

— Moi je suis toujours avec la même jolie petite minette !

— Celle que tu as rencontrée chez Castel ?

— Ouais, la stagiaire mode de chez *Grazia*. Ça fait trois semaines, c'est du sérieux ! dit Fabien en riant.

— Tu as battu ton record !

— Je suis accro ! C'est une bombe au lit ! Elle me tue ! Ce soir, je suis off de sexe !

— Moi, je suis off de sexe tous les soirs.

— Oh mec ! Tu ne veux pas sortir un peu avec moi, ça te viderait la tête ? T'as l'air sinistre. Tu vas finir par ressembler à un notaire !

— Heureusement que j'ai mon job ! Aujourd'hui, j'ai reçu un grand nom, administrateur d'une société du CAC 40, pour une reconnaissance d'enfant naturel. La mère est une avocate black spécialisée en droit social. Elle lui a fait un enfant dans le dos et elle l'appelle sept ans après pour lui annoncer la bonne nouvelle.

— Le sexe gouverne le monde, je te l'ai toujours dit. Tu ne veux pas m'en dire un peu plus ?

— Tu sais bien que non.

— Tu me chauffes et après, rien ! T'es une vraie meuf du 19e ! T'es madame Bovary en fait !

Ils rirent en cognant leurs cocktails. C'était devenu un jeu entre eux : Fabien, journaliste people à *Communication*, était à la recherche de scoops et essayait toujours de soutirer des informations confidentielles à son ami. C'était une amitié d'enfance, ils s'étaient connus à l'école primaire au Havre. Le père de Fabien était notaire, il avait six voitures de sport, il faisait de la course automobile et de la voile, il possédait un voilier magnifique et l'une des plus belles maisons du Havre ; il jouissait de son argent sans complexe. Ça faisait rêver Nicolas Boissière dont les parents appartenaient à la bourgeoisie discrète et policée. L'admiration qu'il nourrissait pour cet homme avait déterminé sa vocation de notaire, il avait fait son stage en entreprise de fin de troisième dans son office notarial. Fabien ne voulait surtout pas devenir notaire, il voulait être journaliste comme son grand-père maternel qui avait été directeur d'un journal en Franche-Comté. Il disait préférer le pouvoir à l'argent, il taxait son père d'arrivisme.

— T'es toujours sur la sellette ?

— Oui, elle m'a convoqué, la mère Boury ! Elle me trouve « démobilisé ». C'est le mot qu'elle a employé. C'est pas faux, je sors trop, j'arrive défoncé au bureau, j'ai les yeux qui clignotent !

— J'ai de quoi te remettre bien en selle.

Fabien le regarda, les sourcils froncés sur des yeux pleins de curiosité.

— Un dossier énorme ! Tout frais ! Un personnage de premier plan, mort il y a une semaine. Le testament est une bombe.

— Alléchant. Laisse-moi deviner. Trop facile : Frédéric de Gestas !

— Exact !

Nicolas Boissière plongea la main dans la poche de sa veste et brandit les deux feuilles pliées en quatre.

— Pourquoi tu ferais ça après toutes tes belles tirades sur le secret professionnel ?

— Depuis le temps que tu veux un scoop !

— Tu ne fais rien gratuitement, Nicolas.

— Merci ! Et notre amitié ?

— Dis-moi la vraie raison.

Nicolas baissa la tête sur son verre vide.

— Ils ont confié le dossier à une nouvelle qui me semble dangereuse, je veux la disqualifier dès le départ.

— T'es jaloux ?

— Non, je me passe volontiers de ce genre de dossiers. C'est beaucoup de travail, beaucoup de

138

psychologie, de diplomatie. Il n'y a que des coups à prendre. Ils cherchent à dynamiser l'étude par les recrutements plutôt que par la promotion interne. Dans le service immobilier, ils ont recruté un mec qu'ils ont promu notaire salarié six mois après. Les fidèles qui courbent l'échine depuis des années ont regardé passer le train, comme des bœufs. Je veux qu'ils se disent qu'ils ne peuvent compter que sur les anciens.

— Tu ne veux pas changer de boîte plutôt ?

— Non ça va bouger. Hector a soixante-huit ans, il va bien finir par quitter le bateau. C'est demain et c'est maintenant que je dois jouer mes meilleurs atouts. Même si ça ne fonctionne pas comme je l'imagine, ça créera un peu de tangage et ça sera amusant à regarder.

Fabien fixa intensément son ami avant de saisir les feuilles qu'il lui tendait. Il lut le testament et releva la tête en souriant.

— Une femme, un enfant, deux maîtresses, un enfant caché. Très fort, Frédéric de Gestas ! Mon père est un enfant de chœur à côté ! s'exclama Fabien.

— Il est notaire, lui ! « La conquête est un hasard qui dépend peut-être encore plus des fautes des vaincus que du génie du vainqueur. » Je ne me souviens plus du nom de l'auteur, je crois que c'est une femme, dit Nicolas.

— On dirait une phrase d'homme.

Nicolas vit passer Claire Castaigne devant la vitrine. Il pensa que son esprit lui jouait un tour. Il sortit sur le trottoir et la regarda enfiler son casque et enfourcher une grosse moto à cinquante mètres. Il eut peur comme s'il avait vu un fantôme et rentra à l'intérieur. Il parcourut les visages qui peuplaient le bar, comme si d'autres fantômes allaient surgir comme des masques, comme s'il était observé, il regardait Fabien dont les contours étaient flous. Il secoua la tête, cligna des yeux et vit nettement le visage de son ami qui lui souriait, avec des yeux étonnés. Il posa sa main sur son genou et dit : « Dans moins de deux semaines, on est en mer. Ils annoncent beau temps ! »

14

Les talons pointus de Catherine Ferra résonnèrent
dans la cour de l'hôtel particulier de l'Intelligence,
illuminé comme un sapin de Noël.

Elle laissa son manteau au vestiaire et avança sur
la moquette moelleuse. Au milieu des corps massés
près du buffet, elle aperçut Hector qui fourrait dans
sa bouche une crevette. Son ventre touchait presque
celui d'un sénateur assommant qui ne manquait
jamais un cocktail. Lorsqu'il la vit sous le grand lustre
de cristal, il tendit son bras en faisant des mouvements
rapides de ses doigts boudinés, sans la regarder,
en continuant de parler avec le gros sénateur. Elle
ignora le geste et alla droit au buffet des boissons,
elle demanda à l'homme en veste rouge un verre
d'eau plate. Elle se tourna et regarda la salle. Il y avait
quatre femmes pour une cinquantaine d'hommes.
C'étaient de grands dirigeants, des politiques, des
intellectuels qui menaient la France, qui parlaient du
peuple comme d'une masse sombre et indistincte,
ils se rengorgeaient, leurs têtes se cognaient comme
des ballons tant elles étaient gonflées, ils se croyaient
intelligents alors qu'ils n'étaient que la somme des
pensées formatées des grandes écoles et des codes
sociaux bien assimilés. Ils parlaient entre eux avec des
précautions de joueurs d'échecs.

Elle détestait d'autant plus ces gens qu'elle avait lutté comme une lionne pour rentrer dans leur cercle, et elle luttait encore. Mais à vrai dire, ça l'excitait.

Antoine Bismuth apparut, un homme se détacha d'un groupe et s'avança la main tendue. Elle s'était renseignée sur lui : il avait quarante-cinq ans, il avait hérité de la position de son père à la tête d'Atac, le groupe numéro un du BTP, et on le lui reprochait beaucoup, il avait eu quatre enfants de deux mariages dénoués et il s'affichait désormais avec une longue brune sculpturale de vingt-trois ans, que les mauvaises langues taxaient d'ancienne call-girl. Hector de Polignac se libéra du sénateur et la rejoignit près du buffet.

— Catherine, tu es amoureuse du barman ?

— Non, j'observe, il faut observer avant d'agir.

— Tu veux une coupe de champagne ?

— Je ne bois plus.

— Quelle volonté ! Je voulais te présenter le sénateur.

— Je l'ai déjà rencontré, il est là à chaque fois. Tu voulais surtout partager le poids de la conversation ! Pendant ce temps, j'ai fait des repérages. Il y a le président d'Oléo là-bas. On dirait un cochon ! Et j'ai vu arriver Antoine Bismuth, il est plutôt pas mal.

— C'est un nain comme son père mais il ressemble à sa mère. Oléo est maqué avec Narquet depuis très longtemps.

— Il doit avoir envie de changement, dit Catherine.

— Compliqué. Ils sont tous les deux du Périgord !

— Il a de l'allure.

— Arrête, on dirait un notaire de province ! Notre nouvelle recrue vient de chez lui. Il paie très mal paraît-il !

— Laquelle ? Je m'y perds un peu dans le casting des brunes à forte poitrine !

— Claire Castaigne qui remplace Grumeau. Elle n'a pas une forte poitrine. C'est l'autre, dit Hector en ricanant.

— Ah oui ! Santa Mala ! Espagnole ? Portugaise ?

— Je n'en sais rien ! Ferra, c'est espagnol ?

— Catalan.

— Il nous faut du sang neuf !

— Allez, on attaque ! J'ai un dîner après, dit-elle.

Ils naviguèrent de groupe en groupe, Hector de Polignac était membre depuis trente ans, il les connaissait tous, il présentait Catherine comme la meilleure notaire de Paris après lui. Elle parla un peu avec la tête de cochon qui ne dit que du bien de Narquet, glissa que l'un de leurs meilleurs éléments les avait rejoints et le laissa en plan lorsqu'elle capta le regard d'Antoine Bismuth. Elle avança.

— Est-ce que nous nous connaissons ?

— Pas encore. Catherine Ferra, notaire.

— Antoine Bismuth.

— Ravie.

— Ce tailleur vous va très bien. À chaque fois que vous achetez un tailleur Chanel, 20 % me reviennent !

— Je penserai à vous la prochaine fois, dit-elle en riant.

— Mieux, dites que vous venez de ma part. Ils vous feront une remise.

— Merci.

— Vous êtes membre ?

— Non, je n'appartiens à aucune coterie. Mon associé, Hector de Polignac, l'est depuis très long-temps.

Elle désigna deux hommes d'un mouvement du menton.

— Le grand sec ?

— Non, le petit gros !

Il éclata de rire.

Hector lança un clin d'œil à son associée comme si c'était une première victoire d'amuser Bismuth.

— On ne parle que de vous, de votre venue. Vous êtes l'attraction !

— Ah oui ? Parce que c'est la première fois que je viens ?

— Parce que ce petit monde a besoin de se frotter aux gens puissants.

Il arrêta le serveur.

— Voulez-vous une coupe de champagne ?

— Volontiers.

La fixité de son regard le transformait en animal, elle hésitait entre le serpent et le porc. Elle savait comment éteindre le désir de ce genre d'homme.

— Et vous ?

— Je ne suis pas impuissante.

— Vous pensez que tous ces gens sont impuis-sants ?

— Un certain nombre, oui. Les intellectuels enragent de ne pas pouvoir changer le monde, ils viennent là pour frayer avec les puissants et repartent, bien gavés, faussement écœurés.

— Et les autres ?

— Ce sont des puissants qui ne fonctionnent qu'en terme d'échelle de puissance et qui alimentent leur puissance de la puissance des autres. Sans les autres, ils ne sont rien. Ça équivaut à une impuissance existentielle.

— Ce beau tailleur d'un rose innocent recouvre une redoutable intelligence. Vous me placez dans quelle catégorie ?

— Vous êtes hors catégorie, vous êtes le plus puissant ce soir. Comme souvent j'imagine. Donc le plus libre. Mais ces gens-là n'aiment pas la liberté. Tant que vous resterez puissant, ils se contenteront de vous cracher dans le dos, mais si vous chutez, ils vous couperont la tête.

— Les tabloïds ne m'épargnent pas et je prends même la pose ! C'est un avant-goût de la chute. Je brûle moi-même mes vaisseaux, c'est plus amusant.

— Comme je vous admire !

— Vous n'êtes pas une héritière, vous ?

— Non, mes parents étaient des ouvriers d'origine espagnole qui vivaient en Algérie, c'était leur pays, ils y étaient nés. Ils ont fui à l'indépendance. Ils m'ont toujours dit que la pauvreté n'est rien à côté du déracinement.

— Laissez-moi deviner, s'ils ont fui en 62, vous n'êtes pas née en Algérie ?

— Un peu plus tard, à Marseille, dit-elle en riant.

— Vous avez fait de brillantes études, vous êtes sortie major de votre promotion et vous êtes maintenant associée dans l'un des plus grands cabinets parisiens.

— C'est à peu près ça !

— Bravo ! Moi, j'admire les cheminements comme le vôtre. Quelle est votre spécialité ?

— Je m'occupe des investissements immobiliers des institutionnels et des grandes entreprises.

— Comme la mienne par exemple.

— Absolument ! Je suis la meilleure !

— Je n'en doute pas.

— Avec quel notaire travaillez-vous ?

— Je varie ! Assez souvent avec Barrault, mais en vous parlant, je réalise qu'il est mortellement ennuyeux !

— Barrault est bon pour les affaires courantes, et sa bonhomie est rassurante.

— Vous avez une carte ? demanda-t-il dans un sourire.

Elle ouvrit sa pochette en cuir et lui tendit une carte rectangulaire de couleur ivoire. Il passa son doigt sur les lettres en relief de son nom. Elle s'éloigna en souriant et se rapprocha de son associé.

— Il avait l'air pendu à tes lèvres ! Qu'est-ce que tu lui racontais ? Il passe pour avoir la concentration d'un poisson rouge !

— Tu doutes encore de moi, Hector ?

— Tu es redoutable !

— Moins que toi ! Ce serait bien que tu me fasses rentrer à l'Intelligence.

Il resta un instant silencieux, cloué par la stupéfaction.

— Oui ! Pourquoi pas !

— C'est bien de parrainer une femme par les temps qui courent.

Elle adressa un signe à Bismuth. Hector de Polignac, immobile au milieu de la salle, sa coupe vide serrée dans sa main, la regarda s'éloigner. Sa crinière blonde oscillait sur ses épaules. Elle vendrait sa mère, pensa-t-il.

La Porsche noire aux vitres fumées s'arrêta, les feux braqués sur Julien qui se tenait sous le reverbère, en équilibre sur le bord du trottoir, les mains dans les poches d'un costume sombre enserrant son corps massif. Sa cravate noire traçait comme une flèche sur sa chemise blanche. Il resta immobile quelques secondes puis il fit, sur la pointe de sa chaussure en cuir, un tour sur lui-même et une révérence avant de monter dans la voiture.

— Vous êtes très belle, chère Maître, je n'avais jamais vu ce tailleur rose ! dit-il en lui baisant le dos de la main.

— Merci ! J'ai une cinquantaine de tailleurs ! Tu es tombé dans ta bouteille de parfum ? demanda-t-elle en riant.

— Tu trouves ?

— Oui !

Lorsque le feu passa au vert, elle accéléra dans un vombrissement fauve.

— Comment s'est passée ta réception ?

— Plutôt bien. Il fallait que j'y rencontre le président d'une entreprise du CAC 40. Mon associé savait que je serais meilleure que lui pour le séduire.

— On fait le même métier en fait !

— Moi, je ne couche pas !

— Je suis commercial dans le vin et je ne couche pas toujours ! Je le réserve aux clientes qui me plaisent, dit-il en glissant sa main entre ses cuisses.

Elle rejeta la tête en arrière en poussant un soupir.

— Je sens que ta journée a été dure.

— Très.

— Je vais m'occuper de toi. Elle est douce cette culotte en dentelles.

— On va directement chez moi et on commandera à manger !

— Bonne idée ! Comme ça, je te fais l'amour avant et après dîner !

Elle jouit une première fois dans le parking de son immeuble du 16e arrondissement, une deuxième fois sur la table de sa cuisine sur laquelle il avait jeté son imperméable pour que sa peau nue ne frissonne pas au contact du marbre. Ils mangèrent des sushis côte à côte sur le canapé et ils jouirent de concert sur son lit, il l'attendit, dans le rythme pulsé de la musique électronique qu'il avait choisie. Il lui offrit une cigarette, elle ne fumait jamais, ils fumèrent, pieds nus sur la terrasse, face à la masse sombre du bois de Boulogne. Il lui dit qu'il aimait ses seins, elle lui avoua en riant qu'elle avait un bon chirurgien. Elle lui demanda de l'accompagner à l'opéra au mois de mai, il nota la date sur son agenda électronique.

Elle lui tendit quatre billets de cinquante euros et il disparut dans l'ascenseur.

Heureuse d'être seule dans son grand lit, elle commença un nouveau livre que son libraire, qui connaissait sa passion pour l'Algérie, lui avait prêté : *Meursault, contre-enquête.*

Le lendemain matin, après avoir aspergé son visage d'eau glacée, elle s'observa dans le miroir et se trouva rajeunie. Elle augmenterait la fréquence de ses rendez-vous avec Julien, qui était le plus talentueux des amants qu'elle avait rencontrés sur Escortvip. C'était plus naturel que les injections de botox et elle comptait bien rattraper le temps gaspillé avec des hommes sans ardeur, à commencer par son ancien mari.

15

Alice Santa Mala se tenait au bord du fauteuil en cuir, elle avait noué ses cheveux bruns en queue-de-cheval, recouvert ses lèvres charnues d'un rouge écarlate et vaporisé au creux de son cou un nouveau parfum qu'on lui avait donné en échantillon dans une parfumerie des Champs-Élysées. Les anneaux dorés autour de ses bras cliquetaient lorsqu'elle prenait des notes sur le carnet posé sur ses cuisses, en écoutant la voix grave de François-Jean Regniez. Lorsqu'elle plongeait dans ses yeux bleus qui ressemblaient à deux lacs glacés irisés d'îles sombres, lorsqu'elle bais-sait les yeux sur ses mains épaisses et travailleuses, des fourmillements lui faisaient serrer les cuisses. Elle lui souriait, il gardait les lèvres serrées, le regard fixé sur les notes qu'il tenait dans ses mains.

— Ça fait trois dossiers, je vais vous en donner un quatrième.

On frappa faiblement à la porte, Dounia Djaoui entra, elle sourit à Alice Santa Mala et baissa la tête, elle portait des ballerines, un tailleur-pantalon gris et une chemise blanche.

— Je vous débarrasse du dossier Golfino.

— Merci, monsieur.

— Vous avez toutes les pièces ?

— Le notaire du vendeur doit encore nous faire parvenir l'état hypothécaire et le dossier d'urbanisme.

Il tendit la main ouverte sur laquelle elle déposa le dossier comme sur un plateau, il fit tourner son bras jusqu'à Alice.

— C'est Raymond Golfino qui achète, un ami de longue date et gestionnaire de patrimoine avec qui je travaille beaucoup. Appartement dans le 16e à trois millions. La promesse de vente a été signée avec l'agence immobilière. Préparez l'acte définitif et convenez d'un rendez-vous avec les parties. Golfino aimerait signer après le week-end du 1er mai. Nous avions prévu une date butoire au 15 mai, non ?

— 16 mai mais vous aviez écrit dans vos notes « signature le 16 mai car le vendeur voyage avant », dit Dounia.

— Voyez quand même avec le notaire vendeur s'il n'est pas possible de signer plus tôt. Merci Dounia, vous êtes parfaite, dit-il dans un sourire.

Dounia baissa les yeux en rougissant, surprise de ce compliment inhabituel. Alice remarqua sa gêne et observa l'effacement du sourire de Regniez dans un masque sombre et grave, dès que la porte fut refermée. Il ne semblait absolument pas sensible à ses charmes, elle n'avait pas l'habitude, ça la déstabilisait.

— Elle est belle cette vache, dit-elle en désignant la photographie accrochée au mur.

— J'aime les vaches, elles sont fiables, constantes et solides.

— Des employées idéales !

Il sourit enfin, c'était une première victoire, elle se redressa et tendit le cou.

Le visage d'un jeune homme, les yeux rouges sous des cheveux hirsutes, apparut dans le hublot vitré de la porte.

— Bonjour madame. Bonjour papa.

— Bonjour Joseph. Nous avons fini, Alice. Je vous donnerai d'autres dossiers dans les jours prochains.

Le fils regarda les talons aiguilles à la semelle rouge, les jambes couvertes de collants résille, la jupe courte qu'elle lissa en se levant de ses deux mains aux ongles vernis de rouge, la dentelle qui épousait la ligne des seins, les cheveux raides qui frôlaient les épaules, le rouge à lèvres écarlate qui s'était déposé sur ses dents, le nez retroussé, les yeux sombres incendiaires qui étaient comme des feux. Il en eut le souffle coupé. Il regarda son père qui regardait cette bombe, le regard éteint.

— T'as échangé Dounia ?

— Non. C'est une nouvelle collaboratrice en immobilier : Alice Santa Mala.

— Vous l'avez trouvée où ? Elle n'était pas dans le notariat avant ?

— Si, répondit Regniez sobrement.

— Moi qui croyais qu'il n'y avait que des filles à serre-tête et à lunettes à double foyer dans le notariat ! Maman aussi d'ailleurs !

— Il y a Clara à l'accueil.

— OK, mais elle ressemble à une Barbie !

— Catherine.

— Ça pourrait être ma mère ! Enfin bon, Barzouin, Gorin, Grumeau…

— Grumeau est partie, elle a été remplacée par Claire Castaigne. Fais le tour de l'étude, tu seras surpris. Tu vas peut-être te découvrir une vocation de notaire ! Que me vaut cette visite ?

— J'ai besoin d'argent pour des baskets, c'est une série limitée, il y a une vente cet après-midi. Gustave est déjà en train de faire la queue devant le Nike Store des Champs.

— Pourquoi tu n'as pas demandé à ta mère ?

— Elle est partie à son cours de yoga…

— Avant que tu te lèves ! Combien coûtent-elles ?

— Cent quatre-vingts euros. Ça va me motiver pour mon bac de français !

— D'avoir de nouvelles baskets va te motiver pour ton bac de français ?

— Oui, ça sera comme un talisman. Regarde, toi, tu as cette pierre que tu avais trouvée dans la grotte avec ton frère. Elle est bleue, elle est extraordinaire, ce qui laisse penser qu'elle a un pouvoir magique.

— Je ne vois pas le rapport avec des baskets.

— Elles sont produites en série ultra-limitée. Il y en aura seulement mille exemplaires dans le monde ! Elles sont presque uniques, j'aurai le sentiment d'être presque unique.

— Les nouveaux talismans sont des baskets en série limitée ! Ce qui serait bien, c'est que tu travailles pendant les vacances pour gagner de l'argent, tu pourrais t'acheter ce que tu veux.

— Oui mais personne n'embauche les mineurs.

— Si, moi !

— Pourquoi pas ? Mais je veux travailler avec la nouvelle collaboratrice en immobilier ! Je veux être l'assistant personnel d'Alice Santa Mala !

— D'accord.

— Mon bac de français, c'est le 18 juin. Je peux commencer le lundi suivant, le 23.

— Très bien.

François-Joseph Regniez enfonça la *black card* dans la poche de son jean, plia son corps dans une révérence, vissa sa casquette sur ses cheveux longs, croisa un jeune pingouin aux cheveux bouclés qu'il ne connaissait pas, sourit à Clara qui parlait dans un casque téléphonique posé sur ses cheveux blonds, dévala le tapis rouge du grand escalier, sauta sur son skate-board, fila dans la rue de la Paix en poussant sur sa jambe gauche et traversa la place Vendôme.

Debout sur le balcon, Regniez regardait le sillon sinueux que son fils traçait au milieu des corps avançant en ligne droite, en s'évitant les uns les autres.

16

Le dossier Daragon monta haut dans l'air chargé du parfum sucré d'Hélène Quiniou. Il s'ouvrit et les feuilles tombèrent sur sa tête coiffée d'un chignon en forme de palmier. La chevalière d'Hector de Polignac luisait sur sa main tendue.

La porte du bureau était ouverte, les corps dans l'open-space étaient penchés pour mieux voir.

— Il aura fallu tomber sur une petite idiote comme vous ! Mais ce sont les plus compétents qui s'occupent de ces dossiers chez eux !

Hélène Quiniou pleurait, la tête dans les mains.

— Arrêtez de pleurer ! Je déteste les gens qui pleurent, je les trouve indécents ! dit-il en grimaçant.

Les larmes coulaient toutes seules le long de ses joues plates.

— Qu'est-ce que vous proposez ?

— Je vais appeler Mme Daragon en m'excusant.

— Vous n'avez que ça à la bouche ! Les excuses ne réparent pas les fautes ! J'espère pour vous qu'elle n'est pas partie en voyage. Ou morte !

Il appuya ses doigts épais sur le téléphone portatif qu'il tenait dans sa main.

— Sylvain, venez dans le bureau d'HQ. Oui, maintenant ! Pas demain !

Sassin jaillit dans le bureau une minute après.

— Fermez la porte ! ordonna Polignac. Hélène a fait une erreur dans le calcul des droits de la donation Daragon. Tenez-vous bien : 910 000 euros !

— Hélène, vous qui ne faites jamais d'erreur.

— D'erreur dont on ait connaissance ! La plupart des erreurs apparaissent plus tard. Je suis fou de rage ! La donation Daragon ! s'exclama Polignac en secouant la tête plusieurs fois.

— Oui c'est fâcheux, dit Sassin.

— Fâcheux ? C'est une catastrophe ! Les impôts nous demandent de régler le surplus au plus tard demain ! Sinon ils appliquent des intérêts de retard ! Hélène va appeler Mme Daragon mais, dans le meilleur des cas, si elle répond tout de suite, si elle joint sa banque aujourd'hui – mais nous sommes lundi – le temps que le virement nous parvienne, nous allons être débiteurs pendant au moins trois jours n'est-ce pas ?

— Au moins, oui. Voulez-vous que je prévienne les associés ? demanda Sassin.

— Surtout pas ! Hélène, pas un mot ! Et si on vous interroge, faites l'étonnée, dites que les fonds de la cliente devraient déjà être sur le compte ! Gagnez du temps !

Il se tourna vivement vers la porte, Sylvain Sassin se trouva face à lui.

— Dernière chose : vous annulez la prime, dit-il en pointant son doigt contre la poitrine de Sassin.

— Bien monsieur, dit Sassin en adressant un sourire crispé à Hélène Quiniou dont le regard flottait dans le vide.

Elle s'était transportée sur la plage de son enfance en Bretagne, écrasée par un ciel gris percé de lignes de soleil qui striaient la mer, elle avait comme quitté son corps, quitté la rue de la Paix. Pendant des secondes qui ressemblaient à un long voyage dans le temps, elle courait sur le sable, sa chienne, Bigoudi, bondissait dans ses jambes. Elle serra son ours en peluche entre ses doigts blancs, y plongea son nez, respira à fond en fermant les yeux. Quand elle les rouvrit, elle croisa le regard strabique de Murielle Barzouin, effaça d'un revers de la main les larmes sous ses yeux, se leva pour fermer la porte, ramassa les feuilles éparpillées sur la moquette autour de sa chaise à roulettes, les reclassa calmement dans les pochettes de couleur. Elle éprouvait un étrange sentiment de soulagement.

Elle posa son doigt sous le numéro du téléphone portable de Mme Daragon écrit sur le dossier et le composa, elle imagina le téléphone à grosses touches qui sonnait dans le vide. Elle appela sur le téléphone fixe, une femme répondit et lui indiqua que Mme Daragon était partie faire sa promenade matinale au bois de Boulogne, qu'elle transmettrait le message à son retour. Hélène Quiniou précisa, d'une voix molle, que c'était urgent.

Elle envoya un texto à Greg : « Tu peux venir me voir dans mon bureau ? »

Elle reçut : « Une envie pressante ?? » suivi d'un visage fendu d'un grand sourire. « Viens. »

Grégory Boivin traversa l'open-space où régnait un silence de mort, il jeta un regard dur à Maxime Ringuet qui baissa la tête, et ouvrit la porte vitrée du bureau sans frapper. Les larmes avaient tracé des sillons blancs dans le visage pâle d'Hélène, elle serrait son ours contre sa poitrine. Elle regarda le visage carré aux yeux clairs, le nez retroussé, la coupe en brosse, les biceps enserrés dans un T-shirt blanc, il n'avait jamais froid.

— Qu'est-ce qui se passe ?

— Je veux un enfant.

Il la regarda en souriant, incrédule.

— Là, comme ça, d'un coup ! Entre deux dossiers ! Tu avais tout le week-end pour m'en parler, ou ce matin avant de venir et tu me dis ça maintenant, à l'étude !

— C'est que je viens d'y penser.

— Et ça ne pouvait pas attendre ce soir ?

— Non, j'ai besoin de savoir si tu es d'accord.

— Il y a moins de six mois qu'on vit ensemble ! Tu me caches quelque chose ?

— Non, dis-moi juste : oui, je veux un enfant avec toi.

— Oui, oui, je veux un enfant avec toi, dit-il en bafouillant.

Elle se leva d'un bond, se blottit contre lui, et pleura. Il lui releva la tête et regarda ses yeux bleus noyés.

— La recette des impôts m'a appelée pour le dossier Daragon, ils ont vu l'erreur, on doit payer au plus tard demain.

— Tu l'as dit à HP ?

— Oui. Sylvain va faire le virement, j'ai laissé un message à Mme Daragon, j'attends qu'elle me rappelle, dit-elle d'une voix lasse.

— Je dois retourner à mon bureau, ça va faire louche sinon. Ça va aller ? demanda-t-il en passant sa

158

main dans les cheveux blonds qui ressemblaient à du fil.

— Oui, maintenant que je sais qu'on va avoir un enfant.

La cascade d'eau remplit son bureau, elle décrocha le combiné.

— C'est Mme Daragon, vous souhaitiez que je vous rappelle en urgence. S'il y a un mot que je déteste, c'est celui-ci ! Je vous écoute, dit-elle d'une voix autoritaire.

— J'ai fait une erreur dans le calcul des droits de la donation, la recette des impôts vient de m'appeler.

— Me Polignac m'avait précisé qu'il confiait mon dossier à sa meilleure collaboratrice.

— Je suis désolée, j'aurais besoin que vous m'adressiez un virement complémentaire pour transférer rapidement la somme aux impôts.

— De combien ?

Elle prononça le montant en détachant bien les mots, il y avait quelque chose de faux dans cette façon de le dire, qui le rendait presque abstrait.

— Ah oui ! C'est une très grosse erreur !

— Je m'excuse madame Dragon.

Le silence remplit la ligne téléphonique d'un vide plein et intense, Hélène, sidérée, ne respira plus pour effacer son lapsus.

— Je veux que Me Polignac m'appelle et me le demande lui-même, dit Mme Daragon, coupante.

— Oui, bien sûr, il va le faire aujourd'hui, dit Hélène d'une voix éteinte.

Elle avait déjà raccroché. Hélène adressa un mail à Polignac qui lui répondit instantanément : « Je vous déteste. »

Elle ne sut rien de son échange avec Mme Daragon. N'arrivant à se concentrer sur rien d'autre que la poussière suspendue dans le rayon du soleil qui traversait son bureau, elle lui renvoya un mail deux heures plus tard. Il lui répondit qu'il avait eu la cliente, fort mécontente, qu'il avait joint lui-même son banquier privé qui, heureusement, travaillait le lundi, mais que la libération des sommes placées et le virement prendraient une semaine. Une semaine avec un compte débiteur de près d'un million d'euros qui risquait de ne pas passer inaperçu lors de la prochaine inspection comptable de la chambre des notaires.

Il avait conclu par : « N'oubliez pas que vous êtes assise sur un siège éjectable, votre statut de notaire salariée ne vous protège en rien. »

17

La sonnerie de carillon fit sursauter Claire qui était en train de créer un dossier informatique « Succession Raymonde Barbot ». Elle laissa sonner jusqu'à ce que l'appel bascule sur le standard téléphonique et posa la main sur le combiné pour abréger le carillon.

— Bonjour Claire, c'est Clara. Ça va, ça se passe bien ?

— Oui, je ne m'ennuie pas, merci !

— J'ai M. Khaoulani pour toi.

— C'est à moi qu'il veut parler ou à Karine Grumeau ?

— À toi, il t'a demandée personnellement.

— Ça ne me dit rien mais passe-moi l'appel.

— Vous êtes mademoiselle Castaigne ?

— Oui.

— Je suis le compagnon de Sylvie Perdrix, dit-il d'une voix grave et douce.

Son souffle était chaotique dans le combiné.

— Je vous écoute, dit-elle avec douceur.

— Elle est décédée, elle n'a pas survécu à l'opération. Ils n'ont pas pu remettre son cœur en marche.

— Je suis désolée.

— Les risques de cette opération étaient très élevés. C'est dur, nous étions ensemble depuis quinze

161

ans. On l'enterre demain, dit-il d'une voix chevrotante.

Claire se leva et retira les pages des 18, 19 et
20 avril de l'éphéméride. Elle imagina les longs jours
qu'il avait passés à veiller le corps de sa compagne,
dans une chambre aux rideaux tirés.

Elle se rappelait avec précision le visage de son
grand-père mort dans son fauteuil face à la télévision. C'est elle qui l'avait trouvé, elle dormait chez
ses grands-parents, elle avait dix ans, elle l'avait
secoué, elle lui avait parlé pour le réveiller, elle avait
regardé le visage tendu autour de la bouche ouverte
et elle était allée chercher sa grand-mère qui s'affairait dans la cuisine. Sa grand-mère avait poussé un
long cri rauque. Elle se souvenait de l'atmosphère
qui avait régné dans la maison de ses grands-parents
les jours qui avaient suivi, alors que le corps de son
grand-père reposait dans leur chambre. Elle pouvait
encore sentir l'odeur douce et âcre qu'il dégageait,
une odeur de sous-bois. Elle n'avait pas oublié le
goût de sa peau quand elle avait embrassé sa joue
creuse et lisse comme de la cire, il avait été comme
aspiré de l'intérieur, et sa mère avait dit : « Tu es courageuse d'embrasser un mort. »

— Je viens d'enterrer ma sœur en Algérie, ça fait
beaucoup pour un vieil homme comme moi.

— Je comprends votre douleur et je vais vous
aider.

— J'ai trouvé un mot à mon retour, avec votre
nom et votre numéro de téléphone.

Il s'arrêta pour reprendre son souffle.

— Elle a écrit qu'il y avait un testament en votre étude.

— Oui, nous nous sommes vues la veille de son opération.

— Avec les médecins, vous êtes la dernière personne à l'avoir vue vivante. Je n'ai même pas pu lui téléphoner, j'étais dans les montagnes, je le regrette. Dans quel état était-elle ?

Claire regarda sa main gauche pour trouver un ongle à ronger. Pendant son voyage, elle avait réussi à se défaire de cette mauvaise habitude, mais le retour dans le notariat avait eu raison, en quatre jours de travail, des ongles de sa main gauche.

— Elle était inquiète, bien sûr, mais rassurée d'avoir pu établir un testament à votre profit. Ça semblait très important pour elle. Je suis à votre disposition pour vous recevoir à l'étude quand vous le souhaitez. Je vous lirai le testament et je vous expliquerai comment les choses vont se passer dans les six mois que nous avons pour régler la succession. Est-ce que vous avez l'habitude de communiquer par mail ?

— Non, pas tellement.

— C'est pas grave, nous échangerons par téléphone et par courrier. Quand êtes-vous disponible ?

— Est-ce qu'on peut se voir en mai ? J'ai besoin de laisser passer un peu de temps, je vais me retirer à la campagne.

— Bien sûr. Je vais vous adresser, par courrier, la liste des éléments à réunir et vous me les remettrez lorsque vous le souhaiterez.

— Pouvez-vous dire à Me Ferra que l'enterrement est demain, à 10 heures, en l'église Saint-Charles ?

— Bien sûr, dit-elle d'une voix douce.

— Merci de votre gentillesse, mademoiselle Castaigne.

Elle écrivit un mail à Catherine Ferra qui lui répondit : « Elle a toujours eu un petit cœur, vous suivrez la succession avec PF. »

Alors qu'elle cherchait comment modifier la sonnerie du téléphone, on frappa à sa porte. Sylvain Sassin entra suivi d'une petite femme ronde surmontée d'une épaisse chevelure frisée, d'une couleur qui hésitait entre le roux et le rouge, et qui montait haut sur sa tête alors que ses tempes étaient presque rasées. Elle souriait mais son regard était dur et buté.

— Claire, je vous présente Paulette Gorin, qui est désormais votre assistante. Elle revient en pleine forme de deux semaines de vacances. Paulette, Claire Castaigne remplace Karine.

— Elles rajeunissent, les chefs ! dit-elle d'une voix aiguë marquée d'un fort accent.

— Paulette pourra vous aider pour les dossiers, elle en connaît un certain nombre, elle travaillait avec Karine depuis quatre ans.

— Y en a qui sont là depuis bien plus longtemps et moi j'exécutais les ordres de Karine ! Je suis secrétaire, pas plus.

— D'accord Paulette, votre bonne volonté sera déjà une aide précieuse, dit Sassin.

— Je ferai ce que je pourrai.

— Je vous laisse travailler, dit-il en refermant la porte dans un sourire crispé.

— Lui, avec sa bouche en cœur, on dirait pas, mais c'est un serpent. Il est capable d'ouvrir une gueule d'un mètre de haut et de t'engloutir d'un coup ! Surtout toi ! Moi encore, il ne pourrait pas d'un seul coup ! Je te tutoie, je préfère, t'as l'âge de ma fille, t'as dans les trente ans ?

— Trente-deux.

— Je te tutoie et tu me tutoies aussi. J'aime pas trop les ampoulades.

— D'accord, Paulette ! Vous êtes originaire de Normandie ?

— Tu dis ça pour mon accent ! D'un peu plus haut, là où tu ne mets pas un orteil dans l'eau ! Du Nord. Et toi ? T'es parisienne ?

— Non, de Beaune, en Bourgogne.

— C'est la Côte-d'Or, le 21.

— Oui, tu connais ?

— Non mais je connais les départements par cœur. Et le chef-lieu, c'est Dijon ! Enfin, je connais la moutarde !

— Et le vin ?

— J'aime pas ça, le vin ! Karine, elle m'en a fait voir mais c'est pas beau ce qu'ils ont fait. Ils sont tous de mèche mais c'est les méthodes de Polignac et de Sassin ! Tu sais, j'en ai vu depuis que je suis là ! Avec moi, ils se méfient.

— J'étais en train d'ouvrir un nouveau dossier, la succession de Mme Barbot, décédée sans enfants, qui laisse une nièce légataire universelle et une quinzaine de légataires particuliers. Il y a un immeuble à Paris, une maison et des terres dans le Loiret, des comptes bancaires et des assurances vie. Elle était retraitée. Tu

165

trouveras toutes les informations dans les notes d'Hélène Quiniou.

— Elle t'a refilé le bébé, la Quiniou ! Méfie-toi
d'elle aussi ! Elle est franche comme un âne qui
recule, comme on dit dans ma campagne ! Elle sort
avec Grégory Boivin, l'assistant aux formalités. Tu
vois qui c'est ?

— Non pas encore.

— C'est M. Muscles. Elle croit que personne le
sait mais il est tout le temps fourré dans son bureau,
et Mumu les a vus arriver ensemble, un matin. Tu l'as
rencontrée, Mumu Barzouin, elle me l'a dit. Elle est
là depuis plus longtemps que moi mais c'est Dounia
la plus ancienne.

— Je te remercie de me préparer tous les courriers
d'usage et je les signerai. Tu avais l'habitude d'ouvrir
les dossiers de succession avec Karine Grumeau ?

— Oui, bien sûr.

— Merci Paulette.

— Mais de rien ! Je préfère te le dire, je suis assez
lente.

Lorsque la porte se referma, Claire regarda par
la fenêtre, l'esprit figé par la sidération. Les petits
nuages blancs massés dans le ciel avançaient vite,
laissant derrière eux le bleu à découvert. Les mouvements du ciel, dans leur beauté, leur puissance, leur
amplitude, relativisaient le poids des comportements
humains. C'était une habitude qu'elle avait depuis sa
petite enfance de regarder le ciel quand elle se sentait
dépassée.

Elle sortit de son sac les documents de la succession Gestas, elle avait glissé le codicille au testament

entre les deux titres de propriété des appartements de la rue des Martyrs. Elle s'occuperait personnellement de ce dossier. Elle prépara un acte de dépôt et alla le donner elle-même au service des formalités qui sentait le jasmin. Elle se présenta à Colette Grossin, vêtue d'un seyant tailleur pantalon rose et de baskets blanches à talons compensés.

— Tu es la bienvenue, Claire, dit-elle en éjectant d'un mouvement de la tête les lunettes au bout de son nez qui rebondirent, accrochées par un cordon, sur sa grosse poitrine.

— Merci Colette.

— Karine Grumeau, elle avait son cancer et c'est bien malheureux mais elle me faisait des rejets de formalités tout le temps. À la fin, quand je voyais ses initiales sur un acte, les poils de mes bras se dressaient tout seuls, pas vrai ?

Grégory Boivin, qui regardait Claire derrière son ordinateur, hocha la tête. Il ne la regardait pas dans les yeux, il balayait son corps sans aucune gêne, il l'évaluait avec un air d'amateur éclairé, il croisa ses gros bras et bascula légèrement sur le dossier du fauteuil. Une odeur de sueur lui piqua le nez, elle détourna les yeux.

— J'espère qu'elle ne t'a pas laissé trop de cadavres dans le placard. À part les successions, bien sûr ! dit Colette Grossin en éclatant d'un grand rire guttural.

Claire éclata de rire, la jovialité de Colette Grossin était contagieuse.

— J'espère que je ne te choque pas ? Il faut rire tant qu'on est vivant !

— Vous avez raison.

— Ah non, pas de vous ! Ou je te tire tes jolies oreilles ! Moi, je suis comme les patrons, j'aime bien regarder les belles filles ! Et comme Greg ! On est là de huit heures et demie à 18 heures, on ne bouge pas, n'hésite pas ! Je préfère que tu me poses les questions plutôt que tu signes des conneries. Quand il faut rattraper, c'est plus de travail pour tout le monde.

— D'accord, merci Colette.

— Et quand tu pars en vacances, tu m'envoies une carte postale. Regarde, on en a plus d'une centaine, on s'évade en travaillant, dit-elle en désignant le mur couvert de cartes.

Dans l'espace voisin, séparé par une paroi et une porte vitrées, Sylvain Sassin et ses deux assistants, assis à leurs bureaux, la regardaient en souriant. Quand elle était plus jeune, elle pensait que les sourires agrégés des hommes sur elle étaient pleins de moquerie. Sassin lui fit signe d'entrer, il lui présenta Raoul Dumont et un assistant plus jeune, prénommé Loïc, dont elle ne retint pas le nom.

Dans son bureau, elle ouvrit le placard près de la fenêtre et trouva le dossier Gestas en travers de l'étagère, la copie du testament dépassait légèrement de la pochette verte et était placée sur le dessus du dossier alors qu'elle se souvenait parfaitement l'avoir rangé, par précaution, sous les notes. Quelqu'un avait fouillé le dossier. Elle se retourna vivement sur son bureau vide. Dans le miroir carré fixé entre deux étagères, elle vit son regard plein d'effroi. Elle alla s'asseoir dans son fauteuil, les jambes coupées, regarda le placard ouvert et réfléchit. La dernière fois qu'elle l'avait ouvert, c'était vendredi avant d'aller chez Sophie de Gestas, elle avait hésité et elle s'était dit qu'il était inutile d'emmener le dossier avec elle. Elle regarda, posée sur le bureau, la pile de documents qu'elle avait sortie de son sac, chercha dans la liste téléphonique le numéro de FJR et se ravisa. Qu'allait-elle lui dire ? Qu'elle pensait que le dossier avait été fouillé, sans aucune autre preuve que des feuilles déplacées ? Il la prendrait pour une maniaque, ou bien s'il la prenait au sérieux, il penserait qu'elle avait manqué de prudence.

Elle classa les éléments dans des pochettes, en respectant le code couleur imposé par le manuel qualité PRF et prépara les courriers aux différents organismes. Elle glissa le dossier dans le placard central, entre deux cadavres du cimetière Grumeau.

Paulette Gorin entra sans frapper, elle lui demanda si elle avait une préférence pour la police et pour une formule de politesse. Claire répondit : « Times new roman » et « croire en ma parfaite considération ». Paulette Gorin lui adressa un clin d'œil de sa paupière couverte d'un fard mauve et tourna sur elle-même dans sa jupe à volants multicolores, ses grosses jambes moulées dans un legging rouge, plantées dans des chaussures à talons carrés jaune canari.

18

Lorsqu'elles sortirent de l'immeuble, un homme aux cheveux grisonnants, vêtu d'un costume en pied-de-poule beige, s'efforçait de sortir du coffre de sa Maserati un long objet entouré de Scotch noir et de plastique à bulles, il s'arrêta pour les regarder.

— Georges Clooney a tué sa femme, la voie est libre ! lança Alice Santa Mala.

Claire éclata de rire, elles se retournèrent, il les regardait en souriant sans comprendre.

— Je sens que la rue de la Paix va être un bon terrain de chasse ! dit Alice.

— Tu es en mode chasseuse ?

— Ce n'est pas un mode, c'est mon ADN. Mais je ne chasse que le gros gibier bagué !

— Les hommes mariés ?

— Mariés et riches ! Les mecs sont bien frustrés sexuellement donc ils te traitent comme une déesse de l'amour, puis ils culpabilisent donc ils te gâtent pour que tu acceptes les cinq à sept en ne bousculant pas leurs vies. Et ils ne t'emmerdent pas si tu as d'autres plans cul ! C'est canon les hommes mariés ! Tu n'as jamais essayé ?

— Jamais. On va place du Marché-Saint-Honoré ?

— Oui. J'espère que je ne te choque pas, je suis cash, moi. Tu es peut-être en couple ?

— Je ne suis pas choquée. Et je ne suis pas en couple. Moi, mon terrain de chasse, c'est Tinder ! Je préfère les hommes libres !

— Moi aussi, je suis sur Tinder ! Tu sais qu'il y a plein d'hommes mariés embusqués sur les sites de rencontre.

— Oui, je les détecte assez vite. Tiens, il y a une table libre. Attends, je vais demander au serveur.

— Non, viens on s'installe.

— Vous ne pouvez pas vous installer directement, mesdemoiselles. Les deux messieurs étaient avant vous !

Alice regarda le serveur d'un air affligé et se tourna vers les deux jeunes hommes en costume qui montraient leur mécontement en secouant leur tête à lunettes.

— Je suis désolée mais je ne peux pas rester debout plus de cinq minutes ! J'ai le pied cassé et mes patrons m'obligent à porter des talons ! Je vais m'évanouir si je ne m'assieds pas immédiatement ! Merci, merci, vous êtes des gentlemen, dit-elle avec un sourire fatal.

— Tu n'arrêtes jamais ?

— Non.

— On t'a déjà dit que tu avais la voix de Béatrice Dalle ?

— Mille fois ! Je l'adore ! Je meurs de faim, je suis allée à la gym suédoise ce matin, je vais prendre des pâtes au thon.

— Moi alla vongole.

— Tu fais quoi comme sport pour être roulée comme ça ? demanda Alice.

171

— Boxe et natation, trois fois par semaine. Course à pied parfois.

— Efficace ! Donc tu cherches le grand amour sur Tinder ?

— Surtout pas ! J'ai été en couple pendant huit ans et je ne veux pas renouveler l'expérience pour l'instant. Je reviens d'un voyage de six mois en solitaire, ça m'a fait un bien fou. Je veux être libre. Et toi, tu as eu des histoires longues ?

— Pas vraiment. Mon record, c'est un an ! Je m'ennuie vite. Et je ne suis absolument pas fidèle ! J'aime trop le cul ! Là, en ce moment, j'ai un plan d'enfer, rencontré sur Tinder d'ailleurs ! On a peut-être couché avec les mêmes hommes ?

— Comment il s'appelle ?

— Karl.

— Non.

— Olivier ? Boris ?

— Non plus.

— On ne va pas faire la liste, ça va prendre tout le dej ! Donc tu viens aussi d'arriver chez PRF. T'étais où avant ?

— Chez Narquet, en droit de la famille. Pourquoi tu n'as jamais passé le diplôme de notaire ?

— Par flemme. Et je m'en fous d'être notaire, les hommes vraiment riches préfèrent les secrétaires. L'essentiel, c'est d'évoluer dans le vivier des gros poissons. Juste avant quarante ans, je changerai de cible, je me chercherai un mari. Tu veux devenir notaire, toi ?

— Oui, avant mes quarante ans !

— Et un mari ?

— On verra.

— Tu penses que c'est jouable chez PRF ?

— De trouver un mari ? demanda Claire en riant.

— Ça, c'est la question que je me pose ! La question est : est-ce que tu penses pouvoir devenir notaire à l'étude ?

— Pourquoi pas si je suis la meilleure !

— Ce n'est pas moi qui te ferai de l'ombre ! Je me fiche royalement d'être la meilleure. Je ne suis ni bonne ni mauvaise. C'est pas le talent qui compte, c'est l'intrigue ! Pendant que tu bosseras sur tes dossiers, je séduirai l'un des associés et j'arriverai avant toi sur le podium.

— Pourquoi tu me dis tout ça ?

— Parce que t'as l'air rock'n'roll, solitaire et affranchie comme moi. Je pense qu'on peut bien s'amuser toutes les deux ! Je n'ai pas d'amis et je ne cherche pas à m'en faire, je n'ai aucune constance, je me dis juste qu'on peut s'éclater dans ce milieu super sérieux.

— J'ai des amis et des valeurs.

— Waouh ! Des amis et des valeurs, ça pourrait être le titre d'un livre hyperchiant !

Claire éclata de rire.

— Montre-moi tes tatouages.

Une orchidée prenait naissance dans le creux du poignet droit de Claire et tout autour de son poignet gauche, un feuillage aux traits fins dépassait de la manche de sa veste lorsqu'elle passait la main dans ses cheveux longs, geste qu'elle répétait souvent. Elle retira sa veste et releva les manches de sa chemise à fleurs rouges et noires. On lui demandait souvent de montrer ses tatouages et à chaque fois, elle se disait que c'était comme si on lui demandait de se mettre nue ; elle s'exécutait comme un animal de cirque. Un dragon à la gueule fermée entouré de fleurs et de feuillage se déployait sur son bras gauche, une orchidée noire s'enroulait autour de son bras droit et se refermait en une main de Fatima, percée d'un œil. À l'intérieur de son biceps gauche, était écrit : *Memento Mori.*

L'homme et la femme assis à la table voisine ne mangeaient plus, ils regardaient, silencieusement, les bras de Claire.

— Le dragon, je l'ai fait faire à la plume au Japon pendant mon voyage. Ce fut assez douloureux.

— Des amis, des valeurs et du masochisme ! Intéressante, Claire Castaigne ! Tu en as à d'autres endroits du corps ?

— Pas que je puisse te montrer ! dit Claire en riant.

— Tu es musulmane ?

— Non. Je suis un quart algérienne par mon grand-père maternel.

— Il vit en France ?

— Je ne l'ai jamais connu, il a été fusillé pendant la guerre d'Algérie, il faisait partie du FLN.

— Ça ne m'étonne pas, t'es une résistante toi aussi ! C'est marqué dans ton regard.

— Mon arrière-grand-père paternel, qui lui était bourguignon catholique, a aussi été résistant pendant la Seconde Guerre mondiale. Il passait des juifs en zone libre. Il a été arrêté par la Gestapo, et torturé dans sa cuisine, devant sa femme et son fils, mon grand-père, qui avait dix ans. On n'a jamais retrouvé son corps.

— Le cocktail explosif ! Ta mère est donc moitié algérienne ?

— Oui mais elle n'a pas connu son vrai père. Elle est née dans l'Oise, elle a grandi dans les Landes, puis en Normandie, elle a eu une enfance mouvementée. Ma famille paternelle est 100 % bourguignonne, d'une petite ville près de Beaune qui s'appelle Nuits. Je ne suis pas maso, je suis une résistante au mal, à ma petite échelle. Santa Mala, c'est de quelle origine ?

— Brésilienne par mon père et Portugaise par ma mère. Mais ils ne sont ni maçon ni femme de ménage ! Ils sont issus de familles de la grande bourgeoisie.

— Je n'ai rien contre les maçons et les femmes de ménage ! Mon père est agriculteur et ma mère est coiffeuse. Regniez m'a dit que ses parents étaient éleveurs de bovins dans le Périgord.

— Ah bon ? D'où la vache dans son bureau et ses grandes mains de paysan ! Tu as vu ses mains ?

— Oui, elles sont massives comme lui ! C'est ta cible ?

— Peut-être. J'adore ce genre d'homme. Son regard sévère, son air malheureux, il est comme une bête attachée à un piquet. Il est sexy non ?

— Je ne veux surtout pas jouer sur ce terrain-là avec les boss ! Je chasse la moindre ambiguité.

— Au nom des valeurs ?

— Et de la tranquillité d'esprit.

— Moi, je peux jouer tout le temps, c'est mon âme de petite fille !

— Tu n'es jamais fatiguée ?

— Je n'ai pas le choix, c'est ma seule manière d'être vivante. Sinon, je meurs ! J'ai bien essayé d'être fidèle quand je suis restée un an avec le même mec, mais j'étais comme une flamme qui s'éteignait doucement.

— Je comprends. C'est sûr que Regniez est plus sexy que Polignac mais le big boss, c'est lui !

— Oui mais il est homosexuel.

— Comment tu sais ça ?

— Je le sens, mon corps me le dit. C'est mon instinct de femelle, de chienne en chaleur !

— Il est marié et il a deux enfants, je crois.

— Et alors ? Il est notaire, aristo, sans doute catho, il doit sauvegarder les apparences.

— Et Pierre Fontaine ?

— Le fils caché de Pierre Richard, très peu pour moi !

— J'aurais dit Woody Allen ! On retourne travailler ? Toi, tu n'as pas besoin mais moi oui ! Je suis une laborieuse fille de paysan qui veut réussir à la force du poignet !

— Si c'est à la force du poignet, moi aussi alors ! dit Alice en riant. Tu vois, on a des points communs ! Il faut se méfier des expressions toutes faites !

— Mais oui ! D'autant que je n'emploie jamais, mais jamais, cette expression !

— Tu fais semblant d'être une fille sage. Tu planques tes tatouages, tu parles de valeurs, tu fais la mystérieuse mais t'es une tueuse comme moi !

— C'est fou comme on recherche le mauvais partout quand on a de mauvaises pensées !

176

Leurs éclats de rire firent sourire les gens qu'elles croisèrent rue Danielle-Casanova.

Dans l'ascenseur, alors qu'elles se regardaient en souriant, Claire reprit la parole :

— Qu'est-ce qui s'est passé chez Vignon pour que tu viennes ici ?

— Tout se passait bien, j'avais un statut privilégié jusqu'au torride mercredi 19 mars où nous fêtions les quarante-cinq ans de Christophe Vignon dans son bureau, enfin sur son bureau ! Sa femme a débarqué à l'improviste, avec leurs deux gosses et un gâteau d'anniversaire ! Il a pris le gâteau sur la tête et a été sommé de me virer. Il a beaucoup hésité, il voulait quitter sa femme. Je n'en avais aucune envie. Je lui ai promis de continuer de le voir, en secret, en échange d'une rupture conventionnelle assortie d'une généreuse indemnité de départ. Grâce à sa lettre de recommandation, Regniez m'a embauchée. Depuis, il m'inonde de messages auxquels je ne réponds pas. C'est le prix de la lâcheté. J'aurais pu me la couler douce avec les assedics mais je veux rester dans le jeu. Je ne pourrais jamais voyager comme toi, six mois toute seule !

L'ascenseur annonça le cinquième étage d'une voix métallique, Claire composa le code. La lourde porte d'entrée de l'étude émit un bruit de verrou compliqué.

— Ah Claire ! Je t'ai laissé un message sur ton portable. Me Regniez aussi ! dit Clara Labalette. Il veut que tu le rejoignes maintenant dans son bureau.

— Que la meilleure gagne ! dit Alice Santa Mala, avec un clin d'œil.

19

Le visage de Regniez était encore plus sombre qu'à l'ordinaire. Son parfum boisé et l'odeur dense de son corps remplissaient le bureau strié de soleil. Claire pensa que cette odeur lui était déjà familière ; en fermant les yeux elle pouvait le reconnaître parmi d'autres. Elle était très sensible aux odeurs, elle avait en mémoire des odeurs qui correspondaient à des instants de son enfance. En Mongolie, l'odeur de lait bouilli qu'elle avait sentie dans l'échoppe d'un marchand de rue avait fait surgir la vision de la casserole de lait entier qui vibrait sur la gazinière de sa grand-mère. Avec une cuillère en bois, sa grand-mère détournait la peau qui s'était formée à la surface et versait, en tournant, le lait sur la poudre de chocolat et le rectangle de sucre, dans la tasse émaillée.

— Nous avons un sérieux problème, dit-il sans desserrer ses lèvres fines pincées autour de son cigarillo intact.

Les yeux bleus la dévisageaient durement, ils la fouillaient comme s'ils cherchaient un aveu qu'elle ne pouvait offrir. Elle savait garder le silence, c'était son héritage paysan, son versant masculin, elle adoptait l'attitude de son père qui se taisait beaucoup, non par ignorance mais parce qu'on lui avait appris à ne pas parler pour ne rien dire, à tourner la langue dans sa bouche ; ça se transmettait dans les familles, sans mot, le silence. Sa mère était fantasque, fragile et bavarde. Depuis toujours elle avait pris son père pour modèle. On disait qu'elle avait hérité de la beauté brune de sa mère, et de sa sensibilité artistique. Elle détestait cette répartition classique des caractères, elle brisait les cases, elle était une femme et elle aimait le silence. Ça avait souvent déstabilisé les hommes qui avaient partagé sa vie. Aux moments cruciaux, elle se taisait et se refermait. Une fois, un homme lui avait demandé si elle avait été battue, enfant. C'était le contraire, elle avait été aimée, ça lui avait donné confiance, elle n'avait pas besoin de parler. Pour elle, le jeu des regards et des corps était aussi important que les mots. Regniez était un paysan aussi, il économisait sa parole, elle le comprenait, il ne lui faisait pas peur.

C'est lui qui rompit le silence en retournant le journal qu'il tenait devant lui : *Révélations explosives sur le testament de Frédéric de Gestas.*

— Expliquez-moi, dit-il en allumant son cigarillo avec une allumette.

Elle hésita et se lança, le mensonge se retournerait contre elle.

— Le dossier a été fouillé dans mon placard. Je l'ai découvert ce matin.

— Comment le savez-vous ?

— La copie du testament a changé de place dans le dossier.

— Pourquoi ne me l'avez-vous pas dit ?

— Je ne voulais pas vous inquiéter sans raison ou passer pour paranoïaque.

— Vous êtes donc capable de mentir.

— De passer sous silence certaines choses.

— Et maintenant comment vous croire ?

— Il est sorti quand ce journal ?

— Il y a une heure.

— Il ne parle pas du codicille, pas du troisième enfant n'est-ce-pas ?

Regniez secoua la tête, en pompant sur son cigarillo.

— Parce que j'ai gardé le codicille avec moi ce week-end. Si c'était moi, tout serait sorti. Il y a un ou une traître entre vos murs mais ce n'est pas moi. Je vous l'ai dit, vous pouvez compter sur moi.

— Je me méfie des mots.

— Moi aussi, monsieur. La dernière arrivée n'est pas la coupable. Il faut être avide, plein de frustration ou de ressentiment alors que je suis remplie d'espoir.

Regniez la regarda en plissant les yeux, elle visait juste, ou bien elle était complètement tordue, il n'excluait rien, il en avait vu d'autres, des visages innocents pétris de mauvaises pensées. Mais il avait envie de croire cette jeune ambitieuse. Il avait de l'indulgence pour l'ambition, elle n'excluait pas toujours la morale, il en était l'exemple.

Le téléphone sonna, il la fixa avant de regarder le nom qui s'affichait sur le combiné, il décrocha. Elle attrapa le journal et lut l'article, qui n'était signé que par les initiales FC, elle photographia la page.

— Oui, Pierre, oui j'ai vu. Je ne pense pas, elle ne m'a pas encore appelé. Elle est en face de moi. Je ne crois pas. On se voit plus tard.

Dans des gestes mesurés, il reposa le combiné sur son socle et déposa la longue cendre de son cigarillo dans le cendrier.

— Vous voulez que j'appelle Sophie de Gestas ?

— Nous allons l'appeler.

Elle n'osa pas dire qu'un lien s'était créé entre elles pendant ces heures passées ensemble dans son appartement. Elle n'en était même pas certaine. Elle avait souvent constaté que les relations nouées dans les moments de faiblesse s'effaçaient chez le faible lorsque les forces lui revenaient. Relevé, on ne veut plus voir ceux qui nous ont tendu la main alors qu'on mangeait la poussière. On ne retrouve pas non plus ceux qui nous ont tourné le dos, on repart à neuf dans de nouvelles relations, c'est souvent un moment de grands bouleversements des amitiés. Elle le constatait dans sa fonction de notaire : la majorité des clients qu'elle aidait dans les conflits familiaux ou matrimoniaux la remerciaient peu et la fuyaient une fois leurs affaires réglées. Certains tournaient la tête quand ils la croisaient dans la rue. Elle avait vu ce qu'elle n'aurait pas dû voir, les masques tombés, les larmes, les cris, la haine.

Elle éprouvait de l'indulgence pour avoir elle aussi fait preuve d'ingratitude à certains moments. La mort de Julien, pendu au bout d'une corde chez elle, l'avait plongée dans une violente dépression qui lui avait fait manquer le second semestre de son année de CM2. Elle avait passé son anniversaire à l'hôpital après s'être ouvert les veines avec son compas d'écolière. Un seul de ses amis, Nicolas, était venu la voir, il avait vu ses poignets bandés sur les draps blancs, puis il était venu chez elle alors qu'elle restait prostrée des heures durant dans son lit. Lorsqu'elle avait remonté sa propre pente vertigineuse, elle n'avait plus voulu voir ni Nicolas ni ses autres amis et lorsqu'on lui avait annoncé qu'elle passerait quand même en sixième, elle avait demandé à intégrer un autre collège que celui de son secteur.

Dans son métier, c'est elle qui tendait la main et c'est d'elle dont on se détournait. Elle ne comptait ni son temps, ni son énergie, et elle précisait toujours à la première réunion qu'elle était tenue au secret professionnel, que sa langue était liée par le serment qu'elle avait prêté. Comme on fait vœu de chasteté lorsque l'on entre dans les ordres. Elle préférait nettement observer le silence que la chasteté. Elle savait que tout ce qu'elle enfermait en elle pouvait la gangrener de l'intérieur, comme le ver dans un fruit, et elle pressentait qu'un jour elle n'en pourrait plus d'absorber. Elle aurait besoin de se retirer pour se réunir.

Regniez enfonça la touche haut-parleur : Sophie de Gestas répondit d'une voix d'outre-tombe, Claire vit son corps maigre dans son peignoir à perroquets.

— Bonjour madame de Gestas, c'est François-Jean Regniez. J'ai une mauvaise nouvelle…

— Je la connais déjà ! Elle s'est affichée sur mon téléphone comme sur les téléphones de millions de Français. Vous ne pouvez pas savoir ce que c'est tant que vous ne l'avez pas vécu, votre nom lancé en pâture : *Sophie de Gestas, la femme bafouée.*

— Je suis désolé et j'avoue ne pas comprendre ce qui a pu se passer. Nous avons pris les plus grandes précautions avec le testament de votre époux. J'ai toute confiance en ma collaboratrice, dit-il en la fixant avec intensité.

— J'ai de bonnes raisons d'avoir confiance en elle aussi.

Regniez leva les sourcils et ouvrit grands les yeux, Claire lui lança un sourire victorieux.

— Qui a eu connaissance de ce testament ?

— Chez nous, il n'y a que Claire Castaigne et moi-même mais il y a Me Chapuis et ses collaborateurs, je vais l'interroger.

— Interrogez mais nous ne trouverez pas, l'ennemi reste toujours invisible dans la guérilla de l'information.

— Je suis vraiment navré, croyez-moi. Nous sommes à votre disposition si vous avez besoin de quoi que ce soit.

— Merci. Mon téléphone n'arrête pas de sonner mais ces rapaces ne cherchent qu'à jauger mon désespoir.

Elle s'arrêta, respira fort dans le combiné, elle pleurait, Regniez resta silencieux. Il ne savait que garder le silence avec les femmes qui pleuraient, il avait l'impression que toute sollicitude était une maladresse.

— Je deviens paranoïaque. Pendant ce week-end que j'ai passé entièrement seule, j'ai franchi plusieurs fois la ligne de la folie. J'en reviens à chaque fois comme je me réveille d'un cauchemar mais un jour je ne reviendrai pas. On m'enfermera avec les fous. Comme ma mère. Elle a passé les dix dernières années de sa vie à l'asile. Ça se transmet dans le sang, la folie. Tant que je suis encore lucide, j'aimerais prendre des dispositions si je ne suis plus capable d'élever mon fils ou si je meurs avant sa majorité.

J'aimerais que ma sœur s'occupe de lui. Elle vit à Hongkong mais nous sommes proches et elle a un fils aussi, un peu plus âgé que Matéo.

— Vous me précédez, je vous l'aurais suggéré à la clôture du dossier de succession.

— C'est urgent.

— Très bien, nous allons y travailler avec Claire.

— Merci, je raccroche, mon téléphone brûle dans ma main.

Regniez regarda Claire en grimaçant, il tira une grande bouffée de son cigarillo et disparut un instant dans un nuage de fumée.

— Préparez un testament, vous me montrerez le projet et vous l'enverrez assez vite, dit-il en saisissant l'annuaire des notaires. Bonjour, Rémi Chapuis s'il vous plaît. Regniez, notaire, pour le dossier Gestas, dit-il en enfonçant la touche haut-parleur.

— Allô ?

La voix était abrupte.

— Bonjour confrère, c'est François-Jean Regniez.

— Je vais finir par croire que tu n'es porteur que de mauvaises nouvelles !

Regniez grimaça.

— C'est en effet une très mauvaise nouvelle ! Qu'en penses-tu ?

— Que ça doit être éprouvant pour ta cliente, moins pour les miennes qui se sentent en quelque sorte légitimées ! La vie est dure pour les innocentes ! Qu'est-ce qui t'amène ?

— Deux choses précises. D'abord, j'aimerais comprendre comment le testament a pu être rendu public.

— Tu n'as tout de même pas l'outrecuidance de m'appeler pour m'accuser d'être à l'origine de la fuite ?

— La fuite ne peut venir que de l'une de nos deux études.

— Ça ne vient pas de chez moi. Je travaille depuis dix ans avec la collaboratrice qui suit le dossier et ma formaliste est à l'étude depuis quinze ans.

— Quelqu'un a pu fouiller le dossier.

— Cherche chez toi. Si ça venait de chez nous, ça serait sorti avant.

— Ce qui me chiffonne, c'est que si ça venait de mon étude, le codicille au testament aurait été rendu public.

— Quel codicille ?

Regniez laissa le silence s'installer.

— Il ne l'a pas établi sur tes conseils ?

— Non. C'est la veuve qui te l'a donné ?

— Oui.

— Je demanderai une analyse graphologique.

Regniez éleva en moulinet son index au-dessus de sa tête.

— Ça serait plutôt à moi de le faire mais je pense que c'est inutile.

— Qu'est-ce que dit ce codicille ?

— Je vais te le dire mais avant j'aimerais savoir si tu as des informations nouvelles.

— C'est du chantage ?

— Non, j'aimerais simplement, Rémi, qu'on travaille en bonne intelligence. Je ne suis pas allé draguer Sophie de Gestas, elle est venue à moi d'elle-même. Elle cherchait un notaire qui ne soit pas le notaire de son mari, je pense que tu peux le comprendre.

— Je n'ai rien à te dire.

— Tu es bien le notaire d'Alice Dupont ?

— Oui !

— Elle ne t'a pas dit qu'elle était enceinte ?

— Non, répondit Rémi Chapuis après un temps d'arrêt.

— Ta cliente est enceinte de Frédéric de Gestas, c'est ce que dit le codicille.

— Tu peux m'en envoyer une copie par mail ?

— Ma collaboratrice te l'adresse dans le quart d'heure.

Il la fixa sans ciller.

— Je ne sais pas comment vous avez fait mais vous avez gagné la confiance de Sophie de Gestas.

Claire rejoignit son bureau en souriant. Elle écrivit un mail à Sophie de Gestas : elle lui donnait son numéro de téléphone portable personnel et lui précisait qu'elle pouvait l'appeler quand elle voulait. Elle adressa le codicille à Rémi Chapuis qui répondit quelques heures plus tard qu'il ne représentait pas Alice Dupont – elle remarqua qu'il n'avait pas écrit « plus » mais « pas ».

Regniez était un redoutable guerrier. Il restait calme, laissait l'adversaire se déployer, certain de sa victoire, et le brisait alors en plein vol, fragilisé par sa certitude. Elle apprendrait beaucoup en le regardant faire.

La pile des courriers de la succession Raymonde Barbot, préparés par Paulette Gorin, était posée sur le meuble à roulettes en mélaminé brun près de la porte. En voulant les signer, Claire constata qu'ils étaient tous truffés de fautes d'orthographe, de décalages de polices et de paragraphes. Même son nom avait été mal orthographié : le i avait été oublié comme un clin d'œil ironique. Elle envoya un mail à Paulette Gorin en lui demandant de la rejoindre dans son bureau. Elle laissa passer dix minutes et l'appela, elle ne répondit pas. Sa place était vide dans sa cage de l'open-space. Elle la trouva à la cafétéria, en train de rire avec Murielle Barzouin et Dounia Djaoui, elles se turent quand elle arriva.

— Voilà ma chef ! dit Paulette Gorin.

— Alors toi, ta citrouille s'est transformée en carrosse ! lança Murielle Barzouin.

— Je me méfie des carrosses, dit Paulette Gorin.

— T'as raison ! Moi je ne change pas ma vieille citrouille de Fonfon !

— Mon carrosse doit faire de l'effet à ta citrouille !

Au milieu de leurs rires, Claire tenta une percée, elle devait se faire respecter sans sursaut d'autorité.

— J'ai oublié ma tasse numérotée, je vais devoir encore emprunter celle du big boss !

— C'est pas une bonne idée, dit Paulette.

— J'assume le risque.

— Elle est burnée ta chef, j'adore ! Le mien, il a peur de son ombre, dit Murielle.

— Je lui prends sa tasse et après je lui prends sa place !

— T'étais pas née qu'il y en a un paquet qui ont essayé ! C'est un boulon rouillé, dit Paulette.

— Un culbuto, tu veux dire ! dit Murielle.

Dounia, qui riait la main devant sa bouche, leur faisait des signes pour qu'elles parlent moins fort.

— Venez me voir dans mon bureau, Paulette, assez vite, avant que je me transforme en citrouille, dit Claire en s'éloignant.

Paulette frappa peu après et rentra sans attendre, elle se tenait debout près de la porte.

— Asseyez-vous. C'est bien, il y a une bonne ambiance entre vous.

— Oui, on s'entend bien avec la Barzouin, elle est un peu zinzin, hein ?

— Non, elle a l'air intelligente et sérieuse, dit Claire sans rire.

— Oui, c'est vrai, elle cache bien son jeu. Dis donc, on a vu les journaux avec Mumu justement et on se disait que t'allais t'amuser avec le testament de Gestas.

— Oui. D'ailleurs la fuite vient de l'étude. Regniez cherche le ou la coupable, vous n'auriez pas une idée, vous qui savez beaucoup de choses ?

— Tu veux dire que quelqu'un de l'étude a balancé le testament aux journaux ?

— Exactement.

— Pourquoi faire ça ?

— L'argent, l'envie de semer la pagaille, je ne sais pas.

— Faut pas chercher chez les secrétaires, ça vient de plus haut, faut avoir les dents bien longues ! C'est pour affaiblir Regniez. Tu sais qu'ils se détestent avec HP. Ou bien, c'est pour te savonner la planche.

Claire regarda Paulette Gorin d'un air dubitatif pour ne pas lui donner de crédit mais elle visait juste.

On frappa à la porte : Maxime Ringuet entra en brandissant une enveloppe marron.

— Bonjour Claire, pardon de te déranger, c'est l'enveloppe pour la naissance du fils de Frédéric Derrien.

Il souriait, elle réfléchissait, les sourcils froncés.

— Frédéric Derrien travaille avec Catherine Ferra, un brun, pas très grand, avec des lunettes rondes.

— Ah oui, oui, je vois. Merci Maxime. Vous l'avez eue ? demanda-t-elle à Paulette.

— Oui, vous voyez mon nom est coché sur la liste.

Comme chez Narquet, c'était le ballet des cagnottes pour les naissances, les mariages, les départs. Elle avait toujours détesté ce rituel. Lorsqu'elle avait quitté Narquet, elle avait demandé expressément à être dispensée de cadeau de départ mais une enveloppe avait quand même tourné dans son dos. Il y a des règles auxquelles on ne peut pas déroger. Ils étaient arrivés par surprise dans son bureau, ils avaient formé un cercle autour d'elle et lui avaient offert un stylo de grande marque, elle s'était fendue d'un discours, elle avait senti la chaleur dans ses joues, elle avait été sincèrement touchée, les larmes étaient montées dans ses yeux. C'était ce braquage des sentiments et l'impudeur consécutive qu'elle n'aimait pas.

— Merci pour les courriers, Paulette, mais je ne peux pas les envoyer en l'état. Faites attention aux alignements et à bien appliquer la même police de caractère partout. Là par exemple, la date n'est pas écrite dans la même police que le reste du courrier et elle doit être alignée avec le destinataire. Sur celui-ci, la majuscule est oubliée en début de paragraphe. Et il y a des fautes d'orthographe. Tout le monde en fait. Votre correcteur d'orthographe ne fonctionne pas ?

— Apparemment non.

— Je vous les ai corrigées, y compris l'orthographe de mon nom !

— J'ai voulu aller trop vite et je ne pensais pas que
vous étiez aussi maniaque !

— L'orthographe et la mise en forme correcte
sont les bases d'un courrier. Et je ne vous ai pas
demandé d'aller vite. Je préfère que vous fassiez bien
les choses. Vous m'aviez d'ailleurs prévenue que vous
étiez lente et j'ai apprécié.

Claire pensa que son visage trahissait ses mensonges, elle plongea ses lèvres dans la tasse.

— Au fait, j'ai vu en passant que votre casier était
plein de courrier.

— Je ne savais pas que j'avais un casier.

— Si, après l'accueil, dans le couloir Casanova,
sur la droite.

— D'accord, merci, prenez-le la prochaine fois et
apportez-le-moi.

— Je ne savais pas si je pouvais, Karine ne voulait
pas que je touche au courrier.

Paulette Gorin soufflait le chaud et le froid, elle
ouvrait une trappe pour qu'elle chute et lui tendait
une main glissante. Elle avala son café froid, alla
laver la tasse d'HP et la reposa à l'endroit précis où
elle l'avait prise. Elle trouva dans son casier une pile
épaisse de courrier à destination de Karine Grumeau,
des relances rageuses pour la plupart, qu'il lui appartenait désormais de traiter.

20

Catherine Ferra déposa son sac de sport sur la chaise près de la fenêtre ouverte. Elle était impatiente d'essayer son nouveau legging keepfit, le haut de gamme de la compression des capitons graisseux. Elle menait une guerre sans concession contre l'affaissement de son corps et les kilos superflus, à raison de cinq séances par semaine dirigées d'une main de fer par Karl, son coach personnel, à Love Sport, place Vendôme. Le lundi, elle attaquait en douceur par une heure de Pilates à l'heure du déjeuner ; du mardi au vendredi, de 7 h 30 à 9 heures, elle se soumettait à des séances intensives de gym cardio ; le samedi matin, elle allait courir seule au bois de Boulogne, pendant cinquante minutes, en s'astreignant à des foulées aériennes et fractionnées pour ne pas épaissir ses cuisses ; le dimanche était jour de relâche. Elle n'y dérogeait jamais. Dans son agenda surchargé, les rectangles « Gym », qui incluaient un brushing chez le coiffeur des stars de la rue de la Paix, étaient matérialisés en rouge et ses collaborateurs savaient qu'ils étaient des zones irréductibles et qu'elle appréciait une demi-heure de battement pour avaler un fruit et boire un thé vert en ouvrant ses mails.

Avant même de retirer son manteau, elle appela Frédéric Derrien.

— Venez avec le dossier 3 VF.

Frédéric entra dans son bureau avec une assurance qu'elle ne lui connaissait pas, il se planta droit devant elle et la regarda en souriant, presque goguenard. Elle chassa l'effroyable pensée de l'annonce de sa démission et encore plus effroyable, l'idée que tous savaient qu'elle payait des hommes pour coucher avec elle. C'était une pensée qui revenait souvent, obsessionnelle, cauchemaresque, qui la réveillait parfois la nuit.

— J'ai le plaisir de vous annoncer que je suis papa d'un petit garçon, dit-il avec solennité.

Elle avait complètement oublié que sa femme avait accouché. Le tapage autour de l'enfantement et de la maternité l'avait toujours beaucoup ennuyée.

Elle avait eu sa fille, assez jeune, pendant son mariage, parce que son mari voulait un enfant, elle n'y pensait pas, c'est lui qui avait abordé le sujet comme le prolongement naturel de leur mariage. Elle n'avait jamais été concernée par la maternité, elle ne se l'expliquait pas, elle était fille unique, elle avait été aimée, même choyée par ses parents qui avaient perdu un enfant avant elle, en Algérie, et qui n'avaient jamais pu avoir un autre enfant. Tamara avait désormais vingt-cinq ans, elle n'avait jamais su faire preuve de chaleur maternelle, elle l'avait toujours maintenue à distance, dans la peur d'être étouffée. Assez vite, elle l'avait considérée comme un être étranger à elle-même. Lorsqu'elle s'était séparée de son mari, le juge lui avait attribué la garde, sans qu'elle demande rien : la mère était une chienne qui gardait ses petits. Au fil des années, une garde alternée s'était naturellement mise en place sous l'impulsion de sa fille qui naviguait entre les deux appartements.

Avec le recul, elle se félicitait de n'avoir jamais écrasé sa fille d'un amour encombrant et de l'individu autonome et doué de libre arbitre qu'elle était devenue. Elle ne voulait manifestement pas lui ressembler puisqu'elle avait choisi, après ses études de médecine, d'effectuer des missions humanitaires. Elle trouvait cela très sain. Tamara leur envoyait des mails, à elle et à son ancien mari, pour leur raconter ce qu'elle vivait. Le dernier détaillait le chaos qui régnait à Damas et la roquette qui avait explosé près de l'hôpital clandestin où elle travaillait : les gens affolés qui couraient dans les rues en criant « chimique, chimique », les corps gisant, les pères qui tiraient hors des maisons les corps blessés de leurs enfants, l'afflux massif des victimes dans leur hôpital, des dizaines et des dizaines, qui suffoquaient, bavaient de la salive, vomissaient, pris de convulsions, les muscles contractés comme du béton, ils retiraient leurs vêtements, les aspergeaient de grands flots d'eau, ils couraient en tous sens pour administrer des doses d'oxygène et de cortisone, certains mouraient dans leurs bras. Elle n'utilisait que le pluriel. Et elle avait décrit au singulier comment un garçon de cinq ans, prénommé Uri, était mort d'asphyxie dans ses bras, ses yeux bleu-vert l'imploraient, elle n'avait rien pu faire, ça lui avait fendu le cœur, elle avait beaucoup pleuré.

Catherine lisait les mails dans son grand bureau ordonné, vibrant du bruit de la rue Danielle-Casanova, sa vie lui paraissait alors d'une vacuité vertigineuse. Le choix de sa fille le lui signifiait. Puis elle replongeait dans ses dossiers et n'y pensait plus.

— Félicitations ! Comment s'appelle-t-il ?

— Charles.

D'un classique assommant, pensa-t-elle.

— J'ai l'impression d'être un autre homme.

— Tant mieux ! Si vous pouviez prendre un peu d'ampleur, cela serait formidable.

Frédéric effaça son sourire, il n'aurait pas dû faire étalage de ses sentiments, il était là pour travailler, il l'avait agacée et il ne fallait surtout pas éveiller sa colère, il en avait un souvenir mordant.

— La data room est complète, dit-il.

— Vous avez prévenu le confrère et les avocats ?

— Oui.

— Pas de problème particulier ?

— Non, je suis arrivé ce matin à 6 heures pour faire une dernière vérification.

Le téléphone sonna, Clara annonça Antoine Bismuth, Catherine pointa du doigt Frédéric, enfonça la touche haut-parleur et se redressa dans son fauteuil.

— Bonjour Catherine, Antoine Bismuth. Est-ce que je vous dérange ?

— Absolument pas.

— Le cocktail fut d'un ennui mortel après votre départ, vous êtes partie trop vite.

Elle eut la vision de la tête de Julien entre ses jambes.

— J'avais un dossier important à terminer, dit-elle en adressant un clin d'œil à Frédéric Derrien qui sourit sans savoir très bien pourquoi.

— Vous travaillez trop.

194

— On ne travaille jamais trop, disait mon grand-père.

— Vous avez été bien élevée. Je vais vous donner du travail supplémentaire si vous l'acceptez.

— J'en serais ravie et honorée.

— J'ai besoin de tout changer. Barrault était le notaire de mon père, je veux me libérer de mon père qui, même mort, continue de me hanter. J'ai tout fait pour me conformer à son idéal bourgeois. Mes deux mariages, mes appartements, mes résidences secondaires, tout était faux. J'ai fait quatre enfants qui ne me prennent pas au sérieux. C'est mon frère aîné qui devait reprendre la direction d'Atac, il s'est tué dans un accident de voiture, je suis assis dans le fauteuil de mon père par défaut. Tous pensent qu'il est trop grand pour moi, que je vais couler le bateau, je vais leur prouver qu'ils se trompent ! Et je vais vivre la vie que j'ai envie de vivre, sans me préoccuper de l'opinion bien-pensante.

— Vous avez raison.

— Atac a mis en vente plusieurs actifs, des terrains avec des entrepôts en Île-de-France qui ne sont plus indispensables à son activité. Le prix total est de vingt millions. On est en tractation avec des acquéreurs potentiels. Dès qu'on trouve des accords, les dossiers sont pour vous.

— Merci, je me tiens à votre disposition.

— Par ailleurs, j'ai mis en vente mon appartement parisien et j'en cherche un nouveau.

— Qu'est-ce que vous cherchez ?

— Trois cents mètres carrés minimum, dernier étage avec terrasse, 6e, 7e ou 16e arrondissement. Je n'ai pas de budget, je veux un appartement d'exception.

— Nous allons réfléchir avec mes associés à d'éventuels clients vendeurs.

— Super. Je recherche aussi un chalet à Megève ou à Courchevel et je vends ma maison d'Ibiza. Je viens d'acheter une maison à Los Angeles. Et je veux me marier avec mon nouvel amour. Vous voyez, je change tout en même temps ! Je suis dans une période de révolution douce.

— Il est urgent de venir nous voir à l'étude ! Pour la partie familiale, mon associé, Hector de Polignac, sera plus à même de vous renseigner.

— Ah oui, le petit gros !

Elle échangea un sourire avec Frédéric Derrien.

— Il est très compétent. Il me semble opportun qu'on se voie avec lui pour un premier rendez-vous.

— Je préférerais que ça soit vous.

— Je vous assisterai dans les dossiers immobiliers mais le conseil patrimonial n'est pas dans ma compétence. Nous avons chacun nos spécialités pour viser l'excellence.

— Je préfère travailler avec des femmes, elles sont bien meilleures que les hommes ! Aussi charmante que vous, si c'est possible !

— Vous aurez des interlocutrices, dit-elle avec un sourire qui ressemblait à une grimace.

— Parfait.

— Quelles sont vos disponibilités ?

— Demain ?

Catherine consulta son agenda et celui de Polignac.

— 11 heures ?

— Noté.

Elle raccrocha en regardant Frédéric Derrien d'un air victorieux.

— Ce qui m'ennuie, c'est que nous ne pourrons pas travailler ensemble sur ce dossier, à moins que vous ne vous déguisiez en femme ?

Il la regarda, plein d'inquiétude, elle ne souriait pas.

— Je plaisante ! Je vais être obligée de travailler avec une femme.

— Il y a la nouvelle, elle m'a dit qu'elle avait travaillé sur des dossiers d'immobilier institutionnel.

— Qui ?

— Alice Santa Mala.

Catherine Ferra détourna les yeux et fixa son ordinateur dans une moue d'écœurement.

— Sinon, il y a Sabine.

— Pourquoi pas la nouvelle ? Vous la trouvez bien ?

— Je ne sais pas comment elle travaille.

— Je ne vous parle pas de travail, je veux dire physiquement !

Frédéric Derrien était assez limité sur le terrain de la psychologie féminine mais il savait une chose : il ne fallait pas faire un trop grand éloge d'une femme devant une autre femme. Il haussa les épaules sans répondre.

— Ça n'est pas une réponse, Frédéric !

— Pas mal.

— Pas mal ! Vous vous fichez de moi ?

— Non pas du tout, madame.

— Si ! Vous me mentez et vous savez que je déteste ça ! Dites-moi le fond de votre pensée.

— Elle est mignonne.

— Mignonne, c'est le mot le moins adapté ! dit-elle en riant. Pensez au mot que vous emploieriez si vous parliez d'elle pendant une soirée foot avec vos amis.

Frédéric rougit, il n'osa pas dire qu'il n'aimait ni le foot ni les soirées, qu'il n'avait jamais eu beaucoup d'amis, et qu'il passait la plupart de ses soirées à l'étude. Mais il avait une opinion bien sûr : lorsqu'il avait vu Alice Santa Mala, il s'était dit qu'elle était belle et inaccessible comme une actrice de cinéma. Ça n'est pas ce que Catherine Ferra attendait, il reprit le mot qu'il avait entendu dans la bouche de Grégory Boivin alors qu'il parlait avec Maxime Ringuet, sans le qualificatif vulgaire qui suivait.

— Une bombe !

— Voilà ! Et une bombe, c'est quoi ? Un engin explosif ! Et un engin explosif sert à quoi ? À faire des dégâts, à détruire ! Mes associés ne m'ont même pas consultée, c'est la loi de la majorité masculine ! Allez, filez !

— Je voulais vous parler du dossier Roka.

— Plus tard, il n'y a rien d'urgent ?

— Non.

— Fermez la porte derrière vous !

Elle entra sans frapper dans le bureau de Pierre Fontaine qui tapait maladroitement sur le clavier de son ordinateur, avec ses longs doigts, le visage à dix centimètres de l'écran.

— Ah Pierre, tu es là !

— Oui, oui, Catherine, mais ce n'est pas le moment, je travaille à mon discours. Je suis très en retard, je dois le transmettre jeudi, avant midi.

— Tu bosses pour une fois !

— Merci. Comme si je passais mes journées à me tourner les pouces ! J'ai passé mon week-end à l'étude ! Je n'ai même pas pu aller m'occuper de mon jardin.

— J'ai un nouveau client : Antoine Bismuth.

— Bravo ! Tu es redoutable !

— J'ai d'autres qualités que d'être redoutable ?

— S'il te plaît, Catherine, je travaille à mon discours qui n'est absolument pas prêt, j'ai des rendez-vous dans tous les sens, dix actes à viser et regarde la pile de mon courrier en attente ! Et Hector qui vient de me donner un courrier de relance de la chambre, pas très amène, pour la délégation d'un divorce que Karine a mis sous le tapis. On me demande des explications sous huitaine sous peine de convocation !

— Et après tu me diras que Grumeau était une amie ! Donne-le à la nouvelle. Réponds-moi s'il te plaît ! J'ai l'impression d'être devenue la femme invisible.

Fontaine retira ses lunettes aux verres épais, qui avait imprimé une bande rouge sur le haut de son nez, il frotta ses yeux fatigués et la regarda.

— Là tu ne me vois plus !

— On se voit tous les jours depuis quinze ans. Quelle était ta question ?

— Voilà ! Tu ne me vois plus et tu ne m'entends plus, dit-elle, les larmes aux yeux.

— Tu fais ta crise de la cinquantaine ?

— N'en rajoute pas.

— Catherine, tu es superbe ! Belle, intelligente, élégante. C'est moi l'homme invisible !

— Arrête, Pierre ! Ne raconte pas n'importe quoi.

— Mais c'est la vérité !

— L'homme invisible qui écrit dans les revues, qui va faire un discours au Congrès des notaires devant dix mille personnes ! Tu es complètement névrosé ! Tu ramènes tout à toi ! Moi qui pensais pouvoir trouver du réconfort auprès de toi !

— On déjeune si tu veux ?

— J'ai Pilates. Heureusement que je fais du sport ! Sinon, je serais grosse, en plus d'être aigrie !

21

— On ne peut même plus faire crisser le stylo sur le papier.

Jean-Louis Leroy avait signé d'un geste rageur sur la tablette électronique.

— Le notariat se modernise. C'est la dématérialisation des actes, dit Hector de Polignac.

— Ça confine à l'ironie votre dématérialisation. L'enfant est bien réel et l'acte que je viens de signer est lourd des conséquences que vous m'avez énoncées, jeune homme, dit-il dans un coup de menton à l'intention de Nicolas Boissière.

Nicolas Boissière détestait qu'on l'appelle jeune homme, il se montrait mature et compétent. D'un geste vague, sans même lever les yeux sur lui, cet homme pédant l'offensait de l'imprécision de la jeunesse. Il était la bouche qui avait énoncé les conséquences le plus justement possible et il était, par transfert, la cible du ressentiment de cet homme sur le déclin.

— Je suis désolé, Jean-Louis, dit Polignac.

— Je viens de signer mon arrêt de mort.

— Mais non, ta femme et tes filles ne l'apprendront qu'à ton décès. Tu as tout intérêt à vivre longtemps pour qu'elles l'apprennent le plus tard possible !

— C'est une manière positive de voir les choses.

— Les imprévus, les échecs, ce qu'on ne maîtrise pas, ce qui advient alors qu'on ne l'attend pas sont les ressorts de la vie. Prends cette gifle comme une chance. Tu voulais un fils, un fils te tombe du ciel et tu as tout à apprendre de lui, c'est merveilleux !

— Et je tends l'autre joue et je tends les deux bras ! Tu es devenu chrétien, Hector ? demanda-t-il en riant.

Nicolas Boissière émit un ricanement qui siffla aux oreilles de Polignac.

— Je ne vais à l'église que pour les mariages et les enterrements, ce qui est bien assez. Vous n'avez pas encore d'enfants, Nicolas, mais vous verrez, un enfants, c'est miraculeux, quoi qu'il advienne de votre mariage ou de votre femme.

— Ta sagesse m'époustoufle. Est-ce un aveu ?

— Absolument pas ! C'est un encouragement.

— Tu as sans doute raison. Je vais aller lui porter moi-même cet acte. Très important, cela va sans dire mais cela va mieux en le disant : vous me l'adressez en un seul exemplaire à mon bureau et surtout pas à mon domicile parisien, ma femme ouvre mon courrier comme le sien et elle est à Paris en ce moment. L'adresse de mon bureau : 189 boulevard Saint-Germain, dit-il en s'adressant à Nicolas Boissière.

— D'accord. Voulez-vous que je vous adresse aussi une copie par mail ? demanda Nicolas.

— Surtout pas. Un seul exemplaire papier avant jeudi. Je repars au Maroc, vendredi, pour trois semaines.

— Aucun échange écrit non plus concernant le testament ? demanda Hector de Polignac.

— Aucun, nous en parlerons lors d'un prochain rendez-vous. Je t'appelerai quand je serai de retour à Paris.

Sur son téléphone portable, Nicolas trouva un SMS de sa femme : « Fais des courses en rentrant. Je ne peux pas sortir aujourd'hui, même pour aller à l'église. Prends pour toi. Moi, je n'ai pas faim. »

Sa femme était en train de perdre pied, elle ne mangeait presque plus, elle maigrissait, elle devenait folle chaque jour un peu plus, il s'empressa de répondre : « Je m'en occupe, Amour. »

Un message de Fabien s'affichait : « Alors il y a du tangage ? »

Il posa son oreille contre le mur qui le séparait du bureau de Claire Castaigne et répondit une phrase étrange, à la manière de sa femme : « Les murs sont silencieux. »

La folie de sa femme déteignait sur lui doucement. Jamais il n'avait agi avec un tel mauvais esprit, jamais il n'avait osé à cause de sa foi en Dieu, dans la peur d'être puni. Mais il l'avait perdue, il vivait leurs échecs répétés comme une injustice qui prouvait que le hasard gouvernait le monde et que Dieu n'existait pas. Les prières et les imprécations de sa femme n'avaient rien changé. Les paroles d'Hector étaient celles d'un vieux qui se rapprochait de la mort mais il n'avait au fond aucune autre morale que la sienne. Il ne pouvait compter que sur lui-même pour faire tourner la chance en sa faveur, il mettrait le feu à l'étude s'il le fallait.

Il appela Sophie, son assistante, une brune au grand nez, plus grande que lui alors qu'il mesurait déjà un mètre quatre-vingt-cinq. Elle était délicate et sérieuse, elle portait toujours les cheveux tirés en arrière et se tenait droite comme une danseuse ; elle représentait l'équilibre et la normalité.

— Sophie, reconnaissance d'enfant naturel par Jean-Louis Leroy. Cela va sans dire mais cela va mieux en le disant : cet acte est ultra-confidentiel. Merci de le formaliser et de demander une copie authentique en urgence. Le courrier doit partir aujourd'hui à l'adresse écrite dans mes notes, surtout pas à son domicile, qui figure dans la fiche client.

— Très bien, je m'en occupe tout de suite mais il faut que je parte dans une demi-heure. Je vous avais demandé l'autorisation de partir plus tôt aujourd'hui, j'ai un impératif médical.

— Bien sûr mais faites cela avant de partir. Et tenez, pour demain, un contrat de mariage à préparer, une séparation de biens pure et simple.

Lorsqu'elle referma la porte, il ouvrit la fenêtre et sortit sur le balcon. Dans un ballet ardent, des oiseaux tournaient autour de la colonne Vendôme, le soleil brillait, c'était un beau printemps, il avait hâte de sortir en bateau avec Fabien dans les grands week-ends de mai. Les mouettes tourneraient dans le ciel au-dessus d'eux, il y retrouverait son centre de gravité. Il traversa l'open-space, salua Murielle Barzouin, Paulette Gorin et Dounia Djaoui qui formaient un cercle et frappa à la porte vitrée du bureau d'Hélène Quiniou.

Le corps étroit d'Hélène était enfoncé dans son grand fauteuil en tissu beige, ses bras pendaient sur les accoudoirs. Il regarda le calendrier des pompiers, les photos de chiens encadrées d'un mauvais goût achevé, les yeux bleus lourdement fardés de bleu, cerclés de traînées noires, qu'elle leva d'un coup sur lui.

— Ça n'a pas l'air d'aller ?

— J'ai fait une grosse bêtise.

Elle lui raconta, comme un automate, son erreur de calcul dans le dossier Daragon.

— Tu as vu les news ?

— Non, je n'arrive pas à me concentrer sur autre chose que ma nullité.

— Oh arrête ! Tu ne fais jamais d'erreur !

— HP ne pardonne pas.

— Mais si ! Lui aussi fait des erreurs. Tu as déjà fait des erreurs et il t'a pardonnée. J'ai fait des erreurs, il m'a pardonné. Il s'emporte et après il redescend. Tu lui es indispensable, comme moi. Nous sommes fidèles et il le sait très bien. Si ça peut te réconforter, la nouvelle ne doit pas être très à l'aise : le testament Gestas est sorti dans la presse.

Elle le fixait, les yeux ronds.

— Je ne sais rien de plus. C'est le grand silence mais tout le monde en parle dans les couloirs. Ça va détourner son attention. Je sors d'un rendez-vous avec lui et Jean-Louis Leroy, eh bien tu sais ce qu'il a dit, je l'ai noté dans mon téléphone pour ne pas l'oublier : « Les imprévus, les échecs, ce qu'on ne maîtrise pas, ce qui advient alors qu'on ne l'attend pas sont les ressorts de la vie ! Prends cette gifle comme une chance ! »

— Il a dit ça ? Ça ne lui ressemble pas. Il est peut-être malade ?

— Je ne crois pas, c'est un vrai lion. Prends cette gifle comme une chance, Hélène ! dit-il en refermant la porte dans un grand rire.

Il trouva dans son téléphone trois appels en absence de sa femme, il rappela, elle ne répondit pas, il rappela encore, la porte s'ouvrit, il sursauta, il n'avait pas entendu frapper, Sophie entra. L'appel d'air des fenêtres ouvertes sur la cour de l'autre côté de l'open-space ouvrit violemment la porte-fenêtre de son bureau comme si quelqu'un l'avait poussé de l'extérieur, il fit un pas sur le balcon vide, regarda les oiseaux qui traçaient maintenant de grands cercles, referma la porte-fenêtre et répondit au téléphone qui vibrait sur la table.

— Oui, amour.

— J'avais besoin de te parler, je me sens angoissée.

— Tu as bien fait d'appeler.

Il fit un signe de la main pour que Sophie s'approche.

— Je suis désolée mais il faut que j'y aille, je suis déjà un peu en retard, chuchota Sophie.

— Attends une seconde, amour, je signe un courrier qui doit partir en urgence et je suis tout à toi.

Sophie ouvrit la copie authentique à la page qui attendait sa signature, il barra de deux traits amples et nerveux son sceau incrusté dans le papier.

— Je me suis endormie sur le canapé et quand je me suis réveillée, j'ai eu une vision d'horreur : je voyais des bébés minuscules qui grimpaient comme des insectes le long du mur de la cheminée.

— C'était un cauchemar.

— Non, j'étais bien réveillée.

Sophie lui tendit le courrier à signer, il parcourut le nom et l'adresse, le chiffre 9 surnageait en gras.

— Ça a duré plusieurs minutes jusqu'à ce que je me lève. J'ai cru que ça ne s'arrêterait jamais ! Ce sont tous les bébés qu'on a perdus !

— Merci Sophie. Mettez-le tout de suite au courrier avec un tampon personnel sur l'enveloppe.

— Tu ne m'écoutes pas ?

— Si ma chérie mais je travaille, dit-il d'une voix douce.

Il esquissa un sourire et cligna des yeux en signe de gratitude, Sophie referma la porte.

— Tu ne penses qu'à ton travail.

— Pas du tout. Tu sais ce qu'on va faire, je vais rentrer tôt et on va aller au cinéma, à la séance de 18 h 30 comme quand on était étudiants et après on ira dîner au japonais que tu aimes. Ça te dit ?

— Je suis encore en pyjama.

— Tu te prépares, le temps que j'arrive.

Ils allèrent voir une comédie, il la regarda rire dans l'obscurité, elle mangea six makis avec une voracité surprenante, ils passèrent une soirée normale, elle ne parla pas de ses visions, il évita soigneusement ses dossiers. Alors qu'elle acceptait de partager un dessert avec lui, elle lui annonça qu'après leur conversation téléphonique, elle avait appelé le Dr Cornette, leur gynécologue, elle avait pris rendez-vous pour une nouvelle tentative. Il n'osa pas lui dire qu'il voulait une trêve, qu'elle retravaille pour retrouver un équilibre. Elle souriait, l'espoir la saisissait de nouveau, ses yeux brillaient. Il la regarda avec la hauteur d'un joueur repenti qui regarde un joueur aveuglé par son espoir menteur, il n'y croyait plus. Ils tourbillonnaient dans le cercle du malheur. Plus ils se débattaient, plus ils tourbillonnaient, il fallait qu'ils arrêtent la machine, qu'ils se tiennent immobiles pendant un temps et le cercle s'ouvrirait.

Il regarda un documentaire sur les derniers mineurs de fond et s'endormit devant la télévision. Il fut réveillé par un cauchemar : il se tenait devant un immeuble, en costume, sa cravate touchait ses pieds, il regardait la plaque en émail qui, pendue à un clou unique, baladée par le vent affichait tantôt un 6, tantôt un 9, il avait rendez-vous au 9, il faisait un pas en avant quand la plaque tournait sur le 9 et un pas en arrière quand le 6 s'affichait, il était perdu, il savait qu'il devait simplement regarder le numéro de l'immeuble voisin mais ses souliers en cuir étaient comme du plomb, le monde était hostile, les passants avaient des gueules noires grandes ouvertes, des insectes aux têtes de bébés couraient sur les murs dans des crissements aigus, il était seul et il devait prendre sa décision, il regarda encore son papier où était écrit Leroy et un 9. Il ouvrit les yeux, il sentait la sueur dans son dos, il eut la vision précise du courrier où était écrit 69 et non 189, le 9 clignotant en gras l'avait aveuglé. Il secoua sa Rolex qui s'était arrêtée, il vit 5 heures en lettres vertes sur le four de la cuisine. Sophie s'était trompée d'adresse et il n'avait rien vu alors que ça devait être l'objet de toute son attention. Il se prépara, les tremblements qui l'agitaient l'empêchèrent de se raser. Il était 5 h 59 lorsqu'il désactiva l'alarme de l'étude et appela la société de télésurveillance. Ses doigts avaient hésité, il ne se souvenait plus du code alors que, quelques années auparavant, il pouvait le composer les yeux fermés tant il terminait tard et passait ses week-ends à l'étude ; il avait même noué une relation téléphonique amicale avec les veilleurs de la société de télésurveillance, il croisait souvent Frédéric Derrien qui lui n'avait pas ralenti le rythme.

Il secoua fébrilement la souris de son ordinateur pour le réanimer et constata avec effroi que l'adresse indiquée sur le courrier était 69 avenue de la Bourdonnais, l'adresse du domicile de Jean-Louis Leroy. Il courut au casier courrier à envoyer, regarda les lettres une à une sans y trouver la sienne. Sophie l'avait envoyée la veille, conformément à ses instructions. Il lui écrivit un message à 6 h 15 et fonça sur son scooter dans la ville encore plongée dans la nuit jusqu'au domicile de Jean-Louis Leroy. La loge de la gardienne était éteinte, elle n'ouvrait qu'à 8 heures, il attendit devant l'immeuble, asphyxié par la panique, le primeur déballait ses fruits et légumes. Lorsque le bistrot de l'immeuble voisin ouvrit, il alla boire un café, appuyé au comptoir, il se noyait à l'intérieur de lui-même.

Comment avait-il pu laisser échapper une telle erreur dans un dossier aussi important ?

Il avait été trahi par lui-même, il était son propre ennemi, il avait un double maléfique embusqué dans ses tréfonds obscurs, il l'avait toujours tenu étroitement muselé et là, il lui avait cédé, il l'avait libéré d'un coup, radicalement, par sa mauvaise action dans le dossier Gestas, il s'était réjoui de la chute de Karine, il avait aimé voir Hélène humiliée et affaiblie ; il était désormais possédé par le mal qui logeait en lui, comme en chacun.

Il est faux de croire que le mal est extérieur à nous-même, il est en nous, tapi, il attend son heure pour nous dévorer ; nous sommes le diable. Et mainte-nant qu'il s'était emparé de lui, il agissait comme un être autonome pour le détruire, il l'aveuglait pour le faire mal agir. Il était puni. Il sursauta lorsque son téléphone vibra dans sa poche, c'était un SMS de Sophie qui lui confirmait avoir adressé le cour-rier, elle demandait s'il y avait un problème, il tapa rageusement sur son téléphone portable dernier cri : « Un gros problème. » Elle l'appela, il sortit du café pour libérer sa colère, il fut dur et cinglant comme pouvait l'être Polignac, il employait les mêmes mots qui blessent, il attaquait pour qu'elle craque. Elle travaillait avec lui depuis un an et demi et il ne lui avait jamais parlé sur ce ton, elle se mit à pleurer, elle s'excusa, sa faiblesse ne le soulagea pas, elle relança sa colère. Il hurlait qu'il attendait comme un chien tremblant devant l'immeuble de Leroy pour implorer la gardienne de ne pas distribuer ce courrier, qu'il n'en pouvait plus de se plier aux volontés et aux manquements des uns et des autres, de jouer le larbin de luxe pour ces notaires qui se prenaient pour des rois et qui faisaient miroiter, sur la tranche du cou-teau, des miettes du gâteau sans jamais céder aucune part réelle. Des promesses voilées pour appâter le

210

troupeau, des mots de ressentiment lâchés comme des confidences sur les autres collaborateurs, ça ils savaient faire ! Ils étaient maîtres dans l'art de diviser pour mieux régner. Même Fontaine, avec son air de pantin triste, était un manipulateur hors pair. Il lui faisait faire des recherches pour son discours, écrire à sa place en le flattant, et il récolterait seul les lauriers, il ne dirait pas sur la tribune : « Merci à Nicolas Boissière pour son aide précieuse. » Que dalle ! Tout pour sa gueule, tout pour leurs grandes gueules ! Rien pour la masse docile ! Quelques primes discrétionnaires quand les rois jugent l'année exceptionnelle ! « Plutôt que de les donner aux impôts, on va les donner à nos petites mains travailleuses ! » Il fallait faire la révolution, faire tomber leurs privilèges hérissés comme des digues, couper ces grosses têtes défigurées par le mépris ! Mais ils ne feraient jamais rien car ils avaient peur que l'effondrement du système les emporte aussi, en fils de bourgeois bien élevés qu'ils étaient tous. Ils ne feraient rien, ils garderaient leurs têtes levées vers le ciel, et le système perdurerait jusqu'à la nuit des temps ! Il s'arrêta, hors d'haleine, il n'entendait plus ni larme ni souffle dans son téléphone, il demanda si elle était encore là, elle murmura oui, elle devait l'écouter, sidérée, lui qui était dans le contrôle absolu de lui-même, lui qui mesurait ses gestes et sa parole. Eh bien voilà, elle voyait qu'il n'était rien d'autre qu'un humain, fait de chair et de sang ! Il raccrocha et retourna s'accouder au comptoir en attendant 8 heures. Il était seul avec l'homme qui essuyait ses verres.

— Vous voulez un croissant ?

— Oui, je veux bien.

Il avait oublié de manger, dans sa précipitation, il n'était plus qu'un esprit fumant, traversé d'émotions contradictoires. Il passa la main sur sa chemise bleue pleine de miettes et redressa sa cravate.

— Ça fait du bien, dit-il la bouche pleine.

— Vous avez rendez-vous dans le quartier ?

— Je viens voir la gardienne du 69.

— Madame Gonzalez.

— Vous la connaissez ?

— Oui, on connaît ses voisins quand même !

— Elle est bien ?

— Elle tient l'immeuble d'une main de fer, elle a du caractère.

— Mais elle est sympathique ?

— Oui tant qu'on respecte les règles.

Nicolas Boissière frémit.

— Qu'est-ce que vous lui voulez ? Vous n'êtes pas huissier quand même ?

— J'ai une tête d'huissier ?

— Disons que vous avez une allure de bureau-crate.

— C'est vrai, avec ma petite cravate, mon petit costume.

— Je ne voulais pas vous vexer.

— Non, ça va. Je suis notaire.

— Ça ne doit pas être drôle votre métier !

— Pas tellement, non.

— Je me rappelle la succession de mon père, avec ma mère et ma sœur, toutes les terres et les deux maisons. Ma mère, elle a tout gardé pour l'instant mais on est quand même propriétaires.

— Oui, elle est usufruitière et vous êtes nus-propriétaires, vous deviendrez pleinement propriétaires à son décès.

— C'est ça. Ça a été un sacré chantier ! Mon père était paysan, il y avait des parcelles agricoles dans tous les sens. Sur certaines, on était quinze cousins propriétaires. Le notaire de Limoges a tout démêlé et on a fait un partage. Avec ma sœur, on s'entend bien, mais mes enfants et les siens, ça aurait été compliqué. Ses filles, elle les a adoptées, elle ne pouvait pas en avoir avec son mari. Elle avait pourtant avorté deux fois avant lui.

— Ah bon ? Elle doit regretter.

— Oh vous savez, c'était une époque les années 70. On vivait tous les deux à Paris, c'était la fête, la liberté sexuelle. Elle n'aurait même pas su qui était le père ! En tout cas, elle n'a jamais pu en faire avec son mari et ils ont adopté deux petites Américaines, des sœurs. Vous saviez, vous, qu'on pouvait adopter en Amérique ? Moi non. Elles sont grandes maintenant, elles ont dans les vingt ans. Elles ne travaillent pas et elles ne leur ont causé que des problèmes. Et bouffé pas mal d'argent. Toutes les deux. Donc on préfère avoir chacun une maison et chacun nos terres pour éviter, comment ça s'appelle déjà ?

— L'indivision.

— C'est ça ! C'est des vrais nids de guêpes ces indivisions !

— Je confirme, votre notaire vous a donné un bon conseil.

— D'ailleurs, j'ai une question : il faut refaire le toit de la maison de ma sœur, ma sœur dit que c'est à ma mère de payer mais dans mon souvenir c'est pas ce que nous avait dit le notaire ?

— Vous avez bonne mémoire, c'est à votre sœur, nue-propriétaire, de payer les grosses réparations, dont la toiture. Combien je vous dois ?

— Ces choses-là, je ne les oublie pas, moi ! 5,20 euros, s'il vous plaît. Vous venez voir madame Gonzales pour un héritage ?

— Non, non ! Au revoir.

Il ne trouva pas de sonnette et frappa au carreau de la loge. Madame Gonzales tira le rideau en voile et lui ouvrit. Il fut surpris d'être face à une grande femme, juchée sur de hauts talons, vêtue d'une robe mauve épousant ses formes généreuses, parfumée, casquée d'une masse de cheveux blonds impeccablement brushée.

— Bonjour, je suis Nicolas Boissière, notaire.

Il lui montra sa carte professionnelle, elle le regarda avec curiosité.

— Je viens pour une affaire un peu délicate, je suis le notaire de monsieur Leroy, mon assistante lui a adressé, par erreur, un courrier signé de ma main, qui ne doit absolument pas lui parvenir.

— Quel monsieur Leroy ?

— Jean-Louis Leroy. Je m'occupe personnellement de ses affaires.

— Et pourquoi ne doit-il pas recevoir ce courrier ?

— Parce que mon assistante a mis dans l'enveloppe un document très confidentiel qui ne lui est pas destiné.

— Qui me dit que c'est bien vous Nicolas Boissière ?

— Tenez, je vous montre ma carte d'identité et vous pouvez m'appeler tout à l'heure à l'étude. Ça serait une catastrophe s'il ouvrait ce courrier, il faut absolument que je le récupère.

— C'est une drôle d'affaire.

— Oui, je suis désolé de vous importuner avec ça, mon assistante est très étourdie.

— Elle a bon dos votre assistante ! Vous l'avez envoyé quand votre courrier ?

— Hier, vous allez le recevoir aujourd'hui ou demain.

— Le facteur passe vers 11 heures mais il faut que je réfléchisse, je ne voudrais pas me mettre dans les ennuis.

— Au contraire, vous évitez les ennuis et vous épargnez la famille Leroy ! Je vous en prie, madame ! Vous m'épargnerez aussi, je risque ma place.

Le bon cœur de Mme Gonzales faiblit devant ce jeune homme qui se tenait devant elle, les yeux rougis, les mains jointes dans une prière, comme dans un tableau.

— Laissez-moi votre carte, je vous appellerai quand je recevrai le courrier.

— Vous me le promettez ?

— Je n'ai qu'une parole.

— Je vous remercie infiniment de votre gentillesse.

Il ne put refréner l'élan de son corps, il la serra dans ses bras et fut rasséréné de sentir la chaleur de sa poitrine contre lui. Ça faisait si longtemps qu'il n'avait pas touché sa femme. La procréation médicalement assistée avait tué jusqu'à leur tendresse.

Elle tint parole, elle l'appela peu avant midi. Lorsqu'il alla récupérer le courrier dans sa loge, il lui tendit une enveloppe, elle dit que si c'était de l'argent, elle n'en voulait pas, elle avait agi dans un mouvement de son cœur qui n'appelait aucune rétribution, il semblait être un bon garçon. Il lui promit de l'aider le jour où elle aurait besoin d'un notaire, il serra sa main chaude, elle l'accompagna jusqu'à la porte de l'immeuble et lui fit signe quand il démarra son scooter. Il alla déposer lui-même le courrier au 189 boulevard Saint-Germain.

À l'étude, il convoqua Sophie dans son bureau, elle avait le visage creusé par les larmes, il s'excusa et lui demanda d'oublier ses paroles qui avaient dépassé sa pensée.

22

La sonnerie de carillon résonna dans sa tête en plomb, elle regrettait d'avoir trop bu la veille avec Pauline, elle l'avait retrouvée après son cours de boxe française du lundi soir dans un bar bondé du canal Saint-Martin. Elles s'étaient accoudées au comptoir un peu à l'écart du groupe que Pauline formait avec ses collègues de travail et elles avaient enchaîné les verres d'un mauvais vin blanc, en mangeant de la charcuterie et du fromage. Pauline lui avait raconté l'histoire intense qu'elle vivait depuis quelques jours avec Gino, « un Sicilien avec un accent hyperexcitant et des mains magiques ». Claire s'était déplacée, dos à un collègue de Pauline qui ne cessait de la regarder, elle avait interdit à son amie de lui donner son téléphone, il ne lui plaisait pas avec sa cravate en laine et son grand front.

Pauline avait dit en riant : « Tu as changé depuis que tu es chez PRF ! »

Oui, elle avait la sensation d'être changée en une semaine de travail ! Elle avait parlé longuement de ses premières impressions, mitigées, de l'incroyable affaire du testament Gestas, de la tension qui régnait dans cette étude, du climat de surveillance et de compétition instauré par les patrons et entretenu par les employés, des dossiers qui affluaient en continu, de l'exigence de rapidité, du rythme presque inhumain, de l'effacement de soi pour être au service des autres qui se répandaient sans pudeur, déroulant jusqu'à l'écœurement leurs ressentiments et leurs mauvaises pensées. Pauline s'était exclamée que c'était pareil dans toutes les études, que c'était la vie de bureau, qu'elle avait simplement oublié pendant son voyage, qu'elle allait se remettre dans le bain, ou qu'il fallait changer de métier, de vie même.

— Venez dans mon bureau, dit Hector de Polignac.

Il raccrocha avant qu'elle ne réponde. Elle était en train d'allumer son ordinateur, elle n'avait même pas eu le temps de boire un café, elle n'aimait pas être contrariée dans ce rituel du matin, elle laissa sa veste sur le dossier de sa chaise.

Lorsqu'elle entra, un gros bulldog anglais, blanc et roux, vint se frotter contre sa jambe, elle recula.

— Il n'est pas méchant, il aime bien la chair fraîche, dit-il en riant.

Elle s'efforça de sourire alors qu'il tirait, avec sa grande gueule, sur le bas de son pantalon. Elle n'aimait pas les chiens, elle en avait peur depuis l'enfance. Elle n'avait jamais pu effacer de sa mémoire l'image du gentil labrador qui s'était transformé en bête sauvage en attaquant au visage son maître, un vieux voisin acariâtre qui passait son temps à lui crier dessus. Elle avait couru chercher son père dans la maison, il avait sauté la clôture qui séparait les deux terrains et avait repoussé le chien à coups de pied, la tête du vieux était en sang et son nez à moitié mangé. Le chien avait été abattu. Le vieux avait vécu plusieurs années avec une gueule de monstre, elle avait peur lorsqu'il la regardait par-dessus la clôture. Elle avait six ans et depuis ce jour-là, elle s'était toujours méfiée des chiens.

— Nous allons suivre un premier dossier ensemble.

— Un deuxième, il y a déjà le dossier Barbot.

— C'est vrai mais c'était un cadeau de bienvenue d'Hélène Quiniou, dit-il en souriant.

— Je l'ai remerciée.

— Il faudra organiser assez vite l'expertise de l'immeuble de la rue de Bagnolet, avec le gestionnaire locatif et le diagnostiqueur.

— Je m'en occupe. On prend quel diagnotisqueur ?

— Vous vous reportez à la liste de nos contacts dans le manuel PRF. C'est désormais votre bible, dit-il d'une voix sèche.

— D'accord, pardon.

— Revenons à notre dossier du jour. Il s'agit d'Antoine Bismuth. C'est un nouveau client. Nous allons le recevoir avec Catherine Ferra et Alice Santa Mala. Il est important qu'il voie une équipe de quatre personnes à son service, ça satisfera son ego. C'est à 11 heures.

Elle regarda les clés posées sur la table, accrochées à un porte-clé orné d'un pistolet en plastique rouge.

— J'ai un rendez-vous à l'extérieur à 11 heures.

— Avec qui ?

— Madame Fenouillard, un dossier de Pierre Fontaine.

— Hé bien, madame Fenouillard attendra. Bismuth est la priorité absolue.

Claire ne répondit pas, elle ramena, de sa main gauche, ses cheveux en arrière.

— Montrez-moi vos bras.

Elle déboutonna sa chemise, releva ses manches et approcha ses bras tatoués de ses yeux ronds, le chien regardait la scène sans bouger, sa gueule renfrognée tendue vers eux.

— Ah oui ! Tu as vu ça, Rambo ? Tu as vu le dragon ? Tu n'as pas envie de lui manger les bras, hein ?

Son rire résonna, rebondit contre les vitres de la fenêtre où des plantes mouraient dans un bac en plastique, glissa sur le tableau fait d'un entrelacs de cordages noués, frôla la toile blanche griffée de peinture bleue, traversa la cabane miniature accrochée à une plaque de bois, et vibra dans sa tête.

— Vous avez raison de nous avoir caché ça. Continuez. Ça serait du plus mauvais effet si nos clients voyaient vos bras.

Elle s'efforça de garder le silence.

Le bureau d'Alice Santa Mala était quasiment en face du bureau de Catherine Ferra, à côté du photocopieur.

— Tu sais qu'on a rendez-vous ensemble ? demanda Claire, les mains serrées autour de sa tasse numéro 23.

— Oui, avec le bel et sombre Antoine Bismuth. J'ai reçu à l'instant un mail de Ferra. Juste le jour où j'ai mis mon combi-short en cuir et mes Louboutin toutes neuves ! Je ne suis pas sûre qu'elle adore, elle me regarde chaque jour des pieds à la tête, je ne sais pas pourquoi elle veut bosser avec moi, elle va se ronger.

— Tu as un rendez-vous ?

— Oui, à l'heure du déjeuner, dit Alice d'un air mystérieux.

— Un bel et sombre inconnu ?

— Plutôt un avion de chasse d'un mètre quatre-vingt-dix ! Karl, mon plan cul numéro un !

— Vous allez déjeuner où ?

— On ne va pas déjeuner ! Il m'attendra chez lui, nu sous les draps, comme une statue, la porte sera ouverte quand j'arriverai, je le rejoindrai sur son lit, il me déshabillera – j'ai un super body en dentelle sous mon combi – on ne parlera pas, on baisera, et je repartirai. Je mangerai un sandwich dans le métro.

— Ah oui ! C'est une véritable cérémonie !

— J'ai toujours trouvé les cérémonies excitantes. Pas toi ?

— Je préfère l'improvisation.

— T'es une anarchiste toi ! J'espère que Bismuth ne va pas nous retenir trop longtemps.

— À mon avis, il est rapide ! lança Claire.

Elles se quittèrent en riant. Claire composa le 19.

— Bonjour Michel, c'est Claire, pourriez-vous me dire comment changer la sonnerie de mon téléphone ?

— J'arrive.

Michel portait un blouson en cuir râpé, une cigarette jaune était coincée entre son oreille et la branche gauche de ses grosses lunettes carrées à monture noire, il souriait sans retrousser les lèvres sur ses dents rongées.

— Alors la miss, qu'est-ce que tu veux comme sonnerie ?

— Pas de carillon, pas de cor de chasse, pas de tonnerre, pas de cascade, quelque chose qui ne me fasse pas sursauter à chaque appel !

Il fit défiler les sonneries en secouant la tête, elle l'arrêta sur une samba dont l'intensité montait crescendo.

— Très bien, c'est gai.

— Eh bien voilà ! N'hésite pas si tu as besoin d'autre chose.

Catherine Ferra tenait serré entre ses mains le coupe-papier d'Hector de Polignac.

— Il est installé en Paix 1. Je fais un effort monumental !

— C'est Antoine Bismuth.

— J'accepte de travailler avec une femme pour Bismuth, et quelle femme !

— Tu pouvais choisir Sabine ou Élise.

— Non, il préférera votre nouvelle call-girl portugaise !

— Tu ne vas pas me faire une crise de jalousie quand même !

— Tu as vu comment elle est habillée aujourd'hui ?

— Oui, je l'ai croisée.

— Tu l'as croisée avec son short en cuir ?

— Oui !

— Et ça ne te choque pas ?

— Non, parce que par ailleurs elle a une bonne tenue, une bonne éducation.

— Je ne comprends plus rien.

— Mais si tu comprends très bien, on voit qu'elle ne vient pas d'une famille de femmes de ménage.

— Ça n'a rien à voir, Hector.

Ces considérations sociales la blessaient toujours, elles les prenaient comme des flèches qui la dévoilaient et l'atteignaient en plein cœur. Celles d'Hector étaient empoisonnées, il savait très bien d'où elle venait, il la déstabilisait volontairement, l'aristocrate complexé.

— Il faut dépoussiérer le notariat ! dit-il.

— Tu ne penses pas une seconde ce que tu dis !

— « Tout changer pour que tout reste pareil. »

— Tu lis des livres maintenant ? demanda-t-elle avec ironie.

— Il m'arrive de lire des livres mais j'ai surtout revu le film.

— Allons-y ! J'ai un déjeuner à 12 h 30.

Antoine Bismuth, le visage bronzé, vêtu d'un sweat-shirt à capuche vert, sur lequel était inscrit en lettres dorées *Hollywood*, était plongé dans son téléphone portable, un casque audio sur la tête qu'il posa sur la table lorsqu'ils entrèrent dans la salle.

— Bonjour Antoine. Comment allez-vous ? demanda-t-elle en lui tendant la main.

— Bonjour Catherine, très bien, merci. Vous êtes ravissante.

Il serra la main tendue et posa son autre main sur leurs mains liées.

— Je vous présente mon associé, Hector de Polignac, spécialisé en droit de la famille et droit du patrimoine, que vous avez aperçu à l'Intelligence.

Antoine Bismuth pivota sur ses baskets et tendit la main à Polignac qui le dépassait d'une petite tête.

— Catherine m'a dit beaucoup de bien de vous, dit-il en souriant à Catherine.

— Je n'en doute pas ! Voulez-vous un café ? demanda Polignac.

— Je veux bien.

— Catherine, pas de café ?

— Non, merci.

Polignac déposa une tasse de café devant Antoine Bismuth et s'assit au bout de la table. Bismuth ne le remercia pas, aimanté par le regard de feu de Catherine. Elle l'éclipsait, lui le grand patron de l'étude, lui sans qui elle n'aurait pas été associée, sans qui elle serait restée une ombre parmi les ombres de la masse informe. Et maintenant, couverte des attributs de la grande bourgeoisie, et parée de cette féminité envoûtante qu'il haïssait, elle le surplombait sans remords. Quelle ingratitude ! Elle avait eu Bismuth avec une facilité déconcertante, elle avait atteint l'objectif sans difficulté ; il était contrarié par une jalousie diffuse qui barrait l'ivresse habituelle de la victoire.

— Nous sommes là pour vous assister au mieux, chacun dans nos compétences, et nous serons aidés par nos deux meilleures collaboratrices. Nous allons les faire venir, étant précisé que nous sommes tous tenus au secret professionnel.

— Ma vie est publique de toute façon ! Que je le veuille ou non, mon mariage avec Gwendy va faire la une des journaux ! Je préfère donner moi-même les informations aux journalistes pour maîtriser mon image.

Polignac appela Claire, ses gros doigts restèrent suspendus en l'air au-dessus des touches du téléphone.

— Rappelle-moi le numéro d'Alice.

— Je ne le connais pas, répondit-elle sèchement en se tournant de nouveau vers Antoine Bismuth. Mais il y a des choses que les journalistes n'ont pas à savoir. Votre testament par exemple. Voulez-vous qu'il fasse la une comme le testament de Frédéric de Gestas ?

Polignac lui fit une grimace et rappela Claire pour lui demander de prévenir Alice.

— Disons que c'est une histoire de timing. Je préfère qu'ils le sachent après qu'avant.

— Et pas du tout, c'est encore mieux !

La porte s'ouvrit.

— Voici Claire, qui assistera mon associé, et Alice Santa Mala qui agira sous ma direction.

La beauté de Claire Castaigne, vêtue d'un pantalon noir et d'une chemise blanche, était presque austère à côté de la flamboyante Alice Santa Mala, moulée dans son short en cuir, enveloppée d'un parfum capiteux qui remplissait l'air. Antoine Bismuth souriait en secouant la tête d'un air de contentement. Polignac observa Catherine qui les regardait, les lèvres pincées.

— Parfait, parfait, répéta Bismuth, dont les yeux, comme des billes de flipper, naviguaient entre les deux jeunes femmes.

— Je vais reprendre rapidement les termes de notre entretien téléphonique pour ne pas vous faire répéter, dit Catherine Ferra. Il y a, d'une part les cessions de terrains et d'entrepôts envisagées par Atac, pour environ vingt millions d'euros.

— Oui et d'autres dossiers viendront ensuite, dit Bismuth.

— Nous nous occuperons de cette partie immobilière, avec Alice Santa Mala.

Alice releva la tête dans un mouvement ample et circulaire qui fit vibrer sa chevelure parfumée.

— D'autre part, il y a vos projets de réorganisation patrimoniale. Vous m'avez parlé de votre mariage à venir, de la vente de vos biens immobiliers et de l'achat de nouveaux biens. Je vous laisse nous exposer les choses plus précisément.

— La première et la plus essentielle est mon mariage avec Gwendy. Nous avons prévu de nous unir dans un mois à Las Vegas. Gwendy souhaite qu'on se marie tous les deux, en toute intimité, loin de nos familles. Nous partons ensuite en voyage de noces au Mexique puis nous allons passer du temps dans notre nouvelle maison, à Los Angeles.

— Gwendy est américaine ? demanda Polignac.

— 100 % Française, du Nord ! Mais elle adore la Californie, c'est pour elle et nos futurs enfants que j'ai acheté cette maison.

— Elle est enceinte ? demanda Catherine Ferra.

— Pas encore, elle veut faire les choses dans l'ordre. D'abord le mariage, ensuite un bébé.

— Vous avez quatre enfants, c'est bien ça ? demanda Polignac.

— Oui, j'ai deux fils de dix-huit et seize ans que j'ai eus avec ma première femme, un garçon de dix ans et une fille de huit ans avec ma deuxième femme.

— Vos deux divorces sont réglés ? demanda Polignac.

— Oui, ç'a été très rapide à chaque fois.

— Vous êtes très fort ! dit Catherine Ferra.

— Non, je suis très faible, j'ai payé les prestations compensatoires astronomiques qu'elles demandaient, j'ai horreur du conflit.

— Vous avez raison, dit Catherine.

— Une femme ne vous dira jamais le contraire. Au moins, vous n'avez pas enrichi les avocats ! dit Polignac.

— Un peu quand même.

— Vous versez des pensions alimentaires ? demanda Polignac.

— Oui, un total de vingt mille euros par mois. Mais parlons du présent et du futur, dit Antoine Bismuth en faisant courir ses doigts sur la table en signe d'impatience.

— Je vous prie de m'excuser mais j'ai besoin d'avoir connaissance de votre histoire patrimoniale pour vous conseiller au mieux, dit Polignac.

— OK, évacuons le passé rapidement avant que je ne devienne amnésique ! Mon histoire patrimoniale, c'est ma vie exposée en termes financiers et juridiques, le plus froidement possible, c'est bien ça ?

— C'est assez bien résumé, dit Polignac.

— Vous êtes marié ? Vous avez des enfants ? demanda Bismuth.

— Oui, je suis marié depuis vingt ans, j'ai un garçon de dix-sept ans et une fille de quinze ans.

— Excusez-moi, maître, mais vous savez très bien que ça n'est pas le morceau de papier qui constitue

votre mariage, mais sa subtance, sa moelle quotidienne, ses instants heureux, glorieux, ses enlise-
ments, ses mensonges, ses tromperies peut-être.

— Oui mais au dénouement, seul comptera le
contrat de mariage pour nous, notaires – vous allez
adorer l'expression – chargés de la liquidation du
régime matrimonial !

— C'est ça : liquider de sang froid. On ne pourrait pas, nous, pauvres humains englués dans nos
histoires personnelles ! Il faudrait engloutir des
litres d'alcool pour pousser sa femme du haut d'une
falaise ! Pareil pour la mort du père, de la mère. On
ne pourrait pas creuser des trous de la taille de leurs
corps, bâtir des cercueils, maquiller leurs joues creusées, pousser les cercueils au fond des trous, pelleter
de la terre pour les recouvrir, liquider leurs meubles,
leurs maisons, leurs comptes bancaires, sans trembler, à moins d'être un monstre ! Heureusement qu'il
y a des gens comme vous, vous faites un métier très
utile à la société.

— C'est pour cela que nous sommes officiers
ministériels, dit Polignac.

— Mais vous n'échappez pas aux histoires de vos
clients. Vous demandez des faits bruts, dénués de
sentiments : un mariage, un divorce en telle année, la
succession du père, pas la mort, le partage des biens
dans la fratrie, la valeur des maisons, les numéros
des comptes bancaires. Vous bâtissez des digues,
mais vous n'échappez pas à la tristesse, à la colère,
à la rage, aux vomissements. Et même si votre jolie
cravate Claret reste intacte, à l'intérieur de vous, ça
laisse des traces, ça souille, n'est-ce pas ?

228

Il interrogea du regard Hector de Polignac puis Claire qui hochait la tête en souriant.

— Oui, c'est très juste mais ça dépend des dossiers. Certains clients sont ravis d'enterrer leur père.

— L'investissement affectif des clients joue bien sûr mais il n'est pas l'essentiel. Si les clients n'expriment rien, il ne se passe rien en vous mais je ne crois pas qu'il y ait beaucoup de gens qui n'expriment rien. Ce qui compte, c'est ce que ça touche et imprime en vous. La joie de l'enfant à la perte du père ne peut pas vous laisser indifférente, elle est plus forte que l'ordinaire de la souffrance, vous ne l'oublierez pas pour ce que ça représente d'anormalité, de cynisme et de violence.

— Oui, c'est vrai, dit Claire.

— Donc deux divorces réglés, quatre enfants à charge. Les successions de mes parents liquidées à mon seul profit, en raison du décès prématuré et antérieur de mon frère aîné, le plus brillant, le plus prometteur, un tragique accident de voiture, non, pas de sentiment. Je suis le premier actionnaire d'Atac à 60 %, le deuxième est un fonds de pension américain à 5 % et les autres sont des actionnaires minoritaires, j'ai les pleins pouvoirs en raison de la structure en commandite de la société. Je possède, à titre personnel, des tableaux et des œuvres d'art, une maison à Los Angeles achetée moitié-moitié avec Gwendy, que j'ai payée intégralement, un appartement à Paris, dans le 16e arrondissement, que je cherche à vendre, pour en racheter un nouveau. Pas de budget, non, ça c'est pour épater la galerie, pour mon notaire à qui je dois dire les choses : six millions max, trois cents mètres carrés minimum, dernier étage avec terrasse, 6e, 7e ou 16e arrondissement. J'ai aussi une maison à Ibiza, qui est en vente, et je recherche un beau chalet à Megève ou à Courchevel.

— Parfait, je vous associe ! dit Polignac en montrant ses dents pointues.

Le rire de cristal de Catherine Ferra résonna dans la grande salle, Antoine Bismuth regarda ses dents blanches, parfaitement alignées, sa poitrine qui enflait son chemisier.

— Vous n'avez pas l'air convaincue, Catherine ?

— Vous avez une excellente vision des choses mais on a les mains liées quand on est notaire. Vous, vous êtes un homme d'action.

— Comme je vous envie, comme j'aimerais avoir les mains liées ! C'est quand on est entravé qu'on trouve sa liberté.

— Sans doute, oui. Ainsi que je vous le disais, parmi nos clients, nous avons peut-être des vendeurs ou acquéreurs potentiels, tant pour Paris que pour la montagne, ou même Ibiza. Nous allons en parler à notre prochaine réunion d'associés, dit Catherine.

— Dans quelle partie de l'île est située votre maison ? demanda Alice, en fixant les yeux bleus d'Antoine Bismuth ; son cheveu sur la langue avait fait siffler le s de maison.

— Au sud-ouest, à Es Cubells. Vous connaissez ?

— Oui, c'est très beau, et sauvage encore. J'adore Ibiza, j'y vais au moins une fois par an. J'ai un ami qui a une maison près de Cala Llonga.

— Ah très bien ! Vous faites la fête ?

230

— Oui ! Et je me réveille à midi pour m'allonger sur un transat avec une *caïpi fresa*.

— Une *caïpi fresa* ? demanda-t-il en souriant, les yeux brillants.

— C'est une caïpirinha à la vodka et au nectar de fraises ! C'est détox au petit déjeuner !

Bismuth éclata de rire en posant la main sur sa poitrine, en travers de l'inscription *Hollywood*, Hector riait en ouvrant la bouche, Claire souriait, Alice se rengorgeait dans son fauteuil en secouant la tête.

— C'est quatre jours par an ! Le reste de l'année, je ne bois que du jus de fraises !

— Oui, bien sûr, dit Bismuth dans un nouvel éclat de rire.

Il avait un rire d'enfant un peu aigu.

Claire cessa de rire lorsqu'elle croisa le regard de glace de Catherine Ferra qui regardait Hector, les lèvres serrées, l'air affligé, comme s'il s'était mis nu, debout sur la table. Elle n'en revenait pas, lui qui ne tolérait presque aucune intervention des collaborateurs en rendez-vous, riait à gorge déployée aux inepties de cette pimbêche.

— Si je n'ai pas vendu, vous viendrez chez moi la prochaine fois. Gwendy va vous adorer. Elle me reproche toujours de ne pas vouloir sortir, elle me traite de vieux avant l'heure, ce que je prends pour un compliment ! Ce ne sont pas tellement nos vingt-cinq ans d'écart, c'est que je n'ai jamais aimé la nuit et la fête. Je n'ai jamais eu beaucoup d'amis. Mon frère était le fêtard, le bon vivant, l'ami de tout le monde, celui qui embrassait la vie. Eh bien, il a fait une sortie de route à 200 km/heure avec son

Aston Martin, qui ressemblait à une compression de César enroulée dans la glissière de sécurité comme un paquet cadeau.

Il fit claquer sa langue dans sa bouche et éclata de rire. Cette fois, le rire qui gravissait les aigus ne trouva aucun écho, tous le regardaient gravement, à l'exception d'Alice qui souriait silencieusement, faisant défiler dans sa tête les images des vacances qu'elle passerait avec Gwendy et Antoine Bismuth.

Les contours du sweat vert, le visage bronzé, qui avait quelque chose de figé comme un masque, devinrent flous, Hector de Polignac ferma les paupières sur ses yeux voilés d'une fine pellicule de larmes, il chassa l'image du visage gonflé d'eau de son frère qui s'était noyé dans l'océan, à dix-sept ans, alors qu'il avait dix ans.

— Vous êtes résident français actuellement, vous payez vos impôts en France ? demanda-t-il d'une voix étranglée.

— Oui, je dois être le seul patron du CAC 40 à payer mes impôts en France !

— Rassurez-vous, j'en connais d'autres, répondit Polignac en s'éclaircissant la gorge. Vous avez l'intention de vous établir à Los Angeles après votre mariage ?

— Non, aucun intérêt. Les impôts en Californie sont presque aussi élevés que les impôts français. Et je dois passer du temps au bureau à Paris. J'ai d'abord pensé que je pourrais m'en affranchir, pour ne pas ressembler à mon père qui allait tous les jours au bureau, mais non, le patron doit être présent, comme vous le savez.

— Comme à la maison, avec les enfants, dit Polignac en soupirant.

— Sur ce plan, je brille par mon absence mais j'espère me rattraper avec ma nouvelle famille.

— La question de votre futur régime matrimonial est importante. Avez-vous pensé à un contrat de mariage ? demanda Polignac.

— Absolument pas. Je me suis marié deux fois sous la séparation de biens et j'ai dû payer à chacun des divorces.

— Être marié sous la séparation de biens ne vous exonère effectivement pas d'une prestation compensatoire. Mais elle présente l'avantage, d'une part, d'identifier les patrimoines, en actif comme en passif, et les revenus de chacun des époux, et d'autre part, de fixer votre régime matrimonial. À défaut de contrat, en cas de changement de pays de résidence, le régime matrimonial mute automatiquement pour le régime du nouveau pays, ce qui crée une insécurité juridique. Et le régime légal français est le régime de la communauté réduite aux acquêts, qui n'est absolument pas avantageux pour vous.

— Mais avantageux pour mon épouse ?

— A-t-elle un patrimoine ?

— Une collection impressionnante de chaussures et de rouges à lèvres ! Elle était mannequin, elle doit avoir un peu d'argent mais elle n'a pas d'appartement à elle.

— Et sa famille ?

— Pas grand-chose je pense, ses parents travaillaient à l'usine.

— Donc je vous recommande vivement une séparation de biens.

— Pour me protéger d'elle, c'est ça ?

— Vous semblez amoureux mais on ne sait pas de quoi la vie est faite. Vous le savez pour avoir divorcé deux fois.

— Ça n'avait rien à voir. Mon premier mariage était arrangé par mon père, et la deuxième fois, j'ai été aveuglé par une sorcière. Je vois très clair maintenant. Et je ne veux surtout pas mettre de limite, temporelle ou spatiale, à cet amour, et le réduire à un contrat. Gwendy est trop pure, elle signerait n'importe quoi, je ne veux pas lui faire ça. La communauté de biens me va parfaitement, je veux que tout soit commun, que mon patrimoine soit le sien. Et j'attends de votre part bienveillance et compréhension.

— Soyez-en assuré. Je vous suggérais ce que j'ai fait pour moi-même, et ce que je recommande à tous mes clients, mais vous êtes un homme libre, dit Polignac.

— Moi aussi, je me suis mariée sous la séparation de biens et j'ai divorcé. Heureusement car c'est moi qui étais la plus riche ! s'exclama Catherine.

— Je ne veux pas me protéger d'elle.

— Il s'agit aussi de protéger vos premiers enfants, dit Claire.

Antoine Bismuth la fixa de son regard clair, presque transparent, ses dents un peu longues, ses fossettes et ses sourcils remontant en pointe au-dessus de son nez écrasé lui donnaient l'air d'un chien gentil.

— C'est bien de penser à mes enfants, je leur dirai qu'il y a une jeune notaire, tout à fait charmante, qui pense à eux, mais je pense d'abord à moi. Mon patrimoine m'appartient. Je ne dois rien à mes enfants. Je dirais même que si j'étais un bon père, je dilapiderais tout ! Ça serait leur rendre service ! Atac est plus un boulet qu'une chance !

— Je comprends que vous n'êtes pas encore tout à fait prêt pour préparer votre succession, dit Polignac.

— J'ai quarante-huit ans, j'ai un peu de temps ! Pas de contrat de mariage, pas de succession, vous aurez fait votre maximum ! On se concentre sur l'immobilier avec Catherine et Alice, dit-il dans un clignement de l'œil droit.

La voix lascive d'une femme imitant les miaulements d'une chatte résonna dans la pièce.

— Tiens, ma future femme a senti qu'on parlait d'elle ! Elle a des antennes !

Il plongea la main dans la poche kangourou de son sweat.

— Je mets le haut-parleur. Allô, ma joie ?

— T'es où mon nabot ?

Alice regarda Claire en souriant, Claire baissa la tête, ferma les yeux et se mordit la lèvre jusqu'à sentir le sang dans sa bouche, pour que la douleur écrase son rire.

— Je suis chez les notaires et nous parlions justement de toi, de nous, de nos futurs enfants. Ils essayaient de me convaincre de faire un contrat qui sépare nos biens, mais, bien sûr, j'ai refusé, parce que tout ce qui est à moi est à toi et parce que je t'aime ma chérie.

— Et pourquoi tu vas voir ces rabat-joie ?

— Pour les affaires d'Atac. Et je leur ai parlé de nous, de notre futur appartement parisien et de notre chalet à la montagne.

— Mais on va choisir ensemble ?

— Bien sûr, mon amour. C'est même toi qui vas choisir, comme la maison de LA.

— Il fait froid dehors ? demanda-t-elle d'une voix suave.

— Il y a ce petit air frais du mois d'avril, dit-il en souriant à Catherine Ferra d'un air fier et indulgent à la fois.

Ses lèvres collées et retroussées émirent d'étranges bruits de succion. Il fourra son téléphone dans sa poche.

— Ça fait cinq mois, bientôt six, le 21 juin, premier jour de l'été.

La porte de l'étude refermée, Hector de Polignac gonfla ses joues et expira l'air d'un coup.

— C'est un fou furieux !

— Je pense qu'il est très intelligent.

— Comme souvent les fous qui ont des éclairs de génie ! Je te le laisse bien volontiers, ma chère Catherine, dit-il en s'éloignant.

— Moi aussi, je le trouve intelligent, dit Claire.

Catherine ne releva pas, elle regardait le dos de Polignac, dans un regard blessé. En traversant les cages de verre de l'open-space, Claire ressentit une violente sensation de légèreté. Antoine Bismuth était totalement hors cadre, il avait assimilé et explosé les codes sociaux, comme seuls savent le faire une

236

certaine catégorie d'héritiers. Son extravagance et sa liberté avaient effacé sa gueule de bois et son humeur maussade. Elle allait faire une grande marche dans le jardin des Tuileries à l'heure du déjeuner. Elle ne le faisait jamais. La liberté consistait aussi dans les petits actes qui modifiaient l'ordinaire.

23

Claire accéléra sur le pont qui enjambe le cimetière Montmartre, elle augmenta encore sa vitesse dans la rue Caulaincourt et décéléra dans la courbe avant de changer de rapport. Elle se gara en épi devant un bistrot surmonté d'une bâche jaune et d'un néon bleu-vert, et coupa le moteur. Les trois hommes en terrasse, l'un s'était retourné, regardèrent la moto puis levèrent les yeux sur elle, elle accrocha la sangle de son casque au guidon chromé, enfonça la clé dans la poche avant de son blouson en cuir et s'installa en terrasse, sur une chaise en rotin. Il était 9 h 30, elle avait le temps de boire un café.

Un serveur aux yeux cernés s'approcha d'elle, elle commanda un café allongé et plongea dans son téléphone portable qui n'indiquait rien de nouveau depuis qu'elle avait quitté l'appartement de Vincent, son amant occasionnel de la rue de la Pierre-Levée, il y avait moins de trente minutes. C'était devenu un réflexe pavlovien. Le fait qu'il soit désormais presque universellement partagé par l'ensemble de l'humanité ne le rendait ni excusable ni moins ridicule. Au contraire. Elle aurait dû s'en détacher comme elle avait toujours su se méfier et se tenir à distance, depuis l'enfance, des masses écrasantes formées par les groupes. Mais son téléphone portable était le cordon qui la reliait aux autres, de sa grand-mère à sa sœur à Rio, aux inconnus qui la contactaient sur Tinder ; il était son addiction à la nouveauté et au mouvement rapide du monde. Il semblait inoffensif et obéissant, elle pouvait l'éteindre mais elle n'y arrivait pas comme si son esprit n'avait plus de substance propre et devait être nourri en continu par les flux extérieurs. Dès son retour de voyage, elle avait replongé dans le bain anesthésiant de l'Internet. L'humanité avait glissé dans un monde cauchemardesque de science-fiction. Elle avait désormais deux téléphones portables quasiment identiques, son téléphone personnel et le téléphone de l'étude qu'elle ne sortit pas de son sac à main.

Elle sourit au serveur lorsqu'il posa la tasse sur la table, elle sourit à l'homme qui portait des lunettes de soleil, une casquette de base-ball et un jean bleu usé.

— Elle est belle, votre BM. C'est une R100 RS, c'est ça ?

— Exactement.

— Elle est de quelle année ?

— 1980.

— 980 cm³, c'est la deuxième version.

— Oui, vous êtes connaisseur.

— Elle a été bien restaurée. Elle est classe en bleu nuit.

— Merci. Si vous voulez, je peux vous donner l'adresse de mon garagiste qui est spécialisé dans la rénovation des motos anciennes, en particulier des BM.

— C'est très aimable, mais je ne peux plus faire de moto à cause de mes mains, j'ai une sorte d'arthrose qui m'empêche de serrer les poignées d'une moto, d'un vélo, ou de n'importe quoi d'autre pendant une durée trop prolongée. C'est la dégénérescence du vintage qui ne se retape pas, vous ne connaissez pas ça encore, dit-il d'une voix traînante qui semblait naître dans son nez.

— Je suis seulement un tout petit peu plus jeune que ma moto !

— Vachement vintage ! Je m'appelle Alex. Et vous ?

Il retira ses lunettes de soleil, il y avait une sorte de dépouillement sévère dans son regard brun qui la toucha.

— Claire.

— Alors, comme ça, Claire, vous êtes venue faire un petit tour à moto à la fraîche sous les arbres de la rue Caulaincourt ? Je ne vous ai jamais vue dans le quartier et le bon Dieu sait que j'en passe du temps, le cul assis sur cette terrasse à regarder le paysage !

— J'ai un rendez-vous avenue Junot.

— Vous travaillez, vous ! Vous n'êtes pas une glandeuse comme moi et comme les trois quarts des types qui peuplent ce bistrot !

— Vous n'avez pas d'activité ?

— C'est moi qui pose les questions !

— Combien je vous dois ? demanda-t-elle au serveur.

— Deux euros cinquante.

— Je vous ai vexée ?

— Non, c'est juste que j'aime bien être tranquille le matin quand je prends mon café.

— Sauvage, la fille à moto ! Moi, j'ai besoin de parler. Je suis réalisateur de films, il y a des moments de grande activité et de vide abyssal. Là, je suis planté au milieu du désert ! J'ai sorti mon premier film il y a un an, qui a plutôt bien marché, c'est dur de se remettre tout seul à son petit bureau. Et vous, qu'est-ce que vous faites ?

— Je suis notaire et je viens voir une vieille dame pour un testament.

— Pour moi, un notaire est un bonhomme austère et bedonnant avec une mèche grasse sur le front, des souliers pas cirés, dans un bureau qui sent le vieux.

— La description est précise, un peu cliché.

— Ça doit être un souvenir de mon enfance pro-vinciale. J'aimerais bien avoir besoin d'un notaire, d'un coup ! Pourquoi je pourrais avoir besoin d'un notaire ?

— Vous le saurez quand vous en aurez besoin.

— C'est vachement sérieux votre métier.

— Mes spécialités sont les successions et les divorces !

— C'est étrange, je sens en vous une âme d'artiste.

— Vous êtes médium, dit-elle en riant.

— J'ai réussi à vous faire rire, je touche un point sensible !

— On a tous une âme d'artiste.

— Non, je ne crois pas. On a tous une âme d'en-fant, plus ou moins enfouie, mais tous les enfants ne sont pas des artistes.

— Il faut que j'y aille, dit Claire en se levant.

Elle attrapa son casque par la sangle, la coinça au creux de son coude et lui fit un signe de la main en s'éloignant.

— Vous laissez votre moto ?

— Oui, je ne vais pas loin.

— Je suis là presque tous les matins, je prends mon petit déjeuner de 8 h 30 à 9 h 30, dit-il en criant presque de sa voix éraillée.

Elle marcha sous le feuillage dense des arbres percé par endroits de rais de soleil comme des flèches et s'arrêta, après le virage, devant une grande maison blanche des années 30, qui avait l'allure austère d'un bunker. Elle envoya un SMS à Mme Fenouillard qui lui avait demandé de ne pas sonner.

Une femme charpentée, vêtue d'une robe informe qui lui arrivait aux pieds, de longs cheveux gris noués en queue-de-cheval, et un regard perçant dans un visage zébré de milliers de rides, vint lui ouvrir, en entrebâillant à peine la porte.

— Entrez, entrez vite que mes petits ne se sauvent pas !

Claire avança au milieu d'une nuée de chats qui se frottaient contre ses jambes. Un petit chien tremblant sur ses pattes arrière, une collerette en plastique accrochée à son cou, la fixait de ses yeux tristes.

Dans la cuisine qui donnait sur un jardin fleuri à l'arrière de la maison, il y avait encore une dizaine de chats et deux chiens allongés sur un tapis usé près du poêle à bois. L'air renfermé, saturé d'une chaleur dense, d'une odeur corporelle rance, de pisse de chat et d'encaustique leva le cœur de Claire.

— T'as déjà bu ton lait, toi, petit démon ? C'est mon dernier, dit la femme en prenant la brique de lait dans la porte du frigo.

Elle avait une voix rauque et un fort accent parisien. Elle se pencha pour verser le lait dans la coupelle posée sur le carrelage, près de la fenêtre, repoussa les chats qui affluèrent, attrapa le petit chat par la peau du dos et le posa devant la coupelle.

— J'étais en train de faire du thé, vous en voulez ?

— Oui, je veux bien.

Elle saisit la bouilloire sur le poêle, remplit deux tasses qu'elle posa sur la toile cirée verte et s'assit, sa robe remonta et dévoila ses chevilles gonflées.

— Asseyez-vous. Ce sont mes jambes que vous regardez ? J'avais les chevilles très fines, j'étais danseuse, vous savez. La vieillesse !

— Excusez-moi d'avoir annulé au dernier moment, hier, dit Claire en accrochant son blouson au dossier de la chaise.

— L'essentiel est que vous soyez là aujourd'hui.

— Je vous écoute.

Claire posa sur la table son cahier à spirale et un stylo à bille noire.

— Voilà, comme je l'ai dit à madame Barzouin, je voudrais modifier mon testament pour que ma maison revienne à monsieur Abdi, qui vit ici avec moi.

— D'accord. J'ai apporté la copie du testament que vous avez établi il y a cinq ans. Vous souhaitiez alors que tout revienne à la SPA. Vous avez changé d'avis ?

243

— Oui, je ne connaissais pas encore Abdoul. Il m'a promis de s'occuper de mes petits quand je serai partie. Et on me l'a donnée, cette maison, je veux la donner à mon tour à quelqu'un que je connais, plutôt qu'elle soit vidée de ses meubles et vendue. Et tout le reste ira à la SPA. C'est déjà beaucoup. Il faut répartir les richesses.

— Vous connaissez monsieur Abdi depuis long-temps ?

— Depuis neuf mois. Il vit avec moi depuis le pre-mier jour. Il m'en fait voir mais je n'arrive pas à le foutre dehors !

Lucienne Fenouillard plongea son grand nez dans la tasse, Claire remarqua que deux rides dessinaient une croix sous son œil gauche.

— Et pourquoi il vous en fait voir ?

— Parce que c'est un drogué.

— Comment l'avez-vous rencontré ?

— Je l'ai trouvé un matin, allongé, devant ma porte, comme un chat abandonné. J'allais pour sortir les poubelles et j'ai buté contre lui, il n'a rien senti, il était complètement dans les vapes, je l'ai traîné à l'intérieur, j'ai vu qu'il avait les bras tout piqués. On en voit d'autres, des garçons dans la rue, mais lui il est tombé du ciel devant chez moi, comme si le bon Dieu me l'avait envoyé pour le sauver. Je l'ai nourri, je me suis occupé de lui, il n'avait pas d'appartement, il squattait à droite, à gauche, je lui ai proposé de s'installer chez moi, à condition qu'il arrête de se droguer. Ça a été très dur, il a passé des nuits à hurler, mais il a réussi à décrocher. Il s'est mis à s'occuper de mon jardin, à tailler les rosiers, regardez comme ils sont beaux cette année ! dit-elle en tendant la main, paume ouverte, en direction du jardin.

Claire s'approcha de la fenêtre pour regarder les rosiers roses plantés le long de l'allée, elle aurait aimé lire un livre dans la chaise longue sous le tilleul.

— Il me faisait des petits plats de chez lui, du Sénégal, il allait au marché de Château Rouge et il revenait avec un panier plein, il dessinait, il dessine très bien, on jouait aux cartes le soir. Et un soir, il est rentré tard en me disant qu'il avait trouvé une place de musicien dans un groupe. Il a replongé directement dans l'alcool et la drogue, il est devenu violent. Une fois, on s'est battus ! Je lui ai dit que je ne voulais plus le voir et il a disparu pendant deux mois. Il m'a manqué, vous ne pouvez pas savoir ! Je tournais dans ma maison, je faisais le tour du quartier pour voir si je ne le voyais pas, allongé dans un coin. J'étais comme une âme en peine, mes petits étaient comme moi. Il faut dire que c'est un vrai rayon de soleil quand il est bien. Il a un rire qui vous réveillerait un mort !

Le téléphone de Claire émit un bip, elle plongea la main dans sa poche pour pousser le bouton sur silencieux.

— Et il est revenu, un matin, bien soigné, avec un bouquet de fleurs, il m'a dit qu'il était parti au Sénégal pour voir un marabout qui l'avait libéré de la drogue. C'était en décembre. Il a passé l'hiver tout à fait bien, il allait vendre ses dessins place du Tertre, il faisait des petites réparations dans la maison, il s'occupait un peu de sa fille de dix ans qui vit avec sa mère en banlieue. Elle est venue plusieurs fois dormir à la maison. Je prenais soin de lui et lui de moi, il faisait des machines de mes vêtements et des siens, il étendait tout sur le fil dans le jardin, il ouvrait la maison de tous les côtés, il me disait qu'il était heureux d'être guéri. Alors, après avoir bien réfléchi, je lui ai parlé de mon testament. C'était il y a deux semaines, j'ai vu ses grands yeux se remplir de larmes, il a pleuré comme un gamin. Il m'a dit que personne ne lui avait jamais rien donné. J'étais contente pour lui et pour sa fille. J'ai appelé madame Barzouin. Et mercredi dernier, il n'est pas rentré de la nuit. Quand il est arrivé à 8 heures du matin, il empestait l'alcool, il m'a dit qu'il allait reprendre la musique, il avait croisé un copain. Puis il a disparu et il est revenu avant-hier, la figure amochée, les yeux brillants et les dents qui grinçaient. Je l'ai enfermé dans sa chambre, en lui disant qu'il ne ressortirait que sevré ou entre quatre planches. Il a tambouriné à la porte comme un fou, pendant des heures, il disait qu'il voulait se tuer, j'ai tenu bon. J'ai attendu qu'il dorme pour lui apporter à manger. Quand il s'est réveillé, il s'est remis à hurler et à taper, j'ai cru qu'il allait casser la porte mais elles sont costauds ces portes en chêne ! C'est dur mais je ne lâche pas, il faut employer la méthode radicale. Ce matin, je suis allée lui porter son petit déjeuner, il dormait encore.

— Est-ce que je pourrais le voir ?

— Je veux bien mais je ne sais pas dans quel état il est.

— On verra bien, dit Claire en souriant.

Lucienne Fenouillard prit la clé dans une boîte d'allumettes posée sur la hotte au-dessus de la gazinière, elle demanda à Claire d'enlever ses chaussures avant d'emprunter l'escalier qui menait à l'étage. Elles montèrent à pas feutrés, la porte grinça un peu lorsqu'elle l'ouvrit, ça sentait le corps enfermé et la nourriture. Une grande masse bougea dans la pénombre, les yeux de Claire s'habituèrent à l'obscurité, des mains et des yeux apeurés apparurent sur les draps.

— Comment tu te sens ce matin ? Il faut que tu manges, tu n'as rien mangé depuis deux jours ! Je suis avec la notaire pour mon testament, pour que la maison te revienne quand je serai morte. C'est pas pour tout de suite mais au moins, ça sera fait !

Elle prit dans ses mains le plateau du petit déjeuner posé par terre et s'approcha prudemment, Claire avait avancé dans la chambre pour mieux voir, Lucienne Fenouillard s'assit sur le lit.

— Mange un peu ! Tiens, de la salade de fruits, dit-elle en tendant une cuillère pleine.

Il tourna la tête sur le coussin.

— Bois un peu au moins.

Il avala une gorgée dans le verre qu'elle lui tendait et lui cracha l'eau au visage, il renversa le plateau et hurla, elle le gifla deux fois de suite, violemment, le grand corps retomba sur le lit, il se mit à pleurer, ses lèvres et ses épaules tremblaient, elle le prit dans ses bras.

— C'est un mauvais moment à passer, mon grand gaillard. Tu te souviens comme tu étais bien quand tu avais arrêté. Il faut tenir mais il faut que tu manges un peu !

— J'ai pas faim, j'ai des frissons. Je tombe à l'intérieur de moi-même. Donne-moi juste un petit verre.

— Ah non ! J'ai jeté toutes les bouteilles d'alcool de toute façon !

Les pleurs redoublèrent, elle le tenait serré dans ses bras.

— Tu schlingues, Lulu.

— Je me laisse aller comme toi !

Claire avait reculé jusqu'au chambranle de la porte mais elle ne pouvait pas les quitter des yeux.

— On te laisse te reposer, je vais finir avec la notaire et je reviendrai te voir un peu plus tard.

Il hocha la tête comme un enfant, elle l'embrassa sur le front, referma la porte qu'elle verrouilla à double tour.

— Vous voyez, il n'est pas très en forme. On peut le faire tout de suite, le testament ?

— Oui. Vous ne voulez pas réfléchir encore un peu ?

— Non, c'est tout réfléchi. Vous le voyez comme ça mais c'est un bon garçon.

— L'essentiel est que vous soyez pleinement consciente de ce que vous faites.

— Mais oui ! J'ai toute ma tête et je ne suis pas une femme qu'on domine !

— Très bien. Mais j'attire votre attention sur un point important : en raison de l'absence de lien de parenté entre vous, monsieur Abdi devra s'acquitter de 60 % de droits de succession. Je pense que votre souhait ne serait pas respecté s'il était obligé de vendre la maison pour payer les droits ?

— Ah non !

— Je vois une solution : que vous vous pacsiez.

— Que je me pacse avec Abdoul ? demanda madame Fenouillard en riant.

— Il n'aurait pas de droits de succession à régler et un pacs séparatiste ne changerait pas beaucoup de choses. Vous devriez simplement souscrire une déclaration commune d'impôt sur le revenu.

— Pourquoi pas ? Comment ça se passe ?

— Soit vous venez signez à l'étude, soit maître Fontaine se déplace. Il faut que vous soyez tous les deux présents.

— Je vais réfléchir mais je fais déjà le testament.

— D'accord mais j'insiste sur le fait que si vous décédez sans pacs, monsieur Abdi devra payer 60 % de droits de succession. J'ai actuellement le cas dans un dossier, c'est vraiment un problème pour celui qui reste.

— C'est entendu. On viendra à l'étude dès qu'il sera guéri.

— Très bien. Pour le testament, il vous faut du papier et un stylo. Et sachez que ce que vous faites là, vous pouvez le défaire demain, en écrivant : « Je révoque mes dispositions antérieures de dernières volontés », avec une date, un lieu et une signature.

— Je ne changerai pas d'avis.

Claire caressa le petit chat pendant que madame Fenouillard écrivait ce qu'elle lui avait dicté. Elles avaient toujours eu des chats, enfants, avec sa sœur. Il y avait d'abord eu un chat roux qu'on leur avait donné et qui s'appelait Momie, il mordait et griffait souvent, il avait été écrasé par une voiture. Puis, il y avait eu Meeko qui s'était sans doute perdu dans les bois derrière chez eux, sa sœur avait beaucoup pleuré. Après ces disparitions, elles n'avaient plus voulu reprendre de chat.

Elle enferma le testament dans son sac et fut heureuse d'inspirer l'air tiède de la rue. Sur son téléphone portable, s'affichait une proposition de rendez-vous Tinder pour le soir même, elle regarda, arrêtée sur le trottoir, le profil de l'homme et accepta. Elle trouva coincé sur le guidon de sa moto un morceau de papier en forme d'avion où était écrit à l'encre rouge : « Alex », suivi d'un numéro de téléphone. Le café était désert, le serveur lavait ses verres derrière son comptoir, elle balaya la rue tout autour d'elle comme si quelqu'un l'observait, enfonça le papier dans la poche droite de son blouson, enfila son casque et manœuvra, avec difficulté, sa moto, garée dans la pente de la rue.

À l'étude, elle alla droit à la cage de verre de Murielle Barzouin qui était vide.

— Bonjour Dounia, Murielle n'est pas là aujourd'hui ?

— Bonjour Claire, si elle est avec monsieur Fontaine.

Elle tendit l'oreille contre la porte du bureau fermé, Pierre Fontaine riait avec Murielle, elle hésita et frappa.

— Oh non ! Je vais mettre un panneau sens interdit à l'entrée du couloir ! s'écria-t-il.

— Bonjour monsieur, désolée de vous déranger…

— Non, non, entrez, Claire, il fallait que je vous voie !

— Je voulais vous parler de madame Fenouillard, je sors de chez elle.

— Ah ! s'exclamèrent-ils en chœur.

Il éternua violemment.

— Ah ben, merci ! Heureusement que vous n'êtes pas contagieux ! dit Murielle en s'essuyant le visage du revers de la main.

Il sortit un mouchoir en tissu blanc de sa poche et se moucha bruyamment.

— Je vous écoute, dit-il, la tête dans le mouchoir.

— Alors, c'est pas un peu louche ? demanda Murielle Barzouin qui louchait abondamment.

Claire regarda Pierre Fontaine qui riait en secouant la tête.

— Elle est aussi louche que lui ! dit Claire en riant.

— Quoi ? C'est pas son amant quand même ? demanda Murielle.

— Je n'en sais rien mais en tout cas, elle a du caractère, elle m'a dit qu'elle n'était pas une femme que l'on domine et je la crois ! Je ne sais pas qui mène la danse dans leur attelage mais ça n'est pas si simple.

— Tu l'as vu le zigoto ?

— Oui, Abdoul Abdi, elle l'enferme dans une chambre pour l'empêcher de boire et de se droguer !

— Ah bon ? demanda Fontaine.

— Il est comment ? demanda Murielle.

— En plein sevrage.

— Non mais je veux dire, la couleur ?

— Il est noir, originaire du Sénégal, il a une petite fille de dix ans.

— Ils vivent tous ensemble ? demanda Murielle.

— La fille vit chez sa mère et eux vivent ensemble. Elle l'a trouvé un matin devant sa porte et depuis elle s'occupe de lui, et réciproquement. Elle semble attachée à lui comme à un fils qui fait des bêtises mais elle n'a pas tellement l'air d'être sous sa coupe. Je peux me tromper, c'est difficile de savoir, mais quand même !

— Donc elle veut modifier son testament ? demanda Fontaine.

— Le voici ! Elle voulait le faire sans attendre. Elle lui lègue la maison et le reste va à la SPA. Puisqu'ils vivent ensemble, je lui ai recommandé un pacs. Elle va me rappeler quand il ira mieux.

— Bonne initiative ! Ne la lâchez pas pour le pacs, dit Fontaine en parcourant le testament.

— Eh ben ! J'aimerais bien être noire et me droguer, moi !

— C'est nouveau, ça, Murielle ! dit Fontaine.

— Bah oui ! Ça me changerait ! Et il n'a pas d'odorat, Abdoul ? demanda Murielle.

— Si ! Il lui a justement dit, quand on est allé le voir dans sa chambre : « Tu schlingues, Lulu ! »

— C'est du dialogue à la Audiard ! dit Fontaine.

— Oui ! C'est vrai qu'elle ne sent pas très bon !

— Sans blague, on ouvrait les fenêtres quand elle venait à l'étude ! s'exclama Murielle.

— Je n'ai pas eu cette chance !

— Oh ma pauvre !

— Une affaire rondement menée ! Déposez le testament au coffre, dit Fontaine.

— Il faut que je lui adresse la note d'honoraires. On prend combien ?

— Qu'est-ce que vous en pensez ? Vous y êtes allée, vous avez passé du temps.

— Oui, deux heures mais ça n'était pas compliqué.

— Ne dites jamais ça ! C'est vous qui faites votre valeur.

— Trois cents euros hors taxe ?

— Quatre cents. Bon, les filles, il faut que je retourne à mon discours ! Je vais déjà y passer la nuit ! Claire, je vous donne un divorce Breton. Délégation de chambre à laquelle Karine Grumeau n'a pas daigné répondre. Prenez connaissance du dossier et préparez une réponse aujourd'hui. Vous avez déjà fait des divorces en qualité d'expert ?

— Oui, plusieurs.

— Parfait. Il nous faut une spécialiste des divorces à l'étude. Ni Nicolas ni Hélène ne veulent le faire. Je vous sens bien pour les divorces.

— Ça n'est pas ce que je préfère.

— Vous verrez, on va former une bonne équipe divorce ! Lisez les pièces, ça n'a pas l'air mal pour une fois. En lisant le jugement en diagonale, j'ai aperçu un appartement à Paris et une maison à Guethary. Parce que d'habitude, la chambre m'adresse les dossiers bien pourris ! Il y a quelqu'un là-bas qui se dit : ah bah, tiens, une parcelle de terre à partager dans le Cantal, pour Fontaine, une succession déficitaire, Fontaine ! À croire qu'ils ne connaissent que moi !

Fontaine, la coupe est large, allons-y ! Je m'appellerais Frankenstein, ils réfléchiraient à deux fois avant de m'adresser des dossiers !

— Non mais vous imaginez si vous vous appeliez Frankenstein ! dit Murielle en riant.

— Eh bien, imaginez-le de temps en temps !

24

Dans le silence intense de la nuit dans les bureaux vides, la sonnerie de tam-tam fit sursauter Pierre Fontaine, il regarda sa montre : 1 heure du matin.

— Tu ne dors pas ?

Il coinça le combiné téléphonique entre son oreille et son épaule et continua à taper sur le clavier, en cherchant les touches.

— Non, je pense à toi, tout seul, au bureau. J'aurais tellement aimé être là pour te soutenir.

— Ça n'aurait rien changé, au contraire tu m'aurais déconcentré. Nicolas m'a aidé à faire des recherches. Il faut que tu dormes.

— Je vais bientôt dormir très longtemps.

— Oh arrête s'il te plaît, ma chérie.

— C'est fou comme on nie la mort quand on est vivant !

— Surtout la tienne !

— Tu vas travailler toute la nuit ?

— Je pense que j'ai encore trois à quatre heures de travail. Ensuite, je rentre dormir un peu, je fais une relecture et je l'envoie avant midi.

— Tu es content ?

— Je serai content quand j'aurai terminé, dit-il avec une impatience non dissimulée.

— Je te laisse travailler. Tu as vu comme le ciel est clair ? C'est la pleine lune.

— Je n'ai pas vraiment le temps de regarder le ciel.

Il fit pivoter son fauteuil, s'approcha de la fenêtre d'un long pas et leva la tête.

— C'est vrai qu'il est clair mais il est toujours clair, le ciel à Paris, c'est la pollution urbaine !

— Non, chaque nuit est différente. Quand il n'y a pas de lune, il est noir. Prends le temps de regarder les choses.

— J'ai tellement de choses dans la tête ! Je t'appellerai dans la matinée, une fois que j'aurai envoyé ce foutu discours. Ça ira mieux ! Je t'embrasse fort.

— Je ne te quitte pas en pensées.

Il fixait comme un phare dans la nuit qui avançait, les yeux rougis derrière ses verres épais, la lumière bleutée de l'écran. Il écrivait plutôt bien, le calme nocturne favorisait le déploiement de ses idées comme une surface lisse, le temps avançait plus lentement que le jour. Ça le renvoyait à ses années étudiantes où il passait des nuits à réviser les veilles des examens, il fallait toujours qu'il se place dans des situations d'extrême urgence pour se concentrer et sortir le meilleur de lui-même, il fallait que le temps soit comme un couperet. Alors il exploitait efficacement chaque minute impartie et devenait extralucide. Il avait l'impression d'être un sportif de haut niveau dopé aux hormones, il se découvrait des ressorts intellectuels insoupçonnés, il atteignait un état d'osmose mentale proche de la plénitude – sorte de conscience supérieure de lui-même et de connexion intense avec le monde –, il le ressentait aussi parfois dans son jardin lorsqu'il établissait une communication silencieuse avec ses plantes, avec les arbres bruissants, avec l'herbe frémissante ; il avait alors les larmes aux yeux tant il était ému.

Le silence fut déchiré par le fracas d'une vitre qui se brise. Il se tint immobile, les mains levées au-dessus de son clavier. Il entendit des pas et des voix étouffées qu'il localisait dans l'entrée de l'étude, il se plaça à quatre pattes sous son bureau, regarda la lumière halogène qui dessinait un rond jaune au plafond et se mit à ramper en direction de l'interrupteur posé sur la moquette, il se ravisa lorsqu'il entendit les pas approcher. Son cœur battait, ses jambes tremblaient, il vit d'abord une paire de baskets noires montantes tâchées de boue, puis une paire de baskets blanches.

— Sors de là !

Il vit deux autres paires de baskets, des yeux dans des cagoules et un fusil noir au canon court pointé sur lui. Les battements de son cœur le rendaient presque sourd, il n'arrivait pas à bouger.

— Allez debout !

Il déplia doucement son corps, il les surplombait tous d'une tête, il ne pouvait contenir le tremblement de ses mains.

— Assieds-toi ! Qu'est-ce que tu fais là ?

— Je travaille.

— À 4 heures du matin ! C'est quoi ton métier ?

— Notaire, dit-il d'une voix étranglée.

— C'est quoi notaire ?

— Il fait les papiers quand tu achètes une maison, dit l'homme aux baskets blanches qui tenait un plan dessiné sur une grande feuille.

— Il n'y a pas d'argent ici, il n'y a que des papiers.

— T'es sûr ? demanda l'homme au fusil qui lui serra le cou d'une main gantée de cuir, les yeux exorbités sous sa cagoule.

— Oui.

— Regarde-moi dans les yeux quand tu me parles !

Pierre Fontaine s'efforça de ramener ses yeux dans les yeux noirs injectés de sang, les sourcils froncés formaient un V barré par la cagoule.

— Il n'y a pas de fric ici ? Tu pues le fric pourtant ! Hein ! dit-il en pointant le fusil contre sa poitrine.

Fontaine ne put retenir ses larmes, il tendit la main vers le portemanteau.

— J'ai de l'argent dans mon portefeuille. S'il vous plaît, ne me faites pas de mal !

— Allez, viens, on s'en fout ! Regarde, c'est qu'un pédé, il pleure comme une fillette ! dit un autre à la barbe drue qui dépassait de sa cagoule autour de ses lèvres épaisses.

L'homme au fusil s'écarta, fouilla dans les poches de l'imperméable, ouvrit violemment le portefeuille, fourra les billets dans sa poche et le jeta par terre.

— Ben voilà, 300 euros, ça va nous payer le Mc-Do !

Ils attachèrent ses mains aux accoudoirs avec du gros Scotch noir, lièrent ses pieds l'un à l'autre en faisant plusieurs tours et plaquèrent deux morceaux de Scotch sur ses lèvres.

— Allez on se casse, on a perdu assez de temps avec ce bouffon ! dit le barbu.

— Attends, je crois que c'est cette cour-là, dit l'homme qui tenait le plan dans ses mains nues.

Les quatre hommes cagoulés se penchèrent sur le plan.

— Oui, c'est ça, dit l'homme au fusil.

Ils sortirent du matériel d'escalade de leurs sacs à dos noirs, accrochèrent une corde au garde-corps de la fenêtre. Celui qui était resté silencieux descendit en rappel dans la cour. L'homme au fusil s'approcha de Fontaine, il enserra son visage dans le cuir froid.

— Comment tu t'appelles ?

Fontaine essaya de parler dans le Scotch que l'homme arracha d'un coup sec.

— Pierre Fontaine.

— Pierre Fontaine, si tu parles, je te tue !

Fontaine sentit son haleine chargée d'alcool qui filtrait entre ses dents serrées, il hocha la tête en fixant le petit trou noir au coin d'une incisive. L'homme replaça les morceaux de Scotch sur sa bouche et lui caressa le visage. Il les regarda descendre un à un dans la cour, il fut heureux de comprendre qu'ils allaient cambrioler la bijouterie du rez-de-chaussée. Ça signifiait qu'il n'était pas visé et que son cerveau fonctionnait normalement. Il entendit des bruits de perceuse mêlés aux voix des hommes, l'alarme de la bijouterie se mit à sonner en continu, la cour faisait caisse de résonance, il rêva de poser les mains sur ses oreilles.

Puis, il entendit les sirènes de la police et vit bouger la corde accrochée au garde-corps. Le barbu réapparut, un sac en toile bombé dans son dos, il détacha la corde, la remonta à toute vitesse, referma la fenêtre et disparut dans le couloir, sans un regard pour lui. Une pensée le traversa alors : c'est à eux que j'aurais dû dire que je m'appelais Frankenstein. Il pleura, le menton dans son cou. Il pensa à sa femme, à son corps décharné pas beaucoup plus épais que la couverture de l'hôpital. Il regarda les dégradés de la lumière de la lune dans le ciel bleu foncé et les nuages qui glissaient lentement, ça le calma. Il observa les nuances blanc et bleu lorsque le jour se mélangea à la nuit. Toutes pensées évanouies, il était absorbé dans la contemplation du ciel. Il revint à lui lorsqu'il entendit la porte de l'étude s'ouvrir, la femme de ménage allait le délivrer. Mais elle s'affaira longtemps dans l'autre partie de l'étude, côté rue de la Paix. Il avait des fourmis dans les pieds, il repoussa les larmes en replongeant dans le ciel maintenant zébré de grands traits roses, il reprit espoir lorsqu'il entendit l'aspirateur se rapprocher, le temps lui sembla long. Enfin, il vit une grande femme noire apparaître dans son bureau, il leva les sourcils en signe de reconnaissance, elle poussa un cri rauque, laissa l'aspirateur allumé sur la moquette et disparut en criant.

Elle revint quelques minutes plus tard avec Murielle Barzouin qui écarquilla les yeux comme si elle allait les sortir de sa tête et poussa un cri de terreur.

— Mais monsieur Fontaine, qu'est-ce qui s'est passé ?

Il roula les yeux en tous sens et les dirigea vers sa bouche, elle se précipita et arracha sans ménagement les morceaux de Scotch.

— Merci Murielle, dit-il d'une voix chevrotante.

— Mais qu'est-ce qui s'est passé ? demanda-t-elle en élevant la voix dans le bruit de l'aspirateur.

— Éteignez l'aspirateur, dit-il.

La femme de ménage pressa son pied sur le bouton gris.

— Et détachez-moi s'il vous plaît !

— Attendez, je vais prendre une photo pour la police. J'ai l'habitude, je regarde beaucoup de séries.

Elle repositionna les morceaux de Scotch en croix sur sa bouche et s'éloigna un peu pour prendre la photo, elle regarda le résultat sur son téléphone, montra la photo à la femme de ménage qui hocha la tête et arracha de nouveau le Scotch.

— Détachez-moi ! dit-il en explosant en sanglots.

— Oh monsieur Fontaine, dit-elle en le serrant dans ses gros bras.

— Détachez-moi !

Elle trouva l'extrémité du morceau de Scotch et le déroula autour de la main droite.

— Fais l'autre main, Fama, je m'occupe des pieds.

Lorsque ses deux mains furent libérées, il les plaça sur ses yeux en pleurs.

— C'est les cambrioleurs de la bijouterie ? Ils sont passés par les toits, c'est ça ?

— Par mon bureau, dit-il en hoquetant.

— Je descends prévenir la police, ils sont toute une bande en bas, dans la bijouterie ! C'est un gros casse apparemment ! Trente millions de butin !

— Non pas la police !

— Mais si !

— Ils les ont arrêtés ?

— Non. Les oiseaux se sont envolés avec les bijoux !

— Non pas la police !

— Mais pourquoi ?

— J'ai peur !

— N'ayez pas peur ! Il faut prévenir la police, c'est votre devoir ! Je reviens. Reste avec lui !

— Oui, dit Fama en serrant la main tremblante de Fontaine dans ses deux mains.

— Vous avez les mains chaudes. Leurs gants étaient glacés.

— Ils vous ont fait du mal ?

— Un peu. Il est quelle heure ?

— 8 h 15, dit-elle en lui souriant.

— Comment vous vous appelez ?

— Fama.

Murielle Barzouin revint avec deux jeunes hommes, l'un portait une veste en cuir usée et une grosse barbe, l'autre avait un sweat à capuche et les yeux très bleus.

— Je suis le capitaine Pinto, dit le barbu.

Pierre Fontaine eut la vision des lèvres épaisses qui grimaçaient dans la barbe entourée de la cagoule, il tourna son regard vers l'homme aux yeux bleus et aux joues lisses.

— Je suis le capitaine Poirier, nous sommes chargés de l'enquête sur le cambriolage de la bijou-terie qui a eu lieu cette nuit. Tout ce que vous pourrez nous dire nous sera utile.

Pierre Fontaine regarda le groupe formé par Clara Labalette, Frédéric Derrien, Maxime Ringuet et Paulette Gorin qui se tenaient à l'entrée du bureau. Il les détailla avec attention comme il avait observé le ciel. Frédéric Derrien portait une cravate à grosses rayures jaunes et noires. La pensée que Paulette

Gorin, avec ses cheveux rouges montant en choucroute au-dessus de sa tête, était le sosie de Marge
Simpson lui arracha un rire nerveux.

— Tout le monde dehors, s'il vous plaît ! Il faut
qu'on l'interroge ! dit le capitaine Pinto, qui fit un
grand geste de la main et referma la porte du bureau
derrière Murielle Barzouin qui adressa un sourire à
Fontaine en hochant la tête.

Ils tirèrent des chaises qui se trouvaient autour de
la table près de la fenêtre, encombrée de dossiers et
de revues juridiques, et s'assirent face à Fontaine. Le
capitaine Poirier posa les coudes sur ses genoux et
prit la parole.

— Qu'est-ce qui s'est passé ? demanda-t-il d'une
voix douce.

— Ils ont promis de me tuer si je parle.

— S'ils voulaient vous tuer, ils l'auraient déjà fait !
dit le capitaine Pinto.

— Ce sont visiblement des cambrioleurs professionnels, pas des tueurs, dit le capitaine Poirier en
souriant.

— Vous êtes le seul témoin, votre témoignage est
précieux, dit le capitaine Pinto.

— J'ai entendu le bruit d'une vitre qui se brise…

La porte s'ouvrit brutalement.

— Qu'est-ce qui se passe, Pierre ? demanda
Hector de Polignac.

Le capitaine Pinto se leva et posa sa main sur la
poitrine de Polignac.

— Police, on est en train de l'interroger.

— Je suis Hector de Polignac, c'est mon étude,
c'est mon associé !

— On a besoin d'être seul avec lui, vous le verrez après, dit le capitaine Pinto en le repoussant à l'extérieur du bureau.

Un nouveau rire nerveux secoua Fontaine, il se sentit protégé par la virilité de ces hommes et se lança dans le récit de ce qu'il avait vécu, il mentionna qu'il avait appris à regarder le ciel pendant cette longue nuit.

— Rentrez chez vous, vous avez besoin de repos. Vous avez une femme, des enfants ? demanda le capitaine Poirier.

— Pas d'enfants et une femme très malade, dit-il tristement.

— Vous êtes suivi par un psychiatre ?

— Non.

— Prenez rendez-vous avec ce psychiatre qui a l'habitude de travailler avec nous, il est attaché à l'hôpital Sainte-Anne et il reçoit aussi dans son cabinet en ville, dit le capitaine Poirier qui déchira le coin d'une feuille et écrivit un nom et une adresse.

Fontaine lut le nom « Burnez » et tint serré le papier dans sa main.

— Je parle à Nice demain devant dix mille notaires et je n'ai pas terminé mon discours.

— Faites-vous remplacer, vous êtes en état de choc, vous avez besoin de repos. On vous fait raccompagner chez vous, dit le capitaine Poirier.

— Il faut que je prévienne mes associés et mon assistante.

— On s'en occupe, dit le capitaine Pinto qui s'était levé. Julie qui travaille avec nous va vous raccompagner.

— L'un des quatre hommes avait de la boue sur ses baskets noires.

— De la boue fraîche ? demanda le capitaine Poirier.

— Oui.

— C'est une information importante, merci. Appelez-nous si d'autres choses vous reviennent, dit le capitaine Poirier qui examina une trace sur la moquette.

— Il ne faut surtout pas prévenir ma femme. Elle ne doit pas savoir, elle est trop fragile.

— D'accord, appelez le docteur Burnez, dit le capitaine Poirier.

Pierre Fontaine hocha la tête en regardant le morceau de papier déchiré en rond.

25

Alors qu'il était au téléphone avec une cliente pour la mise au point d'une donation, Nicolas Boissière regardait par la fenêtre les policiers qui allaient et venaient au milieu des bandes en plastique rouge et blanc qui encadraient la rue de la Paix, de la rue Danielle-Casanova à la rue Daunou. Il avait dû montrer sa pièce d'identité pour franchir le périmètre et accéder à l'étude. Il se sentait intensément fatigué par le mouvement du monde et avait hâte de faire du bateau le week-end du 1er mai. Il regardait chaque jour la météo en espérant que le temps mitigé annoncé vire au beau. La porte s'ouvrit vivement derrière lui, Hector de Polignac entra et la referma dans un bruit sourd, son parfum ambré se répandit dans le bureau.

— C'est qui ? murmura-t-il.

— Une cliente de FJR pour une donation, dit Nicolas Boissière, la main sur le micro du téléphone.

— Raccrochez ! dit-il, le visage fermé, en accompagnant son ordre d'un geste de la main.

Nicolas ouvrit des yeux ronds et fut traversé comme une lame par la pensée qu'il savait pour le testament Gestas et qu'il allait le virer sur-le-champ.

— Excusez-moi mais je dois raccrocher, madame Marteau, je vous rappelle.

266

Hector de Polignac leva les yeux au ciel, les lèvres déformées par une moue de dégoût.

— J'ai une urgence, je vous rappelle un peu plus tard, dit Nicolas qui regarda Polignac, rempli d'inquiétude.

— On a effectivement une urgence ! Pierre, qui travaillait sur son discours cette nuit, a été séquestré par les cambrioleurs de la bijouterie. Il a été attaché à son fauteuil et menacé de mort ! Il a passé un sale quart d'heure semble-t-il, et une partie de la nuit ligoté. C'est la femme de ménage qui l'a trouvé ce matin. Il est rentré chez lui et n'est absolument pas en état de faire son discours demain.

— Quelle horreur !

— Oui, c'est un coup dur mais quel idiot aussi de travailler la nuit, au dernier moment ! Quoi qu'il en soit, nous avons besoin d'un remplaçant. Nous nous sommes réunis avec François-Jean et Catherine et nous avons décidé que ça serait vous.

— Pourquoi pas l'un de vous ?

— Aucun de nous n'a envie de parler devant dix mille personnes. Nous avons passé l'âge des défis. Et vous avez aidé Pierre à préparer son discours, vous connaissez le sujet, vous parlez bien, vous êtes jeune, nous pensons que vous représenterez efficacement et favorablement l'étude. Vous me réclamiez des preuves de confiance et des gages d'avancement ! Voilà ! C'est moi qui en ai eu l'idée.

— Merci monsieur.

— Il faut que vous trouviez le discours dans son ordinateur, que vous le terminiez et que vous l'adressiez au Conseil supérieur du notariat avant 18 heures, ils nous laissent un peu plus de temps en raison des circonstances exceptionnelles.

— Je m'en occupe. Merci de votre confiance.

— Ne me décevez pas, dit Polignac en refermant la porte sur un sourire de glace.

Nicolas traversa l'open-space et emprunta le couloir qui longeait la cour intérieure, il croisa Frédéric Derrien qui s'arrêta.

— Salut Nicolas, tu es au courant pour Pierre ?

— Oui, je le remplace pour son discours.

Frédéric Derrien émit un sifflement, en le regardant jusqu'à ce qu'il disparaisse dans l'angle du couloir.

Il vit avec effroi les morceaux de Scotch qui débordaient de la poubelle sous le bureau de Fontaine. Il activa l'écran en déplaçant la souris, il était verrouillé. Il alla droit à la cafétéria où il trouva Murielle Barzouin, entourée de dix personnes.

— Murielle, tu connais le code d'accès à l'ordinateur de Pierre ?

— Pourquoi ? Tu veux déjà prendre sa place ? dit-elle en éclatant de rire.

Tous rirent autour d'elle.

— Très drôle ! HP m'a demandé de trouver son discours dans son ordinateur et de le prononcer à sa place au Congrès.

— Tu vois que tu le remplaces ! Je t'accompagne dans son bureau. Ne bougez pas, c'est juste un petit entracte de deux minutes ! lança-t-elle à son auditoire.

Il la regarda marcher devant lui, les jambes arquées dans ses santiags, sa longue queue-de-cheval blonde se balançant sur la tête de Johnny Hallyday imprimée sur sa veste en jean, démangé par l'envie de tirer sur le chouchou rose qui retenait ses cheveux. Clara Labalette, un casque téléphonique posé sur ses cheveux blonds, l'interrompit dans sa rêverie.

— Nicolas, madame Marteau te rappelle pour sa donation.

— Dis-lui que je la rappellerai en fin de journée, que j'ai un dossier urgent à régler.

— Laisse tomber la donation Marteau mais pas sur mes pieds ! dit Murielle Barzouin en riant.

— Tu es la fille spirituelle de Pierre Fontaine ?

— C'est vrai qu'il déteint sur moi ! Le pauvre ! Il n'a pas dû faire trop d'humour avec les cambrioleurs ! Ils l'ont menacé de mort quand même ! Le mot de passe, c'est *Binette* avec un B majuscule. C'est le surnom de sa femme !

— Il n'y a que lui pour appeler sa femme Binette !

— Il est passionné de jardinage, c'est mignon. Et elle, elle l'appelle Grignou. Vous avez bien des petits noms avec ta femme ?

— Ni Binette, ni Grignou !

— Il ne veut pas qu'elle sache d'ailleurs, pour les cambrioleurs, ça la tuerait !

— Ah super, il avait commencé la conclusion !

— C'est moi qui ai fait la réservation des billets d'avion, tu veux que je la modifie à ton nom ?

— Ça serait parfait !

— C'est comme si c'était fait ! dit-elle en s'éloignant en sautillant.

Elle déplaçait son corps surabondant avec une souplesse et une légèreté stupéfiantes. Il se leva pour refermer la porte et appela sa femme.

— Ma chérie, il faut que je te raconte, il m'arrive une chose incroyable ! Il y a eu un cambriolage cette nuit dans la bijouterie en bas de l'étude, Fontaine était en train de travailler sur son discours pour le Congrès des notaires, les cambrioleurs sont passés par les toits et sont rentrés dans l'étude en cassant une vitre, ils l'ont attaché et menacé de mort.

— C'est terrible !

— Oui, c'est sûr, il est complètement traumatisé ! Et donc…

— Je comprends, c'est un choc énorme !

— Oui, oui, et donc, HP est venu m'annoncer que les associés avaient décidé unanimement que j'étais le meilleur pour le remplacer. Je vais parler au Congrès des notaires de Nice, devant dix mille notaires ! Je vais être connu de tous les notaires de France ! C'est génial non ?

— Tu te réjouis du malheur de ton patron.

— Non, je me réjouis d'être son remplaçant ! C'est inespéré !

— Sois modeste dans ton triomphe ! Tu pourras remercier dimanche, je prie beaucoup pour toi.

— Oui, ma chérie, je sais, merci.

— Et je pensais que tu m'appelais pour savoir comment s'était passé mon rendez-vous avec le doc-teur Cornette, dont je sors à l'instant. Mais tu as oublié, comme d'habitude.

— Excuse-moi. C'était la panique ce matin à l'étude, la rue était bloquée, il y avait des policiers partout, Hector est venu me voir, Murielle, qui a trouvé Fontaine attaché à sa chaise, était choquée. Je suis désolé, ça m'est sorti de la tête.

— Alors que c'est pourtant la chose la plus importante pour nous d'avoir un enfant.

— Comment ça s'est passé ?

— On va pouvoir faire un transfert d'embryon en mai, je revois Cornette le 5 mai, à notre retour du Havre. Avoir un enfant, c'est plus important pour toi que ton avancement ?

— Oui, on en a déjà parlé. Mais j'ai beaucoup de travail, beaucoup de stress à gérer !

— Tu ne penses qu'à ton travail, c'est bien ça !

— Non, mon travail n'est pas la seule source de mon stress et heureusement que j'ai mon travail, Béné, sinon je serais déjà devenu fou ! On serait deux fous tournant en rond dans un appartement ! dit-il, la voix tremblante de colère.

Le silence de quelques secondes fut comme une suspension.

— J'imagine que tes mots dépassent ta pensée. Cornette m'a encouragée à me protéger de toute source de stress avant et après le transfert. Je vais partir au Havre avant toi, peut-être même dès demain. Ça me fera du bien de me reposer chez mes parents, et j'y retournerai après le transfert.

— Bonne idée, amour, dit Nicolas qui sentit la colère refluer et l'air s'engouffrer dans ses poumons.

Il imprima les cinq pages du texte, corrigea quelques tournures de phrases qu'il jugea maladroites, acheva la conclusion, enclencha le chronomètre de son téléphone et relut l'intégralité du

271

discours à voix haute, en marchant de long en large dans le bureau. Il fit quelques coupes et le relut trois fois jusqu'à ne pas dépasser les quinze minutes imparties. Il l'adressa par mail à Polignac, s'appuya contre le dossier du fauteuil, prit une grande inspiration et envoya un long message à Fabien.

Il reçut une réponse instantanée : « Y a pas de Dieu, pas de justice ! »

Nicolas sentit la salive s'épaissir dans sa bouche et déglutit avec difficulté, il écrivit : « Y a un Dieu, y a une justice, tu voulais dire ? »

Un message jaillit, Fabien avait l'esprit aussi vif qu'une mitraillette, il en avait toujours nourri une certaine jalousie, lui qui se sentait si lent, si encombré : « Y a le diable et la justice des crapules !!!! »

Trente secondes plus tard : « Joke ! Te braque pas ! Bravo ! »

Nicolas écrivit : « J'aurais pu choisir un autre journaliste », effaça et envoya : « J'ai besoin de ton soutien. »

« T'as besoin de faire une bonne sortie en mer ! »

« J'ai hâte, je regarde la météo tous les jours ! »

« Ça vient ! Tu veux prendre un pot ce soir ? »

« Je vais rentrer dîner tôt avec Béné, elle part au Havre demain et il faut que je sois en forme pour mon discours mais la semaine pro, je suis seul ! »

« On fait une virée mardi ! Peace and Love mec ! »

Nicolas Boissière fit tourner longtemps dans sa tête, ces mots, « peace and love », comme des billes de flipper, elles faisaient du bruit mais elles étaient lisses et insaisissables, le sens lui échappait, leur mouvement lui suffisait.

26

Une pluie fine, poussée par un vent du nord, leur fouettait le visage en lignes horizontales. Elles se tenaient silencieusement contre la porte de l'immeuble, de chaque côté de la marche creusée en son milieu. Claire regardait Hélène Quiniou, resserrée, le visage fermé, sous la capuche de son manteau râpé, elle cherchait comment ranimer la conversation après avoir lancé quelques banalités sur la double agression que représentait le temps pourri un lundi matin. Hélène avait esquissé un sourire et baissé la tête sous sa capuche. Claire n'arrivait pas à savoir si elle faisait preuve d'une grande timidité ou d'une franche hostilité.

— Tu viens de loin ? Tu habites où ? demanda Claire.

— Dans le 15e arrondissement.

— Ah oui, tu as un peu fait la traversée de Paris ce matin !

— J'ai pris la ligne 8 et j'ai marché depuis Faidherbe-Chaligny.

— C'est sympa ce quartier, je connais bien, j'ai habité rue Faidherbe pendant deux ans.

— Je préfère mon quartier, dit Hélène.

— Qu'est-ce que tu préfères ?

— C'est plus sûr et moins sale.

— Tu verrais mon quartier ! J'habite dans le 18ᵉ, près de Barbès !

Hélène replongea sous sa capuche.

— Ça fait longtemps que tu travailles chez PRF ?

— Dix ans, je suis arrivée pour faire mon stage.

— En même temps que Nicolas ?

— Un peu avant.

— Tu n'as jamais eu envie de bouger ?

— Je ne me suis jamais posé la question.

Le silence retomba comme un couvercle. Claire regarda passer sur une trottinette électrique, à vive allure, un homme aux cheveux gris, habillé de cuir, de la casquette aux chaussures ; elle aurait préféré s'asseoir à la terrasse d'un café et regarder passer les gens.

— Tu sais, quitte à m'occuper du dossier, j'aurais pû aussi gérer la partie immobilière.

— C'est HP qui a décidé. Et je ne m'occupe que de l'évaluation et de la vente de l'immeuble parisien.

— C'est un peu étrange comme répartition du travail.

— Il ne faut pas toujours chercher à comprendre.

— J'aime bien comprendre comment les choses fonctionnent.

Aucune expression ne traversa le visage d'Hélène Quiniou. Claire sortit son téléphone de sa poche qui affichait 8 h 40.

— Bonjour, c'est Claire Castaigne de l'étude PRF, on vous attend devant l'immeuble du 39 rue de Bagnolet. Ah parfait ! dit-elle en faisant un signe à un homme qui avançait au loin sur le trottoir, le corps courbé, balayé, comme une poupée, par le vent puissant.

Ils rentrèrent dans l'immeuble pour se saluer, à l'abri. M. Pinot désigna d'un geste de la main, en forme de salut militaire, sa casquette verte sur laquelle était écrit en lettres jaunes DiagImmo. Il portait des favoris noyés dans ses cheveux roux qui se rejoignaient en une épaisse moutache parsemée de poils blancs, drue comme un balai-brosse.

— Vous avez bien les plans par étage que je vous ai envoyés par mail, avec les noms des locataires ? demanda Claire.

— Oui. Vingt appartements sur six étages. Il y a du pain sur la planche !

— Tous les locataires sont prévenus et ceux qui sont absents ont laissé les clés à leurs voisins, dit-elle en parcourant la liste du doigt.

— Pour l'appartement de madame Taieb, au cinquième étage, c'est madame Boukrief du quatrième droite qui a les clés. Pour celui de monsieur Laurent du deuxième gauche, il faut voir avec madame Sissoko du deuxième face. Pour l'appartement de madame Aboud du quatrième face, il faut passer à l'heure du déjeuner entre 12 h 30 et 14 heures, après elle repart travailler. Et là, il faut commencer par monsieur Jobart au deuxième, il doit partir à 9 h 30. Ensuite madame Adil, du premier, qui part à 11 heures. Le gestionnaire locatif m'a donné les clés de l'appartement de madame Barbot, au troisième étage, et des deux appartements inoccupés du sixième. Et il y a un appartement squatté au cinquième. Vous en avez pour la journée comme prévu ?

— Oui ! Et je ne vais pas finir tôt !

Ils montèrent au deuxième étage, Claire sonna à la porte de droite.

Un œil gris derrière un verre épais apparut dans l'entrebâillement de la porte retenue par une chaînette.

— Monsieur Jobart ?

— Oui.

— Bonjour. Claire Castaigne, notaire, ma collègue, Hélène Quiniou, et monsieur Pinot, diagnostiqueur immobilier. Nous venons visiter votre appartement pour la succession de madame Barbot, vous avez reçu la lettre du cabinet Griffon ?

La porte s'ouvrit sur un grand homme sec, des cheveux gris dressés sur la tête et des lunettes à larges bords en écaille.

— Entrez, il y en a pour longtemps ?

Claire regarda le plan de l'appartement et se tourna vers Pinot.

— C'est un deux pièces de quarante mètres carrés, dit-elle.

— Vingt minutes je dirai, dit Pinot.

Ils entrèrent dans une pièce aux volets clos, éclairée par une ampoule nue pendant à un fil, entourée du sol au plafond d'étagères garnies de poupées anciennes qui braquaient leurs yeux tristes sur eux. Sur la table de la salle à manger, il y avait des bras et des jambes en porcelaine, un verre rempli d'yeux, des mèches de cheveux, des morceaux de

276

tissu et des petits outils. L'odeur mélangée de vieux, de friture et de tabac prenait à la gorge.

— Eh bien, vous en avez des poupées ! dit Pinot.

— Je suis spécialiste de poupées anciennes, je les achète, je les restaure et je les revends.

— Sacré métier ! J'espère que votre femme n'est pas jalouse ? demanda Pinot.

— Elle est morte.

— Oh pardon !

— Pas la peine de vous excuser ! Au moins, les poupées ne gueulent pas toute la journée !

Dans la chambre, il y avait encore une cinquantaine de poupées alignées sur une longue étagère et posées sur une commode basculée sur un pied cassé. Au-dessus du lit couvert d'un plaid au crochet noirci, il y avait une photographie de mariage jaunie accrochée sous un crucifix.

Claire regardait tantôt Pinot qui s'affairait avec son appareil à laser, tantôt Hélène qui prenait des notes sur son carnet siglé PRF avec son stylo PRF. Elle n'osait ni regarder davantage l'appartement ni croiser le regard inquisiteur de Jobart, que ses lunettes agrandissaient.

Au premier étage, Claire appuya sur l'étiquette Adil.

Une femme ronde avec un beau visage percé de deux yeux très verts et entouré d'une ample chevelure brune aux reflets cuivrés leur ouvrit.

— Bonjour, nous sommes les notaires de…

— Oui, oui, entrez, je suis madame Adil, on a reçu la lettre. C'est si triste, elle était si gentille madame

Barbot ! Je la voyais presque tous les jours. On a été choqué !

— Oui, je comprends. Je suis Claire, voici Hélène, ma collègue, nous sommes les notaires, et monsieur Pinot qui va faire les relevés pour les diagnostics immobiliers.

— Oui, oui, entrez.

Dans la salle à manger aux vitres couvertes de rideaux en dentelle, étaient disposés sur une nappe blanche un plat en céramique rempli de pâtisseries orientales, de dattes et de mandarines. Du thé à la menthe et des verres étaient posés sur un plateau en laiton ciselé de rosaces entrelacées.

— Mon fils, ma belle-fille et mes deux filles.

— Enchantée, dit Claire, en leur serrant tour à tour la main.

La belle-fille et l'une des deux filles portaient des foulards relâchés sur leurs cheveux, la fille avait les yeux verts de la mère. L'autre fille portait les cheveux courts et un jean blanchi par endroits.

— Servez-vous, dit-elle en désignant la table.

— Oui, merci, dit Claire qui prit une pâtisserie alors qu'elle n'avait absolument pas faim.

— Vous voulez du thé à la menthe ?

— Volontiers, dit Claire.

— Allez, un thé à la menthe et j'attaque ! dit Pinot.

— Non, merci, rien, répondit Hélène Quiniou qui écrivait sur son carnet.

— C'est délicieux ! C'est vous qui faites ces pâtisseries ? demanda Claire.

— Oui, reprenez-en une !

Tous se tenaient debout près de la table et la regardaient en souriant, sans manger ; elle prit une corne de gazelle.

— Vous êtes de quelle origine ?

— Du Maroc. D'une ville au sud de Casablanca.

— Quelle ville ?

— El Jadida, dit madame Adil.

— Ah oui, je connais ! C'est une très jolie ville fortifiée. J'ai fait un voyage à moto entre Casablanca et Agadir, dit Claire.

— Oui, on va voir la famille tous les étés. L'appartement va être vendu ?

— On ne sait pas encore.

— Ça fait trente ans qu'on est dans cet appartement, on est les plus anciens locataires de madame Barbot et on a toujours payé notre loyer.

— Je vais le noter dans le dossier. Ne vous inquiétez pas, je vous préviendrai dès que j'aurai des informations.

Hélène Quiniou réapparut dans la salle à manger.

— HP est en bas de l'immeuble, il voudrait le code, dit-elle.

— 2506, dit madame Adil.

— C'est notre patron qui arrive, maître Polignac, dit Claire.

— Je vais lui ouvrir, dit madame Adil.

— Tu ne veux pas une pâtisserie, Hélène ? Elles sont très bonnes, dit Claire.

— Oh non, merci.

Polignac apparut dans la salle à manger, suivi d'un homme d'une soixantaine d'années, les épaules larges, le corps ramassé, les cheveux frisés et grisonnants encadrant un visage très bronzé. Edouard Najar se présenta lui-même comme expert immobilier, il accepta une pâtisserie, fit un tour rapide de l'appartement pendant que Polignac, figé dans son imperméable beige, consultait son téléphone portable.

Ils montèrent au troisième étage et attendirent que Claire trouve la bonne clé pour la serrure. Ils pénétrèrent dans un appartement au papier peint rose clair, garni de meubles des années 50, impeccablement rangé. Seul le bouquet de fleurs fanées, posé sur la table de la salle à manger, sur un napperon en dentelle bleue, trahissait l'absence prolongée de l'occupante. Le diagnotiqueur se mit au travail, Claire suivit les deux hommes qui marchaient en parlant à voix basse. Elle retourna dans la salle à manger et regarda les photographies encadrées, disposées en quinconce sur le buffet. Elle reconnut la défunte, le visage plus jeune que celui qu'elle avait vu sur sa carte d'identité, un foulard autour de son cou que le vent avait levé sur son menton, serrant le bras d'un homme devant un paysage de mer. Elle s'approcha pour regarder une photographie de famille au milieu d'un jardin fleuri, madame Barbot souriait à l'objectif dans une robe rouge, une jeune femme au visage rond ressemblait à madame Pinson.

— Vous vous intéressez aux photos de famille ? demanda Edouard Najar qui s'était approché.

— Je m'intéresse aux familles. C'est mon métier. Et vous ?

— Aux immeubles. Ils sont plus durables que les familles. Qu'est-ce que vous portez comme parfum ?

280

Il souriait de ses grandes dents un peu jaunies, Claire pensa qu'il avait un sourire de cheval.

— C'est *Voyage* d'Hermès.

— Tu me caches tes plus charmantes collaboratrices, dit-il en se tournant vers Polignac.

— Elle vient d'arriver, elle est en période d'essai ! dit Polignac en souriant. Nous avons les clés de deux appartements inoccupés au sixième étage. Est-ce que tu veux les visiter ?

— Il y a aussi un appartement squatté, dit Claire.

— Squatté comment ? demanda Najar.

— Le gestionnaire locatif m'a dit que l'appartement était inoccupé et qu'une famille s'était installée. Une procédure d'expulsion est en cours.

— Intéressant. Allons-y ! dit Najar.

Plus ils montaient, plus ils entendaient la musique résonner dans la cage d'escalier, Claire reconnut Eminem. Ils s'arrêtèrent sur le palier du cinquième étage.

Elle s'avança vers la porte de gauche.

— Ça n'est pas plutôt là ? demanda Polignac en désignant la porte de droite d'où provenait la musique.

— Non, c'est à gauche.

— Vous êtes sûre ? demanda-t-il.

— Oui, l'appartement squatté est à gauche. Là, c'est Lafont, dit-elle en consultant le plan et la liste.

— On commence par le squat. Sonnez et souriez, Claire, dit Najar.

La porte s'ouvrit sur une petite femme à la peau cuivrée et à la chevelure très noire, des enfants dans les jambes.

— Bonjour madame, on est notaires, on s'occupe de la succession de madame Barbot, on vient visiter l'appartement avec le diagnostiqueur immobilier.

— J'ai montré le papier à la dame, on a payé, dit la femme avec un fort accent.

— Quelle dame ? Quel papier ? On veut simplement voir l'appartement pour l'héritage de madame Barbot, reprit Claire.

Dans le couloir, deux portes étaient ouvertes sur des chambres avec des matelas au sol. Dans la pièce principale une jeune femme se tenait sur un lit, un bébé dans les bras, face à un immense écran de télévision qui diffusait un clip RnB, Claire lui sourit pour éteindre l'inquiétude dans son regard.

La femme au visage cuivré ouvrit le tiroir d'une commode en pin et sortit une feuille qu'elle montra à Claire en la gardant serrée dans ses mains. Najar lut par-dessus l'épaule de Claire.

— Un faux bail. Un classique. Un type qui s'est fait passer pour le propriétaire leur a loué l'appartement. Combien vous avez payé ? demanda-t-il.

— Douze mille euros pour un an.

— En liquide ? demanda Najar.

La femme fronça ses sourcils épais en regardant Claire.

— En cash ? demanda Claire.

Elle hocha la tête.

— *Fake paper, fake owner. What country you come* ? demanda-t-il.

— Pakistan.

— *You have visa to be in France ?* demanda-t-il.

282

— Oui, oui, dit-elle en accompagnant ses paroles de deux hochements de tête.

— Mon œil ! Tu devras bientôt quitter l'appartement. *Leave soon ! Few months !* dit Najar, le visage fermé.

— Hélène, prenez en photo le faux bail, dit Polignac.

— Oui, vous pouvez décoter de 50 %, c'est comme un bail de 48 ! Allez, c'est bon ! dit Najar.

La femme les suivit jusqu'à la porte, elle se tenait droite, les yeux remplis de larmes.

— On a payé pour un an, en décembre, dit-elle à Najar.

— Oui mais à un escroc ! *Bad man, fake paper. You stay and i come back in few months and you leave.* Au revoir.

La femme continuait de regarder Najar avec intensité comme si elle cherchait à percer quelque chose en lui, il leva plusieurs fois les bras d'un air désolé.

— Mais pas tout de suite ! Vous pouvez rester encore. *You can stay for now*, dit Claire.

— Allez, Claire, sonnez chez les zozos aux oreilles bouchées, dit Najar.

Un long jeune homme au visage pâle et aux cheveux ras leur ouvrit, il portait un T-shirt Nirvana décoloré. Claire écoutait Nirvana en boucle pendant son adolescence. Kurt Cobain, le suicidé, faisait écho à la vacuité vertigineuse qu'elle ressentait alors en elle et à l'absence de sens que représentait le monde qui l'entourait. Il s'était tiré une balle dans la tête ; avec son compas, elle avait tracé un sillon à l'intérieur de

283

son poignet droit, le sang avait coulé et elle était allée chercher un pansement et un bandage dans l'armoire à pharmacie familiale, incapable de se trancher vraiment les veines. Mais elle avait été hospitalisée pour endiguer la dépression dans laquelle elle s'enfonçait. Un peu plus tard, elle avait gravé *Dead* sur son avant-bras droit, elle avait ressenti la jouissance de la douleur. La blessure avait laissé place à une croûte puis à une cicatrice, les lettres blanches étaient restées plusieurs années ancrées dans sa peau. C'était la blessure de guerre d'une époque sombre et révolue qu'elle arborait avec fierté. C'était l'époque où elle avait commencé à écrire, elle avait trouvé du sens dans les mots qu'elle alignait dans son journal, puis dans des poèmes et des nouvelles. La noirceur qui l'habitait avait glissé dans le papier, elle employait enfin les émotions qui l'encombraient. Nirvana vivait encore sur le corps d'un garçon qui écoutait Eminem, la subversion perdurait, le monde n'était pas complètement anesthésié par la consommation et l'immatérialité d'Internet, nouvelles réalités. Le sang continuerait toujours à battre dans les veines.

— Bonjour, nous sommes les notaires chargés de la succession de la propriétaire, madame Barbot, nous venons pour visiter l'appartement. Vous êtes Théo Lafont ? demanda Claire en élevant la voix pour couvrir Eminem, qui chantait comme s'il crachait. C'était *Not afraid* de l'album *Recovery*, qu'elle écoutait parfois en moto.

— Non, je suis tout seul, il est pas là mais entrez. On a fait une fête hier, on n'a pas eu le temps de ranger.

Il les conduisit dans la pièce unique qui sentait le tabac froid. La table basse près du lit défait était couverte de bouteilles d'alcool vides, les cendriers débordaient, il fourra dans sa poche un sachet et se baissa pour couper la musique. Sur l'élastique de son caleçon dépassant de son pantalon était écrit « expert ».

— Lui aussi, c'est un expert, dit-elle à voix basse à Edouard Najar, qui éclata d'un rire bruyant.

— Vous êtes drôle, un point en plus !

Le garçon regarda le diagnostiqueur qui prenait les mesures avec son laser.

— Vous en avez pour longtemps ?

— Un quart d'heures, dit monsieur Pinot.

— OK, dit le garçon qui s'appuya contre la fenêtre, les yeux fixés sur son téléphone.

— Moi, j'y vais, j'en ai assez vu. C'est OK pour moi, Hector, on avance rapidement, dit Najar.

— Je descends avec toi.

— Au revoir mesdemoiselles, ce fut un plaisir.

Hector de Polignac avait quitté la pièce sans un mot, leurs rires résonnèrent dans la cage d'escalier, Claire alla fermer la porte qu'ils avaient laissée ouverte.

— C'est qui cet Edouard Najar ? demanda-t-elle à Hélène.

— Un marchand de biens et promoteur immobilier.

— Ils ont l'air de bien se connaître avec HP ?

— Oui, ils ont souvent des dossiers ensemble.

— Il va acheter l'immeuble ?

— Je n'en sais rien, répondit Hélène d'une voix sèche.

Claire fut étreinte par une tristesse diffuse, elle s'approcha de la fenêtre de la cuisine et regarda dans l'immeuble d'en face une femme accroupie qui enfilait des chaussures à une petite fille. Elle avait hâte d'être chez ses parents en Bourgogne pour le week-end du 1er mai.

27

Sur le tableau blanc de la salle Paix 1, était projeté un document intitulé « Réunion d'associés du 30 avril 2014 ». Sylvain Sassin présidait la séance, le clavier était placé devant lui, et sa main droite aux ongles soigneusement coupés était posée sur la souris. Il attendit que tous fussent assis pour prendre la parole.

Comme d'ordinaire, François-Jean Regniez et Hector de Polignac, dont le parfum remplissait l'espace, étaient assis, à sa gauche, l'un à côté de l'autre, Catherine Ferra leur faisait face, la place de Pierre Fontaine était vide.

— Tout d'abord, joyeux anniversaire Hector ! lança Sylvain Sassin.

— Oui, joyeux anniversaire, Hector ! dit Catherine Ferra d'une voix suave.

Regniez hocha la tête, et marmonna un joyeux anniversaire, sans desserrer les lèvres, il se leva pour ouvrir une fenêtre et se servir un café.

— Soixante-huit ans, dit Catherine Ferra.

— Tais-toi ! Ce chiffre me semble complètement abstrait. Je me sens comme un jeune homme. Mieux : comme un enfant dans les jupes de sa mère ! Tout m'amuse.

— Nous voilà rassurés, tu ne vas pas quitter le navire tout de suite ! dit Catherine Ferra.

— Nous en reparlerons dans dix ans ! Pour l'instant, je ne me fixe aucune limite. J'ai l'impression de rajeunir chaque jour un peu plus ! dit-il en lissant sa mèche grise sur son crâne lisse.

Regniez regardait la colonne Vendôme dans le soleil cru de midi, impassible, ses grandes mains croisées sur ses jambes. Si son corps avait été son seul maître, ses mains auraient tordu le cou fripé de Polignac comme d'un coq de basse-cour dont on fait taire les cris aigus dans la nuit.

— Le sujet numéro un aujourd'hui est la sécurité de l'étude, dit Sylvain Sassin.

— Oui, pauvre Pierre ! dit Catherine Ferra.

— Tu as des nouvelles ? demanda Polignac.

— Je l'ai eu ce matin, il était dans le train pour la campagne. Il a vraiment été bousculé, il a passé ces derniers jours totalement seul chez lui, sans parler à personne, il n'a rien dit à Martine pour ne pas l'affaiblir davantage. Mais il a enfin pris rendez-vous avec un psy recommandé par la police et il m'a promis de revenir lundi.

— Je l'espère ! Nous avons besoin d'être au complet en ce moment, dit Polignac.

— Nous avons fait un bon premier trimestre mais sur la même période, nous sommes bien en deçà des chiffres de 2012, dit Regniez.

— 2012 était une année exceptionnelle comme il y en a tous les trente ans, dit Polignac.

— Vous ne voulez pas qu'on parle de la sécurité de l'étude avant de parler des chiffres ? demanda Sassin.

— Pour moi, c'est un non-sujet, dit Regniez.

— Je suis d'accord, dit Polignac.

— L'agression sauvage de votre associé est un non-sujet ? Les cambriolages des bijouteries avec violence, qui se multiplient dans le quartier, sont un non-sujet ? demanda Catherine Ferra en souriant à François-Jean Regniez.

— Ça n'est pas la question. Ce qui est arrivé à Pierre est terrible. Point. La sécurité de l'étude n'est pas remise en cause. À 4 heures du matin, l'alarme aurait dû être activée, comme toutes les nuits de l'année, et elle aurait sonné aux premiers pas des cambrioleurs dans l'étude. Ce qui est arrivé est exceptionnel et ne saurait remettre en cause un système qui fonctionne et qui nous coûte combien à l'année, Sylvain, rappelez-nous ? demanda Regniez.

— Cinq mille euros par an. Mais l'alarme n'est pas activée toutes les nuits, il y a parfois des oublis, dit Sassin.

— Ça, c'est inexcusable ! Faites un mail général pour rappeler que le dernier qui quitte l'étude doit impérativement mettre en marche l'alarme, dit Regniez.

— Sous peine d'avertissement, ajouta Polignac.

— Et changeons les codes de l'alarme et de la porte d'entrée de l'étude. Les collaborateurs qui sont partis ont encore les codes. Je pense à Karine Grumeau, dit Catherine Ferra.

— Très bien. Sujet clos. Un sujet beaucoup plus important pour moi est la sécurité des dossiers. Comment un testament aussi confidentiel que celui de Frédéric de Gestas a pu se retrouver dans la presse ? demanda Polignac.

— Ça concerne chacun de nos dossiers, ajouta Catherine Ferra.

— Évidemment, dit Polignac en secouant la tête.

— C'est un mystère que je n'arrive pas à éclaircir, dit Regniez.

— Une chose pareille ne m'est jamais arrivée en quarante ans de carrière, dit Polignac.

— L'époque a changé. Les collaborateurs pensent avant tout à leur profit et à leur avancement personnel, dit Regniez.

— Qui a pu faire ça ? Il y a un notaire en second ? demanda Polignac.

— Rémi Chapuis.

— L'une des plus belles putes de la place ! Excuse-moi Catherine ! s'écria Polignac.

— Mais je t'en prie, je ne vois pas le rapport avec moi si ce n'est que pute est un mot féminin ! Quand les femmes auront le pouvoir et l'argent, les hommes seront des putes, question d'équilibre des forces, dit Catherine en riant.

— Ça n'est pas demain la veille ! Quand j'étais président de chambre, j'ai eu à traiter deux plaintes de confrères à son encontre. Il ne respecte aucune règle, il n'a pas de limite pour piquer les clients des autres. Quand je l'ai convoqué, il n'a pas répondu, il a fallu que je lui fasse une sommation et ça s'est très mal passé, je dois dire, dit Polignac.

— Je comprends mieux pourquoi il a été agressif d'emblée.

— Aucun de nous n'a deux visages. Il est agressif de manière générale, il a sans doute beaucoup de complexes. Que te reproche-t-il ?

— De lui avoir volé le dossier Gestas alors que la veuve n'avait surtout pas envie d'être représentée par le notaire de son mari. Quant au testament…

— C'est à ce moment précis de l'ouverture de la succession, où les négociations n'ont pas encore commencé, qu'il est intéressant de révéler le testament. Et pour affaiblir qui ? Pour affaiblir ta cliente, coupa Polignac en souriant de ses dents pointues.

— Ça vient de chez nous, Hector. Claire Castaigne a découvert que le dossier avait été fouillé dans son armoire.

— Tu la crois ? demanda Catherine Ferra.

— Oui, parce que sa parole est étayée par les faits. Le testament est sorti dans la presse le lundi, or, lorsque Claire est allée chez Sophie de Gestas le vendredi précédent, pour l'aider à réunir les éléments constitutifs du dossier, elle a trouvé un codicille révélant l'existence d'un second enfant adultérin. Elle m'a immédiatement appelé pour m'en parler. Si elle était la source de la révélation, le codicille serait sorti aussi, c'était encore plus croustillant.

— Pas faux, dit Polignac.

— Elle cherche peut-être à brouiller les pistes, dit Catherine Ferra.

— La dernière arrivée n'est pas la coupable. Elle n'y a aucun intérêt. Je vais continuer mes recherches mais, en attendant, la sécurité des dossiers est effectivement un sujet de préoccupation majeure !

— Des dossiers sensibles ! Les dossiers de Pierre ne risquent pas grand-chose sauf ceux que je lui transmets, dit Polignac en riant.

— Tu voudrais t'occuper des dossiers de délégation de chambre ? demanda Regniez sans rire.

— Non, merci. C'est bien pour cela que j'ai décidé d'associer Pierre.

— Nous avons décidé. Ni toi, ni moi, ni même Catherine n'écrit dans des revues ni ne fait des interventions au Congrès ou dans des colloques. Il est notre caution intellectuelle.

— Et il gère toutes nos merdes, on est bien d'accord. Chacun sa place. En parlant de Congrès, Nicolas s'en est très bien sorti, dit Polignac.

— Oui, j'ai vu passer le mot du CSN, dit Regniez.

— Dès lundi, alors que je le félicitais, il est revenu à la charge pour l'association.

— Quel ambitieux ! Nous l'avons nommé notaire salarié, nous l'avons augmenté, beaucoup trop à mon goût…

— C'est toujours trop pour toi ! dit Polignac.

— Laisse-moi finir ! Personne ne deviendra associé dans cette étude dans les dix prochaines années, sauf décès ou destitution !

— Nous sommes d'accord mais il est important d'entretenir l'espoir, dit Polignac d'une voix doucereuse.

— Hector a raison. Tu le disais toi-même, l'époque a changé, les jeunes sont impatients, dit Catherine Ferra.

— Ils ont raison de s'impatienter ! On les bloque ! Il a quel âge, Nicolas ? demanda Polignac.

— Trente-cinq ans, dit Sylvain Sassin.

— À trente-cinq ans, j'étais associé depuis huit ans. François-Jean, quel âge avais-tu quand je t'ai associé ?

— Vingt-neuf ans.

— Moi, quarante ans mais je suis une femme ! dit Catherine en riant.

— C'est pour cela que nous devons bien rémunérer les éléments clés. Et je regrette d'avoir du mal à te convaincre, dit Polignac.

— Nous faisons partie des dix plus grosses études de Paris, les collaborateurs rêvent de venir travailler chez nous. Regarde le nombre de CV que nous avons reçus pour les derniers recrutements, dit Regniez.

— Parce qu'ils savent que nous payons bien. Et c'est pour cela que nous pouvons leur demander beaucoup, dit Polignac.

— Notre taux de turn-over me laisse penser que ça ne suffit pas, dit Regniez.

— Oui, et ça je te l'accorde, c'est l'époque ! Nous avons, en effet, du mal à trouver des gens prêts à travailler bien et beaucoup. Les jeunes sont des jouisseurs et des zappeurs. Je le vois avec mes enfants. Mais la meilleure manière d'encourager les bons éléments, à défaut de les associer, reste de lâcher un peu de fric, dit Polignac. Donnons une prime à Nicolas ! Pas grand-chose, huit cents euros, ça marque le coup, dit Polignac.

— OK, dit Regniez, en grimaçant.

— D'accord aussi. Et vos nouvelles recrues, vous croyez qu'elles vont tenir la cadence ? Ah pour l'image, on est au top ! dit Catherine Ferra.

— C'est important, l'image. Tu es au top aussi, Catherine ! dit Regniez en souriant.

— Merci, François-Jean, ça me touche, dit-elle en le regardant longuement dans les yeux.

— De surcroît, elles ont d'excellentes références, elles sont vives, dynamiques, modernes, elles ne comptent pas leurs heures. Elles ont du caractère mais il en faut pour survivre ici ! Comment ça se passe ? demanda Polignac à Regniez.

— Très bien, elles tiennent la route.

— Alice Santa Mala drague tout ce qui bouge mais tout va bien ! dit Catherine Ferra.

— Elle ne m'a pas dragué, rétorqua Regniez.

— Toi, tu ne vois rien !

Il la regarda, les sourcils levés au-dessus de ses yeux bleus.

— En tous cas, François-Joseph veut faire un stage à l'étude depuis qu'il l'a vue ! dit Regniez.

— Il fallait la voir avec Antoine Bismuth !

— Ton Bismuth n'est un modèle ni de bonnes manières ni de classicisme ! Elle s'est parfaitement et très vite adaptée à ce clown. C'est une preuve d'intelligence, dit Polignac.

— Mon Bismuth, comme tu dis, veut vendre son appartement parisien pour en racheter un nouveau. Budget max : six millions d'euros. Il recherche un chalet à Megève ou à Courchevel. Et il vend sa maison d'Ibiza. Est-ce que nous aurions des clients vendeurs ou acheteurs ? demanda-t-elle en secouant la tête.

— Il faut que je réfléchisse, dit Regniez.

— Moi j'ai réfléchi. Je pense qu'il serait très utile que nous tenions à jour un fichier des biens de nos clients, à vendre ou acheter, et que nous prenions des commissions de négociation pour les affaires conclues, dit Catherine Ferra.

— Elle a raison. Il faudrait même développer un service négociation immobilière. C'est un marché énorme qui nous échappe alors que nous avons les biens en amont, dit Polignac.

— Nous ne sommes pas des commerçants, dit Regniez d'un air dégoûté.

— Il faut évoluer ! Ça pourrait être une source de revenus importante. De nombreuses études à Paris le font ! Embaucher un négociateur immobilier qualifié nous permettrait aussi, vis-à-vis des clients, de nous retrancher derrière sa compétence. Réfléchis-y, on en reparle à la prochaine réunion, dit Polignac.

— OK ! On a fait le tour des sujets, on passe aux chiffres ? demanda Regniez.

— Une parenthèse concernant les comptes débiteurs. Nous avons eu un échange de mails avec François-Jean au sujet d'un débit de plus de 900 000 euros dans la donation Daragon, dû à une erreur d'Hélène. Tout est rentré dans l'ordre mais nous avons encore un total de comptes débiteurs de 200 000 euros. C'est beaucoup trop. Nous risquons un rappel à l'ordre lors de la prochaine inspection comptable. J'aimerais, Sylvain, que vous adressiez un mail général pour rappeler les principes de demande de provisions à l'ouverture des dossiers et de solde des comptes dès les formalités postérieures achevées, dit Polignac.

— Absolument d'accord, dit Regniez.

— Je m'en occupe. Le chiffre d'affaires est certes en deçà de l'année exceptionnelle de 2012 mais il est de 10 % supérieur à celui du mois d'avril 2013. Comme vous le voyez, Catherine arrive en tête avec un très beau dossier, François-Jean la talonne, et Hector, vous avez une honorable troisième place. La masse salariale est de 2 % supérieure à celle de 2013 sur la même période mais ça semblait nécessaire eu égard à la fatigue constatée dans nos équipes. C'est une très bonne année qui commence. Et le respect des normes qualités progresse, dit Sylvain Sassin.

— Et il y a de beaux dossiers qui arrivent, dit Polignac.

Ils échangèrent sur les honoraires attendus dans les nouveaux dossiers et le changement de la moquette dans l'entrée.

— Si vous n'avez rien à ajouter, on lève la séance. Bon week-end du 1er mai ! dit Sassin qui desserra un peu sa cravate.

— Merci Sylvain, bon travail ! dit Polignac en souriant.

— Tu pars dans le Périgord, François-Jean ? demanda Catherine Ferra.

— Oui, maintenant ! Et toi ?

— Je vais chez mes parents, à Marseille ! Et toi, Hector ? Arcachon ?

— Ah non ! Ils annoncent un temps pourri. Capri ce week-end !

— Quelle chance d'avoir deux maisons ! dit-elle.

— Simple question d'organisation.

28

Regniez dévala les marches de l'escalier couvertes d'un tapis rouge. La Renault Espace était garée en double file devant l'immeuble, il déposa son cartable en cuir dans le coffre et s'installa sur le siège passager.

— Je sens que tu as envie de conduire, dit-il.

— Je ne conduis pas les cinq heures, dit Anne Regniez.

— Non, on partage. Il faut que je travaille encore un peu. Ça va les garçons ?

— Ouais, content de louper une demi-journée de cours à deux mois de mon bac de français pour arriver plus tôt en Dordogne ! Pourquoi ? Pour voir une vache accoucher ! C'est mon mot d'excuse pour mes profs ! Classe ! dit François-Joseph Regniez.

— On dit vêler ! C'est une bien meilleure excuse que d'aller acheter des baskets sur les Champs-Élysées !

— C'est à géométrie variable. Comme tu es vachement moins pressé quand on part au Brésil ! dit François-Joseph.

— Vachement ! Excellent ! dit François-Louis.

— Vous êtes en forme les garçons, c'est bien ! Et toi, Anne ?

— Je me suis organisée aussi, il n'y a pas que toi qui travailles, dit-elle, le visage fermé.

— Hé ouais ! Le patriarcat, c'est fini ! Dis donc, Maman, ça veut dire quoi DRH ? J'ai dit ça au prof de maths qui me demandait ton métier et il m'a demandé ce que les initiales voulaient dire ! dit François-Louis.

— Directrice des ressources humaines, ça veut dire, bouffon ! dit François-Joseph.

— Joseph, tu n'insultes pas ton frère ! Tu le sais pourtant, Louis, dit Anne Regniez d'une voix douce.

— Oui, oui, je lui ai expliqué que tu t'occupais des employés d'une entreprise de travaux publics mais je ne savais plus ce que voulaient dire les initiales.

— Tiens, d'ailleurs, en toute confidentialité, on a un nouveau client, votre concurrent direct : Antoine Bismuth.

— Ah oui ! Atac ! Et alors, il est comment ? demanda Anne Regniez.

— C'est un client de Catherine. Un clown, selon Hector.

— Toujours très mesuré et bienveillant, ton associé.

— En tout cas, il est vachement plus cool que vous avec ses enfants ! J'ai croisé Clovis en sortant du lycée, il s'est décoloré les cheveux en blond ! dit François-Joseph.

— Il est vrai qu'il est plus détendu qu'à une époque.

— Mais il est toujours aussi maniéré et méprisant ! Je ne suis pas certaine que « cool » soit le mot le plus approprié. Je vous rappelle que ses enfants le vouvoient, dit Anne.

— Non mais t'imagine le délire ! Maman, je suis tombé en skate, j'ai très mal, pourriez-vous m'emmener à l'hôpital, assez urgemment, s'il vous plaît !

Tu meurs avant d'avoir fini ta phrase ! dit François-Louis en riant.

— Moi, je trouve ça assez classe, dit François-Joseph.

— Je rêve, dit Anne Regniez.

— C'était son anniversaire aujourd'hui et il nous a annoncé qu'il se sentait de plus en plus jeune et qu'il comptait travailler encore dix ans !

— Tu n'es pas près d'être débarrassé de lui, dit Anne.

— Sauf miracle, non.

Le téléphone d'Anne sonna.

— C'est mon nouveau collaborateur, je le rappellerai tout à l'heure.

— Papa aussi a de nouvelles collaboratrices qui sont très bien, dit François-Joseph en riant.

— Ah bon ? demanda Anne.

— Joseph a vu une nouvelle recrue en immobilier qui s'appelle Alice Santa Mala. Depuis il veut être notaire.

— Ça, c'est dans tes rêves ! Je fais un stage cet été avec Alice Santa Mala et personne d'autre.

— Elle est jolie ? demanda-t-elle.

— Non. C'est un bloc atomique, dit François-Joseph.

— C'est toi qui l'as choisie ?

— Nous l'avons choisie. Elle avait une solide lettre de recommandation et elle semble sérieuse.

— T'inquiète maman, papa, il est focus sur son job et ses vaches.

Regniez éclata de rire. En regardant les immeubles périphériques tristes, il ressentit un sentiment diffus de frustration. Il se concentra sur la lecture de ses mails. Il répondit « parfait » à Claire Castaigne qui lui disait avoir parlé longuement avec Sophie de Gestas qui n'allait pas bien, et répondit « oui » au mail de Golfino : « J'ai été contacté par Bertrand Garabian, le fils de Jean Garabian, fondateur des cinémas Garabian. Il a repris l'entreprise familiale avec son frère et vit à Los Angeles où il a monté une société de production. Il est marié à Nancy Carter. C'est l'acteur, François Beaumont, à qui j'avais donné des conseils efficaces, qui me l'adresse. Nous avons eu une conversation téléphonique constructive. Il cherche un nouveau notaire. Il est de passage à Cannes pour le festival. On peut le rencontrer le samedi 17 mai. Ça va nous changer les idées un week-end à Cannes ! »

Il écrivit à son frère : « On est en route. Alors ? »

« Toujours pas. »

Lorsqu'ils se garèrent dans la cour de la ferme, les chiens accoururent en aboyant. Regniez coupa le contact et regarda son père, François, qui souriait sur le perron de la maison principale, une tasse à la main.

— Ça va mon fils ? demanda-t-il en posant une main sur son épaule.

Regniez hocha la tête et alluma une cigarette.

— Bonjour Anne, bonjour les garçons, dit-il en les embrassant.

— Toujours pas ? demanda Regniez.

— Non mais ça ne devrait pas tarder, répondit le père.

— Je me change et j'arrive.

— J'ai allumé le chauffage dans votre maison, il fait encore frais le soir.

300

Leur maison était un corps de bâtiment perpendiculaire à celui du père et faisait face à la maison du frère, François-Régis, qui vivait seul depuis qu'il avait divorcé de la mère de ses deux filles, désormais majeures. Regniez posa la main sur le radiateur du salon qui était tiède. Les volets étaients ouverts sur le jardin et la piscine bâchée, construite deux ans auparavant, sous la pression des garçons, qui menaçaient de ne plus venir tant ils s'ennuyaient à la campagne. Il ouvrit la vanne du gaz et celle de l'eau qui provenait du forage de la nappe phréatique.

Dans leur chambre, à l'étage, sa femme était en train de vider sa valise et de ranger ses vêtements dans le dressing. Il retira son costume qu'il pendit à un cintre, enfila un vieux jean et un pull en maille. Il alla frapper à la porte de la chambre de François-Louis qu'il trouva, assis sur son lit, plongé dans son téléphone.

— Louis, viens avec moi à l'écurie, c'est incroyable le spectacle d'une vache qui vêle.

— J'ai déjà vu, dit son fils sans lever les yeux de son téléphone.

— Il y a longtemps.

— Oui mais je m'en souviens bien, répondit-il d'une voix éteinte.

Il referma la porte et avant même qu'il eût frappé, François-Joseph lança à travers la cloison : « Non, je ne veux pas venir voir la vache ! »

Il activa le mode silencieux de son téléphone et le posa sur le meuble de l'entrée. Il enfila ses bottes en caoutchouc dans la remise attenante baignée des odeurs mêlées du bois coupé pour la cheminée, des dernières cagettes de pommes et de noix de la saison dernière et de l'essence pour la moto et les outils du jardin. Il traversa la cour et rejoignit son père qui épluchait des légumes, assis à la table de sa cuisine.

— Je prépare une soupe de carottes et de cresson du jardin, une côte de bœuf et des pommes de terre à la cheminée pour ce soir, dit le père en l'examinant de ses yeux bleus.

— Parfait, merci.

— Tu as beaucoup de travail en ce moment ?

— Pas mal, oui.

— C'est bien.

Dans l'étable, il trouva son frère, en combinaison et en bottes, en train de répartir le foin dans les mangeoires, *Vertige de l'amour* sortait de la radio perchée sur une planche, ils s'embrassèrent.

— Ça va ? demanda son frère en lui tapant dans le dos.

— Oui, content d'être là. Elle est où Maggy ?

— Là-bas ! Elle est couchée maintenant.

Ils allèrent voir la vache, d'un beige presque orange, allongée sur la paille, secouée de contractions, Regniez posa sa main sur son flanc.

— C'est pour bientôt, dit François-Régis.

— Tu veux que je t'aide pour la traite ?

— Je veux bien.

Le frère mit en route la machine à traire et Regniez fit défiler les vaches, en les appelant par leurs prénoms, pendant que son frère surveillait la machine.

— Elle ne donne plus beaucoup de lait, Eva, il va bientôt falloir la réformer, dit le frère en caressant le flanc beige parcouru de raies blanches.

302

— Elle a quel âge ?

— Pas loin de quinze ans. Elle est encore bien trapue. Regarde les belles cuisses qu'elle a ! Tu as l'air fatigué, tu travailles beaucoup ?

— Oui, c'est dense, répondit-il en secouant la tête.

— Tu as des problèmes ?

— Oui, j'ai un problème dans un dossier, ça va s'arranger.

— Tu ne veux pas en parler ?

— Pour faire simple, je m'occupe de la succession de Frédéric de Gestas. Tu as dû entendre parler du testament ?

— Ah c'est toi ! J'ai lu le journal, comme tout le monde.

— La fuite vient de l'étude mais je n'arrive pas à savoir d'où. C'est la première fois qu'une chose pareille m'arrive.

— Tu vas finir par trouver.

— Pas sûr. Sinon, j'ai embauché deux jolies collaboratrices.

— Tu as bien fait ! Ça va avec Anne ?

— Le calme plat.

— Tu vas tenir encore longtemps comme ça ?

Il haussa les épaules. Ils entendirent des gémissements et accoururent auprès de la vache qui poussait en meuglant. Il prit dans ses mains les pattes du veau, qui émergeaient, et tira de toutes ses forces. Son frère envoya un message à son père, qui arriva peu après, avec Anne.

Le vêlage dura longtemps. Dans un dernier effort coordonné, le veau, emmailloté du placenta rose, fut totalement expulsé par le ventre chaud. Il se mit à

303

gesticuler dans les bras de Regniez. Il dégagea sa tête
et le déposa près de la gueule de la vache qui le libéra
entièrement du placenta et le nettoya à grands coups
de langue. Regniez déplaça le veau près des pis gonflés, il téta un peu et se coucha contre le ventre de la
mère.

— C'est un mâle, dit-il.

— C'est toujours bouleversant une naissance, dit
Anne en s'approchant pour caresser le poil encore
humide.

— Il faut lui trouver un prénom ! Anne ?
demanda le frère.

— Hector, dit-elle en riant.

— Très drôle ! Non, pas de ça dans notre étable !
Une belle proposition, dit Regniez.

— Gaston, comme mon grand-père que j'adorais.

— Va pour Gaston ! dit le frère.

Lorsqu'ils eurent terminé le travail, les deux frères
se lavèrent les mains au savon dans l'évier en émail
blanc. Ils allèrent s'asseoir sur le banc en bois, derrière l'étable. Regniez tendit la boîte de cigarillos
ouverte à son frère. Ils fumèrent en silence.

29

Un rayon de soleil l'aveugla lorsqu'elle sortit du parking de son immeuble. Elle s'arrêta le long des barrières vert et gris de la parcelle en travaux, coincée entre deux immeubles aux tranches clouées de bâches bleues, enfila ses lunettes de soleil, positionna les oreillettes sous son casque, appuya sur « Mémé » dans la liste des appels récents et s'engagea sur le boulevard Barbès.

Comme elle le faisait toujours, sa grand-mère émit un allô d'une voix faible et peu assurée, comme celle d'une enfant, sa voix s'éclaircit lorsqu'elle reconnut Claire.

— C'était juste pour te dire que j'étais bien rentrée.

— Tant mieux. Je viens de soigner mes lapins, on a un beau soleil encore ce matin.

— Nous aussi, ça fait du bien.

— C'est dans ton bureau que ça klaxonne ?

— Non, je suis en route sur ma moto. J'ai mis mes oreillettes.

— Oh ! Tu vas bien te faire écraser dans ton Paris avec la circulation qu'il y a !

— Mais non, je suis prudente.

— Tu parles que tu es prudente ! Je te connais.

— C'était bien ce week-end ?

— Oh oui ! Il ne manquait que ta sœur ! Allez, raccroche, ma caille, c'est bien gentil de m'appeler mais je ne voudrais pas que tu aies un accident à cause de moi.

— D'accord, je te rappelle bientôt, bisous Mémé.

Claire ressentait un attachement physique à sa grand-mère, presque charnel, peut-être parce qu'elle s'était beaucoup occupée d'elle, enfant. Lorsqu'elle pensait à sa mort, qui n'avait aucune raison d'advenir dans un futur proche tant elle était vivante, mais qui était moins abstraite que celle de sa sœur ou de ses parents, sa gorge se nouait. Elle savait déjà qu'une partie d'elle mourrait avec sa grand-mère, une partie profonde et essentielle, comme une racine.

Elle prit l'ascenseur avec Catherine Ferra qui, sur ses talons hauts, la dépassait d'une tête. Son visage était bronzé au milieu de ses cheveux blonds impeccablement brushés, elle posa son sac de sport pour regarder ostensiblement sa montre.

— 9 h 23 ! Vous avez raison, il ne faut pas reprendre trop tôt après un grand week-end !

Claire lui sourit, en cherchant son regard qui fuyait.

— J'ai rendez-vous avec monsieur Khaoulani à 10 heures.

— Vous voulez dire que vous êtes en avance ? Vous avez beaucoup de répondant pour une collaboratrice en période d'essai !

— Monsieur Khaoulani était le compagnon de votre amie, madame Perdrix, il vient pour l'ouverture de la succession.

— Ah d'accord ! Vous suivez le dossier avec Pierre ? En espérant qu'il soit revenu !

— Oui, mais vous voulez peut-être le saluer ?

Les portes s'ouvrirent au cinquième étage.

— Non merci ! J'ai horreur des successions. Et je ne le connais pas. Mais transmettez-lui mes condoléances. Et ne vous appesantissez surtout pas sur le pacs !

— D'accord, bonne journée, madame.

Claire alluma son ordinateur, rentra son code, et alla à l'espace cafétéria. Murielle Barzouin était devant la machine à café.

— Il est revenu, PF ?

— Oui, j'ai récupéré mon Fonfon dans une petite forme mais je vais lui remonter le moral !

— Tu crois que je peux le voir aujourd'hui ?

— Laisse-le venir. Il va sans doute faire le tour des bureaux.

Nicolas Boissière apparut dans un costume bleu.

— Bonjour Nicolas. Allez moi je file, j'en ai ras la gueule ! À plus, les jeunes ! dit Murielle.

— Bonjour Claire, tu as passé un bon week-end ?

— Très bon, chez mes parents, en Bourgogne, il faisait beau.

— Tu es d'où en Bourgogne ?

— D'une petite ville près de Beaune, qui s'appelle Nuits.

— Je connais la Bourgogne plus au nord, près de Sens.

— L'Yonne. Et toi ?

— Moi j'étais aussi chez mes parents, au Havre. J'ai retrouvé des amis, on a fait du bateau tout le week-end, c'était super ! Il faut que j'y aille, mon rendez-vous de 10 heures n'est pas tout à fait prêt.

Elle croisa Maxime Ringuet qui la salua en la fixant de ses yeux clairs, elle s'arrêta devant la cage vitrée de Paulette Gorin qui, le pied sur sa poubelle, était en train de se tailler l'ongle du gros orteil.

— Bonjour Paulette. Est-ce que tu as terminé le travail que je t'ai donné ?

— J'ai préparé le pacs Fenouillard. J'ai donc laissé en blanc l'état civil de monsieur Abdoul…

— Abdi. Très bien, je vais appeler madame Fenouillard. Tu as préparé le contrat de mariage Ravier / Baroin pour mercredi ?

— Je le fais maintenant.

— Tu as reçu les états civils ?

— Je vais vérifier dans le courrier.

— Merci. Je vais t'envoyer par mail les infos pour une donation de somme d'argent par madame Jadot à son fils unique à faire pour une signature jeudi. Et là, j'ai un rendez-vous pour une nouvelle succession Perdrix, je te donne le dossier après.

— Ah bon ? Elle est morte, madame Perdrix ?

— Oui, pendant son opération à cœur ouvert.

— Je l'ai eue un paquet de fois au téléphone pour son testament, Karine ne voulait jamais la prendre.

— On l'a fait la veille de son opération. Pourquoi elle ne voulait pas la prendre ?

— Parce qu'elle disait qu'elle n'avait pas le temps, elle gérait les gros dossiers et basta. Elle a levé le pied quand elle est revenue de son cancer.

— Merci, Paulette, on fera un point en fin de journée.

— Allez, j'attaque ! dit-elle en soufflant sur sa pince à ongles avant de la fourrer dans son sac.

Claire s'enferma dans son bureau. Des dizaines de mails s'étaient affichés dans sa boîte, les lignes noires se brouillèrent sur l'écran blanc, elle se laissa absorber quelques secondes par le vide et se concentra sur leur lecture, en sentant monter la tension le long de sa colonne vertébrale pour se loger dans ses cervicales.

Son téléphone sonna la samba, Clara Labalette lui demanda si elle avait passé un bon week-end et lui annonça que monsieur Khaoulani était installé en salle Casanova 2.

Il portait un costume marron foncé à rayures quadrillées et une cravate beige sur une chemise bleue au col amidonné qui semblait neuve. Il sentait l'après-rasage, il avait un beau visage émacié avec des pommettes hautes et un grand front surmonté d'une épaisse chevelure grise aux boucles serrées. Un cartable en cuir brun était posé sur la chaise à côté de lui.

— Je vais m'occuper de la succession de votre compagne, sous la direction de Maître Fontaine. Catherine Ferra ne s'occupera pas du dossier avec moi, elle est spécialisée en droit immobilier. Mais elle me charge de vous transmettre ses condoléances et s'excuse de son absence à l'enterrement.

— Merci, dit-il, ses yeux gris noyés de larmes.

— Je vais commencer par vous lire le testament qu'elle a écrit pour vous.

Claire ouvrit le dossier bleu intitulé « Succession Sylvie Perdrix ». Elle prit dans ses mains la carte rose avec un cœur rouge et des *Je t'aime* écrits tout autour, elle lut à haute voix l'écriture bleue et heurtée. Elle tendit la carte à monsieur Khaoulani, qui passa ses doigts sur le cœur en relief et la relut en murmurant, les larmes coulant le long de ses joues plissées de rides.

— Madame Perdrix souhaitait que tout vous revienne : l'appartement de Paris, la maison à la campagne, les comptes bancaires, l'assurance vie. Nous avons envisagé les choses ensemble au regard des droits de succession qui s'appliquent entre vous. En l'absence de pacs et de mariage, ils sont assez lourds puisqu'ils s'élèvent à 60 % de l'actif successoral. Nous nous sommes donc efforcés de coordonner ses volontés avec une certaine optimisation fiscale. Je lui ai recommandé de faire un versement complémentaire sur son assurance vie pour atteindre le plafond d'exonération des droits au titre des assurances vie. Elle a dû le faire la veille de son opération.

— Oui, j'ai trouvé un courrier de la compagnie d'assurances dans la boîte aux lettres et j'ai apporté le contrat aussi, dit-il en ouvrant son cartable.

— Je vais en faire des copies. Vous êtes donc bénéficiaire d'une assurance vie à hauteur de 152 500 euros sans droits de succession à payer. Quant à la maison à la campagne, puisqu'elle appartient pour moitié à la sœur de madame Perdrix, il était plus judicieux de vous attribuer l'usufruit de sa part plutôt que la pleine propriété. Ça signifie que vous pouvez en jouir librement et gratuitement, sauf à payer la moitié des frais d'entretien. C'est moins coûteux fiscalement et ça évite des difficultés liées à l'indivision. Est-ce que vous avez le titre de propriété de la maison ?

— La sœur de Sylvie doit me l'envoyer. Mais j'ai celui de Paris.

— Merci. Il faudra aussi faire évaluer la maison par une agence immobilière locale, celle de votre choix, en leur précisant que c'est pour une succession. De même pour l'appartement parisien. Je vais, de mon côté, consulter la base de données notariales des dernières mutations de biens similaires dans le quartier. Madame Perdrix me disait que l'appartement valait autour de 700 000 euros. Si nous nous basons sur cette valeur, en ajoutant 20 000 euros de liquidités sur les comptes bancaires et votre usufruit de 30 % sur la maison du Cantal, évaluée provisoirement à 80 000 euros, les droits de succession à payer seraient d'environ 450 000 euros sans les frais notariés. La difficulté est que les liquidités tant sur les comptes bancaires que sur l'assurance vie ne couvrent pas les droits de succession. Il va manquer environ 280 000 euros.

— Je n'ai pas cet argent. Est-ce qu'il y a une solution ?

— Vous pouvez payer les droits en vingt fractions, payables tous les six mois sur dix ans. Si vous vous acquittez immédiatement de 150 000 euros de droits, il restera dix-neuf fractions à payer de 15 700 euros environ, plus les intérêts au profit du Trésor Public qui sont assez faibles, ce qui représente 2 600 euros par mois.

— J'ai une retraite de 800 euros.

— Il faudrait voir si la location éventuelle de l'appartement permettrait de couvrir ce montant.

Demandez à l'agence immobilière sa valeur locative. Il faudra y ajouter les charges de copropriété, la taxe foncière et les réparations éventuelles.

— Ça me semble compliqué. Sinon, il faut que je vende ?

— Oui, mais nous allons établir les chiffres précisément et vous vous déciderez en fonction. Vous aurez du temps pour réfléchir, nous avons six mois pour régler la succession.

— Je m'en remets à vous, dit-il, le visage grave.

— Oui, vous pouvez. Est-ce qu'on peut regarder les éléments que vous m'avez apportés ?

— J'espère n'avoir rien oublié.

Claire regarda les documents un à un, elle s'arrêta sur son extrait d'acte de naissance.

— Je suis né en Algérie mais j'ai la nationalité française.

— Très bien. Vous êtes né à Tiaret. Où est-ce que ça se trouve ?

— Sur les Hauts Plateaux de l'Atlas, au nord de l'Algérie, à trois cents kilomètres au sud-ouest d'Alger.

— Ça n'est pas très loin de la Kabylie ?

— La Kabylie est plus à l'est. Vous connaissez l'Algérie ?

— Non, mais j'adorerais. Mon grand-père maternel était Kabyle.

— De quelle ville ?

— Je ne sais pas. C'est une histoire un peu spéciale. Ma mère a appris, il y a cinq ans, que son père n'était pas son père mais qu'elle était le fruit d'un amour adultère de sa mère avec un Algérien. Elle s'est toujours doutée de quelque chose parce qu'elle a un type méditerranéen très marqué par rapport à ses six autres frères et sœurs. Sa mère était brune mais son père était blond aux yeux bleus. Et il y avait des portes qui se fermaient et des conversations qui s'éteignaient quand elle arrivait dans une pièce. C'était un secret de famille que tous connaissaient sauf elle, et que l'une de ses sœurs lui a revélé avant de mourir. Mais revenons à vous, nous ne sommes pas là pour parler de moi, dit Claire, qui appuya sur ses yeux humides.

— Non, ça m'intéresse, racontez-moi.

Ils se sourirent.

— C'est une histoire d'amour. Mes grands-parents maternels avaient, dans les années 50, une ferme dans l'Oise et ils recrutaient des étrangers pour travailler dans les champs, des Italiens, des Espagnols, des Marocains et des Algériens. Parmi eux, il y avait un jeune homme qui s'appelait Yades Ben Saad. Il vivait à la ferme comme les autres ouvriers agricoles, il avait une vingtaine d'années, il était très beau, très fin paraît-il. Ma grand-mère avait plus de quarante ans. Ils sont tombés fous amoureux. Personne ne pouvait l'ignorer, ni mon grand-père qui a fermé les yeux, ni leurs enfants dont l'aînée avait vingt ans. Leur histoire a duré deux ans, et en 1954, il a décidé de retourner en Kabylie rejoindre le FLN. Il ne savait pas que ma grand-mère était enceinte, elle non plus, elle lui a écrit quand elle a su. La sœur de ma mère nous a donné une lettre de lui, écrite en 1956, de la prison de Blida. Il lui annonce qu'il va être fusillé, il dit qu'il l'aime et qu'il porte sa fille, Élisabeth, dans son cœur, ma mère donc. Ç'a été un grand choc pour ma mère mais aussi un soulagement. Elle a mieux compris pourquoi son père officiel a toujours été indifférent à son égard et pourquoi elle se sentait différente du reste de sa famille. Cette révélation m'a beaucoup touchée car mon identité s'est trouvée enrichie de nouvelles racines. D'ailleurs, étrangement, l'Algérie m'a toujours attirée sans que je comprenne pourquoi. Mais c'est aussi une case à jamais manquante : nous n'avons rien d'autre qu'un nom et un prénom, aucune photographie, aucune histoire, rien. J'ai entrepris quelques recherches que j'ai arrêtées assez vite. J'aurais été beaucoup plus persévérante pour le dossier d'un client, mais pour ma propre histoire, quelque chose m'a freinée, comme si cette histoire-là me suffisait, que je ne voulais pas la recouvrir de démarches administratives. Je le ferai peut-être un jour.

— C'est une très belle histoire. Je suis heureux que vous me l'ayez racontée.

— Merci de m'avoir écoutée. J'irai un jour en Kabylie, c'est sûr.

Dans le hall de l'étude, Claire serra étroitement la main de monsieur Khaoulani, en le remerciant, il posa sa main sur sa main et lui sourit.

Lorsque la porte fut refermée, elle se retourna et dit à Clara Labalette :

— Tu as vu comme il est beau et élégant mon client !

— Très classe, répondit Clara.

Elle trouva six appels en absence sur son téléphone, dont deux clients mécontents de Karine

314

Grumeau, et vingt mails supplémentaires dans sa boîte. La fébrilité de la reprise après ce grand week-end d'inactivité généralisée était palpable. Elle ferma les yeux, se concentra quelques minutes sur sa respiration et plongea dans les dossiers comme dans une mer glacée.

Pour rester immergée, elle ne sortit pas sous le ciel bleu blanchi par le soleil. Elle commanda des sushis et s'accorda une demi-heure de pause devant l'écran noir de son ordinateur en lisant *La Pluie d'été* de Marguerite Duras. Elle éprouvait une compréhension puissante, presque viscérable d'Ernesto, l'enfant sauvage enfermé des après-midi entiers avec le livre brûlé qu'il avait trouvé, reclus dans le silence, lisant sans savoir lire, inventant l'histoire d'un roi étranger. Elle relut plusieurs fois : « Ainsi avait-il compris que la lecture c'est une espèce de déroulement continu dans son propre corps d'une histoire par soi inventée. »

C'était cet état-là qu'il fallait atteindre, comme une suspension. Elle referma le livre, le rangea dans son sac et reprit le travail. Sa concentration était constamment battue en brèche par les appels téléphoniques, les mails qui apparaissaient sur son écran, accompagnés d'un signal sonore bref, les SMS sur son téléphone, son rendez-vous Tinder du soir à qui elle confirma l'horaire et le lieu, des mails encore et dans le flot un mail de Pauline qu'elle lut, le dos appuyé contre le dossier du fauteuil, les épaules relâchées.

« Ma bichette, c'était comment la Bourgogne ? Moi j'ai passé les trois quarts du week-end au lit avec Gino ! J'ai enfin découvert ce qu'était réellement le sexe à trente ans ! Il était temps mais il y en a qui passe à côté toute leur vie ! Il m'a fait jouir par le vagin pour la première fois de ma vie ! C'était dingue ! On a baisé pendant deux heures, et la jouissance est montée comme une explosion ! J'ai cru que j'allais me désintégrer ! Le mec est capable de retenir son éjaculation super longtemps, il me dit qu'il atteint un stade supérieur de la jouissance ! Je fais des trucs de fou avec lui. Je suis allée au bureau, en jupe, avec des boules de geisha, j'étais comme une folle toute la journée, on s'envoyait des messages super chauds ! J'ai aussi découvert le porno féministe. Je t'envoie le lien d'une réalisatrice suédoise qui fait des films super cool, ça va te plaire ! Je me rends compte que je n'avais connu que des coups bâclés avec des mecs foireux ! Et je suis en train de devenir accro au cul ! Je ne pouvais que t'écrire à toi, ma Clairette, je sais que tu comprends ! Réponds-moi et dis-moi quand t'es libre. »

Claire mit ses écouteurs et regarda l'extrait du film joint à l'article sur la réalisatrice suédoise. Elle sentit l'excitation monter entre ses cuisses, la porte de son bureau s'ouvrit sur Paulette Gorin, Claire arracha ses écouteurs et fourra d'un geste vif son téléphone dans son sac.

— Vous pourriez frapper quand même, Paulette !

— Tu.

— Tu quoi ?

— Tu pourrais frapper.

— Oui, je te demande de frapper à la porte et d'attendre que je réponde avant d'entrer dans mon bureau.

— Bien chef ! dit Paulette en s'asseyant sur la chaise en face de Claire. J'ai préparé le contrat de mariage. Et voilà les courriers pour la succession Perdrix. C'est bien malheureux de finir comme ça sur la table d'opération, le cœur ouvert, elle n'était pas vieille.

— Où est le testament ?

— Je l'ai déposé aux formalités.

— Merci, mais je veux voir les actes et les testaments avant que tu ne les déposes au service formalités. De même que je veux signer tous les courriers qui partent. Et les testaments doivent être formalisés en priorité.

— Bien chef ! L'acte de naissance de M. Kaoua je ne sais plus quoi est périmé…

— Khaoulani. Ça n'est pas si compliqué quand même !

— C'est pas très français quoi !

— Évitez ce genre de considérations dans mon bureau. Non, laissez-moi continuer. En effet, merci de demander un nouvel acte de naissance à Nantes, par Internet. Je vais regarder tranquillement les courriers que vous avez préparés. Et n'oubliez de préparer demain la donation de somme d'argent Jadot. Vous pouvez y aller.

— Mais je ne comptais pas rester plus longtemps, il est déjà 19 heures, j'ai fait bien plus que mon quota ! Tu sais, j'en ai vu des jeunettes comme toi s'esquinter la santé à passer leurs soirées là, sans manger. À bonne entendeuse ! Et moi je continue de te tutoyer.

— Merci de ta sollicitude, Paulette, bonne soirée.

Paulette Gorin referma la porte dans une révérence.

Claire écrivit à Pauline : « Hello ma Roulette, je t'écris du fond de la mine PRF ! C'est dur de reprendre le rythme de la vie de bureau ! Le week-end en famille à Nuits m'a fait du bien. J'ai lu, j'ai regardé des films, j'ai retrouvé mon cheval. Heureuse de savoir que tu as percé les mystères de la jouissance féminine ! Moi, je suis encore à l'âge de pierre, où les hommes s'engouffrent en missionnaire et ressortent trois minutes après en gémissant ! Même pas encore à l'âge où ils prennent le clitoris pour une *Game Boy* ! Garde-le ton homme moderne ! J'ai couché avec Vincent la semaine dernière. Tiède. Et ce soir, je prends l'apéro avec un Tinder boy ! *Badin007* ! T'as raison, je vais me mettre au porno dans mes soirées solitaires ! On est parfois mieux servie par soi-même. Je te textote pour un verre dans la semaine. »

Pauline répondit instantanément : « Il te reste des choses à découvrir ! »

30

Il était assis sur la banquette rouge, il portait
un jean clair et des mocassins en daim mauve, les
manches de sa chemise blanche étaient retroussées,
il avait des traits réguliers dans une barbe de trois
jours, de grands yeux clairs et des cheveux bruns
clairsemés ; c'était un bel homme de quarante ans.

— Bonsoir cher maître.

— Ah Claire ! Ravi ! Au moins, tu ressembles à
tes photos !

— C'est mieux, non ?

— Ça n'est pas toujours le cas !

Alors qu'elle souriait, ses yeux tombèrent sur une
médaille de baptême avec une vierge noyée dans les
poils de sa poitrine.

— C'est sympa ici ! Tu viens souvent ?

— De temps en temps, mentit-elle.

Elle fixait souvent ses rendez-vous Tinder dans ce
bar du 9e arrondissement ; il y avait de l'espace entre
les tables, des banquettes confortables – *Badin007*
lui avait laissé la chaise –, une lumière tamisée qui
adoucissait les visages, et il était à une distance suf-
fisante de chez elle, une distance qui ne permettait
pas d'imaginer le dernier verre. C'était un principe
auquel elle n'avait jamais dérogé : elle ne couchait
pas le premier soir. Le désir devait irradier les corps,

tournoyer jusqu'à la brûlure, se dévoiler et se cacher, il y avait le jeu des forces pour la conquête, la lutte avant la défaite. Même les animaux se livraient à des parades amoureuses.

La serveuse vêtue d'un minishort en jean déchiré sur des collants résille s'approcha.

— Qu'est-ce que tu veux boire ? demanda-t-il.

— Un verre de vin blanc, le languedoc s'il vous plaît.

— Moi, je vais prendre le marsannay rouge.

Il regarda les jambes de la serveuse lorsqu'elle repartit vers le bar.

— Tu es un homme de goût, dit-elle en riant.

— Ah bon ? Pourquoi ?

— Parce que tu choisis un vin de Bourgogne. C'est ma région, j'ai grandi près de Beaune.

— Ah une qualité supplémentaire !

— Tu connais la Bourgogne ?

— Non mais j'ai hâte ! Et tu es née le 23 février, comme ma mère. C'est incroyable ! C'est la première fois que je rencontre une femme née le même jour que ma mère.

— Tu t'entends bien avec ta mère ?

— Oui, je l'adore ! Elle m'a élevé seule, je suis fils unique, on a toujours été proches. C'est un bon signe. Les poissons et les scorpions fonctionnent bien ensemble.

— Mais tu es avocat et je suis notaire !

— Je n'ai rien contre les notaires.

— Je n'ai rien non plus contre les avocats. Simplement, quand ils interviennent dans des dossiers de divorce ou de succession, ça complique un peu les choses. Ils ne sont pas toujours pour la paix des familles.

— Oui, ils sont pédants, hautains, imbus, je ne fréquente pas ces gens-là ! Tu travailles où ?

— Rue de la Paix.

— Très chic.

— Je suis simplement salariée.

— Tu aimes ton métier ?

— Oui, je crois. J'ai travaillé énormément pendant cinq ans en étant mal payée, j'ai été un peu dégoûtée, j'ai eu besoin de faire un break de six mois et je suis finalement revenue au notariat. Le rythme est aussi soutenu qu'avant mais j'ai un meilleur salaire. Je vois les choses un peu différemment, on verra bien, dit-elle en retirant sa veste qui découvrit ses bras.

— Les notaires sont tatoués maintenant ?

— Assez peu, dit-elle en souriant.

— Mais toi, tu es tatouée pour deux ! Tu en as partout comme ça ? Moi qui pensais qu'on vous offrait le foulard en soie à l'école des notaires ! Je comprends mieux pourquoi tu as mis sur ton profil Tinder que ton magasin préféré était Castorama ! J'ai deux ou trois trucs à fixer chez moi à l'occasion ! Moi, je suis nul en bricolage !

— J'ai beaucoup fréquenté les magasins de bricolage ces derniers temps parce que j'ai refait mon appartement.

— Tu es propriétaire de ton appart ?

— Oui, je l'ai acheté dès que j'ai commencé à travailler. C'est petit, ça fait trente-cinq mètres carrés, mais ça paraît grand d'un coup quand on repeint les murs !

321

— Ah oui, tu as fait les travaux toi-même ! Mais où tu as appris ?

— J'ai appris toute seule, ça n'est pas si compliqué. Ou c'est peut-être un héritage génétique, mon père est très bricoleur. J'ai loué mon appart pendant six mois, pendant que je voyageais, et j'avais envie de lui redonner un coup de neuf avant d'y habiter et de reprendre le travail.

— Tu as voyagé où ?

— En Russie, en Mongolie, en Chine, en Inde…

— Quelle liste ! Tu étais accompagnée ?

— Elle n'était pas terminée ! J'étais seule.

— Tu bricoles, tu voyages seule, tu es tatouée, tu es une *working girl*, tu es la femme moderne mi-homme mi-femme, dit-il avec ironie.

Claire serra la serviette en papier posée sur la table et leva la main pour appeler la serveuse.

— La même chose s'il vous plaît. Je bois vite aussi ! Et j'ajoute que je me déplace à moto. Une grosse moto !

— Je t'ai vexée ? Je voulais simplement dire que tu faisais partie de ces femmes qui veulent être des femmes indépendantes et modernes. Tu n'as pas envie de te reposer sur un homme de temps en temps ?

— Ça n'est pas la question ! Je ne cherche pas un homme pour me reposer sur lui. Je cherche à tomber amoureuse d'un homme qui m'aime pour ce que je suis, sans se demander si j'atteins sa virilité par ma liberté ou mes activités.

— Je t'ai vraiment vexée.

— Regarde ta mère qui t'a élevé toute seule, j'imagine qu'elle travaillait, qu'elle plantait un clou quand il le fallait, qu'elle conduisait sa voiture, c'était une femme moderne non ? Pas un mec pour autant ?

— On laisse ma mère en dehors de ça. Repartons sur une conversation normale.

— C'est quoi une conversation normale ?

— Parler de nos goûts communs. Par exemple, j'ai vu que tu aimais *L'Étranger* d'Albert Camus. J'ai beaucoup aimé ce livre aussi. Après, dans toute ta liste de livres, je ne connaissais rien, j'avoue ! Tu lis beaucoup ?

— Oui, j'aime lire.

— Et j'ai vu que tu faisais de la natation ? Tu as des bras musclés ! Tu es très sportive ?

— Oui pas mal, je fais du sport deux à trois fois par semaine. Et je me suis inscrite à la boxe française en rentrant de voyage. C'est dans la panoplie de la femme moderne mutante, dit-elle en souriant.

— Tu ne vas pas me dire que c'est classique et féminin une femme qui fait de la boxe ?

— Ça fait un bien fou, ça évacue l'agressivité, tu devrais essayer ! Il faut que j'y aille, j'ai un dîner et je suis déjà en retard. En femme moderne, je t'invite, dit-elle en posant un billet sur la table.

— J'aimerais bien te revoir, qu'on continue cette conversation passionnante, j'aime bien les filles qui résistent comme toi.

Chez elle, elle pendit son sac à main à la patère de l'entrée et posa les clés de sa moto sur le marbre de la coiffeuse surmontée d'un miroir piqué, dans lequel se reflétait l'affiche encadrée de l'exposition de Lee Miller au Jeu de Paume, représentant deux femmes masquées, tournées vers l'objectif. Elle activa la position avion de son téléphone portable et brancha sa playlist David Bowie. Elle jeta son chemisier dans le panier de linge sale, rangea sa jupe, retira son soutien-gorge dont les armatures la blessaient, et enfila sa tenue de nuit : un caleçon et un vieux T-shirt. Assise devant l'écran noir de sa télévision, elle mangea dans la casserole un reste de pâtes et découpa une pomme en quartiers. Elle n'osait plus croquer dans une pomme depuis son accident de moto, deux ans auparavant. La nuit, sur les quais, elle avait été fauchée par une voiture qui avait grillé un feu. Elle n'avait eu pour seule blessure qu'une dent fissurée. La moto était partie à la casse, son assurance avait résilié son contrat car, même si elle n'était pas fautive, l'alcootest s'était révélé positif. Alors qu'elle était allongée sur la civière dans le camion des pompiers, un policier avait dit : « Maintenant les torts sont partagés. » Son dentiste lui avait recommandé de faire attention avec cette dent « traumatisée ». Cette fêlure, à peine visible à l'œil nu, alors qu'elle aurait pu mourir, avait longtemps été l'objet de toute son attention, comme si elle était une brèche de douleur qui allait grandir, comme si sa dent allait devenir noire, se fendre ou tomber, et laisser un trou dans ce si joli sourire ; elle décevrait tous ceux qui le lui avaient dit, et elle n'imaginait pas vivre sans sourire. Allongée sur son canapé, elle étira son corps plein de tensions et plongea dans *La Pluie d'été* : « C'est à ces moments-là, quand la mère entrait dans le jeu avec la berceuse, que les enfants et le père atteignaient les moments de leur plus grand bonheur. La mère, ces soirs-là, aimait l'idée de ses enfants, qu'ils soient là à encombrer l'espace et le temps de sa vie. »

Elle laissa retomber le livre sur ses cuisses, elle parcourut les murs qu'elle avait peints en blanc et qu'elle avait laissés nus, elle avait l'impression que quelque chose lui manquait pour pouvoir atteindre ce bonheur de la vie de famille. Bien plus, elle ressentait une forme de dégoût pour la trop grande intimité. Dans les fenêtres de l'immeuble d'en face, elle regardait souvent les silhouettes qui se croyaient uniques dans leurs occupations de l'espace, dans leurs décorations, dans leurs compositions familiales, mais elles se ressemblaient toutes dans leur absurde acharnement à exister, à construire alors qu'elles se flétrissaient chaque jour un peu plus, et finiraient par mourir. Dans leurs petites vies, dans les cages qu'elles avaient montées elles-mêmes, elles reproduisaient la mort, en se donnant l'illusion de vivre. Elles jouaient le jeu, elles vivaient mieux qu'elle. Cette conscience aiguë de la vanité de l'existence humaine la retenait de vivre trop, pour ne pas reproduire. Quand elle prenait des cours de théâtre, l'une de ses condisciples lui avait dit, alors qu'elles étaient assises côte à côte dans l'obscurité des gradins, à regarder une scène : « Tu ne peux pas toujours regarder les autres vivre, Claire. Il faut agir aussi. » Ça l'avait touchée qu'une inconnue découvre quelque chose d'elle qu'elle ignorait elle-même. Douze ans après, elle s'en souvenait encore. Ce retrait ne venait pas de ce qu'elle voyait et entendait dans son métier, il était antérieur et il avait commandé le choix de ce métier-là. Il ne venait pas de son enfance, elle avait été une enfant dynamique et pleinement investie dans la vie. Il était né dans son adolescence : la mort de Julien, la dépression consécutive, la surprise de voir son père embrassant une amie de sa mère dans la forêt, elle ne savait pas vraiment. Elle ne trouvait pas exactement le point de basculement dans sa mémoire sédimentée. Ce qu'elle savait, c'est qu'elle n'arrivait pas à être parfaitement dans la vie. Ça ne l'empêchait pas d'éprouver du plaisir ou de la joie, mais il y avait toujours une mise à distance, qui avait l'avantage de barrer tout contentement excessif de soi mais qui la privait d'émotions. C'était du sabordage, elle le savait. Son voyage solitaire l'avait poussée à agir et à interagir avec les autres mais son métier allait de nouveau la neutraliser. L'effacement de sa personne était ce qu'on attendait d'elle ; être la plus lisse et la plus perméable possible.

Une brise fraîche annonçant la nuit s'engouffra par la fenêtre ouverte, elle se détendait, elle ne s'était pas enlisée dans une conversation abrasive avec cet homme, elle savait désormais se protéger. Elle était bien chez elle, dans l'appartement qu'elle avait aménagé. Elle avait gardé le parquet en chêne, les vieux carreaux et les éléments en Formica jaune dans la cuisine, elle avait une grande bibliothèque remplie de livres – le profil de Romain Gary sur la couverture d'un livre de poche se détachait, ainsi que le visage du *Locataire chimérique* dessiné par Roland Topor – une table basse sur laquelle était posé *Le Boulevard périphérique*, un tapis berbère épais, une vieille table en bois de son arrière-grand-mère, des chaises de bistrot dépareillées, des objets et des meubles anciens qu'elle avait chinés ou rapportés de ses voyages. Elle avait vécu sept ans dans la décoration moderne de Samuel, blanche et anguleuse, elle ne voulait plus vivre avec un homme qui lui imposerait ses goûts et son rythme de vie. Elle l'avait connu à dix-huit ans, il était plus âgé, elle avait été foudroyée, ça avait été une passion forte, destructrice, ils n'avaient rien en commun, il la neutralisait par l'ascendant de son âge. Huit années d'amour l'avaient enfermée, entravée, privée. Elle était passée de l'obéissance à un père à l'obéissance à un homme. Elle avait retrouvé sa liberté et son indépendance, et même si parfois c'était difficile de vivre seule, elle ne voulait plus d'homme installé dans sa vie.

31

— Ne parlez pas de Najar, dit Hector de Polignac.

La chevalière en or qui entourait son auriculaire droit claqua contre le bois verni du bureau. Claire regarda Hélène Quiniou qui serrait dans sa main droite son stylo plume rose et son bloc-notes ; il passa devant elles.

— Non, elle est en Paix 2, dit Claire alors qu'il se dirigeait dans le couloir vers la porte de la salle Paix 1.

— Hélène, vous n'avez pas dit à Claire que je déteste recevoir mes rendez-vous ailleurs qu'en Paix 1 ? demanda-t-il dans une grimace.

— Je ne savais pas que le rendez-vous était en Paix 2.

— Il était pourtant inscrit sur votre agenda.

— La Paix 1 était déjà prise par FJR, dit Claire.

— Il fallait trouver un autre horaire. Sachez-le pour l'avenir, dit-il sèchement.

Mme Pinson était vêtue d'une robe saumon à pois blancs qui enserrait sa poitrine, elle avait les joues roses comme si elle avait couru, et portait un énorme collier de coquillages.

— Je suis coiffeuse, pardon, confuse, d'être en retard, je suis restée bloquée trente minutes dans le RER.

— Vous avez pu vous libérer facilement ?
demanda Polignac.

— Oui, tout à fait. Je n'ai pas mes élèves le mercredi après-midi.

— Parfait. Voici Claire Castaigne qui a pris en
charge le dossier de succession sous ma direction.
Hélène, que vous connaissez déjà, s'occupe uni-
quement de l'immeuble parisien. Il nous semblait
important de faire une réunion de mise au point,
avec les éléments que nous avons réunis ces trois
dernières semaines. Ainsi que je vous l'ai dit, le
délai de six mois qui nous est imparti pour régler
la succession est très court, d'autant qu'il nous faut
trouver de l'argent pour payer les droits de succession.

— Oh oui ! J'ai passé quelques nuits blanches
depuis trois semaines.

— Nous allons trouver ensemble une solution
pour vous éviter des insomnies pendant six mois.

— Est-ce que vous avez pu joindre mes cousins ?

Claire s'apprêta à parler mais Hector de Polignac
fut plus rapide.

— Colette et Alain sont d'accord pour que nous
les représentions, ils ne souhaitent pas se déplacer.
Gérard fait appel à son notaire d'Amiens, que Claire
a eu au téléphone et qui semble raisonnable.

— Et les autres légataires ?

— Nous leur avons écrit mais il y a moins d'urgence puisqu'ils ne reçoivent que des bijoux ou des
sommes d'argent, dit Polignac.

— Ils m'appellent tous beaucoup et me posent
des questions auxquelles je ne sais pas répondre.

— Renvoyez-les vers nous. Nous allons vous présenter le tableau liquidatif que nous avons préparé, dit-il en désignant la projection sur le tableau blanc.

— Étant précisé qu'il me manque la valorisation de la maison et des terres du Loiret. Mme Pinson a rendez-vous dans deux semaines avec un agent immobilier, dit Claire en allumant le rétroprojecteur.

— Très bien, allons-y ! Les assurances vie, assez anciennes, sont soumises à une fiscalité particulière, elles ne figurent donc pas dans ce tableau, dit Polignac.

— J'ai fait un tableau annexe, dit Claire.

— Commençons par la succession et par l'immeuble parisien. Hélène a établi une évaluation entre 2 500 000 et 2 700 000 euros, par comparaison avec des immeubles équivalents dans le même quartier, en prenant en compte sa vétusté, sa rentabilité locative qui n'est pas fameuse, et l'appartement squatté.

— Ça fait beaucoup d'argent. J'ai réfléchi de mon côté et je suis d'accord pour vendre mais j'aimerais garder un appartement pour mes enfants si c'est possible, dit madame Pinson.

— On déroule d'abord la liquidation, les chiffres vont parler d'eux-mêmes, répondit-il.

Claire regarda Hélène Quiniou qui semblait perdue dans ses pensées. Lorsque, la veille, elle avait ouvert son mail contenant l'évaluation de l'immeuble, elle l'avait immédiatement appelée en lui demandant comment elle avait pu établir une évaluation aussi basse pour six cents mètres carrés, rue de Bagnolet. Hélène avait balbutié que c'était le prix, elle avait vu avec HP.

— Continuez, dit Polignac qui tapotait sur la table du plat de sa main épaisse.

Claire regarda la chevalière incrustée d'un drapeau barré orné de deux fleurs de lys surmonté d'une couronne.

— Nous avons donc, pour l'instant, retenu dans la liquidation successorale la valeur médiane de 2 600 000 euros pour Paris. J'ai intégré le total des comptes bancaires à la Société générale pour 230 000 euros, le deuxième trimestre de loyer dû par le gestionnaire locatif pour 45 000 euros et le forfait mobilier de 5 %. Il est obligatoire de valoriser le mobilier mais nous avons plusieurs options. Le forfait de 5 % est l'option qui s'applique par défaut. Il me semble opportun d'effectuer des inventaires notariés du mobilier par un commissaire-priseur, tant dans l'appartement de madame Barbot que dans sa maison du Loiret, afin d'évaluer les bijoux objets des legs et de faire une économie de droits de succession, sauf si elle avait des objets ou des tableaux de valeur, dit Claire.

— Elle avait de beaux meubles, des tableaux…

— Je n'ai vu aucun meuble ni tableau de valeur dans son appartement. Vous savez, le mobilier ne vaut rien pour les commissaires-priseurs. Organisons des inventaires avec Victor de Sèze, sauf si vous souhaitez recourir à un commissaire-priseur de votre connaissance ? demanda Polignac.

— Non, non, je m'en remets à vous.

— L'actif net est d'un peu plus de 3 millions d'euros. Hors assurances vie et sans inclure encore la ferme et les terres du Loiret. Déduction faite du passif qui comprend les impôts, les dépôts de garantie des locataires, les legs particuliers de sommes d'argent, nous arrivons à un actif net arrondi de 2 700 000 euros. Soit des droits de succession de 1 470 000 euros, dont 680 000 euros à votre charge. Plus les droits à régler au titre de la part d'assurance vie qui vous revient pour environ 70 000 euros. Vous recevez 500 000 euros de liquidités au titre de l'assurance vie et environ 160 000 euros au titre de la succession. Tout cela est à affiner avec les chiffres manquants et les frais successoraux que nous pourrons déduire, mais ça vous donne une première idée, dit Claire.

— Et nous devons payer ces droits de succession dans les six mois ? demanda madame Pinson.

— Désormais dans les cinq mois. Lorsque nous ajouterons les autres biens immobiliers, les liquidités que vous recevrez ne vous permettront pas de faire face aux droits et frais de succession. Nous vous recommandons de vendre l'immeuble entier. Vos cousins sont d'accord avec ce principe. Conserver un appartement ne ferait que dévaloriser l'immeuble et pourrait, à mon sens, créer des difficultés familiales. Avec l'argent qui vous reviendra, vous pourrez acheter un appartement pour vos enfants, dit Polignac.

— Le paiement fractionné des droits serait peut-être une option, non ? En faisant un calcul rapide, les loyers d'environ 15 000 euros par mois semblent couvrir les semestrialités, dit Claire.

— Un paiement fractionné sur un immeuble indivis avec des indivisaires qui sont fâchés est une très mauvaise idée, dit Polignac en la dévisageant avec mépris.

— Qu'est-ce que c'est le paiement fractionné ? demanda madame Pinson.

— C'est la possibilité de payer les droits de succession en vingt mensualités mais tous les héritiers sont solidaires entre eux. Si l'un ne paie pas, les autres sont tenus de payer pour lui. Je ne veux pas vous faire courir ce risque. La vente de l'immeuble permet une sortie de l'indivision et le règlement immédiat des droits de succession. La succession est réglée une fois pour toutes, dit-il d'une voix coupante.

— Oui, vous avez raison, maître, je préfère.

— Si tout cela vous convient, nous pouvons mettre en vente l'immeuble pour vous ?

— D'accord.

— Nous vous proposons de commencer à la fourchette haute de 2 700 000. Hélène va vous faire signer un mandat de vente. Nous allons aussi adresser des mandats à vos cousins. Dès leur retour, nous mettrons l'immeuble en vente.

— Tout cela est parfait, je suis rassurée, dit madame Pinson.

Après le rendez-vous, Hector de Polignac demanda à Claire de le suivre dans son bureau. Lorsqu'ils entrèrent, Rambo, le bulldog anglais, aboya d'un coup sec et quitta la couverture près de la fenêtre. Polignac retira sa veste avant de s'asseoir, son gros ventre tendit les boutons de sa chemise et allongea ses initiales brodées de fil noir. Claire resta debout.

— Claire, vous avez fait un travail efficace mais évitez de suggérer des idioties à nos clients sans mon accord. Je suis votre patron et vous agissez sous ma direction. En rendez-vous, ne prenez la parole que lorsque je vous la donne.

— Je pensais bien faire. Chez Narquet, ça m'est arrivé de mettre en place des paiements fractionnés sur des immeubles indivis.

— Dites plutôt : il m'est arrivé.

Rambo péta, Hector de Polignac ouvrit la fenêtre.

— Pas avec des gens comme ça. Avec des clients avertis, ayant les moyens d'y faire face et capables de fonctionner en bonne intelligence. Vous avez vu le niveau ? Une institutrice, un ouvrier d'usine, un serveur. Ces gens ne sont pas habitués à avoir de l'argent, ils peuvent péter les plombs. Je n'ai aucune envie de prendre une action en responsabilité derrière. Faites preuve d'un peu de psychologie.

— Bien monsieur, dit Claire qui sentait son sang cogner dans ses tempes.

— Je vais vous donner un nouveau dossier. J'avais prévu de le confier à Hélène mais puisque vous n'avez finalement rien à faire pour Bismuth, et qu'Hélène se noie dans un verre d'eau, nous allons le suivre ensemble. On passe du nouveau riche bling bling à la vieille noblesse dégénérée.

— C'est un nouveau riche, Bismuth ?

— Mais oui, son père était fils de paysan.

Le téléphone posé sur le bureau vibra en affichant Clovis. Claire donna un coup de pied à Rambo qui mâchonnait la boucle de ses escarpins Repetto.

— Tiens, quand on parle de noblesse dégénérée ! Il n'y a pas d'urgence pour le dossier, on en reparle. Allô ? Comment ça tu as perdu tes clés ? Ta mère n'est pas à la maison ?

Hector de Polignac regarda Claire et leva les yeux au plafond.

Dans son bureau, Claire regarda les nuages noirs qui avançaient comme un rideau épais sur le ciel bleu. Elle enfila son blouson en cuir qui était resté sur le cintre derrière la porte depuis deux semaines et alla déjeuner, un peu en avance sur la plage horaire autorisée, de 12 h 30 à 14 heures. En traversant la rue sur le passage clouté, elle plongea les mains dans les poches de son blouson, sa main droite buta sur un morceau de papier. Alors qu'elle le dépliait en souriant, de grosses gouttes de pluie s'écrasèrent sur l'écriture à l'encre rouge d'Alex qui dégoulina dans sa main. Elle courut, jeta le papier dans une poubelle et s'engouffra dans le bistrot auvergnat. Elle s'installa au bar, sur un tabouret en skaï rouge, la pluie tambourinait contre les vitres. La serveuse à la voix éraillée et aux cheveux jaune paille passa un coup d'éponge sur le zinc.

— L'orage arrive ! Comment ça va ma beauté ?

— Bien, merci Corinne, je vais prendre une salade du Cantal et une carafe d'eau, s'il te plaît.

— C'est parti ! Eh oui, les cocos, il pleut ! Il a fait trop chaud d'un coup !

Claire parcourut le fil d'actualité Facebook, fit quelques commentaires et ouvrit l'application Tinder. Elle trouva un message de *Badin007* : « On se revoit quand ? » Elle eut envie de répondre « jamais » mais pensa que le silence était plus mordant. Elle passa aux messages suivants.

De *Goodtime*, quarante-trois ans, Paris, 2 h 15, un profil au nez rond découpé sur un coucher de soleil, sans objet : « Attiré par ce que je ne connais pas. La différence, je m'en nourris. J'ai des potes dans pas mal de pays et de nombreuses origines, une fille de neuf ans, Victoire, en garde partagée. J'aime les enfants, ils m'éclatent, je peux autant lâcher des bombes à eau avec eux que me montrer un peu sévère, je chante parfois juste, j'ai une société de *bar equipment*, j'aime le soleil et la rosée… Au plaisir. »

De *HughGrant75*, cinquante-quatre ans, Versailles, 9 h 11, un visage gris et dégarni, objet « Verseau à poisson » : « Bonjour, vous êtes ravissante et suis séduis par votre profil. Aimerais passer dans le monde réel pour vous rencontrer. Nous échangeons nos coordonnées ? Espère à bientôt… Alain. »

De *Vincennes313*, quarante ans (plutôt l'air d'en avoir cinquante) Paris, 21 h, yeux clairs, chemise blanche, une main sur la hanche, sans objet : « Il y a bcp de sincereité dans ces yeux la… »

De *Diffspirit*, trente-huit ans, Paris, 17 h 13, les yeux cachés derrière des lunettes de soleil, des cheveux très courts comme posés sur sa tête, objet « Knock Knock » : « Coucou, Comment se passe ta chaude journée ? Ça devient compliqué de s'endormir le soir… faudrait vivre la nuit en fait. Quelle est ta destination pour cet été ? Perso, ce sera l'Amsud en août, direction le Chili. Allez zou, sur ce, profite bien du soleil. Et félicitations pour ta capacité à sourire naturellement sur les photos. J'en suis incapable mais je me soigne ! Tschüs Joël. »

De *François7*, trente-trois ans, Paris, 23 h 03, sans objet : « Bonsoir, je viens de voir que tu as visité ma page… timide ou pas à ton goût dommage… cela

aurait été sympa d'échanger avec toi, faire connaissance non ?? »

— Attention les yeux la miss, la salade Cantal.

Claire mangea sa salade sans lâcher son téléphone.
Avec ses grands yeux bleus, son front bombé, son
nez d'aigle, elle trouvait que *François7* ressemblait
à Romain Gary, elle parcourut son profil. Directeur
artistique en agence de pub marketing, elle ne savait
pas réellement ce que ça recouvrait. Ses livres préférés : *Le Bûcher des vanités* de Tom Wolf, *Canada*
de Richard Ford, *Portnoy et son complexe* de Philip
Roth. Ses films : tous les films des frères Coen et de
Wes Anderson. Musique : électronique. Voyages :
partout, souvent avec sac à dos, trois mois en
Amérique du Sud, à moto. Sport : boxe.

Elle répondit à son message : « Timide, non, pas
à mon goût, non plus… faire connaissance est une
bonne idée ! Claire. »

Elle traversa la rue de la Paix, le soleil qui rayon-
nait à travers les nuages se reflétait sur le sol mouillé
comme dans un miroir.

Le gardien de l'immeuble fit semblant de ne pas la
voir comme il le faisait chaque jour. Ça n'était pas un
traitement particulier qu'il lui réservait, son air fermé
et maussade était le même pour tous. Est-ce qu'il riait
et dansait chez lui ? Pouvait-on avoir deux visages ?

Clara Labalette lui sourit avec son œil gauche qui
se ferma légèrement.

— Ah Claire ! Il y a une petite urgence. Quand je
suis arrivée pour remplacer Sophie à midi trente, j'ai
vu sur l'agenda de Karine un rendez-vous « Divorce
Belkacem » à 15 heures. J'ai prévenu Pierre qui

m'a demandé de voir avec toi, je l'ai inscrit sur ton agenda. Il faudrait que tu retrouves le dossier et que tu en prennes connaissance rapidement. Dès son retour de déjeuner, Pierre t'appelle pour faire un point.

— OK, je m'en occupe.

— Ça va ? Tu tiens le rythme ?

— C'est intense mais je tiens.

— Oui, je sais ! Courage !

— Merci Clara, dit Claire en levant les deux poings.

Elle ne retira pas son blouson, elle chercha dans l'armoire parmi les dossiers tantôt alignés, tantôt posés les uns au-dessus des autres, tantôt enfoncés, pliés derrière les autres, ou recouverts de paquets de documents retenus par des élastiques. Elle ne réussissait pas à discerner une logique quelconque dans leur disposition ; il n'y avait ni classement alphabétique, ni classement par catégorie, les successions, les divorces, les donations, les ventes, les testaments, tout était mélangé, ni classement par couleur, ni même par ordre d'ancienneté ; c'était la logique interne et mystérieuse de Karine Grumeau. Perchée sur un marchepied en plastique, elle trouva enfin le dossier Belkacem.

Elle adressa un mail à Paulette Gorin : « Paulette, merci de déplacer le rendez-vous Ravier / Baroin à 17 h 30, j'ai un rendez-vous imprévu qui s'est intercalé. »

Pierre Fontaine l'appela, elle le rejoignit dans son bureau. En s'asseyant face à lui, elle toucha sa jambe

338

avec sa chaussure gauche, il sursauta et recula, le regard plein d'effroi.

— Oh excusez-moi ! Je vous ai fait mal ?

— Non, non, vous m'avez à peine touché, c'est moi qui suis nerveux, dit-il en cachant ses yeux pleins de larmes dans son mouchoir en tissu.

— Je suis désolée ! Ça ne va pas mieux aujourd'hui ?

— Oh je dois encore faire une crise d'allergie au pollen, dit-il en riant.

— Ça pourrait être utile de voir quelqu'un pour vous aider.

— Mon généraliste m'a prescrit un traitement antihistaminique.

Elle le regarda en souriant.

— Oui, la police m'a donné le numéro d'un psy, j'ai un rendez-vous vendredi. Il s'appelle le docteur Burnez, il ne peut pas être mauvais !

— Ça va vous faire du bien.

— J'espère. Je n'ai personne à qui parler, je n'ai pas voulu le dire à ma femme, qui est très malade. Heureusement qu'elle ne reçoit pas les journaux à l'hôpital ! Un notaire séquestré, lors d'un cambriolage d'une bijouterie rue de la Paix, elle aurait tout de suite pensé à moi. Il y a trois études rue de la Paix, avec quatre à cinq notaires associés par étude, mais ça ne peut arriver qu'à moi, un truc pareil ! Bon, parlons de Belkacem, vous avez retrouvé le dossier ?

— Oui, c'est un divorce un peu particulier…

— Si c'était simple, ça ne serait pas drôle !

— Les époux Belkacem, Français d'origine algérienne, se sont mariés en 2000 en France. Ils ont eu deux enfants. En 2009, le mari a répudié sa femme en Algérie devant un juge algérien qui a enteriné la décision. Il s'est remarié la même année, en Algérie, avec une Algérienne, ils se sont installés en France et ont eu deux enfants. La première femme répudiée a contesté le divorce devant le juge français, l'affaire est allée jusqu'en cassation et le divorce algérien a été annulé par la Cour de Cassation, au motif qu'il était contraire à l'ordre public français et à l'égalité des époux inscrite dans la Convention européenne des droits de l'homme. Le premier mariage a donc repris ses effets et le second mariage a été annulé pour bigamie contraire à l'ordre public français. La première épouse a obtenu le divorce en France. Il n'y a pas eu de remariage. Il faut donc liquider les deux régimes matrimoniaux, étant précisé que le mari avait repris un fonds de commerce de restaurant en 2010, qu'il a revendu en 2013. Le prix de vente de 50 000 euros a été séquestré à la Carpa dans l'attente d'un accord. Les relevés des comptes bancaires de 2009, avant la répudiation, font apparaître un crédit total de 10 000 euros. Après le deuxième mariage, l'actif est de 40 000 euros. En première instance, dans sa requête, la première épouse soutient qu'il y avait d'autres comptes, que son époux s'était organisé avec la répudiation pour dissimuler ses avoirs. Pour preuve l'achat du fonds de commerce juste après. Il faudrait peut-être interroger le fichier Ficoba ? Et il y a aussi une dizaine de reconnaissances de dettes.

— Super ! Encore un dossier rémunérateur ! Il y a des biens immobiliers ?

— Pas en France. Il y a une maison en Algérie.

— C'est un premier rendez-vous ?

— Oui.

— Est-ce que les parties ont été convoquées par lettre recommandée ?

— Oui. Le mari et les deux épouses ont été convoqués en même temps. C'est peut-être pas forcément une bonne idée !

— On va voir l'ambiance. Karine a préparé un procès-verbal d'ouverture des opérations ?

— Non, il n'y a pas d'acte généré.

— Vous préparez une trame et on va essayer de trouver un accord pendant le rendez-vous. Dans ces dossiers, il faut faire preuve de bon sens et de simplicité. C'est ce qu'attendent les parties et ça nous évite de passer des heures à raser gratis, tout en assurant notre mission de service public.

— Je suis d'accord.

— Tant mieux. Je vais vous donner les divorces et les dossiers de délégation de chambre puisque vos collègues ne veulent pas les faire. Dernière arrivée, première servie !

Hector de Polignac ouvrit la porte avec une telle violence qu'elle rebondit contre lui.

— Claire, je vous cherche partout ! Votre téléphone mobile est sur votre bureau alors qu'il devrait être avec vous !

— Désolée, j'ai oublié, nous avons un dossier urgent avec M. Fontaine.

— Qui sont ces gens en salle d'attente ?

— Quels gens ? demanda-t-elle.

— Les Maghrébins avec des foulards sur la tête. C'est encore ta clientèle, Pierre ? Forcément !

— C'est un dossier de délégation de chambre, dit Pierre d'une voix faible.

— Mais vous ne pouvez pas les laisser comme ça, en salle d'attente, à la vue de tous ! D'autant qu'ils sont vautrés sur les deux canapés ! J'attends de très gros clients d'un moment à l'autre. Les Claret pour ne pas les citer. Claire, vous les mettez immédiatement en salle de rendez-vous ! Et évidemment, vous ne leur donnez pas de pochette PRF, il ne manquerait plus qu'ils nous fassent de la publicité ! dit Polignac, la voix pleine d'autant de colère que de mépris.

— Enfin, Hector, dit Fontaine en souriant timidement.

— Quoi « enfin, Hector » ? Tu te rends compte ou tu es définitivement à côté de la plaque, Pierre ?

— Désolée mais je ne peux pas entendre ça, monsieur, ça n'est pas digne, dit Claire d'une voix dure, en quittant le bureau.

— Pardon ? Pour qui vous prenez-vous pour me répondre sur ce ton ?

— Pour la petite-fille d'un Algérien, fusillé par l'armée française pendant la guerre d'Algérie, dit Claire froidement. Je vais « les mettre » – elle grimaça – en salle de rendez-vous, monsieur, dit-elle en regardant Fontaine qui avait la bouche ouverte par la surprise.

— D'accord, je vous rejoins.

Claire serra, de sa main tremblante, la main du mari, il avait les yeux cernés et une barbe de trois jours. Assis à côté de lui, son frère regardait la moquette, le menton dans sa longue barbe, elle lui tendit la main qu'il saisit. La première épouse se tenait droite, appuyée sur le

342

dossier du fauteuil près de la fenêtre, ses grands yeux noirs étaient soulignés d'un trait noir, elle portait un jean et des bottines à talon. La sœur de la seconde épouse, les cheveux et le corps couverts de voiles noirs, était debout dans le décrochement du mur.

Ils la suivirent dans la salle de rendez-vous et prirent place autour de la table. Claire sentait les battements rapides de son cœur dans sa poitrine, les pensées embrouillées par la colère se bousculaient, ils la regardaient, elle les voyait à travers le voile flou de son esprit absorbé. Elle se concentra, c'était la meilleure des revanches.

— Madame Boudiaf va arriver ? demanda Claire en s'adressant à la sœur.

— Non, elle ne vient pas, elle est souffrante, je la représente.

— Mais elle doit venir, nous ne pouvons rien faire sans sa présence.

— Elle ne veut plus me voir, dit le mari.

— Il a quitté le domicile et il vit avec une autre femme, dit la sœur.

Elle continua à parler en arabe, le mari répondit en arabe, d'une voix dure, ils ne se regardaient pas.

— Non, non, s'il vous plaît, soyons tous constructifs. Et parlez français.

Fontaine ouvrit la porte, il fit le tour de la table en serrant les mains et se plaça face à Claire qui était restée debout. Il la regarda avec intensité, le sourire aux lèvres, sans qu'elle réussisse à discerner le sens de ce regard. L'idée de son licenciement la traversa comme une pensée ordinaire, sans impact sur ses émotions.

— Il manque madame Boudiaf, qui est souffrante. Sa sœur, qui est ici, voulait la représenter mais je lui ai expliqué que ça n'était pas possible.

— Elle doit venir, nous l'avons convoquée officiellement !

— Elle n'était pas en état de venir, dit la sœur.

— Nous allons devoir établir un PV de carence.

Dans les yeux pleins d'interrogation, braqués sur eux, Claire précisa :

— Un procès-verbal qui constate l'absence de madame Boudiaf. Nous devons obéir à une procédure formelle. Nous allons vous convoquer de nouveau, par lettre recommandée, il faudra cette fois que vous soyez tous présents. À défaut, nous serons contraints de renvoyer le dossier au juge. Nous voulons vous aider à dénouer votre situation mais il faut que chacun y mette du sien, dit Claire.

— Et ça commence par une présence au rendez-vous, dit Pierre Fontaine.

Claire les raccompagna à l'ascenseur et rejoignit la salle de rendez-vous. Fontaine regardait son téléphone portable, elle attendit silencieusement, il releva la tête et la regarda en souriant.

— Très bien, Claire. On avance comme ça. Adressez un courrier à la chambre pour les informer. Il faudra qu'on fasse un point pour l'autre divorce.

— Oui, Breton, le rendez-vous est dans deux semaines.

— On va faire de bons divorces ensemble.

— Et il faudrait aussi que je vous parle de la succession de Sylvie Perdrix. C'était une amie de

Catherine Ferra, elle m'a demandé de suivre le dossier avec vous.

— Ben voyons ! Pas aujourd'hui. Il n'y a pas d'urgence ?

— Non, j'ai lancé le dossier mais il faudra qu'on parle du testament.

— La semaine prochaine sera plus calme, dit-il d'une voix douce.

32

Pierre Fontaine appuya sur la sonnette rectangulaire où était écrit « Burnez » en lettres noires sur fond blanc. La porte s'ouvrit dans un déclic. Il pénétra dans le vestibule qui sentait le désodorisant marin pour W.-C., le parquet craqua sous ses pas, un journal du soir était posé sur un guéridon. Il poussa une porte vitrée couverte d'un voilage blanc sur laquelle était fixée une plaque dorée « Salle d'attente ». Il s'assit dans un fauteuil face à un miroir et quand il vit son reflet, il se plaça dans l'autre fauteuil, dos au miroir, il regarda les magazines alignés sur la table basse en verre, croisa le regard de Joey Starr et fixa son attention sur un tableau représentant un paysage de campagne grise accroché sur le mur jaune pâle.

Un homme aux grandes jambes flegmatiques vint le chercher. Il lui désigna la porte de son bureau, sans un mot, et ne lui serra pas la main. Le bureau sentait l'encaustique et les vieux livres, Fontaine s'assit dans le fauteuil en face du docteur Burnez. Il y avait une grande bibliothèque, *La Sexualité masculine* était posée en équilibre au-dessus d'une pile, un divan avec un mouchoir en papier posé sur l'appui-tête, et une seule photographie, en noir et blanc, de la cage d'un escalier qui ressemblait aux spirales de la coquille d'un escargot.

— Je vous écoute.

Fontaine hésitait, il pensait à la fuite mais il se sentait pris au piège par les yeux clairs et froids dans le visage lisse, légèrement affaissé, mais sans rides de cet homme qui devait approcher les soixante-dix ans. La racine blanche de ses cheveux colorés en brun et son absolue impassibilité lui donnèrent confiance. Il ouvrit la bouche sans qu'aucun mot sorte, les pensées se bousculaient et s'emmêlaient dans sa tête, toutes lui paraissaient dénuées d'intérêt, sa propre personne lui semblait dérisoire. Il était un homme parfaitement ordinaire qui allait faire bâiller d'ennui ce médecin qui travaillait à l'hôpital Sainte-Anne et qui devait s'occuper de grands traumautisés, de malades mentaux, de fous à lier, de criminels ; il traitait la véritable souffrance, la folie pure, il avait sans doute une spécialité dans le large éventail des maladies mentales. Tassé dans le fauteuil, Pierre Fontaine se sentait petit et éprouvait la sensation, proche de la brûlure, d'être un imposteur.

Une odeur de soupe asiatique se répandit dans le bureau et envahit ses narines, il renifla et prit une grande inspiration.

— C'est complètement idiot de commencer comme ça, mais je sens les odeurs chez vous.

Le docteur Burnez le regarda droit dans les yeux, sans manifester le moindre intérêt.

— J'ai senti un produit désodorisant dans votre entrée puis dans votre bureau, une odeur de cire ou d'encaustique, et l'odeur de papier un peu moisi, un

347

peu humide des vieux livres. Et là je sens une odeur de soupe chinoise alors que depuis le début du printemps, j'ai le nez complètement bouché à cause de mon allergie au pollen. C'est incroyable !

Le docteur Burnez lui sourit, c'était peut-être le sourire plein d'indulgence qu'il adressait aux fous.

— Je vous dis ça parce que je n'ai pas beaucoup de choses à raconter. Je n'ai rien de spécial, je suis là parce qu'on m'a conseillé de venir vous voir.

— Qui ?

— Le capitaine Poirier de la police judiciaire. Vous le connaissez ?

Le docteur Burnez hocha la tête et écrivit dans un carnet noir.

— Sinon, je n'aurais pas eu l'idée de venir de moi-même. C'est la première fois que j'entre dans le cabinet d'un psychiatre. Non pas que je n'aie jamais éprouvé le besoin de parler, c'est que je n'y ai jamais pensé, comme si ça n'était pas pour moi. Mais j'ai été victime d'une mésaventure sans gravité qui m'a un peu bousculé. Plus que je ne le pensais, pour dire vrai. Je sais que ça n'était pas contre moi, j'étais au mauvais endroit au mauvais moment. Il y a eu un cambriolage dans une bijouterie dans l'immeuble où j'ai mes bureaux, je travaillais exceptionnellement la nuit sur un discours qui devait se tenir deux jours plus tard devant le Congrès des notaires qui réunit plus de neuf mille cinq cents notaires. Je suis notaire associé d'une étude rue de la Paix. Les cambrioleurs sont passés par le toit et m'ont attaché et menacé de mort. Je suis resté ligoté plusieurs heures sur ma chaise, c'est la femme de ménage qui m'a découvert et mon assistante,

Murielle, qui m'a détaché. Pendant ces heures de solitude, j'ai regardé le ciel éclairé par la lune et ses dégradés au fur à mesure que le jour apparaissait.

Il se tut, le silence le gêna, comme s'il avait commencé à déshabiller son corps maigre devant cet inconnu qui l'observait avec une froideur clinique.

— J'ai été très faible, j'ai pleuré, j'ai supplié comme un enfant.

— Qu'auriez-vous aimé faire ?

— Je ne sais pas. M'opposer à eux.

— Pourquoi ?

— Pour qu'ils me respectent.

— Vous pensez qu'ils auraient agi différemment avec quelqu'un d'autre ?

— Je pense qu'ils ont vu que j'étais faible.

— Vous pensez que quelqu'un d'autre à votre place aurait été plus courageux ?

— Oh oui ! répondit Fontaine dans un souffle.

— Comment pouvez-vous en être si sûr ?

— Je vais vous donner un exemple récent qui m'a beaucoup impressionné, un événement auquel j'ai assisté il y a deux jours et qui confirme à la fois ma propre faiblesse, j'y ai assisté sans réagir, et l'existence d'individus beaucoup plus courageux que moi, qui sauvegardent leur dignité, sans égard pour le risque qu'ils prennent.

Le Dr Burnez regarda sa montre, Pierre Fontaine regarda la sienne, vingt minutes étaient passées et il n'avait rien dit d'important, c'était peut-être ce que signifiait le geste de Burnez.

— J'étais avec une nouvelle collaboratrice dans mon bureau, Claire Castaigne, on travaillait, dans

l'urgence, sur un dossier que nous n'avions pas préparé en vue d'un rendez-vous un quart d'heure plus
tard. C'était un dossier délégué par la Chambre des
notaires. Comme les avocats qui sont commis d'office, nous sommes tenus de traiter certains dossiers
judiciaires, ça fait partie de notre mission de service
public. Ce sont souvent des dossiers assez modestes,
beaucoup de temps passé, beaucoup de difficultés,
pour ne rien gagner. Là, je vous passe les détails,
c'était un divorce algérien avec deux épouses. Il
y avait cette famille algérienne dans la salle d'attente, le mari, son frère avec une longue barbe, une
épouse, la sœur de l'autre épouse, voilée de la tête
aux pieds. Soudain, entre dans mon bureau, sans
frapper, comme il le fait toujours, l'associé fondateur de l'étude, Hector de Polignac, dans une colère
noire. Il lance ironiquement : « C'est encore ta clientèle, Pierre. Forcément ! » et il me demande de les
mettre immédiatement – il dit « mettre » – en salle de
rendez-vous parce que des clients importants arrivent
et qu'il ne faut surtout pas qu'ils soient mélangés à
ces gens-là. Il dit ça avec une voix pleine de mépris.
Il est comme ça, Hector, plein de morgue. Moi je
m'écrase comme je le fais toujours avec lui pour me
protéger car je sais que sa violence n'a pas de limite
et qu'il sait frapper exactement aux points sensibles.
La plupart des collaborateurs ont peur de lui, même
Catherine, mon associée, qui est pourtant une dure à
cuire. Mais elle le déteste et elle use de manœuvres de
contournement assez efficaces. Il y a un seul associé
qui résiste, Regniez, il a le sang-froid nécessaire pour
s'opposer à lui, son caractère rentré et taiseux ne

permet pas à Hector de déployer sa fureur, il se méfie de lui. Ce sont deux lions qui se font face. En comparaison, Catherine et moi ne sommes que des gazelles virevoltantes. Je vous pose le décor pour que vous compreniez.

— Très bien.

— Claire, la collaboratrice encore en période d'essai, arrivée à l'étude il y a moins d'un mois et qui a un peu plus de trente ans, a répondu à Hector. Alors que je souriais lamentablement, je voyais son visage se décomposer, ou plutôt se figer dans un masque dur, percé de ses grands yeux noirs furieux. Je ne pensais pas son visage capable d'une telle transformation. Dès l'entretien d'embauche, j'ai vu, nous avons tous vu, qu'elle avait du caractère, elle a répondu à nos questions incisives sans jamais se départir de son beau sourire, et je dirais, d'une certaine tranquillité. Ça n'était pas de la placidité, ni de la mollesse, pas du tout ; elle était attentive à chaque mot, à chaque geste, elle était en alerte, prête à réagir. Vous savez, cette tranquillité concentrée des sportifs avant l'épreuve, comme un arc tendu. Elle s'est opposée à lui, elle lui a répondu qu'elle ne voulait pas entendre ça, que ça n'était pas digne, sa voix était dure et sèche. J'ai vu un éclair de surprise dans les yeux de mon associé puis l'avidité du prédateur qui fond sur sa proie. N'importe quelle autre collaboratrice se serait liquéfiée. Il en a fait pleurer plus d'une, et plus d'un. Elle lui a dit qu'elle était la petite-fille d'un Algérien, fusillé par l'armée française pendant la guerre d'Algérie. Et elle nous a plantés là. J'étais bouche bée. Hector n'a rien trouvé à dire, il a émis un simple ricanement, il était soufflé. Une joie intense m'a traversé, j'ai dit « Bravo », sur un ton de reproche ironique. Il a haussé les épaules et tourné les talons. Et là, j'ai été submergé de regrets : celui d'être resté silencieux devant Claire, celui de ne pas avoir saisi l'instant où il était affaibli pour dire ce que j'avais à lui dire depuis longtemps, et celui d'être un faible, incapable de défendre les miens, et plus grave encore, celui d'avoir peur d'être découvert, d'avoir honte de mes origines et finalement de ce que je suis. C'est mon père qui a renié son histoire sans avoir conscience qu'il se reniait lui-même et qu'il me reniait dans le même mouvement. C'était une autre époque mais quand même.

La sonnette retentit dans le bureau, le Dr Burnez appuya sur un interrupteur accroché au mur, près du téléphone, il regarda sa montre.

— Continuez. Nous avons encore quelques minutes. Quand vous dites « les miens », de qui parlez-vous ? demanda le docteur d'une voix douce.

— De, de… je suis… ma famille…

Ses jambes, ses mains, ses lèvres tremblèrent, le Dr Burnez le regarda pour la première fois avec un regard animé qui ressemblait à de la bienveillance, tout en gardant le silence.

— Les parents de mon père et sa grande sœur ont été déportés et tués à Auschwitz, des voisins ont sauvé mon père, qui avait trois ans. Du côté de ma mère, ça n'est pas tellement mieux, elle a pu rejoindre la zone libre avec sa mère, son père et ses frères ont été déportés, un frère est revenu vivant, dans un état lamentable, il est devenu fou. Ils n'en ont jamais parlé, ils ont continué à vivre, en enfonçant ce poids en eux, en l'enfermant comme un cercueil. Je l'ai su lorsque j'ai fait renouveler ma carte d'identité, un peu après ma majorité. Il fallait donner un acte de naissance de chacun des parents et sur l'acte de naissance de mon père, à côté de notre nom, Fontaine, un autre nom était barré : Frankenstein. Mon vrai nom est Frankenstein. Je pense que ma vie aurait été différente si je m'étais appelé Frankenstein. Je crois au déterminisme des noms. Frankenstein, ça impressionne beaucoup plus que Fontaine ! dit-il en riant.

Le visage inanimé du Dr Burnez se fendit d'un sourire de Joconde.

— Je suis juif, voilà, dit Pierre Fontaine, des larmes plein les yeux.

33

Assis, en terrasse d'un grand hôtel de la Croisette, dans des fauteuils en osier, ils regardaient le cercle ouvert que formait la baie. Le soleil, au commencement de son déclin, faisait scintiller la mer de nappes flamboyantes comme des manteaux de diamants.

— À ta nouvelle acquisition ! dit Regniez en levant son verre.

— Oui, je vais être bien dans cet appartement. À nous ! Aux affaires ! On en a fait du chemin, dit Golfino en cognant son verre contre celui de Regniez.

Regniez hocha la tête en souriant, sortit une allumette blanche de la boîte rectangulaire frappée du nom de l'hôtel, la frotta d'un coup sec sur le grattoir et l'approcha de son cigarillo en la protégeant du vent de ses deux mains en cuillère.

— T'as bonne mine, dit Golfino en lui tapotant la joue.

— Il fait toujours beau dans le Périgord.

— C'était il y a deux semaines !

— C'est un bon soleil, beaucoup plus profond et pénétrant que le soleil de Cannes.

— Mais les femmes de Cannes sont belles et pénétrantes.

— Je ne vois rien, je suis aveuglé par le soleil, dit Regniez en plissant les yeux.

— Sacré toi !

— On ne se refait pas. Tu sais que dans la même journée, mon fils et Catherine, avec des mots différents, ont ironisé sur mon aveuglement à propos d'Alice Santa Mala.

— Tu fais bien d'être aveugle pour une fois !

— Ça n'est pas souvent que tu es négatif à propos d'une femme.

— Je n'ai pas été que négatif.

— C'est vrai, il y avait une comparaison militaire assez flatteuse, tu as parlé d'« avion de chasse » !

— Absolument ! Elle réveillerait un mort ! Mais elle est dangereuse. C'est mon instinct qui parle, mon instinct de chasseur ! Puis elle est beaucoup trop directe. J'ai besoin de mystère, de pudeur, de réticence. Je préfère la collaboratrice du dossier Gestas. Elle est moins sexy, moins bien foutue, mais elle a quelque chose de sauvage et de rentré qui me plaît, dit Golfino.

— Sauvage assurément.

Il raconta comment elle avait tenu tête à Polignac qu'il taxa de crétin.

Un homme d'une quarantaine d'années vêtu d'un jean usé et d'une veste de costume noire sur un sweat-shirt violet, un foulard en soie jaune noué dans son cou, s'approcha. Golfino se leva et lui tendit la main.

— Bonjour, Raymond Golfino, ravi. Et voici François-Jean Regniez, excellent notaire, pour ne pas dire le meilleur, de surcroît mon meilleur ami.

— Bertrand Garabian. Merci d'être venus. Vous avez fait bon voyage ?

— Nous sommes partis sous la pluie à Paris, et une heure trente après, nous étions à Nice sous un soleil éclatant. Nous sommes assis face à la mer, tout va bien. C'est un plus grand voyage pour vous, dit Golfino dans un sourire.

— Je suis arrivé hier, je supporte assez bien le décalage horaire mais j'ai froid. Il faisait 30 °C à Los Angeles.

— Il ne fait jamais moins de 20 °C ? demanda Golfino.

— La journée, il fait toujours assez doux mais les nuits sont fraîches. C'est une ville coincée entre la mer et le désert.

Sa voix était grave, un léger accent américain se mêlait à son français, il avait un long nez aquilin comme un bec d'aigle, des yeux verts enfoncés sous des sourcils broussailleux, les cheveux hirsutes autour de ses oreilles décollées et les joues creusées, fraîchement rasées. Il dégageait un parfum citronné. Un grand calme semblait monter d'une source profonde en lui.

— Un Perrier s'il vous plaît, sans glace, avec une rondelle de citron, demanda-t-il au serveur.

Il se leva pour serrer la main d'un homme aux cheveux gris avec qui il échangea quelques mots.

— Je vais m'asseoir dos à la terrasse. Sinon, on risque d'être dérangés souvent.

Il croisa les mains, les posa sur la chaise entre ses jambes et parla, en regardant droit dans les yeux Raymond Golfino, d'un regard si intense que Golfino baissa d'abord les yeux avant de les relever.

— François Beaumont m'a dit beaucoup de bien de vous. Il est pourtant assez difficile.

— Il sait ce qu'il veut.

— Moi aussi !

Juliette Binoche s'approcha derrière lui, un doigt devant la bouche et posa ses mains sur ses yeux, elle éclata d'un rire sonore qui n'appartenait qu'à elle.

— Juliette, dit-il en se levant pour l'embrasser.

— Je suis contente de te voir. La dernière fois, c'était il y a un an, à cette table-là, dit-elle en désignant une table où se tenait une femme blonde qui ressemblait à une poupée Barbie, et un homme très petit qui tenait sur ses genoux un attaché-case relié à son poignet par une chaîne.

— J'ai changé !

— Toi aussi ! dit-elle en riant.

Bertrand Garabian découvrit, dans un sourire, ses dents abîmées.

— Je te présente Raymond Golfino, gestionnaire de patrimoine, et maître Regniez, notaire.

— Ah oui, c'est très sérieux, je vous laisse travailler. Au revoir messieurs.

— Elle est aussi belle qu'à la télévision, dit Golfino.

— Oui, et intelligente, je l'aime beaucoup. Ce qu'elle ne sait pas, ce que personne ne sait, même pas mon frère aîné qui est ici aussi, ni mon autre frère, ni ma femme, ni mes enfants, c'est que j'ai un cancer du cerveau. J'ai eu quarante ans en février. En mars, j'ai été pris de violents maux de tête. En avril, j'ai fait deux malaises et lorsque les vomissements sont apparus, je suis allé consulter et le verdict est tombé : j'ai une tumeur très avancée, de haut grade, et qui n'est pas opérable car elle est très mal placée. Elle se cache pour grossir ! Mon espérance de vie est de quelques mois à quelques années. Ça m'a d'abord foudroyé comme si j'avais pris un coup de poing en pleine figure puis j'ai très vite ressenti un grand soulagement et une incroyable clairvoyance. Comme la marée qui se retire sur une plage, découvrant un sable nu et brillant. Voilà l'image qui m'est venue. Ma vie avait soudain une limite presque identifiée, je savais ce que je devais faire et j'éprouvais un sentiment que je peux assimiler à de la joie. Ce qui ne veut pas dire que j'ai baissé les bras. Au contraire. J'ai vu toutes sortes de médecins, de gourous, que seuls les Américains savent inventer ! Je me bats et j'éprouve l'excitation du combat. Je compte bien durer. Chaque jour, je me lève, avec un appétit de vivre et un entrain que je n'avais jamais connus, ou peut-être dans l'enfance. Je prends pleinement conscience de mon corps, de mon souffle, de ma présence au monde, je regarde la nature tout autour de la maison, et je vais retrouver, à vélo, ma petite équipe au bureau, comme si rien n'avait changé, alors qu'au fond je me sens transformé. Je travaille avec calme, détermination et application. Aucune tâche ne me semble trop lourde parce que je suis à ce que je fais. Les échecs que j'ai pu vivre ou les moments douloureux qui m'ont obsédé en les vivant, m'apparaissent désormais dérisoires. Ma seule tristesse est l'idée de ne pas voir mes enfants grandir. J'ai déjà mis de l'ordre dans beaucoup de choses mais il me reste la question cruciale de la transmission, de ce que je veux laisser à mes enfants. Jusqu'à maintenant, j'avais employé le mot héritage car je n'avais été que l'héritier de mes parents. Maintenant, je suis celui qui transmet, je suis le passeur. Et j'aimerais faire mieux que mes parents qui nous ont laissé un paquet de nœuds à démêler. Mon père est décédé il y a dix ans, d'une rupture d'anévrisme. J'avais trente ans, mon frère aîné deux ans de plus et mon frère cadet, vingt-cinq ans. Mon père était encore à la tête de Garabian Cinémas, nous l'avions rejoint avec mon frère aîné quelques années plus tôt, fort heureusement, car nous avions une certaine connaissance de l'entreprise. Mais il ne nous a jamais parlé d'héritage, sa mort était un sujet tabou. Il se considérait comme le pilier de la famille, il avait fondé sa société seul et à soixante-quinze ans, il n'envisageait aucune retraite, il était le seul commandant du navire et il était déterminé à continuer jusqu'au bout. Persuadé que nous étions des incapables et que tout s'écroulerait à sa mort, il ne nous a jamais rien expliqué. Il ne nous a donc pas transmis, nous avons hérité d'un patrimoine énorme sans mode d'emploi. Il était très attaché à son notaire breton, le notaire de ses parents avec qui ça s'est assez mal passé. Il n'avait visiblement pas l'habitude qu'on lui pose des questions, que de jeunes hommes lui demandent des explications sur les actes qu'il voulait nous faire signer, sur les différentes options qui s'offraient à nous, sur les frais ; il était habitué à ce que les clients suivent aveuglément ses directives. J'ai découvert à cette occasion que nous étions faibles par ignorance et je me suis promis de ne plus l'être dans mes business. J'ai suivi des formations en droit, en économie, en management, en France puis à LA. Lorsque nous avons découvert que ce notaire nous avait mal conseillés pour l'évaluation du mobilier, ce qui revenait à nous faire payer 200 000 euros de droits de succession supplémentaires et qu'il n'a pas voulu reconnaître son erreur, nous avons décidé de confier le dossier à l'un de vos confrères parisiens, Alfred Japy. Le notaire breton a alors refusé de transmettre les pièces qu'il avait en sa possession, et l'argent qu'il avait sur le compte. Japy a bataillé, nous avons saisi la Chambre des notaires des Côtes-d'Armor. Nous avons récupéré l'argent et quelques titres de propriété mais il a détruit des documents de Garabian Cinémas, en arguant que c'était le souhait de notre père.

Il s'arrêta, fixa Regniez de ses yeux verts.

— Il ne s'agit pas d'un avertissement ou d'une menace, il est important pour moi que vous connaissiez cet antécédent. Japy a beaucoup arrangé les choses, mais au-delà des conséquences financières et administratives dommageables, ne serait-ce que les pénalités de retard dans le paiement des droits de succession, nous avons été fragilisés et nous avons pris les décisions dans de mauvaises conditions. Nous avons dû vendre notre maison de famille du golfe du Morbihan pour payer les droits de succession. Les relations se sont tendues avec mes frères. Heureusement, ma mère a joué un grand rôle de pacificatrice. Japy a aussi réglé la succession de ma mère. Il a été remarquable mais malheureusement, il a pris sa retraite. J'ai besoin d'un notaire dynamique, constructif et qui accepte la contradiction.

— Je suis votre homme, dit Regniez en souriant, les bras écartés, avant de reprendre la parole, le visage sérieux. J'entends parfaitement ce que vous dites, ces comportements, minoritaires, nuisent à notre profession. L'organisation patrimoniale de dossiers sensibles, à forts enjeux humains et financiers, est mon quotidien. Nous avons aussi de nombreux dossiers internationaux et nous avons les équipes pour les prendre en charge. Nous communiquons par mail, vous aurez mon numéro de portable et celui de la collaboratrice qui suivra votre dossier avec moi. Vous pourrez nous joindre le soir, le week-end et nous agirons de manière parfaitement transparente, soyez-en assuré. Notre réputation est en jeu et elle dépend de votre satisfaction.

— Parfait !

— Vous n'avez pas eu de mauvaises expériences avec des gestionnaires de patrimoine ? demanda Golfino en souriant.

— Pas encore ! Pour me faire pardonner ce préambule un peu long et pas très joyeux, laissez-moi vous offrir un verre. Je ne bois plus mais je vous accompagnerai avec un autre Perrier.

— Avec plaisir, dit Regniez en écrasant son cigarillo dans le cendrier blanc qui disparut aussitôt dans une main gantée.

— Et j'aimerais que nous nous appelions par nos prénoms, dit Garabian en souriant. Nous n'avons rien partagé au décès de mon père, nous sommes restés en indivision, ma mère avait l'usufruit. Avec mes frères, nous avons repris la direction de la société qui avait principalement une activité d'exploitation de salles de cinéma. Il y avait six salles à Paris et une dizaine ailleurs en France, et une activité annexe de production et de distribution de films. Nous avons travaillé trois ans avec mes frères, tous les trois dans le même bureau. Nous avions la sensation de maintenir à flot un énorme paquebot, c'était difficile et galvanisant, on ne vivait que pour la boîte, ça nous a beaucoup rapprochés. Quand nous avons atteint une vitesse de croisière, mon jeune frère, Arthur, qui était dans un tourbillon de fêtes et de drogue, a voulu se retirer à Belle-Île, avec sa femme et ses enfants, et se consacrer à l'écriture de scénarios. Il a gardé ses parts, et nous avons continué à gérer la société à deux, avec mon frère aîné, Nicolas. On est entré dans une phase de développement. Il y a six ans, j'ai rencontré ma femme, Nancy Carter, qui avait vingt-sept ans à l'époque et qui était beaucoup moins connue que maintenant. Plus exactement, nous l'avons rencontrée, Nicolas et moi, sur le tournage d'un film que nous produisions. Nous sommes tous les deux tombés amoureux d'elle, elle était belle, drôle, libérée, excentrique, mais elle m'a choisi, moi. Ça a rendu mon frère très malheureux, nos relations se sont assombries. À la fin du tournage, Nancy est repartie à Los Angeles où elle vivait, elle avait un fils de dix ans qu'elle avait eu très jeune et dont elle était seule à s'occuper. J'étais fou d'elle, j'ai organisé mon temps pour être au moins deux semaines par mois à LA. Quand elle est tombée enceinte, j'ai décidé d'aller vivre avec elle. Mon frère a continué à gérer seul Garabian Cinémas et j'ai développé ma propre société de production de films indépendants et de distribution de films français. Ça a marché très fort, ça n'était que le prolongement de mon activité en France et j'ai tout de suite aimé vivre à LA. Au décès de ma mère, il y a deux ans, Nicolas a racheté les parts d'Arthur, il m'a racheté une partie des miennes aussi. J'ai gardé 25 % avec la possibilité de les transmettre à mes enfants sans agrément de sa part. La société est aujourd'hui valorisée à 30 millions d'euros.

Golfino sortit un petit carnet noir de la poche intérieure de son costume et écrivit, Regniez alluma un nouveau cigarillo, il ne lâchait pas les yeux verts de Bertrand Garabian.

— Je vous donne une vision de mon patrimoine. Ensuite je vous explique ma situation familiale et vous expose ce que j'avais imaginé.

Regniez hocha la tête, en pompant sur son cigarillo.

— Ces parts sociales me rapportent environ 500 000 euros de revenus par an. Mes comptes sont à la banque Chalon-Carnot, j'ai fait des placements mais j'aimerais faire un point précis avec vous, monsieur Golfino.

— Volontiers, il suffit que vous me transmettiez les éléments.

— Je vais le faire. J'ai un appartement à Montmartre de deux cents mètres carrés, que j'ai acheté pour un tiers d'apport personnel et pour deux tiers de prêt, il me reste 600 000 euros à rembourser sur encore onze ans, je ne sais pas vraiment ce qu'il vaut, je l'ai acheté il y a neuf ans. *Grosso modo*, j'ai environ 2 millions d'euros de liquidités et de placements en France. Ma société américaine est valorisée à 5 millions de dollars, je n'ai pas d'associé, j'ai des revenus d'environ 300 000 dollars par an, une maison que j'ai achetée il y a cinq ans et qui vaut 4 millions de dollars, il me reste 3,2 millions à rembourser. Voilà pour le panorama de mon patrimoine.

— C'est très clair, dit Regniez.

— J'ai quatre enfants. Le premier, Donovan, est le fils de ma femme, que j'ai adopté, et qui a dix-sept ans. J'ai un fils de cinq ans, une fille de trois ans, et une petite dernière de deux ans. Avec ma femme, les relations sont devenues difficiles. À la naissance de notre première fille, elle a connu une profonde dépression et elle a été diagnostiquée maniaco-dépressive, elle vit des moments d'intense euphorie et des phases de dépression majeure. Son père avait la même maladie, il s'est suicidé. Heureusement, sa mère est très présente, elle s'occupe beaucoup des enfants. En ce moment, elle est dans une phase heureuse, relativement stable, elle vient de tourner un film et elle vit une histoire d'amour avec le garçon qui s'occupe de nos enfants et qui vit presque à plein temps à la maison. Elle n'aime que les hommes de moins de vingt-cinq ans. J'ai passé la date ! Moi, je mets toute mon énergie dans le travail, le sport et la méditation. Il est important que ma femme reste dans la maison avec les enfants et qu'elle ait de quoi subvenir aux besoins de tous. Même si elle gagne très bien sa vie, elle est capable d'arrêter sa carrière. Je veux la protéger. L'emprunt immobilier américain sera intégralement remboursé par l'assurance. Je suis en train de céder 25 % des parts de ma société à un jeune collaborateur franco-américain qui travaille avec moi depuis le début, il est brillant et j'ai beaucoup d'affection pour lui. On est en train de préparer un pacte d'actionnaires qui réglemente la cession du reste, 55 % à mon décès, et les 20 % restants aux vingt ans du dernier de mes enfants par le sang. Je vais laisser à Don une somme d'argent dans un trust pour qu'il ait des revenus sans dilapider le capital, rien d'autre. Je ne veux pas qu'il rentre dans mes sociétés et je veux éviter toute indivision avec mes trois autres enfants. Je l'ai longtemps considéré comme mon fils mais il a fait une grosse crise d'adolescence et il a quitté la maison à quinze ans. Il voit très rarement sa mère, il a rompu les relations avec moi et avec ses frère et sœurs, il vit dans un squat d'artistes, il se drogue beaucoup. Pour cette partie américaine de mon patrimoine, je suis en train de m'organiser avec des avocats locaux. En France, je veux faire les choses un peu différemment, je ne veux rien laisser à ma femme qui aura suffisamment aux US et qui ne parle pas un mot de français, rien non plus à Don, je veux que tout revienne à mes trois enfants. On s'est mis d'accord avec mon frère pour que seuls mes trois enfants reçoivent mes parts sociales. Chacun un tiers. Soit l'appartement de Montmartre leur revient à tous les trois, soit je le vends et j'achète un appartement pour chacun d'eux, je suis encore en réflexion.

— Tout cela me semble tout à fait jouable à une exception près : en France, on ne peux pas déshériter un enfant, légitime ou adoptif. Mais dans votre configuration, il y a des moyens efficaces de contourner la loi. Nous devons y réfléchir en analysant précisément les éléments composant votre patrimoine, dit Regniez.

— C'est très important pour moi.

— Je l'entends. Par ailleurs, il faudrait envisager la question d'un administrateur de votre patrimoine pendant la minorité de vos enfants. Quelqu'un qui connaisse bien vos affaires.

— Nicolas, mon frère aîné, me semble l'homme idéal.

— Il faut que vous en parliez avec lui, c'est une lourde charge et vous devez avoir conscience qu'il aura alors les pleins pouvoirs dans la société.

— Je vais lui en parler, il acceptera. Mon frère cadet ne pourrait pas et je n'ai pas d'amis suffisamment proches. J'ai toute confiance en Nicolas.

Une jeune femme blonde, aux rondeurs avantageuses, un foulard noué dans les cheveux, vint poser ses fesses sur un accoudoir du fauteuil de Bertrand Garabian, et dévisagea les deux hommes, par-dessus ses lunettes de soleil aux verres dégradés de bleu.

— Barbara, je te présente messieurs Golfino et Regniez, dit-il en posant une main dans le dos de la jeune femme. Barbara joue dans le film que je produis et qui est en compétition. C'est son premier rôle et c'est sa première fois à Cannes. Ça va ?

— Bof, je zonais dans ma chambre, j'avais un gros cafard, donc je suis venue sur la terrasse voir si je connaissais du monde et je ne connais que toi, Bertrand, dit-elle d'une voix douce sous-tendue d'un tremblement continu.

— Pourquoi tu as le cafard ?

— Je sais pas, c'est tout ce truc autour du film. Cannes, la montée des marches ce soir, ça me stresse. C'est tellement nouveau pour moi ! Il y a un an, j'étais encore à Brest, dans ma chambre, à écouter de la musique avec mon père qui gueulait que c'était trop fort et qu'il allait me casser la gueule. Et là tout le monde me demande si je veux boire un truc, si y a pas trop de soleil car sinon ils le virent ! dit-elle en riant de ses dents écartées. Si j'ai envie d'un massage, d'une manucure, j'avais jamais fait tout ça moi ! Alors j'accepte tout !

— Pourquoi tu n'es pas avec les autres ?

— Ils sont allés se baigner mais moi, je mets pas un orteil dans l'eau ! On croit qu'elle est chaude mais elle est gelée comme à Brest sauf qu'ici tu t'y attends pas ! C'est un piège, Cannes ! dit-elle en baissant la tête. Je peux rester avec vous ? Ils sont producteurs aussi tes amis ?

— À ton avis ?

D'un coup de tête, elle fit descendre ses lunettes sur son nez et les regarda de ses yeux sombres en amande.

— Ouais, ils ont des bonnes têtes de producteurs.

Les trois hommes éclatèrent de rire.

— Dans le bon sens hein ! Vous êtes beaux, vous pourriez faire du cinéma !

— Eh bien non ! Monsieur Golfino est gestionnaire de patrimoine et maître Regniez est notaire.

— C'est quoi ça ? Enfin, notaire, j'ai déjà entendu, tu fais des papiers quand les gens meurent ?

— C'est l'une des facettes de mon métier, dit Regniez en lui souriant.

— Ça doit être assez relou quand même.

Les hommes se sourirent.

367

— Si vous voulez, je peux vous trouver deux places pour la projection de *Ravage* ce soir ?

Golfino regarda Regniez qui n'allait jamais au cinéma, Barbara hochait la tête en fixant Regniez.

— Mais oui, venez ! Comme ça il n'y aura pas que des gens du cinéma. Et après, vous restez à la fête !

— Avec plaisir, dit Regniez.

— Nous parlions d'un dossier personnel qui n'a rien à voir avec le cinéma. Est-ce que tu peux prendre un verre au bar et on te rejoint dans une demi-heure ? dit Garabian d'une voix douce.

— OK. À tout' les gars !

Elle leur fit un signe et s'éloigna dans un déhanché sensuel, qui ne semblait relever d'aucun calcul mais émaner de sa nature profonde, pensa Regniez qui la regarda s'asseoir au bar. Elle se retourna et le fixa dans les yeux comme si elle était certaine qu'il la regardait à ce moment précis, ils échangèrent un long regard qui n'échappa pas à Golfino.

— C'est un phénomène ! dit-il.

— Il y en a une par décennie des actrices comme elle, avec ce chien, ce naturel, cette sensualité ! Je suis fier de lui avoir donné son premier rôle, je pense qu'elle peut aller loin si les petits cochons ne la mangent pas. Mais elle a l'air assez costaud. Ses parents sont ouvriers à la chaîne à Brest, elle est venue à Paris sur un coup de tête pour suivre un garçon dont elle est tombée amoureuse et elle a accompagné le colocataire de ce garçon au casting du film. Quand la directrice de casting l'a vue, elle a demandé à l'auditionner et elle a crevé la pellicule. Nous étions tous sciés quand on a vu la bande. Le hasard fait parfois bien les choses. Revenons à mon patrimoine.

Ils continuèrent à parler, Barbara s'éloigna avec un groupe de jeunes gens, elle leur fit un signe, Regniez sourit, Garabian se retourna et dit que c'était l'acteur principal et les deux autres actrices. Ils reprirent un verre et convinrent de se rappeler à la fin du festival de Cannes pour fixer plus précisément les choses dans le temps.

Au soleil couchant, Regniez et Golfino montèrent, en riant, les marches du Palais des festivals couvertes d'un tapis rouge, alors que les photographes avaient déjà remballé leurs appareils. Ils furent installés au dernier rang de la grande salle et écoutèrent le discours de Bertrand Garabian, qui ne s'était pas départi de sa tranquillité, légèrement coupante.

Barbara apparaissait dès le premier plan, elle était exactement comme dans la vie, elle avait les mêmes mots, les mêmes gestes, la même façon de regarder intensément en penchant la tête sur le côté, le même grand sourire avec ses dents écartées. Elle était faite pour le rôle ou le rôle était fait pour elle, elle rendait vivante l'héroïne principale au-delà de toutes les attentes. Regniez ne put retenir ses larmes lorsqu'elle mourut accidentellement, des larmes chaudes qui n'avaient pas coulé depuis la mort de sa mère qui lui avait fendu le cœur, dix ans auparavant. Alors qu'ils applaudissaient, il se pencha contre Golfino et dit : « Je devrais aller plus souvent au cinéma. »

Ils rejoignirent la fête du film où la musique retentissait sous un chapiteau dressé sur la plage, ils allèrent directement au bar, commandèrent des whiskys sans glace, balayèrent la salle du regard puis se tournèrent vers le bar. Bertrand Garabian vint poser ses mains sur leurs épaules et leur présenta son frère, Nicolas, qui avait les mêmes yeux vifs enfoncés dans leur orbite, des cernes les soulignaient. Il était parcouru d'une grande tension nerveuse qui rendait son attention diffuse. Ils prirent un verre ensemble et échangèrent leurs cartes, puis ils s'excusèrent d'avoir d'autres personnes à voir et s'éloignèrent.

Alors qu'ils terminaient leur troisième whisky, Golfino fit un signe de tête en direction de la piste : Barbara dansait dans une robe à paillettes noire très courte, qui moulait ses fesses. Golfino dit qu'il serait devenu fou s'il avait travaillé dans le cinéma au milieu de toutes ses femmes. Regniez la regardait silencieusement, incapable de détacher son regard ; il percevait la connexion au monde que Garabian avait décrite, il se sentait intensément présent et attentif aux mouvements de la jeune femme. Elle lui fit un signe pour qu'il la rejoigne, il leva le doigt, le secoua de gauche à droite et fit un geste de la main pour qu'elle vienne à lui, elle s'approcha, la sueur luisait sur son corps.

— Bah alors ! Il sait pas danser Lino Ventura ?

— Tu trouves que je ressemble à Lino Ventura ?

— Je vais faire un tour de piste, dit Golfino dans l'oreille de Regniez.

— Tu parles pas beaucoup, tu bouges pas beaucoup.

— Tu veux boire un verre ?

— Oui, une Vodka Red Bull.

— Deux Vodka Red Bull ! lança-t-il au serveur.

— Tu as beaucoup d'employés dans ton bureau ?

— Une cinquantaine.

— Ils ont peur de toi ?

— Pourquoi, j'ai l'air d'une brute, d'un ogre ? Je te fais peur ?

— Non. J'aime les hommes comme toi. Si j'étais un homme, je serais comme toi.

Ils sortirent sur la terrasse et regardèrent la mer noire qui roulait sur elle-même. Elle retira ses escarpins et l'entraîna par la main. Ils marchèrent un peu sur la plage et elle l'embrassa fougueusement, il en fut si déstabilisé qu'il tomba sur le sable, ils roulèrent tous les deux, l'un contre l'autre, en se caressant, puis ils coururent jusqu'à son hôtel à lui.

Dans l'ascenseur, elle déboutonna sa chemise blanche et caressa sa poitrine velue, ils firent l'amour contre la porte de la chambre, sur la moquette, sur le lit, avec autant de rage que d'ardeur.

Nus sur le balcon, ils fumèrent en regardant la lune ovale.

— Je savais que tu étais un bon coup, rien qu'en regardant tes mains.

— C'est la première fois que je trompe ma femme, dit-il en fixant la Croisette désertée.

34

Claire donna un coup de pied dans la poubelle jaune qui encombrait la sortie du parking et qui roula contre l'immeuble. Au lieu de prendre à droite pour rejoindre le boulevard de Rochechouart, elle remonta le boulevard Barbès et prit la rue Poulet puis la rue de Clignancourt. Elle s'arrêta devant un passage piéton pour laisser passer deux grandes femmes noires parées de tissus multicolores, qui avançaient bien droites, en riant aux éclats, des enfants emmaillotés dans leur dos ; elle pensa à la lumière et la chaleur de l'Afrique. Un enfant laissa tomber son ours en peluche, Claire klaxonna, les femmes se retournèrent, elle fit un signe de la main en direction de l'ours tombé dans le rectangle blanc, l'une des femmes le ramassa et sourit à Claire.

Après la montée de la rue Caulaincourt, elle ralentit devant le bistrot à la bâche jaune et vit Alex, assis en terrasse, avec ses lunettes de soleil. Il abaissa le journal qu'il tenait ouvert devant lui, se leva et écarta les bras.

— Même aveugle, je t'aurais reconnue ! Bien sûr, tu ne m'as pas appelé mais je savais que tu reviendrais, on voit toujours au moins deux fois son notaire. J'attends tous les matins le bruit de la liberté. Je suis habillé pareil pour que tu ne me loupes pas !

— Tu n'as pas de casquette aujourd'hui. Je viens boire un café avec toi, dit-elle en ramenant la roue arrière de sa moto contre le trottoir pour avoir plus de facilité à sortir que la fois précédente.

— Mercredi 21 mai 2014, 8 h 45, mon jour de chance !

— Je n'ai pas beaucoup de temps, il faut que j'aille travailler. Un café, s'il vous plaît.

— Tu pointes ? demanda-t-il en riant.

— Mais tu ne crois pas si bien dire ! Moi je ne pointe pas, je suis cadre, mais les clercs et les secrétaires s'enregistrent à la pointeuse quatre fois par jour.

— Ah oui ! C'est *Germinal* !

— Sans la suie mais avec la peur et la sueur.

— Ça ferait un bon titre de film ! Tu as peur ?

— Non, par principe.

— Tu n'as peur de rien ?

— Si ! J'ai peur de la mort dans ma famille, j'ai peur de la nature, j'ai eu longtemps peur du chien du voisin de mes parents mais je n'ai pas peur des autres. Quand on a peur, on devient méfiant, ça fausse les relations. Ça implique simplement de savoir fuir au bon moment. Ou de se révolter comme dans *Germinal*, dit-elle en plongeant ses lèvres dans la tasse de café.

— Fuir, ça je sais faire. Ou me taire. Je suis terriblement lâche.

— Ça fait du bien la révolte, ça délivre.

— Raconte-moi ta dernière révolte.

— C'était il y a deux semaines. On avait rendez-vous, avec l'un des notaires associés, pour le règlement d'un dossier de divorce un peu spécial.

Je te raconte les grandes lignes car c'est une histoire intéressante. Le mari, d'origine algérienne, a répudié, en Algérie, sa première femme française, aussi d'origine algérienne, épousée en France. Il s'est très vite remarié, en Algérie, avec une Algérienne et ils se sont installés en France. La première femme ne s'est pas laissé faire, elle a saisi le juge français pour contester les effets de la répudiation en France, car c'est contraire à l'ordre public français et à la convention européenne des droits de l'homme et elle a eu gain de cause. Le divorce a été annulé en France et le mariage a repris tous ses effets. Et le deuxième mariage a été annulé pour cause de bigamie, interdite en France.

— Pourquoi voulait-elle restée mariée ?

— Pour pouvoir divorcer en France et recevoir la part qui lui revenait. Elle soutient qu'il a dissimulé une partie de leurs avoirs communs avant la répudiation. Dès son remariage, il a acheté un fonds de commerce en France. C'est là que j'interviens, pour reconstituer le patrimoine commun et ce qui revient à chacun des époux.

— Les femmes sont plus courageuses que les hommes !

— Dans l'ensemble, je crois, oui. Elle a fait bon usage de la révolte.

Elle lui raconta les clients qui attendaient dans la salle d'attente, la colère de Polignac, son mépris, son grand-père algérien fusillé, la rage qui s'était soulevée en elle, irrépressible, la sensation d'injustice qu'elle avait ressentie, comme une brûlure, et le besoin de s'opposer jusqu'au combat physique s'il avait fallu, pour sauvegarder une part imprenable d'elle-même qui relevait de l'intégrité et de l'honneur et qui la reliait au monde par la notion de justice. Algériens ou pas, protéger ces clients était se respecter elle-même. Enfant, elle avait parfois cédé à la loi du groupe, car elle repoussait comme la peste l'ostracisme qu'elle avait pu connaître à certains moments, mais pour elle, la maturité consistait à ne pas se placer, par réflexe, du côté des plus forts.

— Tu as mis K.O. le big boss ! Respect. Et après ?

— Rien, il n'y a eu aucune suite. Je l'ai revu plusieurs fois, il a fait comme si de rien n'était. Ni sanction, ni excuse.

— Ça fait longtemps que tu travailles dans ce cabinet ?

— Un peu plus d'un mois, dit-elle en riant.

— Ah oui. Tu veux bien me donner des leçons de révolte ?

— Ça monte du fond de toi, ça vient de ton système de valeurs. Ouvre simplement les vannes !

— Tu as quel âge ?

— Trente-deux ans.

— J'ai dix ans de plus que toi et je suis encore un enfant qui a peur de son ombre !

— J'ai aussi plein de limites, de verrous, d'inhibitions, et parfois j'emploie ma colère à mauvais escient.

— Développe.

— Non, non, j'ai déjà beaucoup trop parlé ! Et toi ? Tu avances dans l'écriture de ton prochain livre ? Pardon, film.

— Tout doucement. J'avais écrit mon premier film, très vite, presque d'un seul jet. Il faut dire que je faisais usage de produits assez stupéfiants ! Le matin, à jeun, avec une simple tasse de café, la machine est plus lente à chauffer mais je m'accroche.

— Peut-être que tu n'es pas dans la bonne histoire ?

— Comment ça ?

— L'histoire de ton premier film, tu l'aimais ?

— C'est une histoire qui m'a touché personnellement.

— L'histoire existait déjà en toi, elle attendait.

— Oui. Comment tu sais ça ?

— Je lis beaucoup.

— Menteuse ! Tu écris, c'est ça ? Voilà ton âme d'artiste !

— Il faut qu'y aille, j'ai une montagne de dossiers qui m'attendent.

— Non, range ça, c'est pour moi ! dit-il en repoussant le billet de cinq euros qu'elle avait sorti de son portefeuille.

— Merci, dit-elle en s'éloignant vers sa moto.

— Quand est-ce qu'on se revoit ?

— Bientôt, dit-elle en démarrant le moteur.

— C'est cruel ! Tu sais où me trouver, tu as mon téléphone et moi je n'ai rien de toi.

Elle passa la première et accéléra dans un grand sourire, elle sourit aux arbres qui bourgeonnaient en frémissant, aux passants absorbés dans leurs pensées, les visages fermés, à l'homme qui la klaxonna dans sa voiture alors qu'elle accélérait devant lui au feu rouge dans le claquement du pot d'échappement de sa moto. Elle accéléra encore, son sourire se figea, elle ressentit des frissons en pensant à la honte qui l'avait envahie lorsque sa mère avait pris la parole à sa remise de diplôme pour dire à quel point elle était fière de sa fille, elle qui n'avait jamais fait d'études, que la maîtresse avait reléguée au fond de la classe quand elle avait dit qu'elle voulait être coiffeuse, que c'était important de le dire car à elle ses parents n'avaient jamais dit qu'ils étaient fiers ou qu'ils l'aimaient, ils ne s'étaient jamais occupés d'elle, que le soir en rentrant de l'école elle trouvait sa mère alcoolique allongée sur le sol dans l'indifférence de son père. Elle s'était épanchée en public pour attirer la lumière sur elle, pour lui voler la vedette, elle avait senti les frémissements de la colère, sa sœur avait serré son bras. Elle avait repris la parole en souriant mais sur le chemin du restaurant, alors qu'ils étaient en famille, elle avait déchargé son ressentiment, elle lui avait reproché sa folie, son égocentrisme, leur enfance à côté d'une mère absente, absorbée dans une bulle à la maison, et en perpétuelle représentation à l'extérieur, avec les autres. Elle avait employé le mot « honte ». Son père lui avait demandé d'arrêter, elle avait dérivé sur leur besoin commun et maladif de séduire les autres, leur impudeur, leur vie conjugale répandue, l'incompréhension et l'inquiétude de leurs filles. Sa mère avait pleuré, ça avait gâché le week-end et dans les jours suivants, elle avait reçu une longue lettre où elle lui disait à quel point elle avait été blessée. Claire s'était excusée en disant que les mots, sous le coup de la colère, avaient dépassé sa pensée. Elle le regrettait encore et quand elle y pensait, elle se haïssait.

Pierre Fontaine frappa et entra dans son bureau, elle relisait une dernière fois l'acte d'ouverture des opérations de liquidation, qu'elle avait préparé.

— Vous êtes prête ?

— Oui.

— À la tête d'enterrement de la femme et la tête de cochon de son avocat, qui n'a pas la réputation d'être facile, je sens qu'on va s'amuser ! Je n'ai pas vu le mari en salle d'attente ?

— Il est arrivé en avance avec son avocate, ils ont demandé une salle pour pouvoir travailler, je les ai installés en Paix 2.

— Très bien. C'est vous qui tenez le rendez-vous, dit-il d'une voix presque enjouée.

Ils saluèrent l'épouse, grande blonde aux yeux clairs presque transparents. Son avocat aussi large que haut se présenta : Xavier Dray. Ils les firent entrer dans la grande salle de rendez-vous. L'époux et son avocate se levèrent, l'épouse contourna la table, en s'appuyant contre le plateau en bois verni, et elle s'assit face à son mari, sans un regard. Il la regardait en souriant, il était blond aux yeux verts, avec un corps élancé et athlétique, un corps fait pour le sexe, pensa Claire. Son avocate, brune à la peau mate, portait un chemisier blanc largement ouvert sur sa poitrine opulente.

— Bonjour quand même, dit-il.

L'épouse ne répondit pas, elle retira son manteau beige qui découvrit une chemise bleu ciel boutonnée jusqu'au cou et regarda Claire qui avait posé sur la table, un dossier rose, sur lequel était écrit au feutre noir « Divorce Breton / Couillard ».

— Nous vous recevons, Maître Fontaine et moi-même, pour un premier rendez-vous d'ouverture des opérations de liquidation de votre régime matrimonial. Et ce par ordonnance du juge, qui nous a nommés en qualité d'expert, pour dresser, avec votre concours, un inventaire de votre patrimoine et établir un projet de liquidation et de partage. Nous allons donc passer en revue votre patrimoine, actif comme passif, et consigner vos déclarations quant aux points d'accord et de blocage éventuels. Nous établirons un rapport qui permettra au juge de prononcer le divorce. C'est une mission judiciaire particulière qui nous oblige à respecter le principe du contradictoire, c'est-à-dire...

— Il n'y a que des avocats autour de cette table, mon épouse est maintenant juriste en entreprise mais elle connaît parfaitement le principe du contradictoire, comme nous. Vous n'êtes pas obligée de nous faire la leçon, dit l'époux avec une assurance ironique.

— Je vous demande de ne pas couper la parole du notaire ! dit Xavier Dray.

Il avait les jours rouges et des verres de lunettes épais.

— Ne vous laissez pas impressionner, dites ce que vous devez dire, dit l'épouse à Claire.

— Ne commence pas, Caro, dit l'époux.

— Mon prénom, c'est Caroline.

— Claire, reprenez, je remercie chacun de vous de laisser les autres parler sans les interrompre. Avocat ou pas, c'est une règle élémentaire de politesse, dit Pierre Fontaine.

— Cela signifie que nous n'écrirons pas à l'une des parties sans écrire à l'autre. Nous ne prendrons aucun appel téléphonique de l'un de vous ou de vos conseils et nous vous convoquerons tous à chaque fois par lettre recommandée avec accusé de réception. De plus, en notre qualité d'expert, nous pourrons vous demander tous éléments complémentaires afin de nous aider à établir notre rapport. Nous interrogerons aussi le fichier Ficoba pour avoir une vision exhaustive de vos comptes, dit Claire d'une voix ferme, en se redressant pour se libérer des tensions qui raidissaient ses épaules.

Elle brancha le rétroprojecteur, les têtes se tournèrent en direction de l'acte projeté sur le tableau blanc, Fontaine regarda Claire en gonflant les joues et en agrandissant les yeux.

— Je reprends vos états civils pour les compléter et rectifier les erreurs éventuelles. Monsieur Guillaume Charles Henri Breton, vous êtes né à Grenoble, le 10 avril 1968. Madame Caroline Jeanne Fernande Couillard…

L'avocate de l'époux émit un rire bref.

— On est à la maternelle c'est ça ? Fais gaffe que je ne te foute pas la tête dans le bac à sable ! hurla l'épouse qui s'était levée.

— Je ne vous permets ni de me tutoyer ni de m'insulter, dit l'avocate qui était restée assise et qui souriait.

— C'est ça, fais ta mijorée ! dit l'épouse.

— Non, non, s'il vous plaît mesdames, restons concentrés sur l'aspect patrimonial des choses, dit Pierre Fontaine qui s'était levé aussi.

— Madame, vous êtes née à Paris (10e), le 3 novembre 1970, dit Claire. Vous résidez à Paris (8e) 4 rue de Lisbonne…

— Nous n'habitons plus ensemble depuis qu'elle m'a expulsé du logement familial, en jetant toutes mes affaires par la fenêtre.

— Ne recommencez pas à couper la parole, dit fermement Pierre Fontaine.

— Ça vaut la peine que je vous le raconte car c'est quand même assez drôle : en rentrant chez moi, un soir, j'ai croisé un clochard avec le manteau et les gants que j'avais achetés un mois plus tôt chez Paul Smith. Et j'ai trouvé mes affaires éparpillées sur le trottoir, ou plutôt ce qu'il en restait. Bien sûr, la serrure avait été changée et je n'ai rien pu récupérer. Tout ça a été fait en présence de nos trois enfants de cinq, huit et dix ans ! Maître, j'aimerais que vous le consigniez, dit-il en s'adressant à Pierre Fontaine.

— Non, non, nous ne consignons pas les éléments extrapatrimoniaux, réservez-les pour le juge ! Notre mission est de recueillir vos dires sur le plan patrimonial et de dégager un projet liquidatif. Revenons à ce qui nous occupe. Monsieur, où habitez-vous ? demanda Fontaine.

— 5, rue de la Boétie, dans le 8e.

— À trois numéros de chez son avocate comme par hasard, dit l'épouse.

— Tu as entendu ce qu'a dit Me Fontaine ? demanda l'époux.

— Je suis désolée mais je ne peux pas, maître ! Il se fait passer pour la victime alors que c'est moi, la victime, c'est injuste, dit-elle en explosant en sanglots.

— C'est vrai que vous êtes assez scandaleux, dit Xavier Dray.

— Bravo ! Dois-je vous rappeler l'article 1er de notre règlement intérieur ? demanda l'époux.

— Maître Dray, je vous prie de faire preuve de réserve. Continuez, Claire, dit Pierre Fontaine.

— La réserve ne me semble pas le mot juste. L'article premier de notre règlement intérieur rappelle les « principes de confraternité, de délicatesse, de modération et de courtoisie », dit l'époux.

— Absolument ! Et à l'égard de ses clients, l'avocat « fait preuve de compétence, de dévouement, de diligence et de prudence ». Je protège ma cliente puisque vous rompez, avec votre avocate, tous les principes. Pour être parfaitement exhaustif, je rappelle à votre mémoire le premier de ces paragraphes : « L'avocat exerce ses fonctions avec dignité, conscience, indépendance, probité et humanité, dans le respect des termes de son serment », dit Xavier Dray.

— Vous avez raison tous les deux, il est effectivement important de rappeler les principes déontologiques, que nous partageons. Vous vous êtes mariés sous la séparation de biens pure et simple, à Guéthary, le 7 juillet 2000...

— Regardez ! Elle sourit encore ! Et vous savez pourquoi ? Parce qu'ils sont allés ensemble dans notre maison de famille, dit l'épouse.

— Ma maison de famille !

— Que nous avons complètement transformée avec notre argent à tous les deux ! Tu l'as tronchée dans notre lit, espèce d'enfoiré !

— Oui plusieurs fois. Malheureusement, vous n'avez aucune preuve, dit l'époux en souriant.

— Calmez-vous s'il vous plaît ! dit Fontaine.

— C'est une grosse cochonne ! Ça se voit à sa gueule ! Avec ses lèvres botoxées !

— Votre cliente piétine tous les principes, dit l'époux.

— J'espère qu'elle accepte la sodomie ! Ton fantasme ! Par le cul, par le cul ! Tu verras, c'est un pervers ! Un pervers narcissique ! Il m'a fallu des années de psychanalyse pour le comprendre. Je pensais que c'était moi le problème.

Elle était debout, les yeux exorbités, les larmes roulant sur ses joues rouges, son chignon à moitié défait.

— Regardez-la ! Elle est complètement folle ! dit l'avocate.

L'épouse tenta d'arracher son collier de perles, elle s'y reprit à trois fois et lança les perles à travers la table, une griffure rouge barrait son cou.

— Tiens, je te rends ton collier ! Je ne veux plus rien de toi ! dit-elle d'une voix rauque.

Elle s'effondra en larmes sur la table, la tête dans les mains.

— Est-ce que vous voulez un verre d'eau ? demanda Claire.

L'épouse secoua la tête.

— Je suis désolé, madame, d'entendre tout cela mais il faut absolument que nous soyons constructifs, votre divorce en dépend, dit Pierre Fontaine.

— Non, je ne suis pas en état de continuer, je suis trop blessée, dit-elle en se levant, son manteau et son sac serrés contre elle.

Son avocat remballa rapidement ses affaires dans son gros cartable.

— Non mais attendez, il faut qu'on avance ! dit l'époux.

— Pas tant que tu auras ta maîtresse comme avocate !

— Je choisis l'avocate que je veux comme tu as choisi ton avocat. Tu couches peut-être avec lui ? Qu'est-ce que j'en sais ? Enfin bon ! dit-il en secouant la tête.

— Enfin bon quoi ? Vous êtes odieux ! Nous sommes désolés mais nous ne pouvons pas rester dans ces conditions, nous vous écrirons, dit Xavier Dray en s'adressant à Fontaine.

— Vous devriez peut-être parler à votre épouse seul à seule, suggéra Claire, lorsqu'ils eurent disparu dans le couloir.

— Nous ne nous parlons plus.

— Essayez ! Nous ne pourrons pas le faire à votre place.

— Et efforcez-vous de faire chacun preuve de raison, dit Fontaine.

La lourde porte de l'étude refermée, Pierre Fontaine dressa ses cheveux sur sa tête et fit partir ses yeux dans des directions opposées, Claire et Clara Labalette, assise derrière le comptoir de l'accueil, explosèrent de rire.

— Je vous avais dit qu'on allait s'amuser. C'est du Feydeau ! dit Fontaine en riant.

— Chaude ambiance ! dit Claire.

— L'avocate de monsieur est en effet très chaleureuse ! dit-il en arrondissant ses mains devant sa poitrine.

— Quand même il exagère ! dit Claire.

— Entre madame Couillard et madame gros seins, je n'aurais pas hésité non plus !

— La pauvre ! C'est cruel qu'il choisisse sa maîtresse comme avocate dans son divorce.

— Si ce grognard de Dray n'a pas cherché à agir auprès de l'ordre des avocats, c'est qu'il n'y a rien à faire !

— Sans doute. Est-ce qu'on peut parler du dossier Perdrix ?

— Ah non, là, j'ai un rendez-vous, dit Fontaine en s'éloignant.

Dans son bureau, Claire trouva Paulette Gorin, perchée sur le marchepied, devant l'armoire ouverte, moulée dans un legging violet couvert jusqu'à mi-cuisses d'un gros pull jaune.

— Bonjour Paulette ! Tu cherches un dossier ?

— Non, non, je fais ma gym ! Le changement de régime matrimonial Bailly mais t'as tout dérangé !

— J'ai déplacé quelques dossiers pour faire un peu de place. Parce qu'il y avait un ordre ?

— Bien sûr !

— Je ne l'ai pas trouvé !

— Karine et moi, on s'y retrouvait.

— Ça serait bien que je m'y retrouve aussi !

— Tu me demandes !

— Tu n'es pas toujours là.

— Si je ne suis pas là, c'est que j'ai fait mon quota ou que je suis en vacances. Ce matin, j'étais en retard à cause de mon fils qui a loupé le bus, ça arrive. Tu verras quand tu auras des enfants !

— Ça n'était pas un reproche. Le dossier Bailly doit être là, sur la gauche. Pourquoi as-tu besoin de ce dossier ?

— Le client veut son solde de compte. On attendait le retour de la publicité foncière, je pense qu'on peut lui adresser. Ah le voilà ! dit-elle en descendant du marchepied.

— D'accord, vérifie et prépare un courrier que je signerai.

— Tu veux même signer les soldes de compte ?

— C'est très important les soldes de compte. Si on renvoie des fonds aux clients alors qu'il reste des sommes à prélever, comment fait-on ?

— On rappelle le client.

— Tu agis sous ma direction, Paulette, et tout ce que tu fais doit passer par moi.

— Bien chef, dit-elle en secouant la tête.

Dans la forêt des mails qui s'étaient accumulés, Claire ouvrit d'abord celui d'Hector de Polignac, adressé à Rose Pinson, intitulé « vente immeuble Barbot » :

« Chère madame, j'ai le plaisir de vous annoncer que nous avons une offre d'achat à 2,4 M. C'est une bonne nouvelle mais je travaille à obtenir une meilleure offre. Je vous demande donc d'attendre avant d'accepter cette proposition. »

Claire appela Hélène Quiniou qui ne répondit pas. Elle la trouva assise à son bureau, sur lequel était posé un seul dossier bleu, fermé, « Succession Albin de Polignac », elle fixait l'écran de son ordinateur, une main posée sur son ventre.

— Bonjour Hélène. Je viens de lire le mail d'HP. Qui est l'acquéreur ?

— Je ne sais pas.

— Le prix de vente est bien de 2,7 millions ?

— Oui.

— Où est-ce que vous l'avez mis en vente ?

— Je préfère que tu voies avec HP, dit Hélène qui fixait, avec une intense curiosité, les bras tatoués de Claire.

— OK. Merci Hélène.

Claire entendit dans son dos Paulette Gorin qui l'interpellait depuis sa cage vitrée.

— Chef, le courrier est prêt.

Murielle Barzouin gloussa dans la cage voisine.

— Je préfère que nous conservions notre bonne habitude de nous appeler par nos prénoms et de nous tutoyer.

— Claire pour une notaire, c'est ballot ! Claire, clerc de notaire ! dit Murielle en riant.

Claire sourit, en se penchant pour signer le courrier.

— Les tatouages ! J'adore ! dit Murielle.

Elle se leva et prit ses bras dans ses mains pour les regarder.

— T'as vu, Paulette, ta chef, elle déchire !

— Ça doit bien plaire aux boss ! dit Paulette Gorin, le visage fermé.

— Merci de corriger ces deux fautes d'orthographe. Et aligne la date sur l'adresse, dit Claire en baissant la voix. Bonjour Dounia.

— Bonjour Claire, dit Dounia, les yeux baissés.

— *Djaoui djoba ! Cada dias te quiero mas, djobi djaoui djobi djoba, cada dias te quiero mas, djaoui djobi djaoui djoba…*

387

Les rires fusaient dans l'open-space.

— J'adore les Gipsy Kings ! C'est qu'elle chante bien, Mumu ! dit Paulette qui tapait, en rythme, dans ses mains, ses cheveux rouges se balançant de gauche à droite.

Pierre Fontaine apparut dans l'open-space, il regarda Murielle en souriant, elle termina le refrain dans un dernier *djaoui djobi djaoui djoba*.

— Ça va, Murielle ? La donation Garrot avance bien ?

— Je suis dessus mais j'ai la tête farcie ! Je suis comme une Cocotte-Minute avec tous ces dossiers que vous m'apportez sans arrêt ! Il pleut des dossiers dans cette étude, il faut bien qu'on se détende un peu.

— Eh bien, tenez, un de plus ! C'est une donation de somme d'argent toute simple.

— Vous me dites toujours ça comme si je n'avais qu'à appuyer sur un bouton ! Au final, y a toujours du boulot, quand y a pas un loup !

— Attention qu'il ne vous mange pas ! dit Fontaine en riant.

35

Le parfum au jasmin de Colette Grossin avait imprégné son bureau, Alice Santa Mala ouvrit la fenêtre qui donnait sur la cour intérieure. Elle regarda l'agenda de François-Jean Regniez, en soufflant sur ses ongles couverts d'un vernis *rouge passion*. Elle vaporisa du parfum dans ses cheveux, appliqua davantage de rouge sur ses lèvres, enfila ses escarpins Louboutin, se regarda dans son miroir en pied, fit un tour sur elle-même et se sourit pour examiner ses dents qu'elle brossait tous les midis dans les toilettes réservées au personnel. Son téléphone vibra, elle espérait un message de Karl et c'était Sébastien qui commençait à l'agacer fortement : « Pourquoi tu ne veux plus me voir ? »

Elle s'engagea dans le couloir avec l'acte d'acquisition Golfino, elle croisa Catherine Ferra qui portait des escarpins et une combinaison noire assez moulante, elle sentit son regard dans son dos, se retourna et lui adressa un grand sourire.

— Alice, il faudra que nous fassions un point sur les dossiers Atac.

— Oui, quand vous voulez.

— Fixez-moi un rendez-vous sur mon agenda.

— D'accord.

— Vous n'avez pas lésiné sur le parfum !

— Je vais voir Maître Regniez, dit Alice en lui lançant un regard complice.

Le sourire de Catherine Ferra se figea dans son visage luisant.

Alice passa le numéro de Sébastien en correspondant bloqué, activa le mode silencieux de son téléphone et frappa à la porte de Regniez, en souriant dans le hublot. Il lui fit un signe de la main pour qu'elle entre, un cigarillo entre les dents. Le téléphone coincé entre son épaule et son oreille, il la regarda des pieds à la tête comme il ne l'avait encore jamais fait, une lueur d'intérêt dans ses yeux bleus qu'elle n'avait vus qu'éteints ; elle transféra son poids sur son autre jambe, se redressa et lui sourit, il fit un geste en direction du fauteuil face à lui.

— Catherine, il faut que je te quitte, consulte le Cridon mais je pense que tu as le bon raisonnement. Absolument. Je ne m'ennuie pas non plus, je peux te l'assurer ! À plus. Bonjour Alice. Vous avez l'air soucieuse.

Il la fixa d'un puissant regard et fit rouler son cigarillo sur le bord du cendrier pour le libérer de sa cendre.

— Oui, j'ai fait une bêtise, dit-elle avec une voix pleine d'une affectation enfantine.

— Je vous écoute.

Sa voix était grave et ferme, comme elle l'était toujours, sans sévérité, ni dureté.

— J'ai fait une erreur dans le prix de vente du dossier Golfino, je suis désolée.

— Mais encore.

— J'ai écrit 30 millions au lieu de 3 millions ! J'ai pourtant fait la lecture de l'acte en rendez-vous, avec le rétroprojecteur, j'ai dit 3 millions, je m'en souviens bien, mais ni monsieur Schlumberger ni Raymond Golfino n'ont relevé l'erreur.

— Moi non plus.

— Vous êtes simplement venu signer.

— Oui mais je n'ai pas lu votre projet d'acte. Je vous faisais une confiance aveugle.

— Je sais que je vous déçois et j'en suis vraiment, vraiment navrée. Je vous assure que je fais de mon mieux. Est-ce que vous voulez que je prépare un acte modificatif ?

Regniez tendit le bras, elle déposa l'acte dans sa paume ouverte, il l'ouvrit à la page du prix.

— Schlumberger partait pour la Suisse n'est-ce pas ?

— Oui mais je peux l'appeler pour savoir s'il revient à Paris ?

Maxime Ringuet apparut dans le hublot, Regniez tourna la tête de gauche à droite.

Il la regarda de ses yeux bleus cerclés de cernes noirs, ses joues se creusèrent lorsqu'il tira sur son cigarillo, ses lèvres charnues s'ouvrirent pour expirer la fumée épaisse. Il avait un air parfaitement impénétrable, qui faisait cogner le cœur d'Alice Santa Mala dans sa poitrine qu'elle jetait régulièrement en avant. Son corps entier était secoué d'un désir brûlant qui la faisait onduler sur sa chaise. Elle lui souriait, impavide, dans de longs regards. Elle déployait ses charmes comme un oiseau déploie ses ailes brillantes dans le ciel au-dessus du chasseur qui le regarde dans

391

le viseur, le doigt courbé sur la gâchette, dans le dernier ballet de la beauté contre la mort, dans la haute probabilité de la défaite et du sang figé dans la tête.

Il tourna son stylo pour en sortir la plume et barra le dernier zéro du prix écrit en chiffres, puis le mot trente dans le prix écrit en lettres. Dans la marge, il écrivit trois et apposa les deux traits de son paraphe. En dernière page, il recouvrit 0 par 1 mot nul et 0 par 1 chiffre nul. Il hésita et renonça à imiter le paraphe de Golfino, constitué d'un G barré, enchâssé d'un O en spirale.

— Ça s'appelle un faux en écriture publique et ça reste entre nous.

Il lui tendit l'acte, sans sourire, mais un feu ardent dansait dans son regard, le feu de l'obstacle franchi. Quelque chose avait changé en lui, une brèche s'était ouverte.

— Je vous remercie beaucoup ! dit-elle avec un sourire contrit.

— Donnez l'acte à Colette et à personne d'autre et disparaissez, dit-il en souriant pour la première fois, son téléphone portatif dans ses grandes mains. Merci Colette de m'avoir prévenu. Alice va vous redonner l'acte. J'ai fait simple, il n'est que le prolongement de la promesse de vente qui comportait le bon prix, l'acquéreur est un ami et le vendeur est en Suisse, on se passera de leurs paraphes. Ne scannez pas l'acte et au retour des hypothèques, vous leur adresserez des copies sans les signatures.

— Entendu, monsieur.

Il raccrocha et téléphona à Golfino.

— Je te dérange ?

— Non, je suis en route pour le golf ! Tu as eu des news ?

— Zéro.

— Elle est encore sur son nuage à Cannes, elle t'appellera quand elle reviendra.

— Ou pas.

— Eh bien, il y en aura d'autres ! Tu ne vas quand même pas t'accrocher à ta première maîtresse ! Sois léger, amuse-toi ! Pense au jour où tu ne pourras plus bander !

— Je viens de faire un faux en écriture publique pour les beaux yeux d'Alice Santa Mala.

— C'est-à-dire ?

— J'ai modifié moi-même ton acquisition. Alice s'est trompée dans le prix, elle a écrit 30 millions au lieu de 3. Ni le vendeur ni toi-même n'avez relevé l'erreur à la lecture de l'acte.

— On ne regardait pas tellement l'écran ! Ça n'est pas une grande faute, tu rectifies une simple erreur matérielle pour revenir à la réalité du prix négocié et inscrit dans la promesse de vente.

— Dans la pureté des principes, j'aurais dû établir un acte modificatif en vous faisant revenir tous les deux. Je ne l'ai pas fait, j'ai falsifié un acte pour la première fois de ma carrière.

— Jean, tu es plus droit que la justice. C'est sans doute pour ça que tu as choisi ce métier et que tu l'exerces si bien – en comparaison, j'ai l'impression d'être un affreux décadent matérialiste –, c'est tout à ton honneur mais tu n'es pas obligé de vivre dans l'ascèse et de te fouetter pour le bien des autres. Lâche un peu prise ! Tu resteras toujours un homme bien et tu vivras mieux. Franchement, quand la pureté des principes frise la connerie, on s'en tient au bon sens !

— Je suis devenu vulnérable en un week-end.

— C'est la meilleure chose qui pouvait t'arriver ! Tu as fendu ton armure. Il faut que je te laisse, mon partenaire de golf m'attend, dis-moi quand tu es libre pour dîner ou déjeuner.

— Demain pour dîner ?

— OK, et ne t'inquiète pas, tu restes cent fois meilleur que le commun des mortels !

36

Claire adressa un mail à Alice Santa Mala : « Je suis prête pour dej, je t'attends dans mon bureau. »

Elle parcourut le fil d'actualité Facebook et dans la masse assommante des autoportraits aux bras tendus, des ciels bleus, des palmiers, des publicités ciblées, elle s'arrêta sur une interview de Marguerite Duras, qui, derrière ses grosses lunettes cerclées de noir, imaginait l'an 2000, en 1985 : « Je crois que l'Homme sera littéralement noyé dans l'information, dans une information constante sur son corps, sur son devenir corporel, sur sa santé, sur sa vie familiale, sur son salaire, sur son loisir, c'est pas loin du cauchemar. Il n'y aura plus personne pour lire, ils verront de la télévision, on aura des postes partout, dans la cuisine, dans les water-closets, dans le bureau, dans les rues. Et où sera-t-on ? Tandis qu'on regarde la télévision, où est-on ? On n'est pas seul. On ne voyagera plus, ça ne sera plus la peine de voyager. Quand on peut faire le tour du monde en huit jours ou quinze jours, pourquoi le faire ? Dans le voyage, il y a le temps du voyage, c'est pas voir vite, c'est voir et vivre en même temps… »

La porte s'ouvrit, Alice apparut, juchée sur des talons très hauts, un sac Claret à l'épaule.

— On y va ou quoi ?

— Oui, dit Claire qui coupa la vidéo.

Dans le petit bistrot, où les jambons et les saucissons pendaient tout autour du bar, les voix résonnaient, les couverts cliquetaient contre les assiettes dans un vacarme assourdissant ; les hommes en costume, serrés les uns contre les autres autour des tables en Formica, les coudes ramenés contre eux, mastiquaient de concert.

— Bonjour Corinne, on est deux, dit Claire.

— Venez par-là mes beautés. Attention les garçons, vous me les mangez pas les petites ! dit-elle en tirant la table à côté de deux hommes cravatés qui souriaient, avec des yeux malins.

— C'est pas mal ton auvergnat, il n'y a que des mecs !

— On est les reines du poulailler ! dit Claire en riant.

— Tiens, tu peux mettre mon sac à côté de toi, j'évite de le poser par terre.

— Oui, je comprends ! Il est très beau.

— Cadeau de Christophe Vignon. Les cadeaux comme ça laissent de beaux souvenirs !

— Moi je n'ai pas de beaux sacs, je veux dire comme le tien.

— Tu ne rencontres pas des hommes assez riches ! Je te coache si tu veux ? C'est Hélène Quiniou que j'aimerais bien coacher ! Tu as vu comme elle s'habille ! Je l'ai croisée hier avec un chemisier des années 80, un gilet tout bouloché et des espèces de chaussures à petits talons en faux cuir ! Elle est si cheap ! Je ne comprends pas qu'HP tolère ça !

— Ça l'arrange, elle ne lui fait pas d'ombre.

— C'est pas à la hauteur de l'étude ! Tu as vu le cœur coupé en deux qu'elle porte autour du cou ? C'est le genre de collier que les mecs offraient quand on avait quatorze ans !

— Je pense que c'est Grégory Boivin qui lui a offert. Ils sont ensemble. C'est Paulette qui me l'a dit, elles savent tout sur tout avec Murielle. De vraies commères ! Elles l'appellent monsieur Muscle et Paulette dit d'elle qu'elle est franche comme un âne qui recule. Je suis assez d'accord, je n'arrive pas à avoir une conversation avec elle.

— Le scoop ! Un couple à l'étude !

— Ils pensent que personne ne le sait !

— Tu vois ma théorie : elle a un sac en cuir Longchamp flamblant neuf ! Grégory a explosé la tirelire ! Alors que moi, le mec qui m'offre un sac Longchamp, je le prends comme une insulte !

— Oh t'exagères !

— J'adore dire du mal des autres ! En fait, tu fais rock'n'roll avec tes tatouages mais tu es une vraie bonne sœur ! Tu crois qu'il y a d'autres couples à l'étude ?

— Je vois bien Catherine Ferra et Frédéric Derrien, version SM, la maîtresse et l'esclave !

— Mon instinct me dit que Ferra aime bien Regniez ! Hier, quand je l'ai croisée, elle m'a fait une réflexion sur mon parfum, je lui ai répondu que j'allais voir Regniez, tu aurais vu sa tête ! Elle l'a appelé direct pour parler d'un dossier ! Quand je suis entrée dans son bureau, il était au téléphone avec elle ! Genre, c'est mon territoire ! Elle nous déteste !

397

— Elle voit les femmes comme des rivales !
Pourtant, elle est canon pour son âge !

— Elle passe sa vie à la gym ! Sinon, je vois bien
HP et Sassin !

— Non mais arrête avec ça ! Sassin n'a pas l'air
gay du tout !

— C'est vrai que Sassin, je ne suis pas sûre ! Mais
HP, t'es d'accord ?

— J'ai réfléchi et franchement, je n'en sais rien !

— C'est mon instinct, je t'ai dit !

Corinne leur tendit l'ardoise sur laquelle étaient
écrits à la craie les plats du jour.

— Une andouillette ! dit Claire.

— Une salade auvergnate.

— Un petit coup de rouge ?

— Non, une carafe d'eau, répondit Claire.

— T'aimes bien l'andouillette toi ?

— Oui, ça me rappelle mon enfance. Chaque
année, un boucher venait tuer le cochon dans notre
ferme. Il découpait la viande en morceaux, et faisait
du boudin et de l'andouillette ! C'était ce qu'on mangeait en premier car il fallait que ça soit bien frais.
Tout le reste allait au congélateur. L'andouillette,
c'est ma madeleine de Proust ! dit Claire en riant.

— Moi, c'est le plat à la morue de ma mère, le
bacalhau. Hyperchic !

— Il ne faut pas renier ses origines !

— Ouais ! dit Alice en levant les yeux. Et les news
fraîches Tinder ?

— Entre les messages truffés de fautes d'orthographe, *Goodtime* qui parle de sa fille de neuf
ans, *HughGrant75* qui a étudié notre compatibilité

astrologique, les mecs qui ont l'air pas mal, type *François7*, qui teasent et qui ne donnent plus de news, il y a plutôt un bouquin à écrire qu'un mec à rencontrer. Mon dernier rdv avec *Badin007* a été une vraie cata, le vrai macho d'avocat qui rêve de rencontrer madame Bovary. Je te le déconseille !

Les deux hommes à la table voisine affichaient des visages désapprobateurs.

— Je couche de temps en temps avec un ex, Vincent, sans grande conviction. J'ai rencontré un mec, par hasard, dans un café, je l'ai revu une fois, il s'appelle Alex, il est réalisateur de films, je me méfie un peu, il a l'air compliqué mais ça peut changer des cadres dynamiques !

— Mon plan cul numéro 1, Karl, est croupier et c'est une bombe ! Hier, j'ai renvoyé chez sa mère un consultant à la noix, qui s'accrochait. J'ai bloqué son numéro, il m'a écrit avec un autre téléphone pour me traiter de salope !

— S'il vous plaît, est-ce que vous pourriez parler un peu moins fort et surveiller votre langage ? Nous sommes en rendez-vous professionnel et nous aimerions pouvoir parler, sans être parasités par vos propos que, pour ma part, je trouve déplacés, dit l'homme en face d'elle, avec une cravate bleu clair.

— Mais parasite toi-même ! Ce sont les plus gênés qui s'en vont ! dit Alice Santa Mala.

— Vous devriez avoir honte ! dit l'autre homme.

— Honte de quoi ? demanda Alice.

— De parler de cette façon !

— Ce n'est pas la façon qui vous gêne, c'est le sujet ! répondit Claire.

— Madame, pourrions-nous avoir l'addition ? Ces jeunes femmes sont absolument indécentes ! dit l'homme à la cravate bleue qui s'était levé.

— Ils ne supportent pas qu'on parle de cochon ! dit Claire à Corinne.

— À bientôt sur Tinder les mecs ! dit Alice Santa Mala.

Les deux hommes secouèrent la tête en s'éloignant.

— Regarde comme ils fuient ces coinços qui n'ont pas baisé leur bobonne depuis cent sept ans ! Ça me fait penser à Regniez qui a l'air si triste. Qu'est-ce qu'il est sexy !

— C'est vrai qu'il a beaucoup de charme, dit Claire.

— J'ai fait une erreur sur le prix dans l'acte d'acquisition Golfino, j'ai écrit 30 millions au lieu de 3 millions ! Sans hésiter, il a corrigé lui-même l'acte et il m'a dit, avec sa voix super virile : « Ça s'appelle un faux en écriture publique. »

— Il a fait ça ? Je pensais qu'il était super droit !

— Moi aussi. Ce qui me laisse penser qu'il y a une ouverture !

— Tiens, il y a Nicolas Boissière qui achète un casse-croûte. Il en fait une tête, dit Claire.

— Il a l'air bien coincé lui aussi ! dit Alice en lui adressant un signe de la main.

Nicolas s'approcha avec un gros sandwich enveloppé dans du papier kraft, d'où dépassait du jambon cru et des cornichons.

— Tu veux t'asseoir avec nous ? demanda Alice.

— Je n'ai pas beaucoup de temps, j'ai un rendez-vous à 14 heures.

— Il est 13 h 20 ! Je suis sûre que tu as déjà tout préparé ! dit Alice.

Nicolas hocha la tête, en s'installant sur la banquette en skaï rouge, à côté de Claire, Corinne vint débarrasser la table.

— Malheureusement, je ne pourrai pas te garder mon lapin si j'ai deux personnes à installer !

— Oui, bien sûr !

— Ça va ? demanda Claire.

— Oui, ça va ! Et vous ?

Son téléphone sonna, il regarda l'écran qui indiquait « Amour » et le replaça dans sa poche.

— On tient le coup pour l'instant ! dit Alice.

— Le rythme est intense à l'étude, dit-il.

— On sait pourquoi on est bien payé !

— Ah bon ? Vous êtes bien payées ? demanda-t-il en souriant.

— Parce que toi non peut-être ? demanda Alice.

— Pas assez par rapport à mon niveau d'études ! Mes amis, qui ont fait des écoles de commerce, d'ingénieur ou même d'autres études de droit sont tous mieux payés que moi !

— C'est le notariat ! Tant que tu n'es pas le boss, tu es un larbin sous-payé ! On est encore au Moyen Âge avec les seigneurs et les serfs ! Le rythme n'est pas plus intense à l'étude qu'ailleurs, c'est plutôt l'ambiance qui est spéciale, dit Claire.

Le téléphone de Nicolas sonna de nouveau, Claire vit encore « Amour » s'afficher sur l'écran, il rejeta l'appel et activa le vibreur. Un message arriva peu après, il ne l'ouvrit pas. Son visage lisse aux mâchoires carrées exprimait une grande contrariété.

— Depuis qu'on est arrivé, il y a eu un licenciement brutal, un testament balancé à la presse, et un cambriolage ! Et je ne parle que des faits, pas des personnes ! Il y aurait beaucoup trop à dire ! dit Claire en riant.

— Tu es liée à deux des faits, dit Nicolas en souriant avec malice.

— Est-ce une accusation ?

— Pas du tout. Je veux dire que de l'extérieur, avec du recul, les choses peuvent paraître simples, mais lorsqu'on est à l'intérieur, tout semble complexe, opaque, incompréhensible.

Son téléphone vibra deux fois coup sur coup dans sa poche, il ne le sortit pas, Claire leva les sourcils et sourit à Alice.

— Heureusement qu'on s'amuse un peu dans nos vies perso ! C'est ce qu'on était en train de se dire avec Claire. Nous échangions sur nos vies de célibataires. On ne va quand même pas parler que de l'étude ! Tu es marié, toi ?

— Oui, depuis dix ans. J'ai rencontré ma femme au lycée et on est sorti ensemble en première année de droit.

— Ah oui ! Et alors ? C'est le grand amour ? Je suis très intéressée par la question car je suis incapable de me fixer, dit Alice.

— Tout va bien !

— En tout cas, « Amour » s'affiche sur son téléphone quand elle appelle, et elle appelle souvent ! dit Claire en riant.

— C'est parce qu'elle a appris une mauvaise nouvelle ! Rien de grave mais il faut que je la rappelle, dit-il en se levant.

— On fait un vrai déjeuner bientôt ? demanda Claire.

— Oui, avec plaisir, dit-il en s'éloignant.

— Je comprends mieux son regard de chien battu ! Le mec est en laisse ! dit Alice.

— Aujourd'hui, oui, mais d'habitude, il n'a pas du tout ce regard. Je le sens ambitieux et calculateur, dit Claire.

— Nous aussi, on est ambitieuses et calculatrices. Sinon, on serait en train de bouffer une boîte, le cul sur une caisse en plastique, dans la cour d'une usine.

— Je suis ambitieuse mais pas tant que ça pour le notariat.

— Et pourquoi alors ? Les mecs ?

— Je ne sais pas, c'est flou, mais quand je me projette, je m'imagine ailleurs, loin, dit Claire.

37

Hélène Quiniou se regarda dans le miroir de l'ascenseur. Elle tenait serré contre elle le sac à main que Greg lui avait offert pour la consoler de l'affaire Daragon, ils l'avaient choisi ensemble, elle n'avait jamais eu un aussi beau sac. Elle plongea sa main à l'intérieur et pressa le sachet en papier blanc, elle ne pouvait pas attendre un jour de plus, elle voulait savoir, ses règles avaient deux jours de retard, elle avait la conviction d'être enceinte. Ils avaient fait l'amour pendant sa période d'ovulation, elle avait compté les jours, elle sentait ses seins gonflés, elle les palpa, ouvrit son chemisier, abaissa son soutien-gorge et les regarda dans le miroir : ils étaient plus gros que d'habitude, les aréoles autour de ses tétons étaient plus sombres. Elle reboutonna rapidement son chemisier, elle était folle de faire des choses pareilles, elle détailla son visage, elle n'aimait pas son nez qu'elle trouvait épaté et ses joues pleines comme celles des enfants, elle aurait aimé avoir le visage émacié, les joues creuses. Elle ne put s'empêcher de penser au visage de Claire Castaigne, dont l'assurance et l'énergie l'insupportaient ; elle semblait voir l'étude comme un espace à conquérir. Elle sortit de son sac un boîtier noir renfermant une palette de quatre blushs roses et appliqua le plus foncé sur ses joues, elle se regarda dans le miroir jusqu'à ce que les portes s'ouvrent.

Dans son bureau, elle posa son sac sur la chaise près de la fenêtre, abaissa le store pour se protéger des rayons du soleil qui remplissaient déjà la pièce, fourra le test de grossesse dans la pochette en tissu rose qui contenait ses protections intimes et alla directement aux toilettes. Elle croisa Murielle Barzouin qui lui adressa un grand sourire faux-cul, et s'enferma dans les W.-C. Son cœur battait fort, elle jeta la boîte en carton dans la poubelle en métal gris et lut la notice. Ça serait une sacrée chance d'être enceinte du premier coup, un signe qui la comblerait entièrement et qui compenserait la disgrâce dans laquelle elle était tombée. Elle prendrait un long congé maternité et quitterait peut-être l'étude. C'était la première fois qu'elle envisageait de tout arrêter et elle éprouvait le même sentiment de soulagement qu'elle avait ressenti lorsqu'elle s'était retrouvée seule dans son bureau à ramasser sur la moquette les feuilles du dossier Daragon. Ils iraient habiter dans une petite maison en Bretagne, au milieu de nulle part, elle ferait de grandes promenades le long de la mer avec son enfant contre elle, et un labrador caramel comme sa chienne Bigoudi, enterrée sous le cerisier chez ses parents. Elle reprendrait une étude dans une petite ville où elle n'aurait pas d'associé pour ne dépendre de personne. Greg dirigerait le service comptabilité, elle pourrait se reposer sur lui pour la gestion des comptes. Ils partiraient le matin ensemble en voiture et ils rentreraient chez eux le soir après avoir fermé l'étude. Cette image la rassurait.

Il serait peut-être plus simple de prendre deux voitures pour s'occuper de leur enfant, ils verraient mais c'était un beau projet qui ressemblait à la lumière au bout du tunnel.

Si elle n'était pas enceinte, elle continuerait le combat et pour retrouver une bonne place sur l'échiquier, elle dirait à Hector ce qu'elle savait, ils en avaient parlé tout le dimanche avec Greg, même pendant leur jogging au parc André-Citroën. Elle était hésitante, elle savait qu'Hector détestait Regniez et qu'il guettait une faute pour l'affaiblir, elle savait aussi qu'il accordait assez peu d'importance aux valeurs morales, malgré les apparences qu'il se donnait ; ça n'était pas l'acte de dénoncer qui pouvait provoquer sa colère, ça serait plutôt la pensée tordue du pouvoir qu'elle imaginait prendre sur lui par cette révélation. Greg lui avait rétorqué, avec sa franchise parfois blessante, qu'elle était déjà au fond du trou et qu'elle n'était pas prête de remonter avec les nouvelles recrues qui ne manquaient pas de qualité. Elle avait vu son regard sur Alice Santa Mala. Quand elle le lui avait reproché, il avait répondu qu'il ne pouvait pas faire autrement ; il était un homme et elle était sacrément sexy. Il tombait dans le piège de cette fille, ça l'écœurait, elle faisait tellement d'efforts pour adopter les tenues sexy qui lui plaisaient et il regardait les autres. Il n'y avait qu'au lit qu'il lui disait qu'elle avait un beau cul, elle trouvait ça vulgaire. La haine l'envahissait quand elle pensait à Alice Santa Mala. Elle avait le moyen de révéler l'incompétence de cette fille à Hector qui semblait tout aussi hypnotisé que les autres hommes. Quant à Regniez, sa colère, elle ne l'avait jamais connue, elle pressentait qu'elle était froide comme la glace. Il ne l'aimait pas de toute façon, elle était la plus proche collaboratrice d'Hector, et dans leur guerre larvée, elle était une ennemie dont il se méfiait, elle n'avait pas choisi son camp, elle avait été choisie par HP, et elle en était fière. La bonne élève insignifiante et coincée – elle savait bien ce que les autres pensaient d'elle, les gens à l'aise comme Claire ou Alice – était devenue la protégée d'Hector de Polignac. C'était une belle revanche. Et maintenant, elle n'était plus rien. Si elle l'avait imaginé avant de le vivre, elle aurait pensé à la mort, alors qu'elle avait vécu cette chute comme une délivrance. Elle demanderait à HP de ne rien dire, elle imaginait qu'il se délecterait du secret de ses sources vis-à-vis de Regniez, mais il pouvait aussi prendre un plaisir intense à la jeter dans la fosse aux lions, puisqu'il ne l'aimait plus.

Ces pensées se bousculaient en elle, elle aurait aimé pouvoir les écrire sur une feuille mais elle ne savait pas écrire. Elle avait quelque chose de mauvais en elle qui demandait à s'exprimer, puis ça disparaissait et elle n'était plus qu'un corps dépendant du choix des autres. Là, au moins, elle agissait, elle faisait un choix radical. C'était elle qui avait décidé, Grégory l'avait confortée quand elle doutait mais c'était elle au final qui irait dans le bureau d'Hector. Elle prenait seule la responsabilité de son acte. Hector qui lui reprochait souvent sa lâcheté la regarderait peut-être différemment. Mais ce qu'elle voulait le plus, c'était être enceinte et se retirer du monde comme on se retire d'un jeu qui nous dévore. Elle écarta les

407

jambes, urina sur la baguette en plastique, la secoua et ferma les yeux. Elle ressentit un vertige, elle ouvrit les yeux : un trait. Elle jeta la baguette dans la poubelle, évita son reflet dans le miroir et au lieu de se laver les mains, elle les frotta sur son visage pour se couvrir de son urine. Elle se dirigea vers la machine à café et se ravisa lorsqu'elle vit Paulette Gorin qui la regardait en souriant avec ses petites dents de requin.

Elle s'enferma dans son bureau et écrivit : « Bonjour monsieur, j'ai quelque chose d'important à vous dire. » Il repondit : « Venez. En espérant que ça ne soit pas aussi important que le dossier Daragon. »

Lorsqu'elle entra, le parfum capiteux d'Hector envahit ses narines, Rambo tourna entre ses jambes et entreprit de lui lécher les chaussures. Elle n'aimait pas les bouledogues, elle aimait les chiens vifs et intelligents comme les labradors. Elle fixa le trait de peinture bleue sur la toile blanche, elle n'aimait pas non plus les tableaux accrochés dans son bureau, elle ne comprenait rien à l'art contemporain, elle ne comprenait pas qu'on puisse aimer des choses laides, elle aimait les tableaux qui représentaient quelque chose. Pourtant ce jaillissement bleu sur la toile d'une blancheur éclatante lui donna du courage. Si elle avait regardé la cabane accrochée sur le mur droit, elle aurait eu envie de se cacher dedans.

— Qu'est-ce que vous avez à me dire de si important ?

Le téléphone posé sur le bureau sonna : « Clovis » s'afficha.

— Oui, Clovis ! Tu n'es pas encore en cours ? Je crois t'avoir dit non. Je n'ai pas changé d'avis, dit-il en raccrochant, puis : Vous avez de la chance de ne pas avoir d'enfants. Mais on ne connaît sa chance que lorsqu'on en a ! Je vous écoute, dit-il d'une voix pleine d'irritation et d'impatience.

— J'ai vu quelque chose d'anormal.

— Vous avez des visions maintenant ?

— Je ne peux pas vous le cacher.

— Hé bien ! Qu'est-ce que vous avez à être étrange comme ça ? Vous pouvez et devez tout me dire, dit-il d'une voix presque douce.

— Alice Santa Mala a été chargée par FJR d'un dossier d'acquisition Golfino, elle a fait une erreur dans le prix : 30 millions au lieu de 3 millions. L'acte a été signé comme ça par les clients et FJR. Colette a vu l'erreur et a rendu l'acte à Alice. L'acte est revenu rapidement aux formalités avec le prix corrigé de l'écriture de Regniez, sans les paraphes des clients.

— Vous avez vu ou vous avez entendu ? Qui vous l'a dit ?

— J'ai entendu Colette au téléphone.

— Je ne peux pas le croire, il ne ferait jamais une chose pareille.

— Je vous dis simplement ce que je sais. C'est peut-être Alice qui a imité la signature de Regniez.

— Autre chose ? demanda-t-il d'une voix douce.

— Non monsieur.

— Très bien, merci Hélène. La donation Daragon est rentrée de l'enregistrement ce matin. Préparez le solde du compte, tournez un mot d'excuse dans le courrier et montrez-le-moi, nous le signerons tous les deux.

Lorsqu'elle referma la porte, elle resta penchée, son oreille collée contre le bois verni, en surveillant le bout du couloir.

« Tu as entendu ce que j'ai entendu, mon Rambo ? La tête de Regniez servie sur un plateau. Tu pourras manger sa cervelle. Colette, bonjour, pourriez-vous venir dans mon bureau ? Oui, maintenant. Pas demain ! »

Hélène alla droit à la cafétéria et se prépara un café, les mains tremblantes. Elle avait peur, la même peur que lorsque enfant elle avait soulevé une plaque en ciment au fond du jardin de ses grands-parents et qu'elle avait découvert des dizaines de vers de terre et d'insectes grouillants.

Colette Grossin apparut dans une robe mauve, un gros collier autour du cou, un bracelet assorti, la peau brune de son visage parsemée de fines paillettes, abondamment parfumée de son assommant parfum au jasmin, souriante de ses grandes dents blanches.

— Comment ça va monsieur ? Ah non, Rambo, tu ne me manges pas mes chaussures toutes neuves, dit-elle en le repoussant du pied.

— Dites-moi, Colette, François-Jean a signé une acquisition Golfino, n'est-ce pas ?

— Oui, il y a dix jours déjà.

— Des bruits de couloir me disent qu'il y avait une erreur dans le prix qu'il aurait rectifié lui-même, sans faire d'acte modificatif, ce qui m'étonne beaucoup. Mais personne n'est parfait, dit-il dans un murmure.

— C'est Grégory qui vous a dit ça ?

— Vous savez que rien ne m'échappe dans cette étude.

— Qu'est-ce que c'est que cette histoire ?

— Ça n'est pas vrai ?

Colette pensa à Dieu pour qui elle chantait tous les dimanches, elle avait établi avec lui une communication franche et directe et jusqu'à maintenant il avait préservé les siens. Elle pensa aux beaux yeux bleus de Regniez, à ses cheveux grisonnants ramenés en arrière comme un acteur de cinéma, à ses grandes mains, à sa douceur, à sa droiture. Quelque chose d'extérieur à lui l'avait poussé à mal agir car, au fond, il était un homme bon. Dieu connaissait bien la complexité des cœurs humains et il saurait démêler le bien du mal dans cette affaire, il lui pardonnerait d'avoir menti pour le bien. Elle regarda la chevalière qui rebondissait nerveusement sur le bureau, le doigt boudiné tout autour, elle baissa les yeux lorsqu'elle croisa le regard faussement doux dans les lunettes en acier.

— Non, ça n'est pas vrai.

— Je sais que lorsqu'on vous fait jurer de ne rien dire, vous ne trahissez pas, j'ai pu le constater les rares fois où je vous l'ai demandé. Mais là, c'est différent, ça porte sur le prix.

— Un faux, c'est un faux. Jamais monsieur Regniez ne ferait une chose pareille. Oui, le prix est modifié à la main dans l'acte mais il y a les paraphes des clients.

— Montrez-moi l'acte !

— Il est parti aux hypothèques vendredi.

— Alors pourquoi l'acte a été restitué à Alice Santa Mala ?

— Parce que FJR avait oublié de parapher deux pages et Alice est responsable du dossier.

— Vous avez réponse à tout, Colette. Je sais que vous êtes très croyante, vous ne mentiriez pas. Et puis, dans des considérations plus terrestres, vous auriez peur de perdre votre place.

— Voilà, dit-elle, les lèvres tremblantes.

— Merci Colette.

Elle croisa Grégory qui marchait avec empressement, elle le regarda disparaître dans l'angle du couloir.

Dans le bureau qu'ils partageaient, elle regarda le journal des appels sur son téléphone : le dernier appel provenait d'HP. Elle s'assit dans son fauteuil et réfléchit en s'efforçant de garder un visage enjoué alors que tout bouillonnait en elle. Sylvain Sassin la regardait derrière la paroi vitrée qui séparait le service formalités du service comptabilité. Savait-il qu'elle avait menti ? Préparait-il déjà son licenciement ? Il avait un modèle tout prêt, il en avait fait signer tellement, ils allaient faire pression sur elle comme ils avaient fait avec les autres mais elle ne se laisserait pas faire. Son assistant était dans le bureau d'HP, en train de se faire bien mousser en racontant tout dans les moindres détails : il l'avait alertée sur le prix qui n'était pas concordant avec celui de la promesse de vente, elle était allée rendre l'acte à Alice pour modification, Alice le lui avait restitué très rapidement, elle avait terminé les formalités elle-même et avait donné l'acte à Michel pour les hypothèques. La suite, elle ne la connaissait pas mais elle l'imaginait sans peine : Grégory était allé fouiner dans la pile des actes de Michel et avait découvert le pot aux roses, il ne l'avait pas dit tout de suite à HP car elle aurait été convoquée dès le vendredi, il avait réfléchi tout le week-end, il en avait parlé à quelqu'un, et à qui d'autre que cette faux-jeton de Quiniou avec qui il couchait et qui avait besoin de se redorer le blason auprès d'HP. Voilà comment elle voyait les choses mais c'était peut-être sa marmite intérieure qui lui faisait penser n'importe quoi.

Elle alla droit au bureau de Regniez qui était vide, elle traversa l'open-space où on n'entendait que la voix de Paulette Gorin qui imitait l'accent chti dans les éclats de rire de Murielle Barzouin. Elle demanda à Dounia, qui fixait l'écran de son ordinateur, où était Regniez. En rendez-vous extérieur. Elle retourna à son bureau où Grégory avait repris sa place. Son téléphone portable dans ses mains, tassé dans son fauteuil, il la regarda d'un air coupable.

— Redresse-toi un peu, tu vas te faire un lumbago, je sais bien que tu as le dos musclé mais quand même. Prends modèle sur ta chef qui se tient droite comme la justice !

Elle disparut en riant et alla téléphoner à Regniez dans la cafétéria. Il répondit en haut-parleur dans sa voiture, sa voix résonnait dans l'habitacle.

— Bonjour monsieur, vous êtes tout seul dans la voiture ?

— Oui, j'arrive à l'étude. Qu'est-ce qui se passe, Colette ? Vous avez une drôle de voix.

— Il y a un problème mais je ne veux pas en parler au téléphone et c'est très urgent.

— Je suis à l'étude dans dix minutes. Je vous appelle quand je suis dans mon bureau.

— Non, je ne peux pas attendre et je préfère vous parler dans votre voiture. Je descends.

— Ah bon ?

— C'est grave !

— D'accord, je me gare devant l'étude.

— Non, pas devant l'étude ! Devant Cartier.

Elle sortit par la porte de service et dévala les cinq étages de tapis rouge, elle courut dans la rue de la Paix – ça ne ferait pas de mal à ses grosses fesses –, traversa la chaussée en courant au milieu des voitures sous le regard médusé de Regniez, et s'engouffra dans la Renault Espace garée en double file, après avoir regardé à droite et à gauche. Elle essaya de parler mais elle avait le souffle coupé.

— Reprenez votre souffle, Colette.

— Quelle cavalcade ! dit-elle en s'étouffant.

— Prenez votre temps, dit-il en coupant le moteur.

— Non, non, il n'y a pas le temps ! HP sait tout pour l'acte Golfino. Quelqu'un lui a dit ce matin et il m'a convoquée pour que je lui dise la vérité. J'ai tenu bon alors qu'il m'a presque fait jurer devant Dieu. J'ai menti pour vous et je peux vous dire que ça me coûte ! Je ne mens jamais.

— Ça n'est pas un gros mensonge et il m'est d'un grand secours, ce dont je vous remercie. Moi aussi, je suis croyant, vous le savez. Je demanderai pardon pour vous.

— Après moi, il a convoqué Grégory. J'ai été très discrète quand Alice m'a rendu l'acte, j'ai fait les formalités moi-même, je ne l'ai pas scanné et je l'ai déposé dans la pile de Michel pour les hypothèques du vendredi. Mais comme c'est lui qui avait vu l'erreur sur le prix au départ, il a dû sentir que quelque chose de louche se tramait et il est allé fouiner, je suis désolée.

— Merci Colette, dit-il en posant sa grande main sur sa cuisse qu'il retira aussitôt.

— Pour tout vous dire, je pense que ça vient d'Hélène Quiniou.

— Pourquoi Hélène ?

— Ils ont une relation depuis déjà un bon moment, je dirais un an et demi.

— Ah bon ?

— Oui. Les patrons sont toujours les derniers au courant mais tout le monde le sait à l'étude. Et Hélène a besoin de se rattraper vis-à-vis d'HP à cause de la donation Daragon. Je suis désolée. J'aurais dû vous dire non car je suis responsable du service formalités mais j'étais tellement surprise et je ne voulais pas vous décevoir.

— Vous n'y êtes pour rien ! C'est moi et moi seul qui ai pris la décision et j'en assumerai seul les conséquences.

— Oh je sais que vous n'êtes pas du genre à vous défausser sur les collaborateurs, vous !

— Mais ça serait mieux qu'on trouve une solution. Hector ne va pas me louper. Nous n'avons pas de très bonnes relations.

— Je sais bien.

415

— Michel a déposé l'acte aux hypothèques vendredi ?

— Oui.

— Il y a donc une forte probabilité qu'il soit en
attente chez eux et pas encore traité ?

— C'est même sûr ! Ils ont deux mois de retard !

— Appelez-les, dites-leur que nous avons un
besoin urgent de l'acte, que nous avons oublié de
scanner. Nous venons le récupérer et nous leur redé-
poserons à la première heure demain matin, dit-il en
démarrant.

Elle reprit l'acte aux hypothèques pendant que
Regniez téléphonait à Golfino dans sa voiture. Il la
déposa place de l'Opéra en la remerciant aussi chaleureusement qu'il en était capable.

— Vous êtes une femme bien, Colette, merci.

Des larmes noyèrent les yeux marron irisés de vert
de Colette Grossin, il la regarda partir de son pas
sautillant, presque dansant, la gorge serrée.

Il retrouva Golfino dans une brasserie du
Trocadéro, il lui fit apposer son paraphe en marge
des modifications.

— Prends un café quand même, dit Golfino.

— Rapide.

— Imite le paraphe du vendeur, tu ne vas pas
courir en Suisse pour faire apposer deux paraphes à
Schlumberger qui s'en contrefout !

— Je ne vais pas prendre ce risque. Hector est
capable de l'appeler pour le faire attester de la falsi-
fication de sa signature et me balancer à la Chambre
des notaires.

416

— Qu'est-ce que tu risques ? Pas une destitution quand même ?

— Non mais un avertissement ! Ma réputation ! C'est déjà beaucoup trop !

Schlumberger habitait une ville au bord du lac Léman, ils se mirent d'accord sur un point de rendez-vous à la frontière française.

— Mais vous n'allez pas faire toute cette route pour deux paraphes ! Bien sûr que le prix est de trois millions ! Je ne vais pas le contester et monsieur Golfino non plus ! s'exclama Schlumberger.

— Je dois le faire. Je suis soumis à une déontologie stricte. Dans la pureté des principes, je devrais vous faire signer un acte modificatif.

— La pureté cesse à l'âge de sept ans ! dit Schlumberger en riant.

Regniez demanda à Dounia d'annuler ses rendez-vous de l'après-midi, en prétextant un testament urgent en province, et après quatre heures de route, tambour battant, il s'assit face à Schlumberger dans une auberge jurassienne. Il lui fit parapher l'acte et attester qu'il acceptait la modification du prix. Schlumberger insista pour qu'ils dînent ensemble, ils parlèrent avec animation des vertus de la vie à la campagne, en partageant un excellent Volnay.

Il repartit pour Paris à dix heures du soir, la nuit sans lune était claire, il appela Colette Grossin.

— Bonsoir, Colette, je suis désolé de vous appeler aussi tard…

— J'attendais votre appel, je n'aurais pas pu dormir sinon.

— Je quitte à peine le vendeur. Tout s'est bien passé.

— Ouf ! Me voilà rassurée !

— Vous allez pouvoir passer une bonne nuit. Vous savez ce que nous allons faire, pour nous amuser un peu : je vous donnerai l'acte demain, vous le scannerez dans un fichier que vous conserverez par-devers vous, vous le déposerez de nouveau aux hypothèques, et lorsque je vous donnerai le feu vert, jeudi, pendant la réunion d'associés, vous rattacherez le fichier scanné au dossier en réseau. Je voudrais voir ce que va faire HP. Je parlerai à Alice demain.

— On l'a bien mérité après cette grosse frayeur ! Merci.

— Encore une fois, c'est moi qui vous remercie et qui m'excuse de vous avoir mise dans l'embarras. Ça ne se reproduira pas. Bonne soirée Colette. Je prierai pour vous au prochain culte.

— Soyez prudent sur la route.

38

Claire relisait le projet liquidatif de la succession de Frédéric de Gestas qu'elle avait préparé la veille. Elle avait quitté l'étude à 23 heures. À 21 heures, Frédéric Derrien était venu lui dire qu'il partait. Elle lui avait demandé de lui rappeler le code de l'alarme, il avait répondu qu'il était interdit par le règlement de l'étude de divulguer le code à d'autres collaborateurs. Elle avait regardé son cou rentré dans ses épaules, serré dans sa cravate barrée de bandes rouges et vertes. Elle avait retrouvé dans sa boîte le premier mail de Sassin contenant le code, le visage de Frédéric Derrien s'était détendu, il lui avait souri, il était désormais un jeune papa, il devait essayer de rentrer plus tôt, elle l'avait félicité et il l'avait remerciée pour sa contribution au cadeau de naissance. Elle n'avait aucun souvenir du prénom de l'enfant, encore moins du cadeau, les enfants des autres ne l'intéressaient pas. Alors qu'il s'apprêtait à refermer la porte de son bureau, elle lui avait demandé de la laisser ouverte. Elle avait alors mesuré la profondeur du silence dans l'open-space d'ordinaire rempli de voix, de sonneries, de vombrissements de photocopieuses. Elle avait regardé les lumières dans la nuit par la porte-fenêtre entrouverte, la rue de la Paix était à l'arrêt. Elle avait savouré le silence après la journée de travail intense. Et elle avait pensé à un moment qu'elle avait vécu au Sri Lanka. C'était tôt le matin, elle était assise sur la plage avec *Le Joueur* de Dostoïevski, elle s'était arrêtée de lire pour regarder les pêcheurs tirer leurs barques sur le sable, puis les filets hors de l'eau alors que des nuages noirs arrivaient par le sud. Des villageois avaient accouru pour tirer les filets, elle s'était placée dans la file pour aider, la pluie s'était mise à tomber, épaisse, elle mitraillait la mer qui se confondait avec le ciel. Tous étaient trempés, riaient et tiraient en chœur. Quand ce fut fini, ils refluèrent dans le village, elle courut, avec son livre imprégné d'eau, jusqu'à la cabane en bois où elle logeait et derrière les volets mi-clos, elle avait écouté la tempête grossir, le ciel rugir dans des coups de tonnerre sensationnels, la pluie tambouriner sur le toit en tôle ondulée, abolissant provisoirement toute vie. Après la tempête, elle était sortie sous l'auvent et elle avait regardé le ciel se fendre dans un bleu délavé, les nuages denses filer vers le nord pour semer la terreur dans les montagnes à thé. Elle avait écouté renaître les bruissements de la végétation et les chants des oiseaux, elle avait regardé l'eau ruisseler sur la terre rouge qui remplissait ses narines de ses entrailles séculaires et elle avait ressenti un bonheur incalculable, le bonheur d'être vivante au milieu d'un monde vivant.

Sylvain Sassin entra dans son bureau, il portait un costume bleu marine un peu brillant et une cravate bleu clair sur une chemise rose pâle. Il lui sourit de ses dents éclatantes et referma la porte avec précaution.

— Bonjour Claire. Comment allez-vous ?

— Beaucoup de travail mais ça va.

— Est-ce que vous avez une dizaine de minutes à m'accorder ? J'aimerais faire un point d'étape avec vous, dit-il d'une voix d'une douceur presque ensorcelante comme celle d'un charmeur de serpents.

— Bien sûr. Je dois simplement voir Maître Regniez dans une demi-heure.

Il plaça ses mains derrière son dos et s'appuya contre le placard gris face à elle.

— Comment vous sentez-vous à l'étude ?

— Je commence à prendre mes marques.

— Vous avez appris à mieux connaître les autres collaborateurs ?

— Oui, un peu.

— Vous avez eu des propositions de déjeuner ?

— Pas beaucoup. Mais je déjeune de temps en temps avec Alice et je n'ai proposé à personne non plus, sauf à Nicolas Boissière. Ça devrait se faire prochainement.

— Et comment ça se passe avec Hélène Quiniou ?

— Le contact est moins évident, elle est assez distante.

— Elle est timide, elle a besoin de temps. Comment ressentez-vous les notaires ?

— Ils sont différents, avec chacun leurs méthodes de travail…

— Par exemple ?

— HP veut voir les actes très à l'avance alors que FJR travaille plus dans l'urgence mais ça va, c'était pareil chez Narquet et c'est bien de travailler avec des personnes différentes.

— Vous travaillez avec PF aussi ?

— Oui, j'ai un nombre équivalent de dossiers avec les trois associés.

— Vous me disiez que vous aviez déjà beaucoup de travail ?

— Je ne m'ennuie pas. J'ai fermé l'étude hier soir !

— C'est à vous de gérer l'afflux de dossiers. Les notaires vous donneront des dossiers tant que vous ne les refuserez pas, ils n'ont pas conscience de ce que les deux autres vous donnent. Le seul indicateur pour nous est le tableau prévisionnel de taxes et de charge de travail. Remplissez-le bien, ça nous permet de connaître à la fois votre chiffre d'affaires prévisionnel et votre charge de travail à venir.

— D'accord. Est-ce que les notaires sont contents de moi ?

— Je n'ai pas eu de retour négatif. C'est donc qu'ils sont contents, dit-il en souriant. Comment ça se passe avec Paulette Gorin ?

— Ça n'est pas facile. Je me heurte à une certaine résistance et à des habitudes que j'ai dû mal à faire changer. Je suis jeune par rapport à elle, je peux comprendre que ça soit difficile pour elle de travailler avec moi. Et je suis assez exigeante, j'ai aussi mes habitudes.

— Non, c'est elle le problème. Je vous avais dit que nous cherchions à la faire partir mais comme vous le dites, elle fait preuve d'une certaine résistance. Pourriez-vous nous aider ?

— C'est-à-dire ?

— Je vais être direct : la noyer de travail, la bousculer, la mettre sous pression, et réunir des preuves d'erreurs ou de fautes. Les notaires associés vous en seraient très reconnaissants.

Claire le regarda : les traits de son visage carré étaient parfaitement réguliers et très peu marqués, seule une ride profonde barrait ses yeux verts étincelants.

— Nous pensons que vous avez les qualités requises pour le faire. C'est un gage de confiance des associés. Ça peut aller assez vite, nous avons bien amorcé le travail.

— Elle n'a pas l'air très déstabilisée pour l'instant !

— Vous savez très bien qu'entre ce que l'on montre et ce que l'on ressent, il y a parfois un gouffre.

— Vous vous trompez sur moi. Je ne peux pas pousser quelqu'un à bout. Je ne peux pas, je m'en voudrais.

— Est-ce qu'elle se comporte bien avec vous ? Est-ce qu'elle vous respecte ?

Claire sourit en baissant la tête.

— À aucun moment vous ne m'avez demandé pourquoi nous cherchions à la faire partir. Parce que vous avez pu constater par vous-même qu'elle est un mauvais élément tant sur le plan opérationnel – elle travaille mal – que sur le plan humain. Vous passez assez souvent dans l'open-space pour le savoir !

— Elle n'est pas seule.

— Sans Gorin, Barzouin la mettra en veilleuse. Barzouin travaille bien et elle est très appréciée des clients, malgré les apparences.

— Je ne peux pas, je suis désolée.

— Réfléchissez, c'est vous qui travaillez avec elle. Bonne journée, Claire.

Claire lut les derniers mails qui étaient arrivés dans sa boîte. Elle ouvrit celui d'Alice Santa Mala : « Je suis arrivée hyper tôt ce matin et en allant à la cafèt', alors que la femme de ménage vidait la poubelle des toilettes dans sa grande poubelle, j'ai vu un test de grossesse ! Négatif ! C'est pas toi quand même ?? »

Elle cliqua sur le mail de Polignac, ayant pour objet « vente immeuble Barbot » : un autre acheteur surenchérissait à 2,5 millions d'euros mais il proposait d'attendre avant d'accepter, il était certain de pouvoir obtenir mieux.

Lorsqu'elle passa devant la cage vitrée de Paulette Gorin pour rejoindre le bureau de Regniez, et qu'elle entendit « chef », prononcé deux fois, elle ne s'arrêta pas. Elle montra son visage dans le hublot, Regniez lui fit un signe de la main. Alice était assise face à lui et elle le regardait, souriante.

— Bonjour Claire. Alice, je vous remercie et je compte sur vous.

Alice se leva, rajusta sa robe qui était remontée sur ses cuisses, et adressa à Regniez un regard fatal. Il la regarda jusqu'à ce que la porte se referme.

— Commençons par Gestas. Vous avez eu la cliente ?

— Oui ! Elle a l'air d'aller un peu mieux, elle m'a dit qu'elle s'accrochait à son fils.

— Le pauvre ! Nous avons des dates pour les inventaires mobiliers ?

— Les 16, 17 ou 18 juin pour le Cap-Ferret, la dernière semaine de juin pour Saint-Rémy-de-Provence et la première de juillet pour Paris. J'ai pour l'instant intégré, dans mon projet liquidatif, le forfait mobilier de 5 %, pour lui exposer l'intérêt des inventaires mobiliers, dit-elle en lui tendant les deux feuilles.

— Expliquez-lui bien quand vous lui adresserez. Il n'y a pas de tableaux, d'œuvres d'art ou de meubles de valeur ? Vous aviez vu avec elle ?

— Si mais le tout cumulé n'égalera pas ou ne dépassera pas le forfait mobilier, dit-elle en fixant ses yeux bleus encore plus cernés qu'à l'ordinaire.

— Bien.

— Nous avons deux avis de valeur pour chacun des appartements parisiens, un pour la maison de Saint-Rémy-de-Provence, nous aurons avant la fin de la semaine la deuxième évaluation et elle a un rendez-vous le 16 juin pour la valorisation de la maison de Cap-Ferret. J'ai pour l'instant retenu le prix d'achat, ils l'ont achetée il y a trois ans. J'ai toutes les informations concernant les banques. Les contrats d'assurance vie reviennent à hauteur de 1 200 000 euros à l'épouse et je dois dire que ça l'a un peu calmée après que je lui ai annoncé que les legs aux deux maîtresses n'étaient pas réductibles et qu'elles étaient bénéficiaires de contrats d'assurance vie pour 500 000 euros chacune. Le point positif est que ces liquidités leur permettront de régler une bonne partie de leurs droits de succession.

— Les legs ne sont donc pas réductibles ?

— Non. Je suis partie du principe qu'il y avait trois enfants, j'ai bien fait ?

— Oui. Quand naîtra le troisième enfant ?

— A priori fin octobre donc avant l'expiration du délai fiscal de six mois.

— Continuez.

— L'actif brut est de 9 millions, avec le forfait mobilier. J'ai fait la moyenne des deux avis de valeur pour les appartements de la rue des Martyrs. Il n'y a pas de dettes, à l'exception des impôts de l'année et des charges afférentes aux biens immobiliers. Les assurances des prêts étaient en totalité sur la tête du défunt. Il y a une récompense par la communauté à la succession que j'ai évaluée à 800 000 euros au titre des fonds propres qu'il a investi dans leur appartement, par remploi du prix de vente de son ancien appartement. Tout cela pris en compte, les legs ne dépassent pas la quotité disponible et il revient même à Sophie de Gestas un reliquat de 100 000 euros.

— Ça me semble plutôt pas mal, dit Regniez qui regardait attentivement le tableau. On appelle le plus pénible en premier.

Claire lui dicta le téléphone de Rémi Chapuis, Regniez bascula dans son fauteuil.

— Bonjour confrère. Je t'appelle pour le dossier qui nous occupe. Nous allons pouvoir te transmettre un premier projet liquidatif d'ici la fin de la semaine.

— J'ai hâte de voir comment liquide le futur président de chambre !

— Ne me prête pas des intentions que je n'ai pas. Je peux d'ores et déjà te dire que le legs à ta cliente n'est pas réductible et que la part d'assurance vie qui lui revient couvre une grande partie de ses droits de succession.

— En voilà une bonne nouvelle !

— Tu vois que je ne t'appelle pas que pour les mauvaises nouvelles ! Il faut maintenant que nous trouvions des dates d'inventaire tant pour la rue Jacob que pour les maisons secondaires.

— Et les deux appartements objets des legs ?

— Ils sont loués.

— Je pensais que c'était les garçonnières de ton client ! dit Chapuis en riant.

— Il les a achetés loués il y a un peu plus d'un an, dit sobrement Regniez.

— Sans doute sur les conseils de ton ami, Raymond Golfino.

— Je ne pense pas. Frédéric de Gestas a consulté Golfino en présence de son épouse. On peut imaginer qu'il s'est organisé seul en homme responsable. En sus d'être présentateur de télévision, il avait une société de production à gérer.

— Il était incapable de faire quoi que ce soit seul. Sa boîte était gérée par sa directrice générale et elle lui servait aussi de secrétaire pour son patrimoine personnel, elle payait les charges de copropriété, les factures d'eau, elle organisait les travaux, les inscriptions aux clubs de sport et les colonies de vacances du gamin. Il était out, il était accro à la cocaïne. Moi, je l'ai connu, toi non. C'est la différence entre toi et moi.

— Ça n'est pas notre seule différence.

— Laisse-moi terminer ! Toi, tu le voyais présenter son journal, comme tous les Français moyens, fardé comme une geisha, à lire un prompteur et à tenir le rôle du père de famille idéal pendant trente minutes, mais c'était une marionnette. Et sa femme

427

ne gérait pas beaucoup de choses non plus. C'est la DG, à la voix de camionneuse, de Pakbo Productions qui gérait tout !

— Heureux de l'apprendre plus d'un mois après l'ouverture du dossier de succession. Ça serait peut-être utile qu'on appelle cette demoiselle ?

— Il ne couchait pas avec elle !

— Justement. Elle a peut-être des informations objectives et complémentaires à nous donner. As-tu son téléphone ?

— Oui, elle s'appelle Laurence et tu peux essayer à ce numéro.

Claire écrivit sur le dossier.

— Merci. Es-tu disponible le 16 juin pour l'inventaire de Cap-Ferret ?

— Pourquoi aussi loin ?

Regniez regarda Claire d'un air interrogatif, Claire leva ses deux mains au-dessus des accoudoirs et les fit redescendre, en soufflant et en fronçant les sourcils.

— Elle a besoin de retrouver un peu de sérénité, l'enchaînement des informations fut assez rude pour elle.

— C'est son métier l'information, pourtant !

Regniez regarda Claire en grimaçant, il mit son poing dans sa bouche, elle lui sourit.

— C'est pas faux, dit-il en jouant du violon imaginaire, avant de poursuivre : Il y a une chose que tu pourras sans doute comprendre, ma cliente n'émet aucun obstacle quant à ta présence, bien sûr...

— J'espère bien...

— Mais elle souhaite éviter, au vu des circonstances, la présence de ta cliente.

— Les circonstances comme tu dis ! Tu as trouvé la taupe parmi les tiens ?

— J'aurais commencé par là !

— C'est le droit le plus strict de ma cliente d'être présente, non en sa qualité de légataire, mais en sa qualité de représentante légale de son fils.

— Je ne réponds pas de ma cliente. Si nous avons des intérêts contradictoires, nous avons aussi le même objectif qui est de mener à bien ce dossier et nous avons besoin pour cela d'une paix relative.

— Comme tu parles bien, confrère. Je t'imagine déjà faire ton discours d'investiture à…

— Qui sait, peut-être que nous nous entendrons si bien que nous nous retrouverons à la Chambre ! dit Regniez en riant.

— Je ne crois pas. J'ai toujours préféré les requins, comme ton associé, aux moralisateurs. Tu sais pourquoi ? On sait à quoi s'attendre avec les requins.

Regniez tourna le doigt sur sa tempe en grimaçant.

— Je laisse tout cela à ta réflexion, Claire Castaigne va t'envoyer les dates possibles pour les trois inventaires, dit Regniez avant de raccrocher, puis : Quel crétin !

Il tomba sur un répondeur à la voix grave et éraillée : « Oubliez Laurence pendant un mois, elle fait un break, très, très loin, sans téléphone, sans wifi, et vous pourrez la joindre autour de la fin juin, si tout va bien, mais pas tous en même temps. »

— Vous notez de la rappeler à ce moment-là.

— Oui. Sophie de Gestas ne m'a pas parlé de cette Laurence. Quand on a ouvert l'armoire où il y avait les dossiers de son mari, soigneusement rangés et annotés, elle m'a dit qu'il était très maniaque.

— Elle était loin de tout savoir.

— C'est vrai. Je ne lui en parle pas, on est d'accord ?

— Surtout pas ! André Courault s'il vous plaît, pour François-Jean Regniez, dossier Gestas.

— Bonjour, cher François-Jean, comment vas-tu ? Regniez sourit à Claire en hochant la tête.

— Pas mal, confrère.

— L'activité est plutôt bonne en ce moment ?

— Absolument ! C'est l'effet Hollande ! dit Regniez en riant.

— Mais tu sais que les années Mitterrand ont été excellentes pour nous ! Tu ne les as pas connues, tu es un jeune homme, toi !

— Comme tu y vas ! J'ai commencé à travailler pendant son premier mandat. Nous avons pas mal avancé dans le dossier qui nous occupe, nous allons pouvoir t'adresser un premier projet liquidatif.

— Très bien. Je voulais te dire de vive voix que je ne connaissais pas Alice Dupont. Elle m'a été adressée par un client agent artistique, je l'ai rencontrée il y a deux semaines environ, au moment où je t'ai écrit pour t'informer que je la représentais. Je ne cours pas après ce genre de dossiers, tu t'en doutes.

— Il n'y a pas de mal et c'est toujours mieux d'être plusieurs notaires dans ce genre de dossiers.

— Tu as raison. Je te passe de longs développements psychologiques, j'imagine que tu as déjà beaucoup à faire avec ta cliente, mais pour parler franc, ma cliente veut sa part du gâteau et celle de l'enfant

430

qu'elle attend. Il faudra que nous servions au mieux les intérêts de chacune.

— Je suis parfaitement d'accord et c'est le discours que j'ai tenu à Chapuis. Je me suis fait taxer de moralisateur ! Tu le connais ?

— Non.

— J'ai quelques difficultés avec lui, qui sont peut-être dues à une convocation pour rappel aux principes déontologiques qu'il avait reçue de mon associé, Hector de Polignac, lorsqu'il était président de chambre.

— Je vais l'appeler pour prendre la température, je te dirai.

— C'est très aimable. Il y a un point particulièrement sensible : nous avons des inventaires mobiliers à établir tant dans l'appartement parisien que dans les résidences secondaires. Ma cliente, assez fragilisée par le testament dont elle ignorait tout, et de surcroît par sa publication dans la presse, redoute beaucoup la présence des deux autres femmes...

— Je m'arrangerai pour faire signer à ma cliente un pouvoir et je me charge de convaincre Chapuis. N'allons pas mettre d'huile sur un feu déjà bien nourri ! J'ai été assez sidéré de découvrir ce testament dans les journaux. As-tu maintenant une idée d'où le coup a pu partir ?

— Je n'en ai pas la moindre idée mais je ne désespère pas de le découvrir.

Regniez dit après avoir raccroché :

— Voilà un vrai notaire, pas un chien de garde ! C'est notre allié, brossez-le bien dans le sens du poil.

— Comptez sur moi, dit Claire.

— Je vais vous donner un autre dossier assez confidentiel, en espérant qu'il ne sorte pas dans la presse, lui dit-il en souriant.

— Il faudrait un placard qui ferme à clé pour ces dossiers.

— Demandez à Michel. Nous allons appeler Bertrand Garabian, fils de Jean Garabian, fondateur des cinémas Garabian, et producteur et distributeur de films. Il vit à Los Angeles, avec sa femme et ses trois enfants, il voudrait organiser sa succession, étant précisé qu'il a adopté le fils aîné de sa femme. Il est atteint d'un cancer du cerveau. Je l'ai rencontré au festival de Cannes avec Raymond Golfino. Vous connaissez sa femme, Nancy Carter ?

— Oui, elle est connue, elle a joué dans *Retour à Newark*.

— Je ne regarde jamais de films. Ah si ! J'ai vu *Ravage* à Cannes, le film produit par Garabian ! Nous allons faire une conf' call' avec Golfino, dit-il en composant un numéro sur le téléphone en forme de pieuvre posé sur son bureau. Bonjour Raymond, je suis en haut-parleur avec Claire. J'appelle Garabian.

Ils écoutèrent tous les trois la sonnerie jusqu'à entendre un déclic.

— Bonjour à tous les deux, vous êtes parfaitement ponctuels. Je suis à Roissy, en transit, je prends l'avion dans une heure. Je suis heureux de retrouver ma tranquillité californienne, il y a une électricité à Cannes, favorable aux affaires, mais absolument épuisante ! J'ai laissé décanter les choses depuis notre rencontre. J'ai un bon feeling avec vous, messieurs, et je souhaite que nous avancions rapidement ensemble,

Raymond, pour réorganiser mon patrimoine et voir comment procéder à des optimisations fiscales.

— Avec plaisir, j'en suis honoré.

— François-Jean, je souhaite que vous trouviez une solution pour que Donovan, mon fils adoptif, ne reçoive rien en France et je vous confirme que mon frère accepte d'être administrateur du patrimoine de mes enfants jusqu'à leur majorité. Comment pourrions-nous mettre tout cela en musique rapidement ?

— Nous avons besoin tous les deux que vous nous adressiez tous les éléments constituant votre patrimoine tant en France qu'aux États-Unis. Les titres de propriété des biens immobiliers et les derniers relevés de vos comptes bancaires et assurances vie ainsi que les actes de naissance de vos enfants et le jugement prononçant l'adoption de Donovan.

— D'accord, ce sont des documents américains.

— Aucun problème. Je comprends l'anglais et Claire Castaigne, qui va travailler avec moi sur votre dossier, est bilingue.

Claire secoua la tête en ouvrant de grands yeux.

— Nous allons étudier tout cela et vous faire des propositions dans le courant du mois de juin.

— Parfait ! J'ai désormais plus de visibilité sur mon planning. Je serai à Paris la première semaine de juillet.

— Voyons-nous à ce moment-là pour concrétiser les choses que nous aurons préparées en amont, dit Regniez.

— Est-ce que le mercredi 2 juillet, à 10 heures, vous conviendrait ?

— Très bien pour moi, dit Golfino.

— Pour moi aussi, c'est noté, dit Regniez.

— François-Jean, je voudrais vous parler d'un point purement notarial.

— Je vous laisse ! D'ici le 2 juillet, nous échangeons par mail.

— Au revoir, monsieur Golfino, merci. François-Jean, puisque vous êtes désormais mon notaire, je souhaite que les choses soient transparentes entre nous : Barbara m'a dit qu'elle avait eu une aventure avec vous...

Regniez abattit la paume de sa main droite sur la touche haut-parleur de la pieuvre téléphonique, son visage blanchit et se fronça tout entier comme du papier mâché, de profonds sillons barrèrent son front, ses yeux disparurent sous ses lourdes paupières, sa bouche engouffra ses lèvres. Il desserra sa cravate et sourit à Claire qui s'était levée et le regardait en avançant vers la porte, il leva la main.

— J'étais en haut-parleur avec ma collaboratrice mais c'est ma faute, je ne vous l'avais pas dit.

— Oh ! Je suis désolé ! Je voulais justement faire preuve de discrétion.

— Vous ne pouviez pas savoir. Ma collaboratrice est tenue au secret professionnel, dit-il en regardant intensément Claire et en désignant la porte, qu'elle referma prudemment. Vous pouvez parler, je vous écoute.

— Je voulais simplement vous dire qu'elle m'a beaucoup parlé de vous après votre départ. Je sais que vous avez échangé quelques messages et que depuis vous attendez de ses nouvelles. Dans l'effervescence de Cannes, elle a rencontré un autre garçon, un technicien du cinéma, elle semble très accrochée. Je ne sais pas quelles étaient vos intentions mais elle est très fragile. Elle a fait une tentative de suicide à la fin du tournage car elle n'arrivait pas à gérer le retour à la vie normale. Elle n'est pas faite pour avoir une aventure avec un homme marié, elle ne sait pas gérer l'attente, l'instabilité, vous comprenez ?

— Je comprends tout à fait. Vous m'aviez dit qu'elle était solide. Elle m'a beaucoup plu mais je ne connais pas moi-même mes intentions car c'est la première fois que je trompe ma femme, elle a dû vous le dire.

— Elle ne vous a pas cru.

— C'est pourtant vrai. Je vais en rester là, j'attendais simplement un message pour mieux comprendre son silence, murmura Regniez.

— Elle m'a dit qu'elle le ferait.

— Elle n'est pas obligée.

— Elle ne s'oblige à rien mais je sais qu'elle le fera.

Regniez ne répondit pas.

— Je préfère que cette conversation reste entre nous.

— Je le préfère aussi, dit Regniez en riant.

Dans son bureau, Claire consulta son téléphone professionnel qui affichait trois appels en absence. Vingt nouveaux mails étaient apparus dans sa boîte, elle ouvrit celui d'Alice, sans contenu, avec un simple objet « on dej ? ». Alors qu'elle n'avait rien de prévu, elle répondit qu'elle n'était pas libre, elle ne voulait rien lui dire et elle ne voulait pas que Regniez les voie ensemble et imagine la connivence contre son secret trahi.

Son téléphone personnel affichait un message de Pauline : « Ma bichette, je suis désolée, il faut que je sorte quinze actes d'acquisition d'un programme immobilier avant demain soir ! Ma connasse de boss a avancé les rendez-vous car elle veut partir en week-end jeudi soir ! Autant dire que je dois annuler notre verre ! Je vais y passer une bonne partie de la nuit ! »

Elle rechercha dans la liste des derniers appels et appuya sur Roulette.

— Oh non ! J'avais tellement envie de boire un verre ce soir, qu'on décompresse un peu !

— Moi aussi ! Je suis au fond du trou, j'en peux plus de ce boulot ! répondit Pauline.

— Oui, c'est dur.

— Dit la meuf maso qui est partie faire le tour du monde et qui revient bosser dans le notariat !

— C'est vrai que je suis complètement folle !

— Enfin, toi, au moins, t'es bien payée ! J'ai envie de poser une bombe dans cette étude !

— Change ! Ça fait combien de fois que je te le dis ! Mais ne viens pas chez PRF !

— C'est partout la merde, ça ne sert à rien de changer ! Il faut que je te laisse, ma boss appelle pour la dixième fois en trois minutes ! Appelle Julie !

— Tu parles, quand elle finit à 20 heures, ses boss lui disent qu'elle est à mi-temps ! Ça fait deux mois que je ne l'ai pas vue !

— Au moins ils paient vraiment les avocats d'affaires ! Tu as revu Alex ?

436

— Non, pas encore.

— Mais qu'est-ce que tu fous ?

— Je n'ose pas lui avouer que j'ai perdu son téléphone.

— Tu as ouvert le papier sous la pluie ! Tu passes au café, comme t'as fait la semaine dernière, et tu lui racontes l'histoire, c'est drôle, tu rechopes son numéro et vous vous voyez. Je ne comprends même pas que t'aies rien dit la semaine dernière ! Tu sais faire pourtant ! Toi qui m'as tellement coachée !

— Un artiste, ça va être le plan galère.

— Mais essaie au moins !

— J'ai tellement enchaîné les boulets que j'arrive plus à avancer !

— Je t'imagine en train d'avancer avec des mecs attachés à tes chevilles !

— Ça ne risque pas de m'arriver ! dit Claire d'une voix lasse.

— Non, c'est vrai, les hommes qui s'attachent, tu leur mets des coups de pied ! Tu préfères les connards ! Ouais, t'es complètement maso !

— Non, c'est mon esprit de conquête !

— Fais pas trop la maligne parce que je vais finir par te faire payer les debrief !

Leurs rires fusèrent. Claire était heureuse d'avoir une amie comme Pauline, avec ce remarquable appétit de vivre, cette drôlerie constante, cette légèreté inoxydable. Lorsqu'elle l'avait connue dix ans plus tôt, à la fac de droit, elle venait de perdre sa mère dans un accident d'avion. Des éclats de joie perçaient par instants sa douleur, sa force de vie allait gagner, c'était beau à voir. Claire se souvenait parfaitement de la pensée qu'elle avait eue, un soir, alors qu'ils étaient toute une bande à boire des verres dans un bar et qu'un cercle s'était formé autour de Pauline qui racontait une histoire drôle : je veux que cette fille soit mon amie. Elle pensait maintenant à ce qu'elle aurait dû répondre : elle n'aimait pas que conquérir les connards puisqu'elle l'avait conquise, elle, et qu'elle avait su la garder.

39

La grande fenêtre sur la colonne Vendôme était barrée à mi-hauteur par un rideau beige qui diffusait une lumière jaune de fin de journée dans la salle Paix 1. La poussière dansait dans le faisceau du rétroprojecteur. Sylvain Sassin abaissa l'écran de l'ordinateur portable posé devant lui et s'afficha sur le tableau blanc : « Réunion d'associés du jeudi 29 mai 2014. »

— Heureux de vous retrouver parmi nous, Pierre. En votre absence, lors de la dernière réunion, nous avons abordé la sécurité de l'étude et malgré votre terrible mésaventure, nous avons conclu qu'elle n'avait pas vocation à être améliorée puisque l'alarme aurait dû fonctionner dans une nuit ordinaire, dit Sylvain Sassin.

— J'étais au mauvais endroit au mauvais moment.

— Après la publication du testament Gestas dans la presse, la sécurité des dossiers semble être un plus grand enjeu. Avez-vous réfléchi à des solutions ? demanda Sassin.

— On ne parle que de quelques dossiers, on est bien d'accord ? demanda Fontaine.

— Évidemment ! Tu n'as pas à mettre sous clé tes dossiers de délégation de chambre, dit Polignac.

— Mes dossiers de vente de raffineries ou de sites pollués n'intéressent pas beaucoup non plus, pas plus d'ailleurs que l'acquisition par Antoine Bismuth de son nouvel appartement parisien. Il a trouvé ! dit Catherine Ferra.

— Tâchons de ne pas nous disperser, Catherine, nous parlions de la sécurité des dossiers. Abordons les sujets les uns après les autres, dans l'ordre croissant d'importance, dit Polignac.

— J'ai peut-être une piste pour un chalet à Megève, dit Regniez.

— C'est le cas de le dire ! dit Fontaine.

— On en reparle, dit Regniez.

— Il s'est marié ? demanda Polignac.

— Oui, il est en voyage de noces au Mexique, répondit Catherine Ferra.

— Marié deux fois, divorcé deux fois, mais il se remarie sans contrat. Quelle connerie ! dit Polignac.

— Ou bien, dans une vision positive des choses, c'est beau d'y croire à chaque fois avec la même innocence, dit Fontaine.

— Quel indécrottable romantique, Pierre ! dit Polignac.

— Je préfère être romantique que cynique, dit Fontaine avec un regard de feu derrière ses verres épais.

— Revenons à la sécurité des dossiers. Nous parlons des dossiers familiaux de personnes publiques ou célèbres. Combien en avons-nous à l'étude ? Pour ma part, un dossier. Et encore, le commun des mortels se fout pas mal des histoires de fesses de Jean-Louis Leroy. Pierre, zéro ! François-Jean ? demanda Polignac.

— Plus de deux.

— Franchement, moi je ne vois pas. Il faut que les dossiers soient accessibles à tous moments par les collaborateurs, leurs assistantes et les notaires associés. Mais, François-Jean, puisque ça te concerne, que proposes-tu ? demanda Polignac.

— D'une part, il y a les dossiers informatiques puisque maintenant tout est scanné…

— Du moins, tout devrait l'être mais nous en reparlerons, dit Polignac.

— Le principe du réseau est que tous puissent accéder à tous les dossiers, ce qui est formidable sauf pour ces dossiers-là ! Je propose un code d'accès à la seule connaissance du notaire associé en charge du dossier, de son collaborateur, de son assistante et des services comptabilité et formalités, dit Regniez.

— Excellente idée ! dit Catherine Ferra.

Fontaine, qui semblait absorbé par des pensées complexes, hochait la tête à intervalles réguliers.

— Ça serait pas mal que les trois autres notaires associés aient aussi le code d'accès, dit Polignac.

— Pourquoi ? Personnellement, je ne regarde jamais vos dossiers, dit Regniez.

— Pour trouver un modèle d'acte par exemple, et pour avoir une vue d'ensemble de tout ce qui se passe à l'étude. Nous sommes tous associés et solidaires les uns des autres, dit Polignac.

— Pour que cette mesure ait du sens, le nombre de détenteurs du code d'accès doit être limité, dit Regniez.

— Je suis d'accord, dit Catherine Ferra.

— OK, dit Polignac qui affichait un sourire plein d'ironie.

— D'autre part, il y a les dossiers papier. En attendant le zéro papier…

— Nous en sommes loin, coupa Polignac.

— Mais nous progressons ! Je pense qu'il n'est pas absurde d'avoir une armoire fermée pour ces dossiers-là. Dans le bureau du collaborateur concerné.

— Qui a la clé du placard ? demanda Polignac.

— Le notaire et le collaborateur, dit Regniez.

— Donc tu vas te balader avec un énorme trousseau de clé à la ceinture. Tu vas faire concurrence à Murielle Barzouin ! Ou bien tu vas mettre les clés dans un tiroir qui ferme à clé ! Ça n'est pas jouable, dit Polignac.

— Qu'est-ce que tu proposes ? demanda Regniez.

— Je ne vois pas, je te l'ai dit !

— Ou bien, on écrit sur les dossiers un autre nom : succession Dupont, par exemple, au lieu de succession Gestas, dit Fontaine.

— Je vois déjà ton assistante, Pierre, pour ne pas la citer, hurler dans l'open-space : bon eh bien, je vais travailler sur le dossier Dupont, si vous voyez ce que je veux dire ! dit Catherine Ferra.

— L'imitation est assez réussie, Catherine, mais laisse Murielle en dehors de ça ! Ainsi que le disait justement Hector, ces dossiers ne nous concernent pas, dit Fontaine.

— Oui mais Claire Castaigne est assistée de Paulette Gorin. Même combat, dit Catherine.

— Pas du tout. Murielle travaille très bien et je n'ai que de bons retours de mes clients.

— La transition est toute trouvée pour parler de Paulette Gorin si vous le voulez bien, dit Sylvain Sassin pour la sécurité des dossiers, je vous propose d'expérimenter le process de votre choix et nous en reparlons à la prochaine réunion.

— Parfait. Où en sommes-nous du dossier Gorin ? demanda Regniez.

— Elle a rejeté notre dernière proposition. Elle se sent bien à l'étude et n'a aucunement l'intention de partir, dit Sassin.

— Vous avez parlé à Claire ? demanda Regniez.

— Oui. Elle a beaucoup de scrupules.

— C'est elle qui travaille avec Gorin après tout, dit Catherine Ferra.

— C'est exactement ce que je lui ai dit à titre de conclusion, dit Sassin.

— Ah non ! Elle a fait beaucoup d'erreurs dans les dossiers de Karine, pendant son absence, elle est en roue libre, elle est dangereuse, on s'en plaint tous, même Murielle ! dit Fontaine.

— Elles ont pourtant l'air de bien s'entendre ! Mettez la pression sur Claire ! Je trouve qu'elle a beaucoup trop de principes cette jeune femme, dit Polignac.

— On ne va pas le lui reprocher, dit Fontaine, avec ce regard étincelant, presque frondeur, qui était nouveau chez lui.

— Je suis d'accord, dit Regniez. Claire semble tenir le coup dans la déferlante de dossiers, elle s'intègre bien, on ne va pas lui mettre la pression pour virer Gorin. Et on n'a pas besoin d'être quinze non plus pour en venir à bout.

— Elle est coriace, dit Sylvain Sassin.

— Je m'en occupe ! On ne va pas perdre de précieuses minutes à parler d'une secrétaire qui ne nous crée que des difficultés depuis des années.

— Parfait. Autre sujet ? demanda Polignac.

— Reste pendante la question de la création d'un service négociation immobilière à l'étude, dit Sylvain Sassin.

— Moi, je suis pour ! C'est une source importante de revenus supplémentaires. Pierre, qu'en penses-tu ? demanda Catherine Ferra.

— Est-ce qu'on ne risque pas de perdre en crédibilité à mettre la main dans les affaires ?

— C'est ce que je pense ! dit Regniez.

— Vous êtes d'affreux conservateurs ! dit Polignac. Si vous voulez que le notariat perdure, il faut évoluer ! Les autres évoluent, grignotent des parts de marché sauf nous, au nom de nos grands principes ! Regardez les avocats !

— Il ne faut justement pas être assimilés aux avocats, dit Fontaine.

— Nous ne sommes pas mûrs pour parler de cette question aujourd'hui, dit Regniez, mais mettons-là à l'ordre du jour de la première réunion de la rentrée. D'ici là nous aurons tous réfléchi. Pour preuve que je ne suis pas un affreux conservateur, je suis d'accord avec la proposition de Catherine d'alimenter un fichier des biens que les clients souhaitent vendre ou acheter et de prélever des honoraires de négociation sur les affaires conclues avec notre concours.

— Ah voilà déjà une belle avancée ! dit Polignac. Sylvain, nous vous laissons le choix de la forme que prendra ce fichier immobilier. Continuons. J'aimerais ajouter à l'ordre du jour le sujet des cravates. Excuse-moi Catherine mais heureusement que j'ai croisé ton protégé, ce matin !

— Lequel ?

— Frédéric Derrien est l'incontestable leader du mauvais goût ! Chaque jour, il se surpasse ! Lundi, il portait une cravate à grosses bandes rouges et vertes et aujourd'hui une cravate jaune à losanges noirs. Et toujours avec un gros nœud vulgaire. Ça ne te choque pas, Catherine ?

— Non ! Il travaille comme deux, je ne vais quand même pas l'embêter avec ses cravates, il ne porte pas non plus des cravates Mickey !

— C'est important pour l'image de l'étude, dit Polignac en grimaçant. L'image compte autant que la compétence à notre époque ! Le problème du mauvais goût, c'est qu'il se répand vite ! J'ai croisé Maxime Ringuet avec une cravate rouge. Et ton autre protégé, Bastien, avec une cravate à fleurs. Nous montrons l'exemple pourtant. Sauf Pierre !

— C'est une cravate Claret ! s'exclama Fontaine.

— Les collaborateurs ne font pas toujours la distinction entre les cravates Claret et… je ne sais pas où ils trouvent leurs affreuses cravates. Je propose d'imposer une règle à l'étude : cravates sombres et unies, dit Polignac.

— Et on va nous appeler l'étude des croque-morts ! dit Catherine Ferra.

— La moitié de mes cravates ne sont pas sombres et unies ! Qu'est-ce que j'en fais ? demanda Fontaine.

— Tu les portes pour jardiner ! Ça ne s'appliquera qu'aux collaborateurs bien entendu, dit Polignac en riant.

— François-Jean, qu'est-ce que tu en penses ? demanda Catherine sur un ton de reproche alors qu'il fixait son téléphone avec un air presque ému.

Il relisait pour la troisième fois le message qu'il venait de recevoir de Barbara : « J'ai passé une nuit de rêve et j'étais sincère quand je t'ai dit que je n'avais jamais joui aussi fort, mais voilà, c'était un coup comme ça ! Toi, tu es marié et moi je ne suis pas faite pour les hommes mariés ! Je garde ton numéro si j'ai besoin d'un notaire. Je vais peut-être devenir riche avec le cinéma et pouvoir m'acheter un appartement ! » Le message était suivi d'une série d'émoticônes.

— Je suis assez d'accord, répondit-il. Nous n'avons pas d'autres choix que d'imposer une règle simple et claire : cravates sombres et unies. En précisant aussi que la cravate est de rigueur car les plus jeunes ont tendance à l'oublier.

— La cravate de rigueur pour tous ? Tu vas faire porter une cravate à Michel qui déplace des cartons ? À Grégory, autour de son gros cou de taureau ?

— Catherine, tu es de mauvaise foi. Pour les collaborateurs qui reçoivent les clients, bien sûr.

— Non, non je continue. Et le jour où ils n'en reçoivent pas, ils peuvent venir en short et en tongs ? insista Catherine Ferra.

— Cravates sombres et unies, avec un nœud simple, de rigueur pour les notaires salariés, assistants et stagiaires, dit Regniez.

— Je suis content, ça fait des années que j'y pense ! dit Polignac.

— Sylvain, nous vous chargeons de passer le mot aux collaborateurs, il serait assez maladroit d'adresser un mail, dit Regniez.

Sassin hocha la tête, Regniez écrivit à Colette Grossin : « Allez-y. »

— Si nous en sommes là, il n'y a pas de limites, il y a les chemises, les costumes, les chaussures et on n'a pas abordé les tenues féminines car le moins que l'on puisse dire, c'est qu'il n'y a pas d'homogénéité ! Murielle Barzouin, Paulette Gorin, Alice Santa Mala, j'ai vu que Claire Castaigne avait des tatouages…

— Je lui ai dit de les cacher, dit Polignac.

— Où a-t-elle des tatouages ? demanda Regniez.

— Tu vois qu'elle les cache ! dit Polignac.

— Sur les bras. Je ne sais pas jusqu'où. C'est d'un atroce mauvais goût ! Et Alice Santa Mala qui s'habille comme une call-girl !

— Nous en avons déjà parlé, Catherine. Certes, elle porte des tenues très féminines mais ce sont des vêtements de qualité et elle a, par ailleurs, une bonne tenue, dit Polignac.

— François-Jean, toi qui ne jures que par la sobriété, tu ne peux pas être d'accord ?

— La sobriété appliquée à moi-même, pas aux femmes, dit-il en souriant autant à Catherine Ferra qu'à son téléphone portable sur lequel s'affichait la réponse de Colette Grossin : « C'est fait. »

Il écrivit : « Effacez tant dans votre boîte de réception que dans vos éléments supprimés cet échange de mails. » Il les supprima dans son téléphone et effaça, à regret, le message de Barbara.

— Pierre, je ne te demande pas, dit Catherine Ferra.

— Je ne sais pas comment il faut que je le prenne !

— Et moi donc ! dit Regniez en souriant.

— La mauvaise foi masculine incarnée ! Et Barzouin, et Gorin ? Tiens, on ne pourrait pas lui mettre un avertissement pour ses cheveux rouges ? demanda Catherine Ferra.

— Ce sont des secrétaires, les clients le voient bien en les croisant, on s'en fout ! Il y a d'autres sujets ? demanda Polignac.

— Oui. François-Joseph est décidé à venir travailler à l'étude à compter du 23 juin jusqu'à la fin juillet. L'idée n'est pas seulement qu'il observe mais qu'il travaille. Ça pourrait prendre la forme d'un stage rémunéré et il pourrait assister Alice qui a déjà beaucoup de dossiers. Est-ce que ça pose un problème à l'un d'entre vous ?

— Avec Alice Santa Mala, je ne suis pas sûre qu'il travaille beaucoup ! dit Catherine en riant.

— Tu es infernale aujourd'hui ! Il travaillera aussi avec les collaborateurs qui auront besoin de renfort dans cette période toujours chargée. Alice n'a pas d'assistant et elle accepte la charge de travail sans se plaindre.

— Très bien, passons rapidement aux chiffres. Puis, j'aborderai un dernier sujet, dit Polignac.

— Je n'avais pas terminé. J'ai, moi aussi, un sujet : je constate que le service formalités est constamment surchargé. Ils ont de plus en plus de mal à tenir les délais. Je pense qu'il faudrait d'une part embaucher une troisième personne, peut-être un contrat d'apprentissage, et d'autre part augmenter Colette qui ne compte pas ses heures et fait preuve d'une grande disponibilité. Il ne me semble pas qu'on l'ait augmentée depuis son arrivée il y a huit ans ? demanda Regniez à Sylvain Sassin.

— Je ne crois pas, non.

— Quel est son salaire actuel ? demanda Regniez.

— 80 000 brut, répondit Sassin.

— Ça n'est pas assez pour la responsable du service formalités d'une étude comme la nôtre.

— Nos derniers sujets se rejoignent. C'est sans doute parce qu'elle ferme les yeux sur tes irrégularités qu'elle t'est précieuse, dit Polignac en souriant.

— Pardon ?

— On m'a rapporté que tu n'hésitais pas à faire des faux en écriture.

— Ah oui ! Au pluriel en plus ?

— Au moins un dont j'ai connaissance.

— Explique-toi.

— Dans l'acte de vente Schlumberger / Golfino, Alice a fait une erreur d'un zéro dans le prix de vente. Elle a écrit 30 millions au lieu de 3 millions. L'acte lui a été restitué et il est revenu aux formalités, modifié de ta main, sans les paraphes des clients. Je tiens ces informations de Grégory. Mais impossible de le vérifier tant que l'acte n'est pas revenu des hypothèques car, contre toute la logique de notre procédure, l'acte n'est pas scanné en machine ! Ce qui me fait parler d'irrégularités au pluriel. Mais le plus grave est le faux en écriture publique, dit Polignac en émettant un gloussement étrange.

— Tu as enfin terminé ton insupportable monologue ? demanda Regniez d'une voix sévère.

— Nécessaire car tu es mon associé, comme celui de Catherine et de Pierre. Et tu es un proche du vice-président de la Chambre des notaires. Avoue que ça serait du plus mauvais effet !

— Je ne vois pas le rapport ? Tu as bien été président de chambre !

— Qu'est-ce que ça veut dire ?

— Que je te renvoie à ta propre morale et à tes propres actes. Que tu dois avoir une grande assurance de ton intégrité ou une puissante haine à mon endroit pour oser m'accuser sans preuve et sur la seule foi des déclarations d'un clerc aux formalités, à l'étude depuis deux ans, qui de surcroît a une relation avec une notaire salariée, ce qui pourrait induire des collusions et ce qui est contraire à tous nos principes.

— Avec quelle notaire salariée ?

— Tu es assez mal renseigné sur tes collaboratrices. Figure-toi qu'il s'agit de ta protégée.

— Hélène ?

— Absolument ! De source plus sûre que la tienne !

Hector secoua sa tête qui semblait avoir gonflé, ses joues étaient rouge écarlate.

— Puisque tu m'accuses, je te réponds : tout cela est parfaitement faux.

— On étouffe ici, dit Polignac, qui se leva pour ouvrir la fenêtre.

Le bruit de la circulation de la rue de la Paix amortit l'air devenu lourd comme du plomb. Le fauteuil souffla sous lui lorsqu'il se rassit.

— La climatisation fonctionne pourtant, dit Sylvain Sassin.

Il reçut, en retour, le regard noir de Polignac et saisit la télécommande pour abaisser la température de trois degrés.

— J'ai hâte de voir l'acte et je n'hésiterai pas à demander une copie hypothécaire.

— Ne te fatigue pas pour la copie hypothécaire ! On demandera à Michel de te déposer l'acte en priorité absolue au retour des hypothèques, même si cela fait de moi, pour un instant, ton subordonné qui te rend des comptes. Un instant seulement. Mais je vais d'ores et déjà dissiper, je l'espère, les doutes de mes associés et par là même corriger une première calomnie ! Sylvain, ouvrez le dossier Schlumberger / Golfino, s'il vous plaît.

Sylvain Sassin ouvrit le dossier informatique et cliqua sur l'acte scanné.

— L'acte est bel et bien scanné et les modifications comportent les paraphes des deux parties, ainsi que les miens. Grégory Boivin a rendu l'acte à Alice car j'avais oublié de parapher deux pages. J'espère que tu ne me reprocheras pas d'avoir apposé a posteriori deux paraphes sans établir d'acte modificatif ?

Polignac attrapa, d'un geste vif, son téléphone :

— Grégory, venez immédiatement en Paix 1.

Il le reposa brutalement sur la table. Catherine Ferra et Pierre Fontaine les regardaient tour à tour, avec l'intensité des spectateurs d'un combat de boxe.

Catherine Ferra, qui se tenait d'ordinaire si droite, avait les épaules rentrées et le dos rond comme une adolescente. Fontaine n'avait pas vu que son stylo plume ouvert avait coulé dans sa main gauche.

Grégory Boivin entra dans la salle, les muscles saillants dans un polo bleu, le visage blanc.

— Grégory, vous avez vu l'acte de vente Schlumberger / Golfino avec un prix de 30 millions d'euros, sans aucune modification, et sans aucun paraphe, c'est bien cela ? demanda Polignac.

— Oui.

— Vous jurez que c'est ce que vous avez vu ?

— Oui, je le jure.

Polignac se tourna vers Regniez qui avait déjà posé son téléphone contre son oreille.

— Pouvez-vous avoir l'obligeance de venir en Paix 1, s'il vous plaît ?

Colette Grossin entra dans la salle, enveloppée d'une robe à grosses fleurs rouges et blanches.

— Colette, pouvez-vous me dire pourquoi vous avez restitué l'acte de vente Schlumberger / Golfino à Alice Santa Mala ?

— Parce que Grégory m'a fait remarquer que vos paraphes manquaient sur deux pages, ça n'était pas grand-chose mais…

— Elle ment ! dit Grégory Boivin, dont l'empressement ressemblait à de l'affolement.

— Comment peux-tu accuser ta chef de mentir ! s'exclama-t-elle.

— Je dis la vérité !

— Non !

— C'est ta parole contre la mienne.

Regniez appela Alice qui entra moulée dans un jean blanc et un chemisier Vichy, juchée sur des talons compensés en liège.

— L'heure est grave ! dit-elle en riant.

— Assez, répondit Regniez, en faisant un geste à Polignac.

— Pourquoi Colette vous a-t-elle restitué l'acte de vente Golfino ? demanda Polignac.

Alice bomba sa poitrine, plongea dans les yeux bleus de Regniez et regarda Polignac, d'un air surpris.

— Parce que monsieur Regniez avait oublié d'apposer deux paraphes.

— Menteuse, dit Grégory Boivin.

— Merci, dit-elle en riant.

— Vous êtes deux menteuses ! reprit-il en criant presque.

— Je crois que nous en avons assez entendu, dit Regniez.

Le visage d'Hector de Polignac était encore plus blanc que celui de Grégory Boivin, il était figé comme cloué au fauteuil. Lorsque les trois collaborateurs eurent quitté la pièce, Regniez reprit la parole.

— Je ne sais pas quelles ont été les motivations de Grégory pour te raconter une histoire pareille mais j'exige sa démission immédiate, dit Regniez d'une voix calme et ferme, ses larges mains posées à plat sur la table vernie.

— Tu es très fort. Je ne peux que m'incliner, dit Polignac en souriant.

— Je te demande des excuses.

— Je veux bien m'excuser mais j'avais toutes les raisons de le croire.

— Est-ce que l'un d'entre vous s'oppose à la démission de Grégory ? demanda Regniez.

Pierre Fontaine et Catherine Ferra tournèrent leurs têtes ahuries de gauche à droite.

— Sylvain, faites-lui signer sa démission aujourd'hui. Si vous rencontrez des difficultés, appelez-moi. Je propose une augmentation de 10 000 euros brut pour Colette. Pas d'opposition ?

Il regarda de ses yeux perçants les têtes baissées et les ramena dans les yeux brillants de Sylvain Sassin.

— Je ferai un avenant à son contrat de travail. Il nous reste à parler des chiffres, dit Sassin.

Catherine Ferra se redressa et appuya son dos contre le dossier de la chaise, Fontaine regarda sa main pleine d'encre, reboucha son stylo et ferma le poing.

— Je passe mon tour sur les chiffres qui sont bons comme le mois dernier. Chers associés, je vous salue et Hector, je te souhaite de ne jamais commettre d'erreur dont j'aie connaissance.

Lorsque Regniez ouvrit la porte qu'il ne referma pas, l'air chaud du couloir se mélangea à l'air de la pièce fortement rafraîchi par la climatisation.

40

Ils étaient allongés, nus, sur les draps défaits.

— Alors, on se voit tous les jours ? demanda Stanislas.

Couché sur le flanc, une main sous la tête, il avait un corps pâle, long et frêle, ses épaules et ses hanches carrées saillaient, ses cheveux étaient blonds presque blancs, ses yeux d'un bleu transparent, enfoncés sous ses paupières, dans son visage extrêmement blanc comme s'il l'avait recouvert d'un fard. Il parlait d'une voix douce et précieuse. L'ensemble de sa personne faisait de lui un être à part venu d'une autre planète.

— J'ai eu envie de te voir avant et après la bataille, dit Hector de Polignac, allongé sur le dos.

— Est-ce à dire que je te fais du bien ? demanda Stanislas en passant sa main dans la toison velue qui couvrait son torse.

— Peut-être, oui.

— Elle était difficile cette bataille ?

— Je ne sais pas mais je l'ai perdue.

— Tu étais sûr de la gagner ?

— Oui. J'étais sûr de moi, ce qui est loin d'être toujours le cas.

— Pourquoi tu ne m'en as pas parlé hier ?

— Je t'ai dit que j'allais avoir une réunion difficile et que j'avais besoin de passer un bon moment.

— Tu ne veux pas en parler ? Tu n'as pas confiance en moi ? reprit-il dans le silence d'Hector.

— Je n'ai confiance en personne, c'est une qualité autant qu'un défaut.

— Tu n'as pas confiance en tes enfants ?

— Pas vraiment.

— En ta femme ?

— Surtout pas. Nos relations sont réduites au minimum pour les enfants et pour sauvegarder les apparences. Je ne lui confie rien. On vit dans le même hôtel particulier par simplicité pratique, mais nous avons chacun notre appartement.

— Et vous n'avez jamais divorcé ?

— Pourquoi faire ? Pour donner de l'argent aux notaires et aux avocats ? Les choses étaient très claires entre nous dès le départ.

— Comment ça ?

— Mais tu veux tout savoir ! s'exclama Hector en lui donnant une tape sur les fesses, qui se prolongea dans une caresse.

— Raconte-moi ! Je veux savoir plus de choses, c'est la cinquième fois qu'on se voit et je ne sais rien de toi.

— Cinquième fois ?

— Oui, si je compte notre rencontre dans ton bureau.

— Ça ne compte pas, c'était purement professionnel.

— Mais c'est le point de départ, c'était un moment très fort ! Elle était folle la tension qui est montée entre nous, s'exclama Stanislas.

— C'est vrai, c'était magique de te voir entrer avec ton chapeau, ton joli costume croisé, et ton

456

cartable de généalogiste. Jeune, inconnu, interdit, et de me faire littéralement draguer ! Tu as été sacrément gonflé quand même !

— Quand tu m'as dit, en te renversant dans ton fauteuil comme une vierge effarouchée, que tu étais un homme marié avec deux enfants, je ne t'ai pas cru !

— Tu m'inquiètes. Ça se voit tant que ça ?

— Comme le nez au milieu de la figure !

— Arrête !

— Pour moi en tous cas ! Pour le commun des hétéros, peut-être pas. Ceux qui ne savent pas que l'homosexualité existe ! dit Stanislas en riant.

— Ça va, je suis tranquille avec mes associés et les trois quarts de mes clients !

— Et tes collaborateurs ?

— Je ne les connais pas assez.

— Alors raconte-moi ! Tu n'as pas toujours été homo ?

— Oh si ! Je me cachais dans les jupes de ma mère pour regarder mon père à poil ! Mon premier souvenir d'enfant est un baiser que j'ai volé à un garçon. J'avais trois ans ! Ma première relation sexuelle était avec un garçon. Je me suis forcé à avoir des relations avec des filles pour rentrer dans la norme mais c'était une grande contrainte et je mettais très vite un terme aux histoires. Si bien qu'on pensait que j'étais un homme à femmes ! Mais à l'approche de la cinquantaine, ça commençait à devenir douteux. Puis ma mère vieillissait, elle désespérait de me voir marié, je voulais lui faire plaisir et avec l'âge, j'éprouvais le désir d'avoir des enfants. C'est très égoïste mais je ne voulais pas mourir seul.

— Tu es notaire aussi. Tu passes ton temps à parler d'héritage. Forcément, tu y penses pour toi.

— J'ai conclu un pacte avec une cousine éloignée de quinze ans plus jeune que moi. Nous avons décidé de nous marier et de faire des enfants, sans engagement de fidélité. Le mariage était parfait pour nos familles, nous sommes issus de deux des plus anciennes familles françaises. Elle n'avait eu que des relations plus ou moins foireuses. C'est une peintre, assez médiocre. Elle s'est mise à la sculpture mais elle n'est pas plus douée. Je lui apportais l'argent et le statut de femme mariée, tout en lui laissant sa liberté. Elle me donnait des enfants et je continuais à vivre mon homosexualité sous couvert d'un mariage.

— Ta mère savait que tu étais homosexuel ?

— Nous n'en avons jamais parlé ensemble mais oui, bien sûr qu'elle savait, qu'elle sait, elle est toujours vivante. Une mère sait toujours, je pense. Mon père m'a toujours pris pour un don juan et il en était fier. Ma mère était beaucoup plus fine. C'est elle qui a eu l'idée du mariage avec cette cousine, en me disant que là où les mariages d'amour, après deux ou trois ans de félicité, étouffaient puis se dénouaient, les mariages arrangés duraient et préservaient la liberté de chacun.

— Raisonnement très aristocratique.

— C'est du bon sens. Regarde tous ces divorces ! Ça fait marcher mes affaires mais enfin, c'est ridicule !

— Tu n'as jamais assumé ton homosexualité ?

— Mais tu veux m'allonger sur un divan !

— Tu es déjà allongé ! Dis-toi que tu es mon prisonnier, et que je te menace avec une grosse matraque pour que tu parles !

— Intéressant ! Je visualise bien la grosse matraque.

— Tu peux toucher aussi ! dit Stanislas qui posa la main droite d'Hector sur son sexe en érection. Ah ! Ta chevalière m'a fait l'effet d'une décharge glacée ! dit-il en poussant un cri.

— Le glas des traditions ! dit Hector en riant.

— Tu ne peux pas l'enlever ?

— Impossible. Elle est incrustée dans ma peau mais je peux te branler le petit doigt levé !

— Très chic ! Je comprends mieux pourquoi tu la portes au petit doigt !

— La chevalière se porte toujours à l'auriculaire droit. Seul l'aîné de la fratrie la porte à l'annulaire gauche avec son alliance ! Je vais t'apprendre les bonnes manières, jeune homme ! dit Hector, qui laissa retomber sa main sur le drap, enfouit sa tête dans le long cou et posa ses lèvres contre la veine jugulaire saillante et palpitante.

— C'est trop tard pour les bonnes manières, je suis trop vieux !

— Quel âge as-tu déjà ? Trente-cinq ans ?

— Bientôt trente-sept. Le 30 juillet. Tu seras là ?

— Je prends mes quartiers d'été dans ma maison de Capri à compter du 26 juillet mais tu es le bienvenu !

— Tentant ! Et toi tu as quel âge ?

— Je ne réponds jamais à cette question.

— Maître Polignac fait sa diva !

— C'est une question très indiscrète.

— Surtout quand on est né avant la guerre !

— Oh ! La cruauté de la jeunesse !

— Je suis sûr que tu étais plus cruel que moi, jeune !

— Je le suis toujours car je suis toujours jeune ! L'homosexualité est une éternelle jeunesse.

— Parce que tu te nourris du sang des jeunes hommes comme un vampire, dit Stanislas en tournant la tête sur le drap comme pour échapper à la morsure dans son cou.

La sonnette de l'appartement retentit. Hector regarda Stanislas enfiler son slip blanc et s'appuyer, avec son bras replié, contre le mur qui séparait l'entrée du grand studio, le torse nu et imberbe. Une violente tristesse s'empara de lui à la pensée qu'il lui échapperait bientôt. Il enfonça sa tête dans l'oreiller pour faire refluer ses larmes.

Stanislas déposa sur le lit les assortissements de sushis et de sashimis qu'il avait disposés sur un plateau.

— On ne quitte plus le lit, c'est un radeau qui nous protège du monde extérieur, dit Stanislas en avalant un sushi. Je parle la bouche pleine aussi, je suis vraiment très mal élevé, je mérite de sévères corrections ! reprit-il en riant.

Il tendit un morceau de thon serré entre ses baguettes, qu'Hector avala d'une bouchée.

— On mange couchés, comme les Romains ! Tu as l'air triste d'un coup !

— C'est toi le vampire ! Tu as aspiré toutes mes forces vitales.

— C'est ton autre défaite qui te pèse. Raconte-moi, ça te libérera. Je ne connais personne à Paris. À qui tu veux que j'en parle ?

— À tes patrons que je connais très bien. Je connaissais surtout leur père qui a créé l'entreprise. Tu vas très vite connaître tout le notariat parisien.

— Mon périmètre, c'est la rive droite.

— Les plus belles études sont rive droite. Pourquoi tu es venu à Paris ?

— Je m'ennuyais à Lyon. J'avais couché avec tous les pédés de la ville ! Paris est mon nouveau royaume !

— Ça fait combien de temps que tu es là ?

— Un an.

— Pourquoi on ne s'est pas croisés avant ?

— Parce qu'avant, je m'occupais des notaires des Yvelines et du Val-d'Oise. Je passais mon temps à sillonner, en voiture, des banlieues sinistres pour voir des notaires dans des bâtiments modernes sur des parkings, avec des vitres fumées et des volets roulants en plastique. Je leur demandais presque tous les jours un poste à Paris et ils m'ont ajouté en renfort de la rive droite il y a trois mois. Ils sont contents de moi visiblement.

— Ton nouveau royaume te plaît ?

— Beaucoup. C'est le paradis ! Entre les bars, les sites de rencontre, le Marais qui est un terrain de chasse à ciel ouvert ! Je n'ai pas trop chômé en un an !

— Tu as de la chance. Moi, je ne vais ni dans les bars, ni sur les sites de rencontre. Je connais trop de monde à Paris.

— Comment tu fais alors ?

— Les prostitués, beaucoup. Mon réseau de vieux gays qui s'enrichit de nouvelles têtes, parfois. Les rencontres miraculeuses comme avec toi, très rarement.

— J'aime bien payer des mecs aussi, des jeunes mecs de dix-huit vingt ans. Parfois, j'aime être celui qui paie, qui domine. Mais je préfère mille fois être le jeune, celui qu'on a l'impression de posséder comme un animal mais qui s'échappe toujours.

— Tu n'es plus si jeune.

— Pour toi si.

— Qu'est-ce qui t'intéresse, à part l'argent, chez des vieux comme moi ?

— Le pouvoir. Et la sensation d'être une pute. C'est comme lorsque j'allais me faire baiser par des inconnus dans des parcs ou des chiottes publiques. Je jouissais du dégoût, de la souillure de moi-même. Je me délectais de ma propre haine. Quand on commence à transgresser, il n'y a plus de limites. Tu ne te détestes pas, toi ?

— Si, mais pour d'autres raisons.

— Pourquoi ?

Hector souffla et s'efforça de garder le silence sous le regard dévorant de Stanislas.

— Parce que je ne me trouve pas beau, lâcha-t-il.

— À de rares exceptions, personne ne se trouve beau, ou par fulgurances !

— Parce que la haine de moi-même alimente ma haine des autres. La cruauté me constitue comme une défense. Méfie-toi !

— Mishima, l'un de mes auteurs préférés, a vécu une vie homosexuelle cachée. Pour faire plaisir à

462

sa mère, il s'est marié et a eu deux enfants. Comme toi. Il s'est suicidé par hara-kiri selon la procédure rituelle, c'est-à-dire qu'il s'est éventré lui-même et qu'ensuite son partenaire de suicide l'a décapité. Il avait quarante-cinq ans.

— C'était une tante de placard comme moi, mais la comparaison s'arrête là. Je n'ai aucune envie de mourir, encore moins de me suicider ! dit Hector en riant.

— Une tante de placard ! J'adore. Moi, j'ai souvent pensé au suicide comme moyen extrême d'exister, de me faire entendre. C'est quoi cette cicatrice ? demanda Stanislas en pointant son doigt un peu en dessous de la clavicule gauche d'Hector.

— Je suis tombé à vélo quand j'étais petit. On transportait des morceaux de bois sur nos vélos, avec mes copains, pour faire une cabane, j'en avais accroché un sur mon guidon, j'ai dérapé sur du gravier dans une descente, j'ai freiné du frein avant, je suis passé par-dessus le guidon et le morceau de bois s'est planté dans ma poitrine.

— Waouh ! C'est beau de garder des marques de son enfance ! Moi, je n'en ai aucune et je n'ai presque aucun souvenir. C'est le trou noir jusqu'à mes douze ans.

— Plus je vieillis, plus je me souviens de mon enfance. Tu as grandi où ?

— Dans le centre de Lyon. J'étais fils unique, mes parents vivaient repliés sur eux-mêmes ; personne n'était jamais invité à la maison, on voyait un peu leurs familles mais pas beaucoup. Ils ont toujours tenu à distance le monde extérieur. Le plus symbolique, c'est qu'ils étaient dentistes et qu'il y avait un masque blanc entre leurs patients et eux. Ils étaient très amoureux, ils se suffisaient à eux-mêmes. Même moi, je sentais que j'étais de trop ! Je me suis beaucoup ennuyé, et je crois que je ne me souviens de rien parce qu'il n'y a rien à raconter, il ne se passait rien. On ne partait jamais en vacances ailleurs que dans une maison qu'ils avaient achetée dans les Landes. Elle était comment ton enfance ?

— J'ai grandi dans la campagne bordelaise. Nous étions une fratrie de cinq garçons, j'étais le petit dernier, le plus fragile, différent déjà, pas tellement intégré au reste de la fratrie, très couvé par ma mère. Je m'efforçais de jouer avec les garçons mais je préférais la compagnie des filles et des femmes plus âgées. Mon père était absent, il partait des mois chasser en Afrique et laissait ma mère s'occuper de nous avec les employés de maison. Je me suis toujours demandé si j'étais le fils de mon père. Je n'ai jamais eu de réponse et il y a des indices qui m'obsèdent : cet ami de mon père qui venait souvent à la maison en son absence et l'indifférence de mon père, qui ne s'est intéressé à moi que lorsque je suis devenu notaire.

— Demande à ta mère.

— Impossible. Ça te plaît d'être généalogiste ?

— Il y a un côté détective qui ne me déplaît pas. J'étais un cancre à l'école, je n'avais aucune aptitude dans quoi que ce soit, on me dit parfois que je devrais être artiste mais je n'ai aucun talent. J'ai fait des petits boulots, j'ai pas mal glandé. Mon père avait un client généalogiste qui cherchait à embaucher, c'était simple, je me suis lancé comme dans n'importe quoi d'autre. Mais ce que je préfère, c'est ne rien faire, comme les lézards qui restent des heures sur une pierre au soleil. En bonne compagnie ! J'adore la Méditerranée ! Alors Capri, pour mon anniversaire, je dis oui !

— Super !

— Alors cette bataille perdue ?

— J'ai d'assez mauvaises relations avec mon principal associé et j'aimerais trouver une bonne raison de réaliser un divorce pour faute.

— Pourquoi tu ne t'entends pas avec lui ?

— Il est borné, dogmatique, confit jusqu'au troufion de valeurs morales et d'intégrité. Un protestant faux-cul qui cache bien son jeu ! Je ne trouve pas ses vices ! C'est pourtant moi qui l'ai choisi au décès soudain de mon précédent associé. Il fallait aller vite, il avait du réseau.

— Il est peut-être pédé ?

— Ah non !

La tête dans son épaule, il lui raconta ce qui était arrivé.

— Et ta notaire salariée, il n'a pas demandé sa démission ?

— La démission du plus faible suffit. Elle est venue s'excuser, toute tremblante, en jurant qu'elle n'avait pas menti, j'étais tellement mortifié que je ne me suis même pas mis en colère !

— Et pourquoi ne pas divorcer par consentement mutuel ?

— Il n'a aucune raison d'accepter. Il faut que je trouve un moyen de l'affaiblir.

465

— Et tu ne veux pas prendre ta retraite ?

— Quel horrible mot ! J'adore mon métier. J'aime me lever les matins pour aller au bureau, c'est ma raison de vivre ! Le renoncement, c'est la mort.

41

Alice Santa Mala se tenait debout devant le bureau de Catherine Ferra qui lisait la promesse de vente Ross / Bismuth. Elle ne lui avait pas proposé de s'asseoir, elle ne lui proposait jamais. Elle cherchait à conserver le plus de distance possible avec elle, ou à l'humilier. Sa tasse de thé vert fumait sur son bureau, elle sortait de sa séance de gym cardio à Love Sport. Alice la détailla lorsqu'elle se leva pour ouvrir la fenêtre : ses efforts payaient, elle avait un corps parfait. Quelque chose avait changé dans son visage, elle était défroissée, rajeunie, ses rides s'étaient effacées dans sa peau, la ride du lion avait disparu. Alice fut convaincue qu'elle avait eu recours à l'une des techniques miraculeuses de rajeunissement, c'était réussi.

— Je vais regarder l'acte en détail et je vous adresse un mail pour les éventuelles modifications, je vais les recevoir seule, ça me semble mieux.

— Mais pourquoi ? Antoine voulait me présenter Gwendy ! s'exclama Alice qui sentit des picotements sur ses joues et dans son cou.

— Vous les appelez par leurs prénoms maintenant ! Vous êtes si familière que ça avec eux ?

— Il a réitéré sa proposition de m'inviter à Ibiza et il veut me présenter Gwendy. Et, pour son deuxième jour de stage, je voulais que François-Joseph assiste à ce rendez-vous, qui me semble intéressant.

— C'est vrai que vous avez un stagiaire, et pas n'importe lequel ! Je vais pouvoir vous donner quelques dossiers supplémentaires. On ne va pas être quinze à recevoir Antoine Bismuth et sa Gwendy ! Ce ne sont pas des bêtes de foire !

— Je l'ai eu, hier, au téléphone, et il m'a dit qu'il ne voyait aucun inconvénient à ce qu'un stagiaire assiste au rendez-vous, de surcroît le fils d'un associé.

— Je vous en prie ! Prenez les décisions à ma place !

— Je pensais bien faire.

— Vous me prenez en otage !

— Pas du tout. Il me semblait normal que je tienne le rendez-vous ou du moins que j'y assiste, puisque je suis chargée du dossier et que j'ai communiqué avec Antoine. Ça semble être la règle à l'étude.

— Pas avec moi !

— Comme vous voulez mais je serais très déçue.

— Vous ne parlez pas à un homme !

— Je ne vois pas le rapport.

— Si, vous comprenez très bien et très vite. Je peux vous reprocher certaines choses, mais je ne peux pas vous reprocher d'être idiote.

— Merci ! Quels sont vos reproches ? Est-ce que j'ai fait des erreurs dans les actes ?

— Pas encore ou bien je n'en ai pas connaissance !

— Malgré les accusations mensongères dans l'acte Golfino, dit Alice en grimaçant.

— Oui c'est fâcheux mais attention à ne pas créer un climat d'hystérie masculine !

468

— C'est donc ma faute !

Catherine secoua la tête d'un air exaspéré.

— Je trouve que vos jupes et vos robes sont trop courtes !

— Je n'ai que des jupes et des robes courtes ! Je ne vais quand même pas changer toute ma garde-robe ! Bien que je ne sois pas contre un bonus shopping PRF, mais je vous préviens, je ne m'habille pas chez H&M ! dit Alice en riant.

— Vous avez réponse à tout ! Je lis votre acte et je vous adresse un mail.

— Je dis à Antoine que vous les recevrez seule finalement ?

— Venez à ce rendez-vous puisque vous y tenez. Avec François-Joseph. Mais à l'avenir, ne prenez aucune initiative sans mon accord. Tout doit passer par moi.

— Bien madame, dit Alice dans un sourire presque narquois.

Alice inspecta longuement son visage dans le miroir des toilettes. Des ridules étaient apparues autour de ses yeux et sur son front mais c'était surtout les deux sillons qui encadraient sa bouche de ses narines à son menton qui la gênaient. De ses deux mains posées sous ses oreilles, elle tira la peau de son visage, elle s'approcha et s'écarta du miroir. Son front auparavant si lisse était désormais strié de longues et infimes rides qui s'agrandissaient chaque jour un peu plus. Elle ne savait plus qui avait dit que la vieillesse était un naufrage, sans doute un homme pour se prendre pour le capitaine d'un bateau, mais

469

l'image était trop belle pour être exacte. C'était un enlisement très lent, un enfoncement irréversible dans une matière molle, sa propre matière ; la peau et les organes s'affaissaient, perdaient toute tenue et pendaient, coulaient, se répandaient lamentablement. Elle pensa au corps gras et plein de cellulite de sa mère et ça l'écœura. Pour ses trente-six ans, elle s'offrirait ses premières injections, c'était décidé. Léa Morris entra dans les toilettes, c'était la nouvelle notaire stagiaire de vingt-trois ans qui assistait Hélène Quiniou.

— Bonjour Alice, ça va ?

— Bonjour, répondit Alice sans sourire en saisissant la porte avant qu'elle ne se referme.

Elle traversa l'open-space, croisa Paulette Gorin avec sa choucroute rouge et frappa à la porte fermée du bureau de Claire.

— Tu fais des colliers de coquillages ? demanda-t-elle en riant.

— J'ai encore fait la fermeture hier soir !

— Fais bosser jusqu'au bout ta super assistante !

— Elle ne fait absolument plus rien, à part me faire la guerre, elle est persuadée que je l'ai balancée aux boss.

— Tu vois, ça ne sert à rien d'être trop bien ! Elle part quand ?

— À la fin du mois. Je ne peux plus la voir en peinture !

— Je comprends. Je viens de croiser Léa Morris, il y a quelque chose en elle que je ne supporte pas : sa familiarité, sa spontanéité et ce côté virevoltant.

— Ça fait trois choses ! J'ajouterai qu'elle est bavarde et à la limite permanente de l'hystérie.

— En parlant d'hystérie, Ferra vient de m'en balancer une bonne ! C'était même une rafale !

Claire se renversa dans son fauteuil pour écouter Alice qui, déhanchée sur ses hauts talons, dans sa jupe pailletée, accompagnait son récit de grands gestes. Elle regarda les deux fenêtres de l'immeuble d'en face, où elle voyait souvent la femme aux cheveux courts fumer, elles avaient pris l'habitude de s'adresser un signe. La première fois que Claire l'avait croisée dans la rue, elle lui avait souri mais son regard soucieux creusé de cernes bleutés avait traversé son corps, et ça s'était reproduit chaque fois qu'elle l'avait vue ; cette femme était absente. Claire avait imaginé sa vie : un amant passager qu'elle avait rencontré dans la salle de sport d'une ville de banlieue, un divorce qui durait, qui s'était transformé en guerre autour d'un pavillon aux murs ocre et aux rideaux dont elle avait choisi le tissu à Paris, au marché Saint-Pierre, un enfant adolescent, une mère malade, un mari qui n'avait jamais aimé voyager. C'était ça : elle rêvait d'ailleurs lorsqu'elle marchait rue de la Paix. Elle sortit sur le balcon, les bras repliés autour de sa cigarette – comme si penser à elle l'avait fait apparaître – elle regarda dans leur direction. Sans les paroles, on pouvait penser qu'Alice, dont le visage se fendait de grands rires dans le rythme des mouvements de son corps, lui faisait la démonstration d'une chorégraphie.

Elle aimait autant qu'elle détestait ces filles bruyantes, exubérantes, voyantes, elle y trouvait un repère, et une justification au caractère de sa mère qui n'était pas isolée par la folie mais qui faisait partie d'un type de femmes. Elle les admirait, leur ressemblait par fulgurances, comme si sa mère prenait possession d'elle. Puis ça disparaissait, et elle leur en voulait de l'attirer vers des attitudes qui ne lui ressemblaient pas. Elle finissait toujours par se brouiller, dans un mouvement de rejet, avec ces femmes qui l'avaient impressionnée au commencement.

— Elle nous déteste ! Dès qu'elle peut, elle me fait des réflexions aussi. Vendredi, elle m'a dit, dans l'ascenseur, qu'elle n'aimait pas mon sac, comme ça ! Alors toi, qui est la plus sexy de nous toutes, tu dois la rendre dingue !

— Elle nous fait le grand jeu de la femme forte et indépendante mais au fond, c'est une vraie suceuse de bites ! Elle fait la dominatrice avec les larbins comme Derrien, mais dès qu'un mec a un peu de pouvoir, elle s'écrase ! Je rêverais de connaître sa vie sexuelle !

— Est-ce que la vie sexuelle de Catherine F. est à la hauteur de celle de Catherine M. ?

— Quoi ?

— *La Vie sexuelle de Catherine M.*, c'est un livre autobiographique, écrit par une critique d'art, qui raconte ses expériences sexuelles sans limite et sans tabou. Par exemple, elle va sur des parkings baiser avec des dizaines de routiers !

— Je suis une nonne à côté ! Attends, elle m'envoie un mail, la dame de fer. OK, elle a relevé trois coquilles dans mon acte, elle veut que je modifie une clause. Elle n'a rien à se mettre sous la dent. Allez, j'y vais ! Mon jeune et bel assistant m'attend !

472

— C'est vrai qu'il est mignon.

— Je préfère le père ! dit Alice en refermant la porte avec un clin d'œil.

Elle sourit à Maxime Ringuet qui la regardait dans sa cage vitrée et s'arrêta à l'accueil où elle attendit que Clara Labalette termine sa conversation téléphonique.

— Tu sens bon, Clara ! C'est quoi ton parfum ?

— Merci. C'est un échantillon qu'on m'a donné à la parfumerie, j'ai oublié le nom.

— Tu me diras, j'adore ! Pour mon rendez-vous avec Antoine Bismuth et sa femme, préviens-moi quand ils sont là et surtout pas Catherine, elle ne veut pas être dérangée, elle termine un dossier compliqué.

— D'accord, c'est noté, merci de me le dire, dit Clara d'une voix douce.

Alice longea le long couloir de l'espace immobilier, croisa Frédéric Derrien qui esquissa une révérence dans un jeu de jambes incongru, passa devant les bureaux vitrés des services comptabilité et formalités, adressa un sourire fatal à Sylvain Sassin, salua d'un geste de la main Colette Grossin, et effaça son sourire pour n'afficher qu'une moue ironique lorsqu'elle croisa Grégory Boivin, dont la durée de vie à l'étude était désormais d'une semaine. Il lui adressa un faible sourire, incapable de la moindre rancune. Elle entra dans le bureau voisin des toilettes, qui sentait le tabac et la sueur : François-Joseph était assis face à Michel, derrière un vieil écran d'ordinateur, près d'une fenêtre ouverte sur le ronronnement du conduit de ventilation qui courait le long du mur de la cour grise. Les dossiers s'élevaient comme des tours sur le grand bureau, sur la moquette, tout autour d'eux, de sorte que l'accès aux deux bureaux se faisait par un passage étroit. François-Joseph la regarda de ses grands yeux bleus, surmontés d'épais sourcils et d'une chevelure dense qui retombait sur ses oreilles légèrement décollées. Il avait le nez fort de son père, le même corps massif, noué chez le père en une force tranquille, parcouru chez le fils d'une intense nonchalance.

— Bonjour Michel. Bonjour François-Joseph. Eh bien alors, tu n'as pas entendu ton réveil ?

— Oui, désolé, madame. Je suis arrivé un peu tard ce matin, je me suis planté dans ma correspondance de métro.

— Ne m'appelle pas madame s'il te plaît, j'ai pas l'âge de ta mère ! Appelle-moi Alice.

— OK, et toi appelle-moi Jo alors !

— Marché conclu ! Vous vous appelez tous François dans la famille ?

— Ouais, on se la joue dynastie ! Mon grand-père, c'est la racine carrée, c'est François. Mon oncle, c'est François-Régis. Mon frère, c'est François-Louis.

— Il n'y a pas de filles ?

— Si, mais les filles, on s'en fout, on les appelle comme on veut !

— Essayez d'arriver avant 9 h 30 quand même, monsieur le Prince ! Tu n'as pas trop fait de cauchemars de notaires ?

— Non, ça va !

— Voici un nouveau dossier de vente. Tu demandes toutes les pièces comme je te l'ai montré hier ! Si tu as des questions, vois avec une notaire stagiaire en immobilier qui se fera un plaisir de t'aider. Et, à 11 heures, tu vas assister à un premier rendez-vous. Une promesse de vente au profit d'Antoine Bismuth et de sa femme.

— Vous avez des clients connus !

— Ton père ne te parle jamais de ses dossiers ?

— Pas trop, non. Enfin, si, Bismuth, il en a parlé un peu.

— Tu n'as pas entendu parler du testament de Frédéric de Gestas ?

— Non.

— Ton père s'occupe de sa succession. Michel, briefe-le un peu sur les dossiers et sur l'ambiance à l'étude. Car derrière des apparences bien policées, les notaires sont aussi dingos que les clients ! Vous connaissez tout à l'étude, vous ! Vous êtes là depuis combien de temps ?

— Dix-huit ans, répondit Michel en mâchonnant sa Gauloise qu'il alluma en tendant sa courte tête à travers la fenêtre ouverte.

— L'un des plus anciens et le conseiller syndical de l'étude. Si tu as des revendications salariales, tu lui en parles ! Pour le reste, tu t'adresses à moi, je suis ta supérieure pendant ton stage et je vais être sévère ! dit-elle en s'éloignant dans un éclat de rire.

Catherine Ferra avait déposé le dossier sur son bureau, elle fit les modifications et quand Clara l'appela, elle se dirigea rapidement vers la salle d'attente.

Antoine Bismuth portait de grosses baskets blanches et un sweat à capuche noir sur lequel était inscrit en lettres blanches « Just Married », sa tête était posée sur l'épaule de Gwendy et sa main droite sur l'une des longues jambes nues.

— Bonjour Antoine ! Comment allez-vous ?

— Je suis le plus heureux des hommes ! dit-il en bombant le torse dans son sweat.

— Félicitations !

Gwendy se leva, en tirant sur sa jupe rouge, immense sur ses talons, son caraco remonta au milieu de son ventre et découvrit son nombril percé d'un diamant.

— Moi aussi, je suis tellement heureuse ! Antoine m'a dit qu'il m'avait trouvé une amie. Il me cherche tout le temps des amies.

— Tu n'as pas d'amie parce que tu es trop belle et elles sont toutes jalouses de toi ! Il faut que tu te trouves des amies qui sont presque aussi belles que toi ! dit Bismuth en riant.

Le sourire d'Alice Santa Mala se figea.

— Et puis toi, ça t'arrange, petit coquin, tu peux balader tes yeux vicieux, comme ça ! dit Gwendy en lui tirant l'oreille.

— Ce serait un honneur d'être votre amie. Nous allons nous installer en salle de rendez-vous, nous serons plus tranquilles. Suivez-moi.

Ils s'assirent face à la colonne Vendôme en rapprochant leurs fauteuils, Alice abaissa l'écran de l'ordinateur portable et alluma le rétroprojecteur.

— Est-ce que ça vous ennuie si un stagiaire assiste au rendez-vous ? C'est le fils de Me Regniez, l'un des associés de l'étude.

— Bien sûr que non ! Il faut qu'il apprenne, dit Bismuth.

— Merci pour lui. Je l'appelle : Jo, rejoins-moi en salle Paix 1. Demande à Clara, elle t'expliquera.

476

Est-ce que je peux vous offrir un café, un thé, une infusion ?

— Gwendy ? Que veux-tu boire mon amour ?

— Tu le sais, dit-elle d'une voix enfantine.

— Un thé vert !

— Et vous, Antoine ? demanda Alice.

Antoine Bismuth regarda Gwendy, la tête un peu levée, elle réfléchit en plissant les yeux.

— Un café sans sucre.

— Exactement mon amour, dit-il en l'embrassant sur les lèvres.

La porte s'ouvrit.

— Voici François-Joseph Regniez mais il préfère qu'on l'appelle Jo.

Le téléphone d'Alice sonna dans sa main.

— Le thé vert est en train de couler, si tu pouvais faire le café. Oui Clara, merci. Le vendeur et l'agente immobilière sont arrivés, je vais les chercher. Je préviens aussi Catherine Ferra qui tenait à recevoir elle-même l'acte, je vais lui laisser ce privilège.

François-Joseph déposa le thé et le café sur la table.

— Ça vous plaît, le notariat ? demanda Bismuth.

— Je ne sais pas encore, c'est mon premier stage et mon deuxième jour.

— Si Alice est votre maîtresse de stage, vous êtes entre de bonnes mains !

— Oh tu es bête, il est tout rouge !

— Je plaisante. Moi aussi, j'ai fait mon premier stage dans la société de mon père. Lorsqu'un vieux con m'a demandé si ça se passait bien, je lui ai répondu : je fais juste un stage d'été pour gagner de quoi payer mes vacances, je ne travaillerai jamais avec mon père.

Et j'ai travaillé vingt ans avec lui. Il m'a écrasé de tout son poids, sans le faire exprès parce qu'il m'aimait. Au final, j'ai beaucoup appris. La preuve, j'arrive à gérer le bateau tout seul, comme un grand, maintenant ! Pourtant, j'étais le canard boiteux de la famille, le looser. C'était mon frère, le beau et le brillant qui était destiné à reprendre la tête d'Atac, mais il roulait trop vite avec la belle voiture que papa lui avait offerte. On lui disait souvent. Il s'est tué. L'Aston Martin ressemblait à une compression de César ! C'est mon père qui l'a tué en lui offrant cette voiture, il a tué le fils préféré pour sauver le looser. Intéressant, non ?

— Oui assez.

La porte s'ouvrit sur Alice Santa Mala suivie d'une femme très maquillée, de Catherine Ferra et d'un homme d'une soixantaine d'années.

— Bonjour, Sarah, eh bien voilà, on signe grâce à vous ! dit Bismuth.

— Bonjour, je suis Steeve Ross, enchanté, dit le vendeur avec un fort accent américain.

— Enchanté. Vous voulez qu'on parle anglais ? demanda Bismuth.

— Oh non ! J'adore parler français, ça fait dix ans que je vis, ici, à Paris. Mais, enfin, ça se termine et je suis ravi de vendre mon appartement à un aussi joli couple.

— Merci ! Nous sommes tellement heureux d'acheter votre appartement ! Il est si beau ! dit Gwendy, les larmes aux yeux.

— Si le voulez bien, asseyez-vous tous. Nous allons commencer la lecture de l'acte, dit Catherine Ferra.

— Jo, tu t'occupes des cafés, dit Alice.

Catherine Ferra la dévisagea avant de fixer l'acte projeté sur le tableau.

— Commençons par la lecture de vos états civils : monsieur Steeve Michael Ross, dirigeant de société, vous demeurez à Paris (16e) 10 avenue…

— Je réside désormais à Santa Barbara.

— Vous habitez Santa Barbara ! Quelle drôle de coïncidence ! Gwendy et moi venons d'acheter une maison à Los Angeles, Beverly Hills ! s'exclama Bismuth.

— Oh parfait ! Vous vous établissez à Los Angeles ?

— Nous allons rester domiciliés ici, toutes mes affaires sont ici, mais nous allons naviguer entre les deux ! Gwendy aime beaucoup le soleil, dit-il en regardant sa femme d'un regard énamouré.

Elle serra son visage entre ses longs ongles rouges et l'embrassa.

— Nous avons aussi une maison à Ibiza et nous aimerions acheter un chalet dans les Alpes, nous sommes de grands voyageurs.

— Nous avons des clients qui vont bientôt mettre en vente un très beau chalet à Megève, sans doute à la rentrée, je vous en parlerai, dit Catherine Ferra.

— Ah oui, avec plaisir !

— Moi, j'aimais naviguer entre Paris et la Californie, je suis très triste de vendre mon appartement mais ça n'est plus possible avec votre président socialiste et ses réformes fiscales. La fiscalité sur la plus-value immobilière est insensée. Il fallait que je vende avant le 31 août pour bénéficier de l'abattement supplémentaire de 25 %.

— Je comprends. Enfin, vous avez Obama quand même ! dit Bismuth en riant.

— Oui, il nous a fait beaucoup de mal mais c'est bientôt terminé. Il va perdre la majorité au Congrès aux élections de novembre, les Républicains vont reprendre la main.

— Il a quand même fait de bonnes réformes. L'Obama Care…

— Mais vous plaisantez ! C'est la pire des choses. Pour vous, les Français, c'est normal, vous assistez les gens qui ne travaillent pas ! Ça n'est pas la philosophie américaine. Si vous voulez une couverture santé, il faut travailler pour la payer.

— Mon père a eu un accident à son travail et il est handicapé, il ne peut plus travailler, vous le laisseriez mourir aux États-Unis, dit Gwendy, les larmes aux yeux.

— Non, il aurait une pension. Je parle de ceux qui ne travaillent pas, des immigrés. L'Amérique ne peut pas aider tout le monde. Soit ils travaillent, soit ils quittent le pays ! Regardez, c'est un problème en France, ces immigrés qui viennent pour les aides sociales !

— Vous êtes horrible ! dit Gwendy dans une grimace.

— Ne t'inquiète pas ma chérie ! C'est son opinion, pas la nôtre.

— Je m'excuse de vous choquer, madame, mais c'est en effet mon opinion et celles de millions d'Américains, vous le comprendrez en passant du temps dans ce pays. Je vais vous donner mon propre exemple : je possède plusieurs sociétés, j'ai un patrimoine proche du milliard de dollars et j'ai tout construit seul, en travaillant beaucoup, j'ai grandi au Texas, mon père était chef d'équipe dans une usine et ma mère avait une petite agence immobilière. C'est aussi ça les États-Unis, on peut faire fortune si on a du talent et de la motivation.

— C'est un pays complexe. Mon père disait : l'Amérique, c'est le meilleur et le pire.

— Pourquoi le pire ? demanda Ross en riant.

— Je vais poursuivre la lecture de l'acte, dit Catherine Ferra.

— Nous pouvons passer sur mon état civil, tout est exact, sauf l'adresse ! dit Ross.

— Pour la plus-value immobilière, il est important de laisser ici votre adresse française qui est votre domicile actuel et nous indiquerons en fin d'acte votre adresse à Santa Barbara.

— Très bien, maître.

— Mon état civil est exact aussi mais lisez celui de Gwendy et notre mariage, dit Bismuth en embrassant sa femme.

— Madame Gwendolyne Christelle Huguette Broutin, vous êtes née le 25 mai 1991 à Dunkerque, vous demeurez à Paris (16e), 50 avenue Victor-Hugo...

— Plus pour très longtemps, dit Bismuth en l'embrassant encore.

— Vous êtes mariée avec monsieur Antoine Pierre Eli Bismuth, le...

Bismuth leva un doigt dans un grand sourire.

— 25 mai 2014, à Las Vegas (Nevada, USA), sans contrat de mariage...

— Nous nous sommes mariés le jour de son anniversaire, dit Bismuth.

— C'est charmant ! dit Alice.

— C'était tellement symbolique pour nous, hein mon amour ? dit Bismuth en enfonçant son doigt entre les lèvres de sa femme pour le retirer aussitôt.

— Aïe ! Tu me mords, coquine ! Tu vas voir !

— C'est sérieux là ! On signe un contrat, dit-elle les sourcils froncés.

François-Joseph regarda Alice, les yeux écarquillés, Catherine Ferra les regarda sévèrement.

— Nous avons fait un très beau voyage de noces au Mexique, en Baja California, dit Bismuth à l'attention de Steeve Ross.

— Très bien. Vous connaissez Santa Barbara ?

— Pas encore.

— Vous êtes mes invités. Depuis Beverly Hills, en moins de deux heures de voiture, vous êtes chez nous. Rassurez-vous, Gwendy, nous laisserons au placard nos opinions politiques et nos armes à feu ! ajouta Ross en riant.

— Avec grand plaisir. Hein, ma Gwen, on a vu des photos de Santa Barbara, ça a l'air très beau ! Tu pourras faire ton jogging sur cette grande promenade le long de la mer !

— Oui, Steeve, dit-elle dans un sourire forcé.

— Vous ne voulez pas que je lise mon acte ? dit Catherine Ferra en riant.

— À vrai dire non. Pour ma part, je déteste la paperasse et je vous fais 100 % confiance, chère Catherine, dit Bismuth.

— Oui, tout cela m'embête beaucoup aussi, ça n'est pas contre vous mais j'ai passé ma vie à signer des contrats, dit Ross.

— Tout pareil ! dit Bismuth.

— Et moi, je n'y comprends rien ! dit Gwendy, qui provoqua un rire général.

— Je reprends quand même la description du bien, le prix, et la commission de l'agence immobilière, ici présente, et je vous libère.

Antoine Bismuth annonça qu'ils allaient prendre leurs quartiers d'été dans leur maison d'Ibiza, ils voulaient en profiter tant qu'elle n'était pas vendue, il ferait des allers-retours pour son travail. Gwendy avait besoin de se reposer, elle se sentait fatiguée, ils avaient conçu un enfant pendant leur voyage de noces, ils en étaient persuadés. Alice frémit chaque fois qu'Ibiza fut prononcé mais rien ne vint, ils les remercièrent, les embrassèrent chaleureusement et disparurent en riant.

42

Lorsque Claire passa devant les cages vitrées, le silence se fit, Paulette Gorin lui lança un regard noir, Murielle Barzouin, qui portait un chemisier blanc et un pantalon noir, l'interpella.

— Waouh ! Maître Castaigne, vous avez un rencard ce soir ou quoi ?

— Toi aussi on dirait ! On a peut-être rencard ensemble !

— C'est pour la clientèle. Tu ne m'oublies pas, tu m'appelles, je veux absolument les voir !

— Oui, oui, ne t'inquiète pas.

Claire traversa la cafétéria où Léa Morris parlait dans un débit de mitraillette à Hélène Quiniou qui la regardait, en souriant faiblement, les bras croisés, une jambe derrière l'autre. En passant dans le hall d'accueil, elle adressa un sourire à Clara Labalette et s'engagea dans le couloir menant aux bureaux de Catherine Ferra et de Pierre Fontaine. Ils parlaient tous deux à voix basse.

— Bonjour Claire. Vous avez une belle robe, très printanière ! dit-il en la regardant de haut en bas.

Catherine Ferra s'éloigna en secouant la tête, Claire rougit. Porter une robe lui demandait toujours un effort et elle éprouvait un sentiment d'inconfort qui la rendait vulnérable, elle était prise dans la circulation des regards, comme une biche dans les phares d'une voiture. Elle détestait être la proie. Parfois elle se demandait si détester être une proie ne revenait pas à détester être une femme ? Jusqu'à l'entrée au collège, elle se rêvait et s'habillait en garçon, elle portait les cheveux courts, ne jouait qu'avec des garçons, elle était le chef de la meute. Puis lorsque son corps changea, lorsqu'il devint impossible de porter des slips de bain, de tricher, elle se féminisa, en prenant modèle sur les autres filles, en lisant des magazines, en regardant sa petite sœur qui était née fille. Elle construisit son identité féminine par des acquisitions successives et pendant longtemps, elle prit les regards des garçons sur elle comme des offenses, comme un complot ironique visant à démasquer son imposture.

— Vous voulez voir l'acte ?

— En deux secondes, je pense que vous savez rédiger un pacs ! dit Fontaine en feuilletant les pages. Quel étrange attelage ! Commencez le rendez-vous et je vous rejoins.

— Nous serons en Casanova 2. Le système informatique est provisoirement en panne, j'ai prévu une signature papier.

— Tant mieux, c'est plus rapide.

— J'ai promis à Murielle de l'appeler pour les saluer.

— Oui, bien sûr. Allez-y et mettez plus souvent des robes, ça vous va vraiment très bien.

— Merci monsieur. Il faudrait qu'on parle du dossier Perdrix aussi.

— Oui, oui, dit-il en s'éloignant.

Ils étaient assis dans les deux fauteuils qui se faisaient face, près de la fenêtre de la salle d'attente. Un appareil photographique était posé sur les revues de ventes aux enchères qui s'empilaient sur la table basse. La lumière jaune du soleil de fin de journée transformait tout en or.

— Bonjour madame Fenouillard, comment allez-vous ?

D'énormes lunettes de soleil lui couvraient la moitié du visage, un nœud rouge surmontait ses cheveux teints en roux, elle avait poudré ses joues de rose et alors que la température extérieure avoisinait les 25 °C, elle portait un manteau de fourrure beige sur une longue robe rouge ceinturée d'un bandeau de tulle blanc.

— Bonjour maître, ça va, je n'ai rien pu mettre d'autre sur mes pieds gonflés que des sabots ! J'ai tellement de mal à marcher.

— L'essentiel est que vous soyez bien ! Monsieur Abdi, je suis ravie de faire votre connaissance.

— Bonjour maître, moi aussi. C'est un grand jour !

La grande main d'Abdul Abdi enserra chaleureusement la main de Claire, elle rencontra ses yeux rieurs sur ses pommettes hautes.

Dans la salle de rendez-vous, il tira la chaise de Lucienne Fenouillard qui souriait d'aise. Elle retira ses lunettes de soleil et croisa devant sa bouche ses mains épaisses aux ongles carrés. Il s'assit à côté d'elle, dos à la fenêtre, ouvrit la veste de son costume beige et vérifia la position de sa cravate blanche épinglée, d'une pince à cravate dorée, au tissu soyeux de sa chemise marron qui épousait sa poitrine musclée.

— Maître Fontaine va nous rejoindre lorsqu'il aura terminé son rendez-vous, et j'appellerai aussi madame Barzouin qui tenait à vous saluer.

— Ah ! Comme c'est gentil ! dit Lucienne Fenouillard.

— Vous êtes là aujourd'hui pour signer un pacs, je vais faire la lecture de vos états civils et je vous expliquerai ensuite vos droits et vos devoirs.

— On va essayer de comprendre mais je vous préviens, on n'est pas des lumières, dit-elle en riant.

— Vous verrez, c'est simple. Madame Lucienne Yvette Fenouillard, vous habitez à Paris (18e) 16 avenue Junot, vous êtes née à Chambéry, en Savoie, le 10 janvier 1940, et vous n'avez jamais été mariée ni pacsée.

Lucienne Fenouillard secouait la tête, avec un sourire de Joconde.

— Monsieur Abdoul Abdi, vous habitez aussi avenue Junot, vous êtes né à Dhara, au Sénégal, le 3 septembre 1966. Vous êtes divorcé de madame Aminata Faye, suivant jugement du Tribunal de Grande Instance de Bobigny du 4 mai 2005 et vous n'êtes pas remarié.

— Vous savez tout. Et j'ai une fille de dix ans, qui s'appelle Adja.

— Très bien, je le note mais je ne l'écris pas dans votre pacs qui ne vous concerne que tous les deux. Vous signez un pacs séparatiste, ce qui signifie que vos revenus vous restent personnels. Si vous achetez

487

un bien immobilier ou un objet mobilier, il vous appartient à vous seul. En résumé, c'est chacun son patrimoine. De même, pour les biens qui vous appartenaient avant le pacs. Mais vous vous engagez à une communauté de vie et vous établirez votre déclaration de revenus ensemble.

— Elle ne sera pas lourde la déclaration, il n'y a que ma retraite !

— Et mes dessins ! dit-il.

— Tu vas pas aller les déclarer au fisc ! Pour qu'ils te mangent les trois sous que tu gagnes ! Vous êtes d'accord, maître ?

— Je ne peux pas vous recommander de ne pas déclarer.

— Oui, c'est vrai, c'est pas à vous que je dois demander ça !

— Vous payez l'impôt sur le revenu ?

— Non. Je ne paye que la taxe foncière et la taxe d'habitation et c'est bien assez. À part la déclaration d'impôt, ça change quoi dans notre vie de tous les jours ?

— Presque rien. Vous conservez chacun vos comptes bancaires comme auparavant. Mais vous vous devez mutuellement un devoir de secours et d'assistance et vous devez vivre ensemble mais c'est ce que vous faisiez déjà naturellement.

— Ah oui, j'ai donné dans le secours et l'assistance ! Mais vous avez vu comme il est bien maintenant mon grand gaillard ! Tu as entendu, Abdoul, on doit vivre ensemble !

— C'est une condition du pacs ! Je reviens aux impôts, vous ne déclarez pas l'ISF ?

— Non ! Je ne suis pas une grande fortune ! s'exclama-t-elle.

— Vous avez une idée de la valeur de votre maison ?

— Elle valait 500 000 francs quand on me l'a donnée.

— À mon sens, sous réserve d'une évaluation, vous êtes redevables de l'ISF.

— Mais ils ne m'ont jamais rien demandé !

— C'est un impôt qui fait l'objet d'une déclaration spontanée pour tout patrimoine supérieur à 1 300 000 euros.

— J'en suis loin !

— Je n'en suis pas si sûre ! Je pense que la valeur de votre maison avoisine les 3 millions d'euros et même avec l'abattement de 30 % sur la résidence principale, vous dépassez ce seuil.

— 3 millions d'euros !

— Oui, je pense. Elle mesure au moins deux cents mètres carrés ?

— Deux cent cinquante mètres carrés. Je le sais car le peintre qui a refait la peinture l'avait mesurée.

— Donc elle vaut même sans doute davantage.

— C'est pas possible ! s'exclama-t-elle.

— C'est très coté, l'avenue Junot !

— Dis donc, c'est un sacré cadeau que je te fais !

— Le bon Dieu m'a fait tomber du ciel une princesse !

— Déguisée en sorcière ! dit Lucienne Fenouillard.

Le rire rauque d'Abdoul Abdi résonna dans la pièce.

— Tu m'as sauvé, ma Lulu.

— Tu as eu assez de malheur dans ta vie !

Claire fixa un instant les deux rides en croix sous l'œil gauche.

— Donc normalement, vous devriez souscrire une déclaration d'ISF. Je dois vous dire que vous vous exposez à des pénalités fiscales.

— Eh bien tant pis ! Je vais quand même pas aller me jeter dans la gueule du loup ! Vous n'allez pas me dénoncer quand même ?

— Non, ne vous inquiétez pas, je ne suis pas agent des impôts et je suis tenue au secret. Je vous informe simplement, c'est mon devoir de conseil mais c'est vous qui décidez.

— Eh bien, c'est tout décidé.

— Comme vous voulez ! Le principal avantage du pacs est qu'il vous exonère de droits de succession, comme un mariage. Grâce à ce pacs, monsieur Abdi, vous n'aurez aucun droit de succession à payer pour recevoir le legs de la maison. À défaut, vous auriez payé 60 % de droits, ce qui vous aurait obligé à vendre la maison et ce qui était contraire au souhait de madame Fenouillard.

— Ce que je veux, c'est qu'Abdoul et sa fille aient un toit après mon décès.

— C'est ce que permettent à la fois le pacs et le testament, c'est pour cela que j'ai insisté pour le pacs.

— Ça nous a fait tout drôle et maintenant, on s'est fait à l'idée, on est même contents.

— Oui, on est vraiment contents ! Et si je meurs avant Lucienne ?

— Le legs devient caduc, nul, et madame peut faire à nouveau ce qu'elle veut de la maison.

D'ailleurs, de son vivant, elle peut à tout moment modifier le testament, sans vous en informer.

— Tu as entendu ? Si tu me fais la vie comme tu m'as fait, j'annule le testament !

— Je suis guéri.

— Et si tu meurs avant moi, je ferai un testament pour Adja.

— Si vous n'avez pas d'autres questions, je vais appeler maître Fontaine et madame Barzouin et vous faire signer.

— Tout est clair pour nous. Mais avant, on voudrait vous faire un cadeau parce que vous n'avez pas compté votre temps et vous avez bien arrangé nos affaires, dit-elle.

Abdul Abdi tira d'un sac en plastique un paquet peu épais de format A4, enveloppé dans du papier crépon rose garni d'une fleur d'un rose plus foncé. Il le tendit à Claire, de ses deux mains, dans un grand sourire. Claire ouvrit délicatement l'emballage et en sortit le dessin, sur du papier Canson beige, du visage d'une femme noir ébène avec des aplats de couleurs représentant les yeux, la bouche et le nez ; les joues étaient striées de lignes blanches, elle portait comme un casque jaune sur la tête et de grandes boucles d'oreilles qui ressemblaient à des escargots.

— C'est très beau ! Vraiment, sincèrement, j'adore ! dit Claire en relevant la tête dans les yeux rieurs d'Abdoul Abdi.

— C'est une déesse de l'amour. Elle va vous protéger et développer votre vie amoureuse. Accrochez-la chez vous dans la pièce où vous vivez le plus, dit-il.

491

— Merci, ça me touche beaucoup.

Claire sentit venir les larmes. Dans les cinq ans de sa carrière, elle avait eu seulement deux cadeaux de clients satisfaits : un bon d'achat de quarante euros aux Galeries Lafayette et une boîte de chocolats qu'elle s'était sentie obligée de partager avec ses collègues qui l'entouraient dans l'open-space chez Narquet. Et chaque année, un généalogiste, qui misait sur les jeunes notaires, lui offrait une bouteille de Ruinart qu'elle buvait en famille à Noël. Elle éprouvait de la fierté : ce cadeau intéressé et qualitatif signifiait qu'elle avait une assise et une certaine influence dans le monde parisien des notaires. Elle savait bien que ça n'était pas vrai : le jour où elle quitterait le notariat, elle ne manquerait à personne et elle serait remplacée par un élément fonctionnel et diplômé à qui on offrirait une bouteille de champagne par an. Mais elle aimait voir la lueur d'orgueil dans les yeux des siens. Sa grand-mère, surtout, au départ incrédule, comme si son statut n'était pas réel, usurpé, voué à être restitué à ceux à qui il appartenait, qui s'habillait pour aller chez le notaire, qui n'avait jamais appartenu aux « huiles » de Nuits, qui s'était toujours sentie inférieure parce qu'elle avait passé sa vie, levée à l'aube pour traire les vaches, pliée en deux dans les champs par tous les temps, des heures durant, à biner la terre, leurs terres hypothéquées pour payer les emprunts ; ils s'étaient endettés pour s'enrichir. Elle relevait maintenant sa tête permanentée de poupée rousse brûlée par le soleil de midi, ses yeux gris de chouette aveugle s'allumaient derrière ses lunettes rectangulaires, ses lèvres se pinçaient lorsqu'elle disait : « Ma petite-fille est notaire. »

La pensée qu'elle vengeait sa famille éteignait la rage qu'elle sentait monter lorsqu'elle réfléchissait à ses efforts et renoncements pour s'arracher au déterminisme social du monde où elle avait grandi ; elle aurait pu être plombée par cette ville triste et désindustrialisée de l'est de la France. Lorsqu'elle déroulait sa pensée et qu'elle se demandait ce qu'elle faisait réellement pour elle-même, et non pour le regard des autres, une sensation de vide et de tristesse la submergeait. Elle était la génération sacrifiée de l'échelle sociale. Elle était celle qui avait passé sa jeunesse à étudier parce qu'elle avait compris assez jeune, en lisant, qu'elle s'arracherait à sa condition, qu'elle irait vivre à Paris, la ville de la liberté et de la grande vie, grâce à l'école. Elle était celle qui passerait sa vie dans un tunnel de travail pour gagner de l'argent, rembourser son appartement coûteux, payer des impôts, faire des investissements immobiliers pour laisser quelque chose aux descendants qu'elle n'avait pas encore et qu'elle n'aurait peut-être jamais, du moins une trace dans le monde, du moins une lueur d'envie dans les yeux des autres. Alors la rage la reprenait et elle se disait qu'il fallait fuir, s'écarter de la masse écrasante des aliénés, voyager, disparaître, écrire peut-être, ou simplement regarder les autres vivre des vies absurdes en haut comme en bas, avec la fière sensation d'être libre. Elle passa le dos de sa main sur ses yeux remplis de larmes, s'excusa face aux regards pleins de compassion et reprit la parole d'une voix étranglée.

— Vous vendez beaucoup de dessins ?

— Pas beaucoup, environ trois par jour, dit-il d'une voix très douce.

— C'est bien. Vous êtes place du Tertre ?

— Non, les autres peintres l'ont chassé parce qu'il n'avait pas d'autorisation.

— Je me suis déplacé devant l'église du Sacré-Cœur et ça marche mieux, il n'y a pas de concurrence.

— Moi, je pense qu'ils étaient jaloux de ses beaux dessins. Il a plus de talent qu'eux !

— Oui vous avez du talent. Ma sœur est peintre aussi, ses peintures sont d'un tout autre genre mais elle a une bonne connaissance de la peinture, je vais lui montrer votre dessin.

— T'as entendu ? C'est pas la vieille Lucienne qui te le dit !

— Merci, dit-il en joignant les paumes claires de ses deux mains à hauteur de sa poitrine.

— J'appelle maître Fontaine.

— Oui mais si vous pouviez ranger le dessin, on ne voudrait qu'il se dise qu'on vous a fait un cadeau à vous et pas à lui, dit Lucienne Fenouillard.

— Bien sûr. Je garde la fleur en crépon, elle est jolie.

Claire enfonça le papier rose dans la poubelle et enferma dans un placard le dessin et la fleur.

— C'est Adboul qui l'a faite. Il a de l'or dans les mains.

Claire hocha la tête et appela Pierre Fontaine qui arriva en même en temps que Murielle Barzouin.

— Bonjour, tous mes vœux de bonheur ! dit
Fontaine.

— Bonjour madame Fenouillard, eh bien vous
voilà pacsée ! dit Murielle.

— Bah oui ! Celui qui m'aurait dit ça il y a encore
un an, je l'aurais pris pour un fou !

— La vie est bizarre, vous ne croyez pas ?

— Oh que oui !

— Ça me donne de l'espoir pour moi ! Je vais
peut-être aussi rencontrer le prince charmant ! En
tout cas, vous en avez trouvé un bien solide !

— C'est pas la moitié d'un homme ! Et gentil
avec ça ! Il taille mes rosiers, ils n'ont jamais été aussi
beaux, il fait les lessives, il fait des dessins superbes,
il y en a plein les murs, et il cuisine comme un chef !
Il a préparé un poulet mafé pour ce soir, pour qu'on
fête notre pacs aux chandelles, ça embaumait la
maison !

— Oh mais c'est presque l'homme parfait !
Comme quoi !

— Claire, passons aux signatures. Désolé mais je
suis attendu dans un autre rendez-vous, dit Pierre
Fontaine avec impatience.

— Vous pouvez nous prendre en photo pendant
la signature ? demanda Abdoul Abdi à Murielle.

— Bien sûr ! Vous n'avez pas pris le petit appareil ! Comment ça marche, cet engin ?

— Vous appuyez une première fois sur le bouton,
vous attendez que le cadre bleu apparaisse et vous
appuyez encore.

— Allez, rapprochez-vous un peu ! Vous êtes à
contre-jour ! Il faudrait venir de ce côté-là.

Ils se transportèrent dans les fauteuils face à la fenêtre.

— Voilà, c'est bien, là ! Vous êtes en beauté ! Souriez ! Très bien, je la double ! Et vos petits, comment ils vont ?

— Bien. J'en ai récupéré un de plus, il était tout écorché, sans collier, il a l'air de bien s'acclimater à la maison.

— Moi, ma poupounette est encore enceinte ! Ça ne m'arrange pas, il faut que je trouve à les placer. Je ne vous propose pas ! dit Murielle en riant.

— Oh non ! On est bien garni !

— Claire, tu ne veux pas un chat ?

— Non merci.

Pour Claire, les animaux appartenaient à son enfance à la ferme. Elle les raccompagna à l'ascenseur, récupéra le dessin et la fleur dans le placard qu'elle tint contre le dossier pour traverser l'open-space.

— Merci Claire, c'était sympa. Dis donc, il l'a transformée le grand Noir, elle s'habille comme une dame, elle sent la rose. Ah mon avis, il ne doit pas que lui tailler les rosiers ! dit Murielle Barzouin en éclatant de rire.

Claire s'éloigna en riant. Dans son bureau, elle souriait toujours en prenant en photo avec son téléphone le dessin d'Abdoul Abdi. Son rire se figea lorsqu'elle découvrit un mail de madame Pinson avec l'objet « vente immeuble Barbot » : « Cher Maître, pour ma part, j'accepte cette proposition et vous remercie de tout cœur pour tout ce que vous avez fait pour nous. » Elle lut le mail d'Hector de Polignac :

« Madame, j'ai le plaisir de vous annoncer que j'ai obtenu une surenchère substantielle du premier acheteur à 2,6 M. C'est un promoteur immobilier très sérieux, avec qui j'ai déjà travaillé. Il finance avec ses propres fonds et il est déterminé à acquérir rapidement avec sa société, Najar Invest. Je pense que vous devriez accepter cette proposition. »

Elle fixa longtemps la masse floue de l'écran, tassée dans son fauteuil et sursauta lorsque la samba retentit : « Venez dans mon bureau » dit Polignac d'une voix blanche. Il allait la menacer ou la virer, son cœur vibrait dans sa poitrine.

Elle se tint debout, Rambo resta allongé sur sa couverture, la gueule sur ses pattes, Polignac lui annonça, d'une voix doucereuse, qu'elle avait dépassé les deux mois chez PRF, il savait combien c'était difficile mais elle tenait bien le choc, et même si elle devait parfois gagner en rondeur avec les clients, il était très satisfait de son travail et de son investissement. Il allait soumettre et ferait accepter à la prochaine réunion d'associés une prime de 1 500 euros. Ça n'était pas un blanc-seing, elle ne devait pas relâcher la pression, c'était un encouragement.

43

Alex se tenait sur le trottoir, un casque à la main, les branches de ses lunettes de soleil disparaissaient dans ses cheveux en bataille, il s'approcha lorsqu'elle se gara.

— J'ai la chance de boire un verre avec la plus belle R100 RS de Paris !

— Tu es bien bronzé, dit-elle en l'embrassant sur les joues.

— Le soleil Californien ne réserve pas de surprise ! L'avantage, c'est qu'on n'a pas besoin de lutter pour une place en terrasse. Il y a trop de soleil donc il n'y a pas de terrasse ! dit-il de sa voix nasale.

Elle le regarda en souriant, il s'approcha d'elle, l'entoura de ses bras et l'embrassa sur la bouche.

— Ah oui ! Direct !

— J'ai compris : avec toi, il faut faire comme avec les animaux sauvages, il faut s'approcher doucement, les saisir et ne plus les lâcher !

Il l'embrassa encore, elle laissa sa langue s'enfoncer dans sa bouche.

— Oui mais il ne faut pas les serrer trop étroitement. Et comment tu vas faire avec ton arthrose ? demanda-t-elle en riant.

— J'ai des subterfuges.

498

— Tu es venu à moto toi aussi ? dit-elle en désignant son casque.

— Non. Je comptais sur toi pour me ramener chez moi.

— Ah bon ? Mais je t'ai dit que j'avais un dîner après.

— Je pensais que tu l'annulerais ou que c'était un mensonge.

— Tu n'as pas peur de monter derrière une fille ?

— Non. Tiens, il y a une table pour nous ! J'adore ces soirées d'été en terrasse. Les Angélinos ne savent ce qu'ils perdent !

— Moi aussi, dit-elle en retirant sa veste.

— Waouh ! Mais ils sont beaux tes tatouages !

— Merci, ça ne fait pas l'unanimité.

— J'imagine ! Tu vas les rendre fous à ton bureau ! Il les a vus ton boss ?

— Oui, il m'a demandé de les cacher.

— La notaire tatouée ! J'adore !

— Le dragon, je l'ai fait faire à la plume au Japon, selon la méthode traditionnelle.

— Tu as dû douiller ?

— Oui, pas mal. L'orchidée, c'était un peu avant de partir en voyage, après avoir quitté mon premier job.

— J'adore les orchidées. Viens voir un peu, dit-il en tournant son bras. *Memento Mori*. Carrément !

— Ce tatouage a une petite histoire. Je l'ai fait faire à mon retour, vivante, en France après mon voyage autour du monde. J'ai terminé par le Mozambique et je suis tombée malade, sans doute à cause de l'eau du robinet que j'ai bue une fois parce que je n'avais plus

499

d'eau en bouteille. J'ai été hospitalisée deux semaines là-bas et rapatriée en France. J'ai perdu six kilos, j'ai bien failli y passer ! Ce tatouage est le souvenir de la mort que j'ai vue en face, même si ça n'était pas la première fois.

— Tu as souvent vu la mort ?

— Deux fois.

— Raconte.

— La première fois, j'avais quinze ans, j'ai été piquée par une abeille alors qu'on se baignait dans un lac avec des copains, assez loin de la ville. J'ai tout de suite senti que quelque chose n'allait pas. Je n'ai rien dit, je les ai quittés, je me suis mise à courir pour rejoindre mon scooter, je respirais avec difficulté. Alors que je fonçais sur la route départementale, je voyais mon visage et ma gorge gonflés dans le rétroviseur. Quand je suis arrivée au salon de coiffure de ma mère, je ne pouvais presque plus respirer. Le médecin a diagnostiqué un choc anaphylactique, l'ambulance est arrivée très vite de l'hôpital de Beaune. Quand ils m'ont allongée dans leur camion, j'étais en train de partir, je voyais dans une lumière blanche une étendue lisse qui s'éloignait, comme une marée. Je me souviens de l'intense bien-être que j'ai ressenti, de la sensation d'abandon à une force puissante, de la jouissance du lâcher prise, et de la violente aspiration lorsqu'ils m'ont fait une piqûre d'adrénaline. Je revenais…

— Hé ! Salut Alex ! Comment ça va, mec ? T'avais disparu de la circulation ? demanda un barbu au crâne rasé qui leva la paume de sa main droite qu'Alex saisit.

— Salut Rico ! Non, je suis juste parti me mettre au vert à LA !

— Pour du job ?

— Pour prendre le large, j'étais un peu en panne d'écriture et j'ai fait quelques rencontres intéressantes mais faut voir, je me méfie des sirènes d'Hollywood ! Enfin, tu connais !

— Tu sais, je ne fais quasi plus que des films publicitaires, c'est un peu différent.

— Ça marche bien ? T'es content ?

— Oui, ça marche fort ! dit Rico qui regardait Claire.

— Je te présente Claire.

— T'es dans le cinéma aussi ?

— Non, je suis notaire.

— Ah notaire, ça m'intéresse ! Tu fais les divorces ?

— Oui.

— Tu aurais une carte ?

— Oui, bien sûr, dit-elle en fouillant dans son sac.

— On a toujours besoin d'un notaire ! Et puis une notaire tatouée, ça change du notaire de mon père ! dit Rico en riant.

— Tiens, il y a ma ligne directe ici.

— OK, super ! C'est la merde avec Sophie, on est en pleine séparation.

— C'est triste, vous étiez les derniers des Mohicans !

— La routine, les enfants, le job, ça tue le couple ! Ce qui me mine le plus, c'est Pablo qui ne veut plus me parler. On en reparle, on prend un verre bientôt ?

— Oui, je ne bouge plus jusqu'à la mi-juillet.

— OK, je te fais signe ! Prends soin de toi, mec !

— En changeant de quartier, je pensais qu'on serait plus tranquilles ! C'est loupé, désolé ! Ne te sens pas obligée d'accepter son dossier. À mon avis, c'est chiant.

— Je verrai.

— On parlait de tes deux morts !

— J'avais terminé !

— Tu es partie seule en voyage ?

— Oui.

— Tu as fait quels pays ?

— J'ai pris l'avion jusqu'à Moscou où je suis restée deux semaines, puis j'ai pris le Transsibérien et le Transmongolien, je me suis baladée en Mongolie et en Chine. Et j'ai traversé l'Inde en train, puis le Sri Lanka. J'ai passé quelques jours à Kuala Lumpur et j'ai pris l'avion pour le Chili. Ensuite j'ai navigué en Argentine et au Brésil, et j'ai fini par l'Afrique du Sud et le Mozambique.

— Tu as bien baroudé !

— J'ai improvisé au fil du voyage, c'est une expérience extraordinaire ! C'est un peu dur de reprendre la vie de bureau. Et toi, Los Angeles ?

— J'adore, j'ai des amis qui vivent là-bas. J'y vais une à deux fois par an. Tu connais ?

— Non.

— Il fait tout le temps beau, il y a une lumière incroyable, la nature est présente dans la ville. C'est parfait pour écrire. Et c'est mythique, c'est la ville du cinéma ! En général, j'y vais l'hiver quand il fait bien moche ici, mais là j'étais en panne d'inspiration, il y avait des billets pas chers, je suis parti trois semaines. J'ai peut-être trouvé un producteur pour mon film mais rien n'est fait. Et j'ai été super heureux de trouver ton mot dans mon café préféré à mon retour !

— En fait, j'avais perdu ton numéro. Je suis passée plusieurs matins sans te voir…

— Tu t'es inquiétée…

— On m'a dit que tu étais parti en voyage.

— La dernière fois qu'on s'est vus, c'était le 21 mai, à 8 h 45 ! Et comment va ta mémé ?

Elle le regarda sans comprendre.

— Ta cliente ?

— Ah oui ! Je n'étais pas sûre de t'avoir déjà présenté ma mémé ! Madame F. va très bien, elle s'est pacsée aujourd'hui même. C'est drôle, à chaque fois que je vois madame F., je te vois !

— Elle a quel âge ?

— Soixante-quatorze ans. Elle se pacse avec un très beau Black de vingt-cinq ans de moins qu'elle !

— Elle vit bien ! Elle doit être riche ?

— Oui mais leur histoire est belle.

— Ça a l'air fun ton métier en fait ! Tu entends des histoires de dingue toute la journée ! J'ai repensé à ton dossier algérien, c'est la folie !

— Ça épuise bien la folie des autres.

— J'aurais dû faire ça, comme métier ! On ne trouve pas l'inspiration dans son bocal ! Tu écris tes histoires de notaire, c'est ça ?

— Non !

— Menteuse.

— C'est la deuxième fois en moins d'une heure que tu m'accuses de mentir.

— Tu ne mens jamais ?

— Si, de temps en temps.

— Allez ! Raconte-moi !

— J'écris depuis que j'ai treize ans. Plus ou moins selon les périodes. Depuis que je suis notaire, beaucoup moins. J'ai vraiment repris l'écriture pendant mon voyage, j'ai tenu un journal, et là, avec mon nouveau travail, je n'écris plus une ligne.

— À part ton journal, tu as écrit des histoires ?

— Oui.

— Et tu n'as jamais essayé de les faire publier ?

— Non.

— Tu me disais très justement l'autre fois qu'il fallait choisir une histoire que j'aimais. Et tu as raison. Alors, je te retourne la question : tu ne les aimes pas tes histoires ?

— Pas assez, je crois. J'aime écrire mais je n'ai pas de sujet fort.

— Écris sur toi ou du moins, pars de toi.

— Mais je n'ai rien à écrire d'intéressant. Bon, j'ai des tatouages, une moto, mais je suis une fille ordinaire avec un métier classique.

— Écris tes histoires de notaire !

Elle secoua la tête en souriant, retira ses lunettes de soleil, ses yeux tombèrent sur le sac Claret posé sur la chaise à côté d'elle. Lorsqu'elle était sortie du bureau de Polignac, deux heures plus tôt, elle avait pris une grande inspiration dans l'open-space déserté par les secrétaires, son ordinateur affichait 17 h 03, elle avait fermé toutes les fenêtres ouvertes et elle avait couru sur le tapis rouge de l'escalier. Elle avait roulé, sans but, elle n'avait pas envie de rentrer chez elle, elle voulait rester dans le rythme de la ville, elle traçait son sillon dans la circulation électrique, elle slalomait entre les voitures, avec souplesse, elle faisait corps avec sa moto puissante, elle accélérait sur les boulevards, elle sentait la vibration du moteur entre ses cuisses, l'air chaud sur ses jambes nues, elle regardait les silhouettes qui se massaient sur les passages piétons puis se détachaient, toutes différentes, uniques dans leurs constitutions. Elle aimait le monde, les foules, les grandes villes pour cette multiplicité. On pouvait y briller et s'y perdre. Lorsqu'elle était rentrée en France, après son voyage, elle avait éprouvé la vive émotion du retour chez soi, dans sa famille qui l'attendait, avec leur amour inaltérable, dans la maison où elle avait grandi ; elle avait reconnu la lumière basse de fin d'hiver, la terre humide qui collait sous les pieds, qui fourmillait de la vie renaissante. Mais après ce long voyage dans des pays étrangers, la focale s'était agrandie, c'était la France entière qui lui avait manqué et qui l'avait saisie dans sa familiarité, le français qu'elle entendait tout autour d'elle comme si c'était extraordinaire, les mots qu'elle redécouvrait, le café en terrasse le matin avec un journal acheté au kiosque, les boulangeries, les librairies, l'odeur du métro, les grandes avenues d'immeubles haussmanniens. Paris était sa ville, celle qu'elle avait choisie, elle en connaissait les rues, le jour, la nuit ; elle n'avait jamais peur, elle était un noyau dur dans la ville dure.

Elle allait au hasard, elle se sentait libre, le week-end s'ouvrait, elle avait rendez-vous un peu plus tard avec Alex. Alors qu'elle roulait avenue Montaigne, son regard fut attiré par une étoile dorée sur la vitrine de la boutique Claret. Elle gara sa moto dans la contre-allée et elle entra. Depuis qu'elle travaillait dans le notariat, elle n'avait plus peur d'entrer dans les boutiques de luxe, les employés n'étaient pas différents d'elle, ils portaient des masques et jouaient le jeu de la société. Elle voulait un sac noir, elle aimait la sobriété du noir, elle hésita entre plusieurs modèles, elle pouvait hésiter longtemps, elle trancha pour un cabas en veau grainé qu'elle porterait en bandoulière sur sa moto. Et il s'appelait *1980*, c'était sa décennie, il était fait pour elle. Il était plus cher que sa prime mais elle pouvait le payer, avec son argent. Elle imagina ce que dirait Alice Santa Mala : « Mais t'es trop conne à te payer des sacs toi-même ! Ça fait bander les mecs de t'offrir un sac hyper cher ! À quoi ils servent sinon ? Et tu ne seras jamais riche, on ne fait pas fortune en une génération, à moins d'épouser un homme riche ! » Cette pensée l'avait fait sourire sur sa moto.

Sur la chaise à côté d'elle, elle le trouva beau, elle allait le regarder souvent, comme sa moto. Elle aimait les beaux objets ; ils lestaient, protégeaient comme des boucliers, identifiaient. Sa pensée se figea sur cette idée d'identité, sa satisfaction fut violemment battue en brèche par une sensation d'écœurement. Les lettres dorées Claret Paris, martelées sur le cuir, l'inscrivaient parmi les riches, elle ne voulait pas être identifiée, elle détestait la démonstration des moyens, elle haïssait l'entre-soi, elle voulait rester en dehors des cercles, des réseaux – avant de partir en voyage, elle avait refusé d'entrer dans un réseau de jeunes notaires –, elle ne voulait pas ressembler, mais être un électron libre. Dans la mauvaise conscience qui l'assaillait et l'emprisonnait, une pensée lumineuse éclata dans sa tête : c'était l'être qui comptait. Elle était vivante, elle existait et elle agissait de manière unique, c'était ce qui la constituait en tant qu'être humain. C'était son être qui l'inscrivait dans la société, dans son unicité, beaucoup plus que le vouloir et l'avoir qui portaient en eux les ombres de l'insatisfaction et de la frustration, par une ressemblance toujours déçue, jamais atteinte. C'était son être qu'Alex désirait, c'était ce qu'elle dégageait et ce qu'elle ne contrôlait pas. Elle l'embrassa brusquement. Elle ne devait plus recouvrir chacun de ses actes de pensées qui les détruisaient. Elle devait exister davantage dans le temps présent, être avec les autres. Ça n'enlèverait rien à ce qu'elle était, ça l'augmenterait, elle éprouverait dans sa chair. Elle était sur la voie. Après son voyage, elle avait décidé de revenir à son métier, car il l'ancrait dans la réalité, il ne l'effaçait pas, au contraire, il la plaçait dans le cœur circulant de l'humanité. Au point névralgique et sensible, par ses actes, et dans la conscience nécessairement bonne et mauvaise d'elle-même, elle appliquait la justice entre les individus pour que la paix l'emporte sur la guerre.

Composition réalisée par PCA

Achevé d'imprimer en juillet 2020, en France par
Maury Imprimeur – 45330 Malesherbes
N° d'imprimeur : 246422
Dépôt légal 1re publication : avril 2020
Édition 02 – juillet 2020
LIBRAIRIE GÉNÉRALE FRANÇAISE
21, rue du Montparnasse – 75298 Paris Cedex 06

80/9349/9